교감국역 송남잡지 11

An Encyclopedia of Songnam

지은이 조재삼(趙在三)은 1808년에 태어나서 1866년까지 생존하였다. 본관은 임천(林川)이고 호는 송남(松南)이며 자는 중기(仲璣)이다. 졸수재(拙修齋) 조성기(趙聖期)의 5대손이다. 저서로『송남잡지』외에도 유고 2권이 있다고 한다.

옮긴이 강민구(姜玟求)는 성균관대학교를 졸업(문학박사)하고 민족문화추진회 국역연수원을 졸업하였으며 연청(研靑) 오호영(吳虎泳) 선생을 사사하였다. 현재 경북대학교 교수이다. 논문으로「영조대 문학론과 비평에 대한 연구」, 역서로『국역 낙재선생문집』외 다수가 있다.

교감국역校勘國譯 **송남잡지**松南雜識 **11**

1판 1쇄 인쇄 2008년 10월 5일
1판 1쇄 발행 2008년 10월 10일

지은이 / 조재삼
옮긴이 / 강민구
펴낸이 / 박성모
펴낸곳 / 소명출판
등록 / 제13-522호
주소 / 137-878 서울시 서초구 서초동 1621-18 (란빌딩 1층)
대표전화 / (02) 585-7840
팩시밀리 / (02) 585-7848
somyong@korea.com / www.somyong.co.kr

값 29,000원

ISBN 978-89-5626-330-4 94810
ISBN 978-89-5626-319-9 (전13권)

이 책의 본문용지는 한솔제지 하이벌크 미색지 75g을 사용하였습니다.

교감 국역 송남잡지 11

松南雜識

조재삼 지음
강민구 옮김

일러두기

1. 저본(底本)

이 책은 1987년 동서문화원에서 영인 출판한 『송남잡지』를 저본으로 삼아 역주하되, 1986년 아세아문화사에서 영인 출판한 『송남잡지』와 규장각 소장본 『송남잡지』를 참고하였다.

2. 교감(校勘)

『송남잡지』의 모든 내용을 교감하였다.
인용 원문과 『송남잡지』의 내용을 대조하여 상호 출입을 모두 표시하였다. 인용 원문과 『송남잡지』 사이에 또 다른 전적이 개재되었을 경우, 즉 재인용의 경우에는 그들 간의 변형 과정과 양태를 제시하였다.
『송남잡지』에 인용되지 않은 부분이라도 원문의 이해를 위해 필요할 경우 전후를 제시하였다.
인용 원문을 왼쪽에 두고 『송남잡지』를 오른쪽에 두었으며, 화살표(→)로 변형된 것임을 표시하였다.

3. 역문(譯文)

역문은 쉬운 우리말로 옮기는 것을 원칙으로 하였다. 교감을 거친 번역이므로 원문과 차이가 있는 것이 많다. 그러한 경우 반드시 각주의 형식으로 교감기를 제시하였다.
시(詩)는 역문을 왼쪽에 두고 원문을 오른쪽에 배치하였다.

4. 주석(註釋)

주석은 내용이 간단하고 짧은 경우에는 간주(間註)로 처리하고, 내용이 긴 경우에는 각주로 처리하였다.
각주는 해당 항목을 제시하고 주석하였으며, 긴 항목은 앞뒤의 어구만 제시하고 중간에 …… 부호를 넣어 중략하였음을 표시하였다.

5. 맞춤법

맞춤법과 띄어쓰기는 한글맞춤법과 표준어규정을 따르는 것을 원칙으로 하였다. 단 필요한 경우 두음법칙 등을 적용하지 아니하고 원음을 그대로 제시하였다.

6. 부호

이 책에 사용한 부호는 다음과 같다.
( ) : 번역문과 음이 같은 한자를 묶는다.
[ ] : 번역문과 뜻은 같으나 음이 다른 한자를 묶는다.
" " : 대화 등의 인용문을 묶는다.
' ' : " " 안의 재인용, 또는 강조 부분을 묶는다.
「 」 : 편명을 묶는다.
『 』 : 책명을 묶는다.
〈 〉 : 인용된 주석을 묶는다.

해제

『송남잡지(松南雜識)』는 조재삼(趙在三 : 1808~1866)이 1855년(哲宗 6년)에 저술한 백과전서적 성격의 유서(類書)이다. 조재삼은 재야의 사인(士人)으로 호가 송남(松南)이고 자는 중기(仲璣)이며 졸수재(拙修齋) 조성기(趙聖期)의 5대손이다.

현재 『송남잡지』는 세 가지 종류가 전해진다. 하나는 임기중(林基中) 교수가 편의상 '임씨본(林氏本)'으로 칭하는 것이고 하나는 규장각 소장본이고 나머지 하나는 청주에서 프린트본으로 발간된 것이다.

임씨본은 총 7책으로 비·파·귤·율·도·매·리(枇·杷·橘·栗·桃·梅·李)로 차례가 정해져 있다. 임기중 교수는 이 책만이 『임천조씨가보(林川趙氏家譜)』에서 "송남잡지 7권을 저술하여 세상에 행(行)하고 있다[著雜識七卷印行于世]"라고 한 기록에 부합되는 유일한 현존본이며 기타 두 종과 대조한 결과 임씨본이 초고본이라는 견해를 제시하였다. 즉 규장각본과 유인본(油印本)은 각각 임씨본을 필사하고 유인(油印)했다는 것이다. 그리고 그 근거로 후자의 두 책과 전자의 편차를 비교해 보면 권차(卷次)가 흐트러져 있는데, 제책(製冊) 후에도 보충이 계속되었다는 점을 제시하였다.

규장각본(奎章閣本)은 총 14권으로 되어 있는데, 비(枇)를 1·2로, 파(杷)를 11·12로, 귤(橘)을 3·4로, 률(栗)을 10·13으로, 도(桃)를 7·8로, 리(李)를 5·6으로 편차하였으니 이는 나무의 이름으로 편차를 정하는 방법이 일반적이지 않기 때문에 생긴 오류로 보인다.

청주의 유인본은 임형택(林熒澤) 교수가 조재삼의 방손(傍孫)인 조남식(趙南植) 옹으로부터 입수하여 아세아 문화사에서 1986년에 영인하였다. 이것은 해방 후 청주 지방에서 이광(李光 : 1887~1966)씨의 주선에 의해 상·중·하 세 책으로 약간부가 유인(油印)되었다고 한다.

유인본은 필경(筆耕)하여 유인(油印)한 것으로 임씨본과 큰 차이는 없다. 단 필경(筆耕)하는 과정에서 자구(字句)의 첨삭을 가하는 교정이 이루어졌을 가능성이 있다. 그러나 규장각본은 임씨본과 제책상(製冊上) 편차에서 차이를 보일 뿐만 아니라 항목의 구성에도 다소간의 차이를 보이고 있다. 규장각본은 임씨본에 있는 항목이 다수 누락되어 있다. 그런데 제책 후 누락된 내용은 원본을 보고 항목간의 빈 공간에 채워 넣은 것으로 보인다. 이는 마치 간주(間注)의 형식처럼 보이는데 사실은 누락된 항목의 보충에 불과하다. 그것의 글씨는 알아보기 어려울 정도로 조악한 것도 있다.

임씨본 역시 결락(缺落)된 글자가 어떤 이에 의하여 가필(加筆)된 흔적이 있다. 그런데 그것은 문맹자의 소위(所爲)로 보이는 바, 전혀 문리가 닿지 않는 글자뿐만 아니라 존재하지도 않는 글자를 그려 넣었기 때문이다.

『송남잡지』는 1,743장으로 이루어진 거질로 '백과전서적 유서'라고 할 만한데, 그 구성을 살펴보면 다음과 같다.

천문류(天文類) 70항목, 세시류(歲時類) 153항목, 지리류(地理類) 189항목, 국호류(國號類) 35항목, 역년류(歷年類), 외국류(外國類) 117항목, 인사류(人事類) 40항목, 가취류(嫁娶類) 75항목, 상제류(喪祭類) 139항목, 성명류(姓名類) 71항목, 과거류(科擧類) 41항목, 문방류(文房類) 85항목, 무비류(武備類) 114항목, 농정류(農政類) 64항목, 어렵류(漁獵類) 16항목, 실옥류(室屋類) 121항목, 의식류(衣食類) 244항목, 재보류(財寶類) 77항목, 집물류(什物類) 90항목, 음악류(音樂類) 94항목, 기술류(技術類) 151항목, 구기류(拘忌類) 80항목, 선불류(仙佛類) 117항목, 상이류(祥異類) 118항목, 계고류(稽古類) 407항목, 이기설(理氣說) 33항목, 인물류(人物類), 조시류(朝市類) 119항목, 방언류(方言類) 816항목, 화약류(花藥類) 180항목, 초목류(草木類) 179항목, 충수류(蟲獸類) 207항목, 어조류(魚鳥類) 187항목으로 상위 범주가 33류이고 하위 항목이 4432항이다.

위와 같이 『송남잡지』는 한문학 · 국문학 · 국어학 · 역사학 · 철학 · 민속학 · 종교학 · 천문학 · 지리학 · 농학 · 병학 · 건축학 · 동물학 · 식물학 · 한의학 · 복식사 · 음악사 · 과학사 · 외교사 · 제도사 등 다양한 분야의 지식을 담고 있다.

『송남잡지』의 '잡지(雜識)'라는 서명은 『성호사설(星湖僿說)』의 '사설(僿說)'이나 『반계수록(磻溪隨錄)』의 '수록(隨錄)'과 같은 의미이다. 이 책은 형식적 측면에서 유서의 전통적 양식을 충실히 계승하고 있을 뿐만 아니라 작가의 선명한 의식을 드러내고 있다.

조재삼은 『송남잡지』 자서에서 저작 동기와 저술 의식을 명확히 제시하고 있으니, 그는 추상물인 '태평(太平)'의 기록과 구체적 형상을 지니고 있는 '만물(萬物)'의 문자화를 자신의 책무로 자임하였다. 그 두 가지 중에서 조재삼의 주된 서술 의식은 전자에 맞춰져 있다. 즉 조재삼은 자서에서 "『송남잡지』는 태평(太平)의 기록으로 시작하여 태평(太平)의 기록으로 끝을 맺은 책"이라고 언명하고 있다. 과연 조재삼의 말대로 『송남잡지』의 첫 항목명은 '동방왈태평(東方曰太平)'이고 마지막 항목명은 '태평봉(太平鳳)'인데다가 '태평(太平)' 두 글자로 끝을 맺고 있다. 그런데 흥미로운 점은 조재삼의 강한 민족적 의식의 자각이다. 즉 '태평'은 우리나라의 태평에 다름 아니고 만물은 우리나라에 존재하는 만물에 다름 아니다. 조재삼은 우리나라를 '태평지역(太平之域)'이라고 명명하고 있으며, 우리나라가 천하에 존재하는 만물 가운데 절반을 보유하고 있다고 말하였다. 그러므로 『송남잡지』는 외우내환으로 나라가 병들어 가던 시기에 민족적 자존과 문화적 긍지를 고양하기 위한 의식의 소산이라고 할 수 있다. 그와 같이 선명한 의식이 백과전서적 형식 속에서 증명 분석되고 있다는 점이 기존의 유서와 다른 점이라고 할 수 있다.

그렇다면 『송남잡지』의 출현 동인은 무엇인가?

임형택(林熒澤) 교수는 『송남잡지』의 출현 동인으로, "새로운 지식에 대하여 경시하는 등 고루(固陋)와 고식(姑息)에 빠진 당대의 학풍을 반성하고 진작하려는 움직임"으로 파악하였다.

지금도 백과사전은 그것을 발행한 사회나 국가의 문화적 · 학술적 수준을 평가하는 하나의 척도가 될 수 있다. 『송남잡지』를 비록 '백과전서'라고 표현하고 있기는 하지만, 현대적 용어로 달리 대체할 만한 것이 없기 때문에 편의상 사용할 뿐이다. 현대적 의미의 백과사전은 중세의 유서들이 취하고 있는 분류 체계와는 전혀 다르기 때문이다. 즉 백과사전이 글자의 배열 순서에 입각해서 편찬된다면 유서는 작가의 가치관에 의해 차서(次序)가 정해진다. 그러므로 유서로서 『송남잡지』는 현재의 백과사전과 같이 다양한 정보를 제공하는 기능을 지니고 있는 동시에 당대인들의 가치관을 명확하게 볼 수 있는 유용한 자료라고 할 수 있다.

무엇보다 간과할 수 없는 점은 『송남잡지』가 문예미학적 특성을 갖추고 있다는 점이다. 이는 중국의 『운부군옥(韻府群玉)』·『사문류취(事文類聚)』 등이 문학 창작의 중요한 공구서(工具書)로 활용된 전통을 계승한 것이다. 그리고 또 하나의 중요한 사실은 『송남잡지』가 우리나라에서 발행된 『대동운부군옥(大東韻府群玉)』과 같은 운서류와 『지봉유설(芝峯類說)』·『성호사설(星湖僿說)』·『반계수록(磻溪隨錄)』과 같은 유서류의 전통을 충실히 계승하고 있다는 점이다. 조재삼은 중세의 막바지에서 유서라는 형식을 통하여 이전의 문화적 축적을 체계적으로 정리하려고 한 것이다.

참고문헌

임형택, 「송남잡지 해제」, 『松南雜識』, 아세아문화사, 1986.
임기중, 「송남잡지 해제」, 『松南雜識』, 동서문화원, 1987.

31. 초목류 草木類

松南雜識 전체 차례

30. 화약류(花藥類)

매화

梅[1)]

매화는 바로 『매보(梅譜)』[2)]에 이른바 '녹악(綠萼)'이 이것이다. 또 두 개의 꽃받침이 줄기에 이어져 있는 것을 '원앙매(鴛鴦梅)'라고 한다.

매화에는 홍매(紅梅)[3)]와 백매(白梅) 두 종류가 있는데 긴 가지로 접붙이면 꽃받침이 작고 푸른 잎이 나니 '청대(青臺)'라고 한다.

임포(林逋)[4)]는 시에서,

1) 규장각본 『松南雜識』에는 '홍매청대(紅梅青臺)'으로 되어 있음.

2) 매보(梅譜) : 범성대(范成大)가 지은 책. 범촌매보(范村梅譜).

3) 홍매(紅梅) : 붉은 꽃잎의 매화. "紅梅猶是梅, 而葉如杏, 與江梅同開, 紅白相間, 園林初春絶景也."(『梅譜』)

4) 임포(林逋) : 송나라의 시인. 서호에 살았으므로 서호처사(西湖處士)라 한다. 처자도 없이 매화와 학만을 좋아하였으므로 당시에 사람들이 '梅妻鶴子'라고 하였다. 서화(書畫)와 시를 잘하여 그의 매화시가 세상에 회자(膾炙)되었다 한다. 시호는 화정(和靖).

맑고 얕은 물에 성근 그림자 비스듬히 비추고　　疎影橫斜水淸淺
황혼녘 달빛에 그윽한 향기 떠도네　　暗香浮動月黃昏[5]

라고 하였다. 이것은 본래 고시(古詩)의 "매화나무 그림자 계수나무의 향기(梅影桂香)"라는 구절을 가져와서 '소(疎)'와 '암(暗)'자로 변화시켰다.

그러나 오히려,

눈 온 뒤 정원에 나무 겨우 반쯤 나와 있고　　雪後園林纔半樹
물가 울타리에 홀연히 가지 비껴있네　　水邊籬落忽橫枝[6]

만 못하다.

그러나 소식(蘇軾)은 "임포의 '그윽한 향기 성근 그림자[暗香疎影]'란 구절을 살구나무와 복숭아나무·자두나무가 어찌 감당해 낼 수 있겠는가?"[7]라고 하였다.

이광려(李匡呂)[8]는 시에서,

이 몸 향기에 동화되어 가거늘　　此身定與香全化
매화에 도취됨은 전혀 몰랐네　　喚逼梅花寂不知[9]

라고 하였으니 비교적 운(韻)이 청신(淸新)하게 되었다.

---

5) 「산원소매 이수(山園小梅二首)」.

6) 「매화 삼수(梅花三首)」.

7) 踈影暗香之句, **若杏與桃李, 皆可用也. 東坡以爲不然**, 杏與桃李, 安敢承當.(『全芳備祖前集, 卷一, 花部, 梅花』) → **然坡云**, 暗香踈影句, 杏與桃李, **安**敢承當.(『松南雜識』)

8) 이광려(李匡呂) : 조선후기의 학자·문인(1720~1783). 자는 성재(聖載). 호는 월암(月巖)·칠탄(七灘). 학행으로 천거되어 참봉에 임명되었을 뿐 벼슬하지 않았다. 친척 이광사(李匡師) 등과 양명학자인 정제두(鄭齊斗)의 학문을 이어받았으며 시문은 성령(性靈)을 발현하는 방향으로 중요한 성과를 거두었다. 저서에 『이참봉집(李參奉集)』·『담로후서(談老後序)』가 있다.

9) 「매(梅)」.

또 옥매(玉梅)·산매(山梅)의 종류도 많다.[10]

납매
蠟梅[11]

소식(蘇軾)의 시에서,

꿀벌이 꽃에서 채집한 것으로 황랍(黃蠟)을 만들고　蜜蜂採花作黃蠟
그 밀랍으로 꽃을 만드니 역시 그 물건이로구나　取蠟爲花亦其物[12]

라고 한 말이 이것이다.

조선의 유순선(柳順善)[13]의 「가매(假梅)」시에서,

어찌 가짜 꽃에서 꽃잎을 보려하는가　何以假爲須看葉
만약 진짜라면 어째서 향기가 없을까　如其眞也豈無香[14]

라고 하였다.

---

10) 규장각본 『松南雜識』에는 '玉梅山梅之類亦多'가 '玉梅梅之賤者'로 되어 있음.

11) 납매(蠟梅) : 녹나무과에 속하는 낙엽관목(落葉灌木). 생강나무, 황매(黃梅)라고도 함. * 규장각본 『松南雜識』에는 없는 내용임.

12) **取**蠟爲花亦其物.(『東坡全集, 卷二十, 詩六十二首, 臘梅一首贈趙景貺』) → **蠟**蠟爲花亦其物.(『松南雜識』)

13) 유순선(柳順善) : 조선 중기의 문신(1516~?). 자는 순중(純仲). 호는 소삼(素參). 1546년 생원시에 합격하고 이후 1547년에 알성시(謁聖試) 을과 2위로 급제한 이후 감사(監司) 등을 역임하였다.

14) 柳**僉知**順善假梅詩**一聯曰**, 何以假爲須看葉, 如其眞也豈無香.(『芝峯類說, 卷十三, 文章部六, 東詩』) → **我東**柳順善假梅詩**云**, 何以假爲須看葉, 如其眞也豈無香.(『松南雜識』)

정당매
政堂梅

강회백(姜淮伯)[15]이 젊은 시절 단속사(斷俗寺)[16]에서 독서를 할 때, 뜰에 매화를 심고 '정당매(政堂梅)'라고 하였다. 그는 시에서,

바로 은나라 솥에 국맛을 조미하던 열매가[17]	直將殷鼎調羹實
부질없이 산중에 떨어지고 또 피는구나	謾向山中落又開[18]

라고 하였다.

남명(南冥) 조식(曺植)이 화운하여,

조물주가 한매(寒梅)의 일을 그르쳐서	化工定誤寒梅事
어제도 꽃이 피고 오늘도 꽃 피었네	昨日開花今日花

라고 하였으니, 대개 그가 절개 잃은 것을 기롱한 것이다.[19]

나의 시에서,

---

15) 강회백(姜淮伯) : 조선 전기의 문신(1357～1402). 자는 백부(伯父). 호는 통정(通亭). 1376년 문과에 급제하여 1388년에는 밀직사로 명나라에 다녀왔다. 공양왕에게 한양 천도를 중지할 것을 상소 하였다. 정몽주가 살해된 뒤 진양(晉陽)에 유배되었다가 조선 건국 후 동북면도순문사가 되었다. 저서에 『통정집(通亭集)』이 있다.

16) 단속사(斷俗寺) : 지리산 동쪽에 있는 절로 지금의 합천지역이다.

17) 옛날 국을 끓일 때 매실(梅實)을 조미료로 썼다. 은(殷)나라 무정(武丁)이 부열(傅說)을 재상으로 임명하면서 "국을 끓이는데 매실을 써야 하는 것처럼 나라를 다스리는데 자네를 쓰는 것이다"라고 한 말이 있다.

18) **自**將**鼎鼐**調羹實, 謾向山中落又開.(『東文選, 卷之二十二, 七言絶句, 斷俗寺見梅, 姜淮伯』) → **直**將**殷鼎**調羹實, 謾向山中落又開.(『海東雜錄二, 本朝二, 姜淮伯』) → 直將殷鼎調梅實, 謾向山中落又開.(『松南雜識』)

19) **智異山, 斷俗寺, 寺有政堂梅. 世傳姜通亭所植, 曺**南溟**詩, 寺破僧羸山石古, 先生自是未堪家**, 化工定誤寒梅事, 昨日開花今日花, 蓋譏其失節也.(『淸江先生鯸鯖瑣語, 淸江先生詩話』) → 南溟**和云**, 化工定誤寒梅事, 昨日開花今日花, 蓋譏其失節也.(『松南雜識』)

소나무 대나무만이 푸를 뿐이니 松竹青而已
엄동설한에 어떻게 꽃을 피울까 雪冬豈花哉

라고 하였다.

모란
牡丹

『본초강목(本草綱目)』에서 "모란(牡丹)은 일양금(一兩金) 또는 서고(鼠姑) 또는 녹구(鹿韭)라고 한다. 당(唐)나라 사람은 목작약(木芍藥)이라고 한다"라고 하였다.

승암(升庵) 양신(楊愼)이 "장월(壯月)은 바로 팔월(八月)이니 온갖 곡식이 무성하게 잘 자라는 달이다. 장(壯)이 모(牡)로, 월(月)이 단(丹)으로 글자가 와전되어 지금 목단(牧丹)이라고 하니 역시 모(牡)가 와전된 것이다"라고 하였다.

『개원천보유사(開元天寶遺事)』[20]에서 말하였다.

침향정(沉香亭)[21] 앞에 목작약(木芍藥)을 심었더니 하루아침에 꽃이 피었는데, 한 줄기에 세 송이가 달렸다. 아침에는 새빨갛고 정오에는 짙푸르고 저물녘에는 샛노랗고 밤에는 새하얀 것이 향기와 모습이 각각 달랐다.

황제가 말하였다.

"꽃과 나무 가운데 요염한 것이로다."[22]

---

20) 개원천보유사(開元天寶遺事) : 오대(五代)의 왕인유(王仁裕 : 880~956)가 성당(盛唐)의 영화를 전하는 유문(遺聞)을 모아 만든 책. 현종 시대에 대한 동경에서 나온 풍문과 설화로서 음미할 만한 글이 많다.

21) 침향정(沉香亭) : 당나라 궁궐의 전각으로 현종(玄宗)이 양귀비(楊貴妃)와 목작약(木芍藥)을 감상하고 이곳으로 이백(李白)을 불러 시를 짓도록 하였다.

『북산집(北山集)』에서 "모란은 지금 모든 꽃의 왕이라고 부른다"[23] 라고 하였다.[24]

신라의 역사에서 말하였다.

당나라에서 모란꽃과 모란그림을 보내 주었는데, 선덕여왕(善德女王)[25]이 말하였다.

"이 꽃이 매우 예쁘지만 벌과 나비가 없으니 필시 향기가 없을 것입니다."

심어보니 과연 그러하였다.[26]

설총(薛聰)[27]이 신문왕(神文王)[28]에게 고하였다.

---

22) **花妖. 初有木芍藥, 植於**沉香亭前. **其花一日忽開**, 一枝**兩**頭, 朝**則**深**紅**, **午則深碧**, 暮**則**深黃, 夜**則**粉白, **晝夜之內**, 香艶各異. 帝**謂左右**曰, **此**花木之妖, **不足訝也**.(『開元天寶遺事, 卷一』)→沉香亭前, 一枝三頭, 朝深**碧**, 暮深黃, 夜粉白, 香艶各異. 帝曰, 花木之妖.(『松南雜識』)

23) 至今喚作百花王. 出北山集.(『錦繡萬花谷, 後集, 卷三十七, 牡丹』)→北山集**云**, 至今喚作百花王.(『松南雜識』)

24) 本草一名**百**兩金, **一名**鼠姑, **一名**鹿韭. 唐人謂木芍藥. ……**明皇**沉香亭前, 一枝二頭, 朝深碧, **莫**深黃, 夜粉白, 香艶各異. 帝曰, **此**花木之妖. ……至今喚作百花王, 北山集**洛陽相公忠孝家可怜**.(『韻府羣玉, 草木牡丹』)→本草**曰**, 名一兩金, **又**鼠姑, **又**鹿韭. 唐人謂木芍藥. **升庵曰, 壯月, 卽八月百穀盛壯之月, 其牡與壯, 丹與月, 字訛而今謂牧丹, 亦牡之訛矣. 天寶遺事云**, 沉香亭前, 一枝二頭, 朝深碧, **暮**深黃, 夜粉白, 香艶各異. 帝曰, 花木之妖. 北山集**云**, 至今喚作百花王.(『松南雜識』)

25) 선덕여왕(善德女王) : 신라 제27대 왕(재위 632~647). 휘(諱) 덕만(德曼). 호는 성조황고(聖祖皇姑). 선정을 베풀어 민생을 향상시켰고 구휼사업에 힘썼으며 불법 등 당나라의 문화를 수입했다. 첨성대·황룡사 구층탑을 건립하는 등의 업적을 남겼다.

26) **前王時, 得自**唐**來**牡丹花圖**并花子, 以示德曼. 德曼**曰, **此花雖絶艶, 必是無香氣. 王笑曰, 爾何以知之. 對曰, 畵花而**無蝶**故知. 大抵女有國色, 男隨之, 花有香氣, 蜂蝶隨之故也**. 此花絶艶, 而**圖畵又**無蜂蝶, **是**必無香**花**, 種**植**之, 果**如所言. 其先識如此**.(『三國史記, 新羅本紀, 卷五』)→**羅史**, 唐**賜**牡丹花**及**圖, **善**德**主**曰, 此花絶艶, 而無蜂蝶, 必無香. 種之, 果**然**.(『松南雜識』)

27) 설총(薛聰) : 통일 신라의 문신·학자(665~?). 자는 총지(聰智). 호는 빙월당(氷月堂). 신라 십현(十賢)의 한 사람. 유학(儒學)과 문학(文學)에 뛰어났다. 그가 만든 중국 문자

“옛날 화왕(花王)이 처음 왔을 때, 아름다운 사람이 있었으니, 이름은 장미(薔薇)라고 하며 향기로운 장막 속에서 왕의 베개를 받들고 싶어 하였습니다. 또 백두옹(白頭翁)[29]라는 이름의 사나이가 구부정한 모습으로 왔습니다. 무릇 임금 된 자로서 노성한 사람을 친근히 하면 흥하고 요염한 이를 친근히 하면 망하지 않는 이가 없었으니 왕은 청컨대 써서 경계로 삼으십시오.”[30]

만생목단

蔓生牧丹

지봉(芝峰) 이수광(李睟光)이 말하였다.

지금 경흥(慶興)[31] 땅에 넝쿨로 뻗어 자라는 목단(牧丹)이 있다. 세

에 토를 다는 방법은 중국 학문의 섭취에 큰 도움이 되었다. 「화왕계(花王戒)」를 지어 신문왕(神文王)을 충고하였으며 경주의 서악서원(西岳書院)에 제향되었다.

28) 신문왕(神文王) : 신라의 제31대 왕(?~692, 재위 : 681~692). 이름은 정명(政明) · 명지(明之). 문무왕의 맏아들로, 국학을 창설하여 학문을 장려하였으며 9주를 정비하고, 서원소경(西原小京)을 설치하였다. 일본과 당나라에 사신이 빈번하게 내왕하게 하여 문화의 흥륭을 도모하여 설총(薛聰)과 강수(强首)와 같은 대학자가 배출되는 등의 전성 시대를 이루었다.

29) 백두옹(白頭翁) : 할미꽃의 별명(別名).

30) 昔花王之始來也, …… 忽有一佳人, 朱顏玉齒, 鮮粧服, 伶俜而來, 綽約而前曰, 妾履雪白之沙汀, 對鏡淸之海面, 沐春雨以去垢, 快淸風而自適, 其名曰薔薇. 聞王之令德, 期薦枕於香, 王其容我乎. 又有一丈夫, 布衣韋帶, 戴白持杖, 龍鍾而步而來曰, 僕在京城之外, 居大道之旁, 下臨蒼茫之野景, 上倚嵯峨之山色, 其名曰白頭翁. …… 凡爲君者, 鮮不親近邪, 疎遠正直, 是以孟軻不遇以終身, 馮唐郞潛而皓首, 自古如此, 吾其奈何. 花王曰, 吾過矣, 吾過矣. 於是, 王然作色曰, 子之寓言, 誠有深志, 請書之, 以爲王者之戒.(『三國史記, 卷四十六, 列傳 第六, 薛聰』) → 薛聰告神文王曰, 昔花王之始來也, 有佳人, 名薔薇, 願薦枕於香帷. 又有丈夫, 名白頭, 傴僂而來. 凡爲君者, 莫不親近老成而興, 昵比妖艷而亡, 王請書爲戒.(『松南雜識』)

31) 경흥(慶興) : 함경북도 경흥군에 있는 읍. 두만강에 인접한 국경 도시로서 예로부터 국방의 요지였다.

상에 전하는 말로는 송나라의 화석강(花石綱)[32]의 물건이라고 한다.[33]

보춘추

補春秋[34]

'무의초(無義草)'는 세상에서 이른바 "꽃과 잎이 서로 보지 않는다"[35]라고 한 말이 이것이다. 『향보(香譜)』에서 "난초는 세상에서 '연미향(燕尾香)'이라고 한다"[36]라고 하였다. 산곡(山谷) 황정견(黃庭堅)이 "한 줄기에 한 송이 꽃이 피고 향기가 오래 남는 것을 난(蘭)이라 하고, 한 줄기에 몇 송이 꽃이 피고 그다지 향기가 없는 것을 혜(蕙)라고 한다"[37]라고 하였다.

우리나라에는 난(蘭)은 없고 오직 혜(蕙)만 있을 뿐이니, 당시(唐詩)에 "바람이 당겨 혜초가 비스듬하네[風引蕙心斜]"[38]라고 말한 말이 이것이다.

이른바 난(蘭)은 봄에 잎이 나서 여름에 마른다. 가을이 되면 빈 땅에서 줄기가 나고 꽃이 피는데 꽃이 여섯 번 피어나는 것을 '보춘추(補春秋)'라고 한다.

---

32) 화석강(花石綱) : 송 휘종(宋徽宗)은 진완(珍玩)을 좋아하여 화석(花石)에 뜻을 두었다. 그래서 주면(朱勔)이 절강(浙江)의 진귀한 것을 가져다가 진상하였는데, 해마다 증가하여 그것을 나르는 배가 회수(淮水)와 변수(汴水)에 서로 이어질 지경이었다고 한다. '강(綱)'은 무리 지어 화물을 운반하는 집단을 이르는 말.

33) **北道**慶興地, 有**蔓生牡丹**, 世傳宋花石綱物也.(『芝峯類說, 卷二十, 卉木部, 花』)→ **今**慶興地, 有**牡丹蔓生**, 世傳宋花石綱物也.(『松南雜識』)

34) 보춘추(補春秋) : 규장각본 『松南雜識』에는 '난보춘추(蘭補春秋)'라고 되어 있음.

35) **金燈**, **一曰九形**, 花葉不相見, **俗惡人家**, **種之**, **一名無義草**.(『酉陽雜俎, 廣動植類之四, 草篇』)→**俗所謂**花葉不相見.(『松南雜識』)

36) 蘭**葉尖長**, **有花紅白色**, 俗呼**爲**燕尾香.(『類說, 卷五十九, 香譜, 燕尾香』)→蘭, 俗呼燕尾香.(『松南雜識』)

37) 一幹一花而香有餘者蘭**也**, 一幹**五七**花而香不足者蕙**也**.(『古今事文類聚後集, 卷二十九, 花卉部, 芝蘭生堦, 修水記(黃魯直)』)→**山谷曰**, 一幹一花而香有餘者蘭, 一幹**數**花而香不足者蕙.(『松南雜識』)

38) 나은(羅隱)의 「절경(絶境)」.

감국

甘菊[39]

유몽(劉蒙)[40]이 지은 『유씨국보(劉氏菊譜)』에서 말하였다.

신라에는 옥매(玉梅)라는 것이 있다. 또 능국(陵菊)은 잎이 천개나 되고 순백색이며 길이가 들쭉날쭉하니 어쩌면 혹 본래 신라에서 나온 것이 아니겠는가?[41]

석호(石湖) 범성대(范成大)[42]가 "국화는 황국(黃菊)과 백국(白菊)의 두 종류가 있는데 황국을 정색(正色)으로 친다"[43]라고 하였다.

우리 조선의 제봉(霽峰) 고경명(高敬命)[44]은 시에서,

정색(正色)인 황국(黃菊)을 귀하게 여기지만 正色黃爲貴

---

39) 감국(甘菊) : 일명 진국(眞菊) · 가국(家菊) · 다국(茶菊)이라고 한다. 꽃은 노란데 작은 것은 손가락 끝만 하다. 겉은 뾰족하며 꽃씨가 있고 안은 가늘고 꽃받침이 있다. 꽃자루는 가늘고 길며 맛은 달면서도 맵다.

40) 유몽(劉蒙) : 송나라 사람. 팽성(彭城) 출신. 저서에 『유씨국보(劉氏菊譜)』가 있다.

41) 新羅, 一名玉梅, **一名倭**菊. **或云**, **出海外國中**, **開以九月末**, 千葉純白, 長短相次, **而花葉尖薄**, **鮮明瑩徹**, **若瓊瑤**.(『劉氏菊譜, 新羅, 第二』) → **劉蒙所著菊譜曰**, **有**新羅**者**, 一名玉梅, **又陵**菊, 千葉純白, 長短相次, **豈或本自新羅出耶**.(『松南雜識』)

42) 범성대(范成大) : 송나라의 문신 · 시인(1126~1193). 자는 치능(致能). 호는 석호(石湖) · 석호거사(石湖居士). 오현(吳縣) 출신. 황제의 신임이 두터웠으며 금(金)나라에 사절로 갔을 때 부당한 요구에 굴하지 않고 소신을 관철하여 역사가의 찬양을 받았다. 남송을 대표하는 사대시인(四大詩人)의 한 사람으로 청신(淸新)한 시풍으로 유명하다. 저서에 『석호거사시집』 · 『석호사』 등이 있다.

43) **菊**有黃白二種, 而以黃爲正.(『范村菊譜, 後序』) → 有黃白二種, 而以黃爲正.(『松南雜識』)

44) 고경명(高敬命) : 조선 중기의 문신(1533~1592). 본관은 장흥(長興). 자는 이순(而順). 호는 제봉(霽峰) · 태헌(苔軒). 1558년에 장원급제하여 호조좌랑 · 영암군수 등을 역임하였다. 1591년 동래부사로 있다가 서인이 제거될 때 낙향하였다. 임진왜란이 일어나자 광주(光州)에서 모집한 의병을 이끌고 왜군과 싸우다 금산(錦山)에서 전사하여 좌찬성에 추증되었다. 광주의 표충사(表忠祠) 등에 배향되었다. 문집에 『제봉집(霽峰集)』, 저서에 『유서석록(遊瑞石錄)』 등이 있다.

타고난 자태는 백국(白菊) 또한 기이하구나　　天姿白亦奇
세상 사람들 다르다고 보지만　　世人看自別
모두 서리에 굴하지 않는 꽃이라네　　均是傲霜枝[45]

라고 하였다.

대개 사람들은 목단(牧丹)에 대해서는 유독 '꽃[花]'이라고 하면서 국화에 대해서는 또한 다만 '황화(黃花)'라고 말한다.[46]

『이아(爾雅)』에서 "국화는 일명 일정(日精)이라고 한다"[47]라고 하였으니, 복용하면 병을 그치고 수명을 연장시킨다.

『풍속통(風俗通)』에서 "남양(南陽)의 감곡(甘谷)[48]에 대국(大菊)이 있는데, 그 낙수(落水)를 마시는 자는 장수한다"[49]라고 하였다.

자국
紫菊

『이아(爾雅)』에 "마란(馬蘭)[50]이 자국(紫菊)[51]이고 구맥(瞿麥)[52]이 소국

45) 「영황백 이국(詠黃白二菊)」.
46) 규장각본 『松南雜識』과 내용의 출입이 있음.
47) 『爾雅注疏, 卷八』.
48) 감곡(甘谷) : 물 이름. 물맛이 달고 좋으며 마시면 사람을 장수하게 한다.
49) **甘菊**. 風俗通, 南陽**郡酈縣有**甘谷, **其上**有大菊, 水**得其滋液**飮者, **多**壽.(『名義考, 卷九』) → 風俗通**曰**, 南陽甘谷, 有大菊, **落**水飮者壽.(『松南雜識』)
50) 마린(馬藺) : 여실(蠡實)의 별명. 다년생 초본식물(草本植物). 뿌리와 줄기는 거칠고 잎은 선형(線形)이며 꽃은 남색(藍色)이다. 이것을 가지고 종이를 만들 수 있다. 『본초강목(本草綱目), 마린(馬藺)』에 의하면, 자국(紫菊)은 마린(馬藺)의 다른 이름이다. 잎은 난(蘭)과 비슷하지만 더 크고 꽃은 국화 비슷하지만 더 자줏빛인 까닭에 세상에서 큰 것을 의미할 때 붙이는 '마(馬)'자를 더하여 마란(馬蘭)이라고 이름하게 되었다라고 하였다.
51) 자국(紫菊) : 향초(香草)의 일종. 마린(馬藺)의 별명.
52) 구맥(瞿麥) : 식물 이름. 다년생 초본. 잎이 마주 나는데, 좁게 펼쳐진 바늘 모양이다. 여름에 꽃이 피는데 담홍 혹은 백색이다. 씨앗이 보리 같아서 구맥(瞿麥)이라고 한다. 달리 '지면(地麪)'이라고도 한다.

(小菊)이며 조탁묘(鳥啄苗)가 원앙국(鴛鴦菊[53])이며 선복화(旋覆花[54])가 애국(艾菊)이다"[55]라고 하였으니 지금 산국(山菊)·당국(唐菊)·가국(假菊)의 종류이다.

무궁화
木槿

『장자(莊子)』에 "아침의 무궁화[菌]는 그믐과 초하루를 모른다[朝菌不知晦朔]"[56]라고 하였는데, 그 주석에서 "균(菌)은 근(槿)이다. 또 순(橓)이라고도 한다"[57]라고 하였다.

『시경(詩經)』에서 "얼굴이 무궁화 꽃같네[顔如舜華]"[58]라고 하였다.

또 '일급(日及)'이라고 하니 육기(陸機[59])의 부(賦)에서 "일급(日及)이 가지에 있네[日及之在條]"[60]라고 하였다.[61]

---

53) 원앙국(鴛鴦菊) : 풀이름. 『본초강목(本草綱目), 오두(烏頭)』에서 초오두(草烏頭)의 별명이라고 하였다. 『곡유구문(曲有舊聞)』에 의하면 9월에 꽃이 피며 꽃빛이 푸르다고 한다.

54) 선복화(旋覆花) : 금불초(金沸草)라고도 한다. 다년생 초본(草本)이다. 잎은 바늘모양 혹은 길고 가는 둥근 모양이다. 꽃은 황색이고 둥글면서 아래로 덮어 내리는 모양인 까닭에 이렇게 이름 한다.

55) 馬藺爲紫菊, 瞿麥爲小菊, 鳥啄苗爲**鴛**鴦菊, 旋覆花爲艾菊. 爾雅.(『古今事文類聚後集, 卷二十九』) → 爾雅**曰**, 馬藺爲紫菊, 瞿麥爲小菊, 鳥啄苗爲鴛鴦菊, 旋覆花爲艾菊.(『松南雜識』)

56) 『莊子, 逍遙遊』.

57) 一名橓, **槿**, **木**槿也.(『莊子, 逍遙遊』) → 槿也, **又**名橓.(『松南雜識』)

58) 『詩經, 鄭風, 有女同車』.

59) 육기(陸機) : 진(晉)나라 오군(吳郡) 출신. 자는 사형(士衡). 『육사형집(陸士衡集)』·『육평원집(陸平原集)』이 있다.

60) 「탄서부(歎逝賦)」.

61) 或呼爲日及. 陸機賦云, 如日及之在條, 常雖盡而不悟. 潘尼云朝菌者, 詩人以爲舜華, 莊生以爲朝菌. 詩曰, 有女同車, 顔如舜華.(『陸氏詩疏廣要, 卷上之下, 釋木, 顔如舜華』) → 莊子朝菌不知晦朔, 註槿也, 又名橓. 詩云顔如舜華, 又名日及. 陸士衡賦云, 則言日及之在條.(『松南雜識』)

무궁화[木槿]는 우리나라의 풍토에 가장 알맞다. 우리나라에서는 '무궁화(無窮花)'라고 부른다.

대명홍
大明紅

황단[大報壇]을 쌓자 해마다 꽃이 그 위에 절로 피어났다. 두견화(杜鵑花)와 비슷하지만 꽃받침이 크고 척촉화(躑躅花)[62] 같지만 색이 선명하다. 해마다 비록 제철보다 일찍 피어서 2월이면 흐드러지건만, 이름 붙이지 못하여 어거지로 '대명홍(大明紅)'이라고 하였다. 어떤 사람은 '당석죽화(唐石竹花)'라고도 하는데, 그렇지 않다.

석죽화는 우리나라에서 '패랭이꽃[平陽子花]'이라고 한다.

담복
薝蔔

『본초강목(本草綱目)』에서 말하였다.

담복(薝蔔)은 목단(木丹)이다. 또 외자(梔子)라고도 한다. 촉(蜀)에 홍외자(紅梔子)가 있다.

「사마상여전(司馬相如傳)」에서 "선지(鮮支)와 황력(黃礫)[63]"[64]이라고 하였는데, 그 주석에서 "선지(鮮支)는 치자나무[梔子樹]이다"[65]라고 하였다.

---

62) 척촉화(躑躅花) : 철쭉꽃.

63) 황력(黃礫) : 염색에 쓰이는 노란 가루가 나는 나무.

64) 鮮支黃礫.(『前漢書, 卷五十七上, 司馬相如傳 第二十七上』)

65) **師古曰**, 鮮支**卽今支**子樹**也**. **黃礫**, **今用染者**, **黃屑之木也**.(『前漢書, 卷五十七上, 司馬相如傳 第二十七上』)→**註**, 鮮支, **梔**子樹.(『松南雜識』)

또 '임란(林蘭)'이라고 하니, 사령운(謝靈運)의 부(賦)에서 "임란(林蘭)이 눈[雪]을 가까이 하면서도 뻗어났네"라고 하였다. 망기자(望氣者)[66]와 점집의 누런 기운은 바로 치자이다. 불서(佛書)에서 "치자나무 숲에 들어가면 치자꽃 향기만 나고 다른 향기는 나지 않는 것과 같다"[67]라고 하였다.[68]

소식(蘇軾)의 시에서,

여섯 꽃잎 치자 핀 숲 속엔 부처가 앉았고	六花薝蔔林間佛
아홉 마디 창포 자란 돌 위의 신선이 앉았네	九節菖蒲石上仙[69]

라고 하였으니, 대개 꽃잎이 다섯 개 피는 것은 양기(陽氣)에 감응한 것이고, 여섯 개 피는 것은 음기(陰氣)에 감응한 것이다. 하늘의 단엽(端葉)[70]과 눈이 이 꽃과 같다.

---

66) 망기자(望氣者) : 하늘의 구름 기운을 보고 길흉을 점치는 사람.

67) 『유마경(維摩經)』에서 "마치 치자 숲 속에 들어가면 치자의 향기만 맡을 뿐 다른 향기를 맡을 수 없듯이, 이 방에 들어오는 이도 오직 여러 부처님의 공덕의 향내만을 맡을 뿐이다[如入薝蔔林中, 唯嗅薝蔔, 不嗅餘香, 入此室者, 唯聞諸佛功德之香]"라고 하였다.

68) 巵子.〈本經, 中品 釋名, 木丹.〉〈本經. 越桃.〉〈別錄. 鮮支.〉〈綱目. 花名薝蔔.〉〈時珍曰, 巵酒器也. 巵子象之, 故名. 俗作梔. 司馬相如賦云, 鮮支黃爍. 註云, 鮮支卽支子也. 佛書稱其花爲薝蔔. 謝靈運謂之林蘭. 曾端伯呼爲禪友. 或曰薝蔔. 金色非巵子也.〉(『本草綱目, 卷三十六, 木之三』) → 又名梔子, 蜀有紅梔子. 薝蔔曾端伯呼爲禪友, 又名林蘭. 靈運賦, 林蘭近雪而揚猗. 望氣占人家, 黃氣者, 梔子也. 如入薝蔔林中, 聞薝蔔花香, 不聞它香. 佛書.(『韻府羣玉, 薝蔔』) → 本草曰, 木丹, 又梔子. 蜀有紅梔子. 司馬相如傳, 鮮支黃礫. 註, 鮮支, 梔子樹. 又林蘭. 謝靈運賦, 林蘭近雪而揚猗, 望氣者占人家, 黃氣, 乃梔也. 佛書, 如入薝蔔林中, 聞薝蔔花香, 不聞它香.(『松南雜識』)

69) 六**花**薝蔔林間佛, 九節菖蒲石上仙.(『東坡全集, 卷三十, 常州太平寺薝蔔亭』) → 六**出**薝蔔林間佛, 九節菖蒲石上仙.(『松南雜識』)

70) 단엽(端葉) : 눈을 가리킴. 눈을 '육등'이라고 하기 때문에 치자의 여섯 꽃잎과 같다는 의미.

파초
芭蕉

운서(韻書)에서 말하였다.

파저(芭苴)라고 부른다. 꽃받침이 붉은 것을 홍초(紅蕉), 흰 것을 수초(水蕉)라고 한다. 민(閩) 지방 사람들은 그것으로 베를 만드니, 바로 '초갈(蕉葛)'이다. 꽃은 크기가 술잔만 하다. 꿀이 든 것은 '감초(甘蕉)'라고 하니, 영외(嶺外) 지방에서는 과일로 여긴다. 씨의 크기가 대추만 한 것은 '양각초(羊角蕉)'라고 하고, 계란만하고 대략 우유 같은 것은 '우유초(牛乳蕉)'라고 한다.[71]

지금의 파초는 바로 회소(懷素)가 글씨 쓸 때 종이 대신 사용한 것이다.[72]

노덕연(路德延[73])의 시에서,

잎은 사선 그어진 종이 같고	葉如斜界紙
꽃술은 거꾸로 뽑힌 책 같네	心似倒抽書[74]

라고 하였다.

---

71) **芭蕉**名芭苴, 萼紅者紅蕉, 白者水蕉. 閩人**以**爲布, 花大如酒盃, 蜜藏名甘蕉. 子**類羊角者**, **名**羊角**蕉**, **如**雞卵**大類**牛乳者, **名牛乳蕉**. **又有卵蕉 · 麻蕉 · 倭蕉 · 酒蕉 · 鹽蕉 · 粉蕉**. 嶺外**最多**, 以爲果.(『韻府羣玉, 蕉』) → **韻書曰**, 名芭**苞**, 萼紅者紅蕉, 白者水蕉, 閩人爲布, **卽蕉葛也**. 花大如酒盃. 蜜藏名甘蕉. 嶺外以爲果. **其**子**大如**羊角雞卵牛乳者.(『松南雜識』)

72) 회소(懷素)는 당나라의 고승이자 명필인데, 집이 가난하여 종이를 살 돈이 없었기에 고향에 파초 만여 줄기를 심어 두고 여기에 글씨 연습을 하였다고 한다.

73) 노덕연(路德延) : 당나라의 시인. 산동(山東) 관현(冠縣) 출신. 광화(光化) 초에 과거에 급제하였고 천우(天祐) 연간에 습유(拾遺)에 제수되어 하중절도사(河中節度使) 주우겸(朱友謙)의 서기관(書記官)을 역임하였다. 어려서부터 시에 뛰어나 이름이 알려졌다.

74) 「항자경초석도병제(項子京蕉石圖幷題)」.

해당
海棠[75]

팽연재(彭淵材)[76]는 해당화가 향기 없는 것을 한스러워 하였다.[77] 『비요(備要)』에서 "해당화 중에 색도 있고 향기도 있는 것은 오직 촉(蜀) 지방 창주(昌州)의 종자만 그러하다"[78]라고 하였다. 지금 인가에서 떨기나무의 형태로 나는 것은 당리(棠梨)이니, 본래는 들장미로 민간에서는 '매괴화(玫瑰花)'라고 한다.

또 '수사해당(垂絲海棠)'은 가지가 부드럽게 늘어지고 가시가 길며, 꽃은 엷은 홍색을 띤다.[79]

성재(誠齋) 양만리(楊萬里)[80] 시에 이른바,

물결이 없으면 바닥까지 비친 모습 볼 수 있고	無波可照底須窺
버들과 고운 모습 다투어 늘어진 모습도 배웠네	與柳爭嬌也學垂
어둠을 걷어내고 날 개게 하려는 하늘의 뜻이 있어	破曉驟晴天有意
붉은 빛 띠고 새로 햇볕 쬐니 한 뭉치의 실 같구나	生紅新曬一絇絲[81]

가 이것이다.

---

75) 규장각본 『松南雜識』에는 '鳴沙海棠'으로 되어 있음.

76) 팽연재(彭淵材) : 송나라 원풍(元豐) 연간의 인물. 『냉재야화(冷齋夜話)』를 쓴 혜홍(惠洪)이 그의 조카이다.

77) 평연재는 가시가 많은 준치 · 너무 신 금귤 · 향기 없는 해당화를 '세 가지 한스러운 것'이라고 하였다.

78) 有**色**有香. 惟蜀昌州種爲然. 備要. …… 彭淵材三恨, **鰣魚多骨 · 金橘太酸** · 海棠無香.(『韻府羣玉, 海棠』) → 彭淵材恨海棠無香, **而**備要**曰**, 有**花**有香**者**, 惟蜀昌州種爲然.(『松南雜識』)

79) **今江浙間**, **一種**柔枝長蒂, **顏色**淺紅, 垂英**向下**, **如日蔫**, **乃謂之**垂絲海棠.(『山堂肆考, 卷一百九十九, 花品, 海棠花』) → 垂絲海棠, 柔枝長蒂, 淺紅垂英**者**.(『松南雜識』)

80) 양만리(楊萬里) : 남송의 학자 · 시인(1124~1206). 자는 정수(廷秀). 호는 성재(誠齋). 남송 사대가(四大家)의 한 사람으로 경쾌하고 자유롭고 활달한 시체(詩體)가 특징이다. 저서에 『강호집(江湖集)』 · 『퇴휴집(退休集)』 · 『성재역전(誠齋易傳)』이 있다.

81) **生紅**新曬一絇絲.(『誠齋集, 卷八, 詩, 荊溪集, 垂絲海棠』) → **坐香**新曬一絇絲.(『松南雜識』)

지금 장연(長淵)[82]의 해당화는 명사(鳴沙)에 덩굴로 많이 퍼져 있으니, 크기가 술잔만 하고 점점이 붉은 떨기로 피어 있는 것이 바로 진품이다.

고려의 중 상탄(祥坦)의 시에서,

명사십리에 해당화 붉고	鳴沙十里海棠紅
흰 갈매기 쌍쌍이 성근 빗속을 나네	白鷗兩兩飛踈雨

라고 한 말이 이것이다.

사당
沙棠[83]

이백의 시에서 "목란 노에 사당(沙棠) 배로다[木蘭之枻沙棠舟]"[84]라고 하였다.

『유설(類說)』에서 "월(越)지방 사람들은 수전(水戰) 할 때, 해구주(海鷗舟)[85]라는 것이 있는데, 어류(魚流)를 뚫고 가고, 급한 물결이나 파랑(波浪)을 뒤집어 써도 빠지지 아니하니 당노(棠櫓)가 있기 때문이다"[86]라고 하였다.

소설(小說)에서 "곤륜산(崑崙山)에 사당목이 있는데, 노란 꽃이 피고 붉은 열매가 맺는다. 배를 만들면 가라앉지 않고 그 열매를 먹으면 물에 빠지지 않는다"[87]라고 한 말이 이것이다.

---

82) 장연(長淵) : 황해도 지역의 고을 이름. 이곳은 명사십리와 해당화로 유명하다.

83) 사당(沙棠) : 과일나무 이름. 사당나무의 붉은 열매는 맛이 오얏과 같고 씨가 없으며, 재목은 배를 만드는데 쓰인다.

84) 「강상음(江上吟)」.

85) 『松南雜識』에는 '海鶻舟'로 되어 있음.

86) 越人水戰, **凌波赴敵, 則**有海**鷗**舟**名也**. **又曰**, 穿**行魚**流, 浴**波**不溺, 則有棠櫓, **如棠不沈**也.(『類說, 卷六, 海物異名記, 海鷗棠櫓』) → 越人水戰, 有海**鶻**舟, 穿**竹急**流浴**浪**不溺, 則有棠櫓也.(『松南雜識』)

장미
薔薇

『운부군옥(韻府羣玉)』에서 말하였다.

장미는 자미(紫薇)이니, 속명은 '백상(伯庠)' 또는 '후자탈(猴刺脫)'이다. 관청에 이 꽃을 심은 지 오래되었다. 당나라에서는 중서성(中書省)을 '자미성(紫薇星)'이라고 개명하였다. 백거이의 시에서 "자미화(紫微花)가 자미랑(紫薇郎)[88]을 짝했네[紫薇花伴紫薇郎]"라고 하였다.[89]

『습유기(拾遺記)』에서 "원희(元熙) 초년에 민간의 정원에 모두 자미(紫薇)를 심어 압승(壓勝[90])하도록 조서를 내렸다"[91]라고 하였다.[92]

또 붉은 장미는 '우륵(牛勒)' 또는 '우극(牛棘)' 또는 '자홍(刺紅)'이라고 한다.[93]

맹교(孟郊)의 시 「사람을 초대하여 장미를 감상함[邀人賞薔薇]」에서,

붉게 취해서 스스로 지탱하지 못하여	醉紅不自力
몹시도 아름답게 지팡이를 찾는듯하네	狂艶如索扶[94]

---

87) **山海經**, 崑崙**之山**, 有沙棠黃花赤實, **可以禦水**. 食**之**, **使人**不溺.(『佩文韻府, 禦水』) →**小說**, 崑崙有沙棠**木**, 黃花赤實, **爲舟不沉**, 食**其實**不溺.(『松南雜識』)

88) 자미랑(紫薇郎) : 당나라 때 자미성(紫薇省)의 속관인 중서랑(中書郎)의 다른 이름.

89) **草木**紫薇. 俗名伯庠, 又**號**猴刺脫, 省中植此花, **取花**久**也**. 唐改中書省曰紫微省. 紫薇花伴紫薇郎. **白樂天**.(『韻府羣玉, 草木紫薇』) →紫薇, 俗名伯庠, 又猴刺脫. 省中植此花久**矣**. 唐改中書省曰紫微省. **香山詩**, 紫薇花伴紫薇郎.(『松南雜識』)

90) 압승(壓勝) : 부적이나 주술로 사기(邪氣)를 물리쳐 길하게 하는 일.

91) 拾遺記, 元熙**元年**, 詔民間, 園囿皆植紫薇, 以爲壓勝.(『康熙字典, 薇』) →拾遺記, 元熙**初**, 詔民間, 園囿皆植紫薇, 以爲壓勝.(『松南雜識』)

92) 규장각본 『松南雜識』에는 이 부분이 빠져 있음.

93) 薔薇, **又**名牛勒牛棘刺紅.(『韻府羣玉, 微』) →**紅**薔薇, 名牛勒, **又**牛棘, **又**刺紅.(『松南雜識』)

94) 「요인상장미(邀人賞薔薇)」.

라고 하였다. 또 황색과 백색 두 종류가 있는데, 지금 화전(花煎)에 사용하는 꽃이다.

도미

酴醾[95]

운서에서 말하였다.

> 도미(酴醾)는 또한 도미(荼蘼)라고도 한다. 하나의 이삭에 세 잎이 난다. 증조(曾慥)[96]은 '운우(韻友)'라고 하였다. 당나라의 재상(宰相)들이 한식(寒食) 연회에 사용하였던 도미주가 이것이다.

황정견(黃庭堅)의 시에서 "이름은 호리병의 술에서 유래하였네[97]"[98] 라고 하였다.

또,

> 이슬에 젖으니 하랑(何郞)[99]에게 떡국을 먹여 시험했고
>
> 露濕何郞試湯餠[100]

---

95) 도미(酴醾) : 도미주(酴醾酒). 장미과의 만생(蔓生) 관목. 도미주와 같은 색의 꽃이 피는 데서 일컬음.

96) 증조(曾慥) : 송나라의 학자. 자는 단백(端伯). 저서로 『유설(類說)』 50권, 『황송시선(皇宋詩選)』 57권, 『악부아사(樂府雅詞)』 12권, 『습유(拾遺)』 2권 등이 있다.

97) 임연(任淵)이 『산곡내집시주(山谷內集詩注)』에서 도미는 원래 술의 이름인데 꽃의 색이 도미주의 색과 비슷하기에 그대로 꽃의 이름이 되었다고 한다.

98) 名**字**因壺酒.(『山谷集, 卷九, 見諸人唱和酴醾詩輒次韻戲詠』) → 名**姓**因壺酒.(『松南雜識』)

99) 하랑(何郞) : 삼국 시대 위(魏)나라의 부마(駙馬)였던 하안(何晏)을 가리킨다. 그가 준수한 용모로 평소에 꾸미기를 좋아하여 백분(白粉)을 손에서 놓지 않았기에 '화장하는 하랑[傅粉何郞]이라고 불렸다. 후대에는 꾸미기를 좋아하거나 용모가 수려한 청년을 가리키게 되었다.

햇볕에 말리니 순령(荀令)[101]이 화로에 향내를 낸다

日烘荀令炷爐香[102]

라고 하였다.[103]

또 1년 만에 무성하게 자란다. 그렇기 때문에 안절(安節) 유사영(劉士英)[104]에 대해서 상채(上蔡) 사량좌(謝良佐)[105]가 대답하면서 뜰 앞의 도미화(荼蘼花)를 가리켰다.[106]

---

100) 하안은 용모가 준수하고 얼굴이 매우 희고, 화장을 좋아하였다. 위 문제(魏文帝)는 그가 화장을 해서 흴 것이라고 생각하고 여름에 뜨거운 만두국을 먹게 하였다. 만두를 다 먹고 난 후에 땀이 흐르자 옷으로 얼굴의 땀을 닦았는데, 닦을수록 더 희게 되었다고 한다.

101) 순령(荀令) : 후한(後漢) 때 인물인 순욱(荀彧)을 가리킨다. 상서령(尙書令)을 지냈기에 순령(荀令)이라고 하는데, 조조에게 신임을 받았다. 순욱이 어느 날 민가에 앉았는데 사흘 동안 향기가 사라지지 않으니 그를 순령향(荀令香)이라 하였다.

102) 「관왕주부가도미(觀王主簿家酴醿)」.

103) **醿, 酴醿酒名**. 唐宰相寒食宴, 用酴醿酒. **草木, 酴醿, 花名**. 一穎三葉, 曾端伯**十友酴醿**韻友, 亦**作**荼蘼. **賈島詩, 莫教葉落西風後, 荊棘滿庭君始知**. 山谷詩, **日色漸遲風力細, 倚闌偸舞白霓裳**. 又露濕何郎試湯餠, 日烘荀令炷爐香. **又**名姓因壺酒.(『韻府羣玉, **酴醿**』) → **韻書曰**, 亦**名**荼蘼. 一穎三葉, 曾端伯**爲**韻友. 唐宰相寒食宴, 用酴醿酒, **是也**. 山谷詩, 名姓因壺酒. 又露濕何郎試湯餠, 日烘荀令炷爐香.(『松南雜識』)

104) 유사영(劉士英) : 북송의 학자. 자는 원승(元承). 사시(私謚)는 안절(安節).

105) 사량좌(謝良佐) : 북송의 학자(1050~1130). 자는 현도(顯道). 상채(上蔡) 선생이라고도 한다. 정호(程顥) 문하의 네 명의 수제자 중 한 사람이다. 우주의 근원적 이법(理法)을 직관적으로 파악하여 따른다는 정호학설을 이어받아 발전시킴으로써, 남송의 육구연(陸九淵) 심학(心學)의 선구가 되었다.

106) 劉安節, **字元承. 天資近道, 而敏於學問. 嘗從當世賢, 而有道者遊. 始以致知格物, 發其材, 沉涵熟復, 存心養性, 久之. 於是有得. 常曰, 堯舜之道, 不過孝悌, 天下之理, 有一無二. 乃若異端, 則有間矣. 所治二州, 專以仁義敎化, 平易近民. 民有訟委曲, 訓戒之, 俾毋再犯. 或問於**上蔡**曰, 劉子進乎. 曰未見它有進處. 問所以不進者何**? **曰, 只爲未有根. 因**指庭前荼蘼, **曰, 此花只爲有根. 故**一年長盛, 如一年.(『西山讀書記, 卷三十一, 張子之學』) → **又**一年盛長. **故**劉安節, **答謝**上蔡, 指庭前荼蘼**花**.(『松南雜識』)
* 사량좌(謝良佐)는 유사영(劉士英)이 진보하지 못하는 이유는 근본이 없기 때문이라고 말하였다. 그리고 도미꽃은 뿌리가 있기에 일 년이라도 성대하게 피어난다고 비유하였다.

산반

山礬[107]

황정견(黃庭堅) 시의 주석에서 "야인(野人)들은 정화(鄭花)[108]라고 한다. 왕안석(王安石)은 그것으로 시를 짓고 싶었지만 그 이름을 비루하게 생각하였다"[109]라고 하였다.

『운회거요(韻會擧要)』에서 말하였다.

> 어떤 사람은 "이것은 바로 옥예화(玉蘂花)이다"라고 말하기도 한다.[110]

황정견이 '산반화(山礬花)'라고 이름 붙인 것은 염색할 수 있기 때문이었다. 해안의 외딴 곳을 범어로 보타락가산(補陀落伽山)이라 하고 중국말로는 '소백화산(小白花山)'이라고 번역하니, 바로 이 꽃이다. 그렇지 않다면 어떻게 관음노인(觀音老人)이 단정히 앉아서 떠나지 않았을까?

황정견이 「영수선(詠水仙)」[111]에서 산반은 아우이고 매화는 형이로세[山礬是弟梅是兄]"라고 한 말이 이것이다.[112]

---

107) 산반(山礬) : 상록 관목수. 봄에 흰 꽃이 피고 향기가 짙다. 꽃잎을 따서 노랗게 염색을 하는데 명반(明礬)을 섞지 않아도 색을 이루기 때문에 '산반'이라고 한다.

108) 『松南雜識』에는 '椗花'로 되어 있음.

109) 野人號爲**鄭**花, 王荊公嘗欲求此花栽, 欲作詩而陋其名.(『山谷內集詩注, 卷十九, 戲詠高節亭邊山礬花二首』) → 野人號爲**椗**花, 王荊公嘗欲求此花栽, 欲作詩而陋其名.(『松南雜識』)

110) 或云**卽唐**玉蘂花也.(『韻會擧要, 礬』) → 或云玉蘂花也.(『松南雜識』)

111) 원제목은 「王充道送水仙花五十枝欣然會心爲之作詠」.

112) 野人謂椗花. 荊公欲作詩而陋其名. 山谷名山礬**華**, 可染故**名**. 海岸孤絶處, 補陀落伽山, 譯者, 謂小白花山, **疑**卽此花也. 不然, 何以觀音老人端坐不去邪. **谷注**. **又**韻會, 或云, **卽唐**玉蘂花, 山礬是弟梅是兄. **谷**水仙.(『韻府羣玉, 草木山礬』) → **山谷詩註**, 野人謂椗花. 荊公欲作詩而陋其名. 韻會, 或云玉蘂花. 山谷名山礬**花**, 可染故**也**. 海岸孤絶處, 補陀落伽山, 譯者, 謂小白花山, 卽此花也. 不然, 何以觀音老人端坐不去邪. **詠**水仙**云**, 山礬是弟梅是兄.(『松南雜識』)

수선화
水仙花

『화보(花譜)』에서 "잎이 하나인 것을 '금잔은반(金盞銀盤)'이라고 부르는데, 꽃술이 진한 황색이다. 꽃잎이 천 개인 것도 있는데, 꽃 조각이 주름지게 말려 있고 빽빽하게 뭉쳐져 있으며 아래는 연황색이고 위는 옅은 백색이라야 이것이 진짜 수선화(水仙花)이다"113)라고 하였다.

지금 부귀한 집안에서는 중국에서 은을 주고 사다가 동짓달에 주발물에 담아서 홍매(紅梅)와 백매(白梅) 곁에 두는데 푸른 것도 그렇게 한다. 제주도 해변가에도 수선화가 있는데, 모양이 마늘[蒜]같기 때문에 '수산화(水蒜花)'라고 한다.

금사화
禁蛇花

우리나라에서는 '양귀비(楊貴妃)'114)라고 한다. 또 '석웅황화(石雄黃花)'라고 하는데 색깔과 냄새가 석웅황(石雄黃)115)과 유사하기 때문이다. 또 '금사화(禁蛇花)'라고도 한다.

---

113) 單葉者, 呼金盞銀盤, 心深黃. 有千葉者, 花片**捲縐**密蹙, 下輕**黃**, **上**淡白, 此眞水仙.(『華夷花木鳥獸珍玩考, 花木考, 卷一, 水僊花』) → 單葉者, 呼金盞銀盤, 心深黃. 有千葉者, 花片**捲縐**密蹙, 下輕**黃**, **上**淡白, 此眞水仙.(『韻府群玉, 水仙花』) → **譜曰**, 單葉者, 呼金盞銀盤, 心深黃, 有千葉者, 花片**縐捲**密蹙, 下輕**上黃**淡白, 此眞水仙.(『松南雜識』)

114) 양귀비(楊貴妃) : 앵속(罌粟) · 어미(御米) · 상곡(象谷) · 미낭(米囊) · 낭자(囊子)라고도 한다. 터키와 이란이 원산으로, 진통 · 진정 · 이질 · 지사에 효과적이다. 민간에서 과실과 전초를 분리해 두었다가 응급 질환에 활용했다.

115) 석웅황(石雄黃) : 광물(礦物)의 일종으로 비소(砒素)를 주성분으로 하는 화합물이다. 웅황(雄黃) · 석황(石黃) 등으로 불린다.

설토화

雪吐花[116]

내가 지은 시에,

석 달 겨울의 눈을 배불리 먹고	飽喫三冬雪
묵은 그루터기에 의지한 몇 가지	數枝依古査
봄바람 부는 날 울긋불긋한 속에서	春風紅綠裏
흰색을 토해 내서 꽃을 만들었네	吐出白爲花

라고 하였다.

옥잠화

玉簪花[117]

우리나라 이개(李塏)[118]의 시에,

군옥산(群玉山) 머리엔 마고(麻姑)가 나타나고	麻姑[119]群玉山頭見
요대(瑤臺)의 달빛 아래 천녀가 노니네	天女瑤臺月下遊
예상(霓裳) 춤 추고나자 구름비단 어지러운데	舞罷霓裳[120]雲錦亂
돌아오면서 취해서 떨어뜨리고 거두지 못하였네	歸來醉墮不曾牧[121]

116) 설토화(雪吐花) : 불두화(佛頭花)이다. 인동과의 백당나무의 한 품종으로 백당나무와 비슷하지만 꽃이 모두 무성화(無性花)이다. 주로 절에서 관상용으로 재배한다.

117) 옥잠화(玉簪花) : 물옥잠과의 다년초. 연못에 관상용으로 심으며, 꽃이 피기 전의 모양이 옥비녀와 비슷하다.

118) 이개(李塏) : 조선전기의 문신(1417～1456). 본관은 한산(韓山). 자는 청보(淸甫)·백고(伯高). 호는 백옥헌(白玉軒). 사육신(死六臣)의 한 사람. 시호는 의열(義烈)이었는데 뒤에 충간(忠簡)으로 개시(改諡)하였다. 문과에 급제하여 직제학(直提學)이 되었지만 성삼문(成三問)·박팽년(朴彭年) 등과 단종의 복위를 꾀하다가 발각되어 처형되었다.

119) 마고(麻姑) : 전설상의 선녀 이름.

120) 예상(霓裳) : 당나라의 현종(玄宗)이 꿈에 천상에 가서 배워왔다는 온 춤 이름.

라고 하였으니, 묘하다.

이 꽃의 뿌리를 씹으면 앓던 이가 빠진다고 한다.

옥전패
玉篆牌

『화보(花譜)』에서 "당나라 왕원보(王元寶)[122]의 꽃이름이다"[123]라고 하였다.

촉규화
蜀葵花

『이아(爾雅)』에서 "견(菺)은 융규(戎葵)이다"[124]라고 하였는데, 그 주석에서 "지금의 촉규화(蜀葵花)[125]이다"[126]라고 하였다.

『화보(花譜)』에서 "꽃은 무궁화 같고, 흰색·황색·홍색·자주색 꽃이

---

121) 『東文選, 卷之二十二, 七言絶句, 玉簪花』.

122) 왕원보(王元寶) : 당나라의 큰 부호(富豪). 금은으로 옥벽(屋壁)을 만들고 그 외부는 홍니(紅泥)로 발랐다. 또 집 안에 한 채의 예현당(禮賢堂)이 있는데, 침향목(沈香木)·단향목(檀香木)으로 마루를 만들고 무부(碔砆)로 지면(池面)을 깔고 금문석(錦文石)으로 주추를 만들었으며, 동선(銅線)으로 돈[錢]을 꿰어 후원 꽃길[花徑]에 깔았으니, 이는 비가 와도 미끄럽지 않게 하기 위함이다. 이에 사방의 빈객(賓客)들이 마치 자기집 찾아들듯 했으므로 사람들이 왕가(王家)의 부굴(富窟)이라 했다.

123) 王元寶花名**有玉篆牌**.(『韻府群玉, 玉篆牌』) → **譜曰**, **唐**王元寶花名**也**.(『松南雜識』)

124) 菺, 戎葵.(『爾雅注疏, 卷八』)

125) 촉규화(蜀葵花) : 접시 꽃. 아욱과의 여러해살이풀. 줄기는 높이가 2미터 정도이며, 잎은 어긋나고 심장 모양으로 가장자리에 5~7개로 갈라지고 톱니가 있다. 6~8월에 접시 모양의 크고 납작한 꽃이 총상 꽃차례로 피고 열매는 평평한 원형이다. 뿌리는 약용하고 원예 화초로 재배한다. 중국이 원산지로 한국, 일본 등지에 분포한다.

126) 今蜀葵**也**. **似葵華**, 如木槿.(『爾雅注疏, 卷八』) → 今蜀葵**花**, **譜曰**, **花**如木槿.(『松南雜識』)

모두 있다. 붉은 것은 '일장홍(一丈紅)'이라고 부른다. 또 '금규(錦葵)'는 바로 '융규(戎葵)'이니, 꽃이 작고 잎은 둥글다. 또 '전규(錢葵)'는 총생(叢生)이며 키가 작다. 또 어떤 종류는 꽃잎이 천 개여서 사랑할 만하다"127)라고 하였다.

해바라기
向日花

『춘추좌전(春秋左傳)』에 "포장자(鮑莊子)의 지혜는 해바라기만 못하구나. 해바라기도 오히려 그 뿌리를 보호할 줄 알거늘"128)이라고 하였다.

조식(曹植)이 "마치 해바라기의 기울어진 잎과 같아서 태양이 비록 빛을 돌리지 않지만 그것을 향하는 것은 정성입니다"129)라고 하였는데, 그 주석에서 "해를 향하여 뿌리를 비추게 하지 않는다"130)라고 하였으니 칡이 뿌리를 보호하는 것과 같다.

근래에 어떤 종자가 중국에서 들어 왔으니 '당해바라기[唐向日花]'라고 한다. 그 꽃으로 물을 들이면 송화색(松花色)이 되고, 그 잎으로 물들

---

127) 花如木槿, 白黃紅紫, 皆有. 紅者, 號一丈紅, 錦葵, 花小葉圓, **亦名**戎葵. 錢葵, 叢低. 又一種千葉, 可愛.(『韻府羣玉, 蜀葵』) → **譜曰**, 花如木槿, 白黃紅紫, 皆有**之**. 紅者, 號一丈紅, **又**錦葵, **卽**戎葵, 花小葉圓. **又**錢葵, 叢低, 又一種千葉, 可愛.(『松南雜識』)

128) **仲尼曰**, 鮑莊**子**之**知**, 不如葵, 葵猶能衛其足.(『春秋左傳注疏, 卷二十八, 成公十七年』) → **左傳曰**, 鮑莊之**智**, 不如葵, 葵猶能衛其足.(『松南雜識』)
* 경극(慶克)이 성맹자(聲孟子)와 간통한 사실을 안 포장자(鮑莊子)가 이를 국무자(國武子)에게 고하니 국무자가 경극을 꾸짖었다. 이를 안 경극의 부인이 국무자에게 참언을 올렸으므로 포장자가 다리를 끊기는 형벌을 받았다. 이에 대하여 공자가 "포장자의 지혜는 해바라기만 못하다. 해바라기는 충성을 해도 오히려 그 뿌리[足]를 보호하거늘"이라고 하였다.

129) 「구통친친표(求通親親表)」.

130) **若**葵藿之傾葉, 太陽雖不**爲之**回光, 然向之者誠也.(『魏志, 卷十九, 陳思王植』) → **傾陽葵**, 葵藿之傾葉, 太陽雖不回光, 然向之者誠也. **曹枝表**. **葵葉**向日, 不令照根.(『韻府羣玉, 葵』) → **曹植曰**, 葵藿之傾葉, 太陽雖不回光, 然向之者誠也. **註**. 向日不令照根.(『松南雜識』)

이면 초록색이 되고, 그 씨를 볶아서 물들이면 검향색(黔香色)이 된다. 오배자(五倍子)[131]를 넣으면 당홍색(唐紅色)[132]이 되고, 검금(黔金)[133]을 넣어서 양색단(兩色緞)[134]을 만들고 백반(白礬)에 섞은 식초를 넣어서 자주색(紫紬色)을 만든다. 당청화(唐靑花)의 뿌리로 물들이면 궁초색(宮綃色)이 되고, 상청화(常靑花)의 뿌리로 물들이면 황단색(黃段色)이 된다. 바싹 볶고 백반을 많이 넣으면 아청색(鴉靑色)이 된다. 칼을 간 숫돌의 찌꺼기를 넣으면 회색이 되고 양색단을 물들인 후에 사람 오줌을 넣으면 목람(木藍)[135] 옥색(玉色)이 된다.

기미년 구월에 괴질(怪疾)이 퍼졌을 때, 이 꽃 때문이라고 와전되어 모두 뽑아 버렸으니, 염색집에서 팔아먹지 못했기 때문인 듯하다. 그 씨를 닭이 먹고 그 닭을 사람이 먹으면 죽는다고 하니 독성도 매우 강하다.

옥예화
玉蘂花

주필대(周必大)[136]의 「제옥예화(題玉蕊花)」에서 말하였다.

모양은 도미화(荼蘼花)와 같고, 수염은 흰 실과 같다. 위에는 좁쌀 같은 줄줄이 달려 있으며 화심(花心)에는 따로 호리병 같은 푸른 통이

---

131) 오배자(五倍子) : 붉나무 벌레집. 입병・치통・치질 등의 약재. 또는 염료용・잉크 제조용으로 쓰임.

132) 당홍색(唐紅色) : 자주색을 띈 붉은 색.

133) 검금(黔金) : 황산 제일철. 철의 황산염의 하나. 철을 묽은 황산에 녹여서 만든 녹색 결정 물질로, 잉크・안료・의약・매염제 따위로 쓴다. 녹반(綠礬)・유산 제일철・조반(皁礬)・청반(靑礬)・흑반(黑礬).

134) 양색단(兩色緞) : 서로 다른 두 가지 빛깔의 씨와 날로 짠 비단.

135) 목람(木藍) : 다년생 풀이름. 염료로 사용 됨.

136) 주필대(周必大) : 남송(南宋)의 문신. 여릉(廬陵) 출신. 벼슬은 좌승상(左丞相)에 이르고 익국공(益國公)에 봉해졌음.

있다. 그 속에서 한 떨기 꽃이 꽃술 위로 솟으며, 위로 퍼드러져서 십여 개의 꽃술이 되니 마치 옥을 깎아 놓은 듯하다.

양만리(楊萬里)의 시에 "한 줄기 불꽃이 거꾸로 매달린 옥 호리병 같다[孤焰仍懸玉胆瓶]"137)라고 한 말이 그것이다. 강병(康駢)138)의 『극담록(劇談錄)』에서 "당창관(唐昌觀)139)에 이 꽃이 있다. 원화(元和)140) 연간에 어떤 여자가 말을 타고 가면서 종자에게 꽃을 꺾어 오게 하였는데 잠시 뒤에 허공에 떠 올랐다. 그것을 구경하던 사람들은 그제야 그것이 신선의 유람이라는 것을 깨달았는데, 남은 향기가 몇 달 동안 사라지지 않았다고 한다"141)라고 하였다.

소형화
素馨花

옛 이름은 '나실명(那悉茗)'이다. 화판(花瓣)이 네 장이며 황색과 백색

---

137) 송나라 양만리(楊萬里)의 시 「한등(寒燈)」.
 *『松南雜識』에는 '정송창(鄭松窓)의 시'로 되어 있음.

138) 강병(康駢) : 당나라 지양(池陽) 출신. 자는 가언(駕言). 진사에 합격하여, 숭문관교서랑(崇文館校書郎)에 이르렀다. 저서에 『극담록(劇談錄)』이 있다.

139) 당창관(唐昌觀) : 저택 이름. 서안부(西安府) 안업방(安業坊)에 있다. 그 안에는 옥예화가 있다. 명나라 당창공주(唐昌公主)가 심은 꽃으로 늘 꽃이 피면 구슬로 숲과 나무를 만든 듯하였다.

140) 원화(元和) : 당나라 헌종(憲宗) 연간의 연호(806~819년).

141) 狀如荼蘼花, 鬚如氷絲. 上綴金粟, 花心別有碧筩如膽甁, 中**別**抽一英, 出衆**鬚**上, 散爲十餘蘂, 猶刻玉然. 周必大題. **唐長安**, 唐昌觀有之. 元和中, 有女子**年可十七八**, 乘馬, **容色出衆**, **從以二女**, **冠三小僕**, **異香分馥**, **直造花前**, **良久令小僕**, 取花**數枝**, **而出觀者如堵**, 須臾在半空**矣**. 方悟神仙之遊, 餘香不散者累月. 康駢劇談.(『韻府羣玉, 花木玉蘂』) → 周必大題**曰**, 狀如荼蘼花, 鬚如氷絲, 上綴金粟, 花心別有碧筩如膽甁, 中抽一英, 出衆上, 散爲十餘蘂, 猶刻玉然. **鄭松窓詩孤燄如懸玉膽甁**, **是也**. 康駢劇談**云**, 唐昌觀有之, 元和中, 有女子乘馬取花, 須臾在半空, 方悟神仙之遊, 餘香不散者累月**云**.(『松南雜識』)

이 있다. 몸체는 덩굴로 되어 있고 잎은 작다.

『구산지(龜山志)』에서 "옛날 유씨(劉氏) 집안에 소형(素馨)이라는 시녀가 있었는데, 그녀의 무덤 위에 이 꽃이 피었기 때문에 그런 이름을 붙였다고 한다"[142]라고 하였다.

경화
瓊花

『운부군옥(韻府羣玉)』에서 말하였다.

> 양주(揚州)의 후토신(后土神) 사당에 이 꽃이 있다. 어떤 사람은 "당나라 때부터 이 꽃을 심었으니 구양수의 무쌍정(無雙亭)[143]이 이것이다"라고 하였다. 소흥(紹興)[144] 신사년(1161)에 오랑캐가 그 뿌리를 걸어두고 갔는데, 이듬해 2월 한밤중에 우레가 치고 비가 오더니 다음날 아침에 세 개의 싹이 났다.[145]

---

142) **素馨花**, 舊名那悉茗. **詳見茉莉花**. 四瓣有黃白, 藤身葉小. 昔劉家**有**侍女名素馨, **其冢**上, 生此花因名. 龜山志.(『韻府羣玉, 馨』) → 舊名那悉茗. 四瓣有黃白, 藤身葉小. 龜山志**曰**, 昔劉家侍女名素馨**者**, **塚**上生此花因名**云**.(『松南雜識』)

143) 무쌍정(無雙亭) : 송나라 구양수가 세웠다. 감천현(甘泉縣)에 있는데, 경화(瓊花)가 천하에 무쌍(無雙)하기 때문에 이렇게 이름하였다.

144) 소흥(紹興) : 남송(南宋) 고종(高宗)의 연호. 1131~1162년.

145) 楊州后**上**祠有之. 或云, 自唐所植. **天下無雙**, 永叔, **作**無雙亭. **劉原父詩序**, **孫冕過維揚**, **謂山中甚多**, **盖誤入仙苑耳**. **廣陵志**. **杜游云**. 紹興辛巳**之變**, **敵揭**其本而去, **老道士言**, **敵退**, **旁有一小根**, **剔其皮**, **投火**, **臭達於鼻**, **日往護之**. 明年二月, 夜**中**大雷雨, 詰朝, 三蘗**從此**出**矣**.(『韻府羣玉, 瓊花』) → 楊州后土祠有之. 或云, 自唐所植, 永叔無雙亭, **是也**. 紹興辛巳, **虜揭**其本而去, 明年二月, 夜大雷雨, 詰朝三蘗出.(『松南雜識』)

금전화
金錢花

『유양잡조(酉陽雜俎)』에서 말하였다.

양(梁)나라 예주(豫州)의 아전들이 돈내기 쌍륙(雙六) 놀이 하다가 돈이 떨어지면 금전화(金錢花)로 서로 충당하였기에, 어홍(魚弘)[146]이 "꽃을 얻는 것이 돈을 얻는 것보다 낫네"[147]라고 하였다.

『백씨집시(百氏集詩)』에서 "금전화로 도리어 빈곤을 구제할 수 있지는 않을까?[不知還解濟貧無]"[148]라고 하였다.

또 『오대사(五代史)』에서 "정지(淀池)의 한금화(旱金花)는 크기가 손바닥만 하다"[149]라고 하였다.

지금 '인동화(忍冬花)'[150]를 '금은화(金銀花)'라고 하는데, 색깔이 금빛 같기도 하고 은빛 같기도 하기 때문이다.

---

146) 어홍(魚弘) : 남조(南朝) 송나라 사람. 호방한 성격과 사치로 유명하다.
*『松南雜識』에는 '魚洪'으로 되어 있음.

147) **金錢花, 一云本出外國, 梁大同二年, 進來中土.** 梁**時**, **荊**州掾屬, 雙陸賭金錢, 錢盡以金錢花相足. 魚**弘**謂**得**花勝**得**錢.(『酉陽雜俎, 卷十九, 廣動植類之四, 草篇』)→梁**豫**州掾屬, 雙陸賭金錢, 錢盡以金錢花相足, 魚**洪**謂花勝錢.(『松南雜識』)

148) 피일휴(皮日休)의 「금전화(金錢花)」.

149) 又二日至湯城淀地, 氣最溫. 契丹苦大寒則就溫于此, 其水泉淸冷, 草軟如茸, 可藉以寢而多異花. 記其二種, 一曰旱金, 大如掌, 金色爍人. 一曰靑囊, 如中國金燈, 而色類藍可愛.(『五代史, 卷七十三, 四夷附錄, 第二』)→**旱金**. 五代史**四夷附錄**. **湯城**淀池, **氣最溫**, **多異花**, **一曰**旱金. 大如掌, **金色爍人**.(『佩文韻府, 旱金』)→五代史, 淀池旱金**花**大如掌.(『松南雜識』)

150) 인동화(忍冬花) : 인동과의 반상록 덩굴성 식물. 잎은 마주나고 긴 타원형이다. 전체에 짧은 갈색 털이 나고 초여름에 잔꽃이 피는데 흰색에서 노란색으로 변한다. 열매는 가을에 검은색으로 익으며 줄기 · 잎 · 꽃은 종기나 매독, 임질, 치질 치료의 약재로 쓴다. 한국, 일본, 중국 등지에 분포한다. ≒겨우살이덩굴 · 금은등 · 금은목 · 금차고 · 노사등 · 노옹수 · 밀보등 · 수양등 · 원앙등 · 인동덩굴 · 인동초 · 좌전등 · 통령초.

말리화

茉莉花

『옥편(玉篇)』에서 "말리화(茉莉花)와 소형화(素馨花)는 모두 호인(胡人)들이 서국(西國)에서 들여와 남해(南海)에 옮겨 심은 것이다"라고 하였다. 육가(陸賈)[151]의 기(記)에 "남월(南越) 지역에는 오곡도 맛이 없고 모든 꽃이 향기가 없건만, 오직 이 두 꽃만은 풍토에 따라 변하지 않았다"라고 하였다. 소식이 담이(儋耳)[152]로 귀양을 갔다가 여족(黎族)[153] 여인들이 다투어 말리화를 머리에 꽂는 것을 보고 장난삼아 지은 시에서 "그윽한 향기 풍기는 사람 말리화를 비녀삼아 꽂았네[暗麝著人簪茉莉]"[154]라고 하였다.

두보의 시에서,

뜰 앞의 붉은 말리화	庭中紅茉莉
겨울 되니 비로소 무성하다	冬月始葳蕤[155]

라고 한 말이 이것이다.[156]

---

151) 육가(陸賈) : 한(漢)나라 초기 사람. 말 재주가 있었으며, 고조를 도와 천하를 평정하였다. 남월(南越)에 사신으로 가서 남월왕 조타(趙佗 = 尉佗)를 회유하고 돌아와서 태중태주(太中大夫)에 이르렀다.

152) 담이(儋耳) : 지금의 해남도(海南島)에 있던 고대 국가.

153) 여족(黎族) : 여민(黎民). 종족이름. 해남도(海南島)에 살던 민족.

154) 東坡謫儋耳, 見黎女**簪茉莉**, 戱云, 暗麝著人簪茉莉. 〈**大全集**.〉(『全芳備祖前集, 卷二十五, 茉莉花, 雜著』) → 東坡謫儋耳, 見黎女**競簪之**, 戱**詩**云, 暗麝著人簪茉莉.(『松南雜識』)

155) 庭中紅茉莉, 冬月始葳蕤. 〈少陵〉(『全芳備祖前集, 卷二十五, 茉莉花, 五言散句』)

156) **茉莉**, **此二字**, **諸韻不收**. **惟玉篇**, **音莉**, **爲力奚反**. **註**, **藥名**, **令附收於此**. 茉莉與素馨, 皆胡人, 自西國移植南海. 陸賈**南國行紀**曰, 南越, 五穀無味, 百花不香, 獨此二花, 不隨水土而變. ……東坡謫儋耳, 見黎女競簪之, 戱云, 暗麝著人簪. **大全**. 杜詩, 庭中紅茉莉, 冬月始葳蕤.(『韻府群玉, 茉莉』) → **玉篇曰**, 茉莉與素馨, 皆胡人, 自西國移植南海. 陸賈**記**曰, 南越, 五穀無味, 百花不香, 獨此二花, 不隨水土而變. 東坡謫儋耳, 見黎女競簪之, 戱**詩**云, 暗麝著人簪**茉莉**. 杜詩**云**, 庭中紅茉莉, 冬月始葳蕤.(『松南雜識』)

함태화
含胎花

운서에서 "두관초(豆蔻草)는 본래 월남에서 난다"[157]라고 하였다.

『본초강목(本草綱目)』에서 "산강화(山薑花) 중에서 두관화와 비슷하면서 꽃이 피지 않은 것을 '함태화(含胎花)'라고 한다"[158]라고 하였다.

옛사람들은 시에서 '두관 가지 끝[豆蔻梢頭]'이라는 구절을 많이 사용하여 소녀에 비유하였다.

두목(杜牧)[159]은 시에서,

열세 살 남짓 아리따운 아가씨	娉娉嫋嫋十三娘
이 월 초 두관 가지 끝 같구나	豆蔻梢頭二月初[160]

라고 하였다.

서향화
瑞香花

『청이록(淸異錄)』[161]에서 말하였다.

---

157) 豆蔻草, 實生交趾.(『韻府羣玉, 蔻』)

158) **亦與**豆蔻花**相似而微小爾. 花生葉間, 作穗如麥粒, 嫩紅色. 南人取其**未大開者, 謂**之**含胎花.(『本草綱目, 卷十四, 草之三, 山薑』) → 豆蔻花未開者, 謂含胎花.(『松南雜識』)

159) 두목(杜牧) : 당나라의 시인. 자는 목지(牧之), 호는 번천(樊川). 시가 정치(情致)하고 호매(豪邁)하여 '소두(小杜)'라고 불려서 두보에 비견되었다. 저서에 『번천집(樊川集)』이 있다.

160) 「증별(贈別)」.
* 娉娉**裊裊**十三**餘**, 豆蔻梢頭二月初.[杜牧](『全芳備祖後集, 卷二十九, 肉豆蔻, 七言散句』) → 娉娉**嫋嫋**十三**娘** 豆蔻梢頭二月初.(『松南雜識』)

161) 청이록(淸異錄) : 송나라의 도곡(陶穀)이 편찬한 책. 총 2권. 당나라와 오대(五代)의 새로운 이야기를 모아 37문(門)으로 분류하고 표제(標題)와 그에 대한 주석을 붙이는

여산(廬山)의 어떤 중이 돌 위에서 낮잠을 자다가 꿈속에서 꽃향기를 맡았다. 잠을 깨고 향기 나는 곳을 찾다가 이 꽃을 찾았다. 그래서 '수향(睡香)'이라고 이름을 붙였다. 사방에서 기이하게 여겨서 꽃 중에서 상서(祥瑞)로운 것이라고 하여 마침내 '수(睡)'자를 '서(瑞)'자로 바꾸었다.[162)]

운서(韻書)에서 말하였다.

잎과 꽃에 따라 몇 종류가 있는데, 비파모양의 잎을 한 것은 열매를 맺는다. 황색과 자색 두 종류가 있다. 증조(曾慥)가 '수우(殊友)'라고 부른 꽃이 이것이다. 송나라 초기에 처음으로 여산(廬山)에서 나왔는데 눈 속에서 꽃이 피며, 높이는 서너 자이며 꽃술에서 진한 향기가 난다.
송시(宋詩)에서,

빽빽한 천만 개의 잎 속에	森森千萬葉
둥글게 싸인 두세 송이꽃	旋旋兩三花[163)]

이라고 하였다.[164)]

형식을 취하였다.

162) **睡香**. 廬山**瑞香花**, **始緣**一比丘, 晝寢**磐**石上, 夢中聞花香**烈酷**, **不可**名. 旣覺, 尋香求之, 因名睡香. 四方奇之, 謂乃花中祥瑞, 遂以瑞易睡.(『淸異錄, 卷上, 睡香』)→廬山一比丘, 晝寢石上, 夢中聞花香, 旣覺, 尋香求之, 因名睡香. 四方奇之, 謂乃花中祥瑞, 遂以瑞易睡.(『松南雜識』)

163) 양만리(楊萬里)의 「서향화신문(瑞香花新聞)」.

164) **瑞香花**, 葉花數種, 枇杷葉者結子, 出廬山**之成都**. **高數尺**, **有**黃紫二色. 曾端伯, 呼爲殊友, **吟詠**森森千萬葉, 旋旋兩三花.(『韻府羣玉, 香, 草木』)→葉花數種, 枇杷葉者結子, 黃紫二色. 曾端伯, 呼爲殊友, **是也**. **宋初**, **始**出**於**廬山, **雪裏開花**, **樹**高**三四**尺, **花葉香烈**, **宋詩**, 森森千萬葉, 旋旋兩三花.(『松南雜識』)

또,

동지 후 봄 오기 전 일반 꽃과 다르나니　　臘後春前別一般
매화의 고담(枯淡)과 수선화의 서늘함일세　　梅花枯淡水仙寒[165]

라고 하였다.

여춘
麗春[166]

묵재(默齋) 유구언(游九言)[167]이 "바로 금릉춘(金陵春)이니, 앵속(罌粟)[168]의 별종이다. 홍색 · 자색 · 백색 · 황색이 모두 있고 강소성(江蕭省)과 절강성(浙江省)에서 모두 나는데, 유독 금릉춘(金陵春) 만은 다르다고 한다"[169]라고 하였다.

지금 금성초(錦城草)는 금성(錦城)에서 왔기 때문에 그런 이름이 붙은 것인가?

---

165) 장효상(張孝祥)의 「서향(瑞香)」.
166) 여춘(麗春) : 개양귀비. 우미인초(虞美人草).
167) 유구언(游九言) : 송나라 사람. 건양(建陽) 출신. 자는 성지(誠之). 시호는 문정(文靜). 장식(張栻)을 사사하였으며, 감문사원(監文思院)에 들어갔다. 관직은 형악선무참모(荊鄂宣撫參謀)에 이르렀다. 저서에 『묵재유고(默齋遺稿)』 2권이 있다.
168) 앵속(罌粟) : 양귀비(楊貴妃). 양귀비과의 이년초. 덜 익은 열매에 상처를 내어 받은 즙으로 아편을 만듦.
169) 游默齋云, 金陵麗春罌粟別種也. 紫白黃皆有, 江浙皆有之. 獨金陵者異.(『韻府羣玉, 麗春』)→游默齋云, **卽**金陵春罌粟別種也. **紅**紫白黃皆有**之**, 江浙. 獨金陵**春**者, 異**云**.(『松南雜識』)

양공화
亮功花

당·송의 교체기에 어떤 사람이 양공화(亮功花)를 심었다. 그 꽃이 갑자기 시들어 죽자 그 사람이 멀리 귀양을 갔으며, 꽃이 갑자기 다시 피자 사면(赦免)을 받았다. 그래서 지금 복직되는 것을 '양공화가 다시 붉어졌다'라고 한다.

삼화수
三花樹

『수진기(修眞記)』에서 "한(漢)나라의 도사(道士)가 외국에서 패다(貝多)[170]의 씨를 가져다가 숭산(嵩山) 아래에 심었다. 1년에 세 번 꽃이 피는데, 흰색이고 향기가 아름답다"라고 하였다. 형사도(邢似道)의 시에 "두건에 삼화수를 일찍 꽂았네[頭巾早掛三花樹]"라고 하였다.[171]

서역에서는 경전을 대부분 패다(梖多)의 잎에 쓴다.

『유양잡조(酉陽雜俎)』에서 말하였다.

> 마가타국(摩伽他國)에서 나며, 겨울이 지나도록 시들지 않으니, 그 잎을 따서 글씨를 쓴다. 또 '사유수(思惟樹)'라고도 하니, 어떤 사람이 패다수(梖多樹) 아래에 앉아서 생각[思惟] 하였기 때문에 그렇게 이름을 붙였다.[172]

---

170) 패다(貝多): 나무이름. 옛날 인도에서는 이 나무의 잎에 경문(經文)을 썼다고 한다. 인신하여 '불경(佛經)'을 의미하기도 한다.

171) **李贈嵩山焦鍊師**, **三花明素烟**, 頭巾早掛三花樹, 邢**君實**詩, **頭巾結頂聚三花**, 修眞**說**, 漢道士, 自外國, 將貝多子於嵩山下種之, 一年三花, 白色香美.(『韻府羣玉, 三花』) →修眞**記云**, 漢道士, 自外國, 將貝多子, 於嵩山下種之, 一年三花, 白色香美. 邢**似道**詩, 頭巾**早掛**三花**樹**.(『松南雜識』)

또 남인도 건나보라(建那補羅) 북쪽에 다라수(多羅樹)가 삼십 여리에 뻗쳐 있다. 그 잎은 길고 넓으며 그 색은 광택이 난다. 여러 나라에서 글씨를 쓸 때 따서 사용한다.[173]

선비화수
仙飛花樹

문천(文川)의 도창사(道昌寺)에 큰 나무가 있는데, 홍무(洪武)[174] 무진년(1388)에 말랐다가 신미년(1391)과 임신년(1392)에 다시 가지가 뻗고 무성하게 자랐다. 이것은 바로 한나라 때 말라 죽었던 버드나무가 다시 살아난 것과 일치했다. 당시 사람들이 조선이 개국할 조짐이라고 여겼다.[175]

『택리지(擇里志)』에서 말하였다.

의상(義相)[176]대사가 부석사(浮石寺)의 불당 앞 마른 섬돌에 짚고 다

---

172) 菩提樹. 出摩伽陀國, 在摩訶菩提寺. 蓋釋迦如來成道時樹, 一名思惟樹. 莖幹黃白, 枝葉靑翠, 經冬不凋.(『酉陽雜俎, 卷十八, 木篇, 菩提樹』) → **梖多木**, 出摩伽佗國, **長六七丈**, 經冬不彫, 取其**皮**書**之**. **本作貝**, **俗作梖**. **廣州記**, **嵩寺忽有**思惟樹, **卽貝多也**. 有人坐**貝**多樹下思惟, 因以名焉.(『康熙字典, 梖』) → 出摩伽佗國. 經冬不彫, 取其**葉**, **寫**書. **又**名思惟樹, 有人坐**梖**多樹下思惟, 因以名焉.(『松南雜識』)

173) 城北不遠有多羅樹林, 周三十餘里. 其葉長廣, 其色光潤, 諸國書寫, 莫不採用.(『大唐西域記, 卷十一』) → 又南印建那補羅**國**北, 有多羅樹株三十餘里, 其葉長廣, 其色光潤, 諸國書寫采用之. **見西域記**.(『康熙字典, 多』) → 又南印建那補羅北, 有多羅樹株三十餘里, 其葉長廣, 其色光潤, 諸國書寫采用之.(『松南雜識』)

174) 홍무(洪武) : 명 태조의 연호. 1368~1398년. 이때부터 일세일원제(一世一元制)가 확립되었다.

175) 道昌寺, **在郡南八里**. **寺中**有大樹. 洪武辰**年**盡枯, 至辛未壬申年, 復條達敷榮. 此正與漢**時**僵柳更生, 同符. 時人以爲本朝開國之兆. **今廢**.(『新增東國輿地勝覽, 第四十九卷, 咸鏡道, 文川郡』) → **文川**道昌寺, 有大樹. 洪武**戊**辰盡枯, 至辛未壬申年, 復條達敷榮. 此正與漢僵柳更生, 同符. 時人以爲本朝開國之兆.(『松南雜識』)

176) 의상(義湘/相) : 신라 시대의 승려(625~702). 화엄종(華嚴宗)의 개조. 644년 황복사(皇福寺)에서 승려가 되었다. 661년 해로(海路)로 당나라에 가서 지엄(智儼)의 문하에서 현수(賢首)와 더불어 화엄종을 연구하고 귀국했다. 676년 왕명에 따라 부석사(浮石

니던 말라 죽은 나무 지팡이를 꽂아두고 떠나면서 "만약 내가 죽는다면 이 나무도 살지 못할 것이다"라고 하였다. 그해에 잎이 났는데 자라지도 않고 더 커지지도 않았다. 사철 늘 봄처럼 꽃이 피어 있는데 남령초(南靈草)와 같았다.

퇴계(退溪) 이황(李滉)은 시에서,

옥처럼 높이 솟아 절 문에 기댔으니	擢玉亭亭倚寺門
중이 하는 말, "지팡이가 신령한 나무로 변했다오"	僧言錫杖化靈根
지팡이 머리에 조계(曹溪)[177]가 있으니	杖頭自有曹溪水
천지에 내리는 비와 이슬의 은혜를 빌지 않으리	不借乾坤雨露恩[178]

라고 하였다.

광해군(光海君) 때에 정조(鄭造)[179]가 경상감사가 되어 이곳에 왔다가 그것으로 지팡이를 만들려고 하였다. 여러 중들이 간절히 빌었지만, 정조는 "선인(仙人)이 짚던 것이니, 나도 짚어야겠다"라고 하였다. 나무를 베자 곧 줄기가 예전처럼 뻗어 나왔고, 정조는 그 뒤에 죽음을 당하였다.[180]

寺)를 짓고 화엄종을 강론, 해동(海東) 화엄종의 창시자가 되었다.

177) 조계(曹溪) : 중국 광동성(廣東省)에 있는 냇물. 양(梁)나라의 승려 지약(智藥)이 배를 타고 소주(韶州) 조계(曹溪) 입구에 왔다가 물맛을 보고 '이 물 상류 지역에 훌륭한 곳이 있다'하면서 터를 잡아 절을 지었다고 한다.

178) 『퇴계집(退溪集)』에는 실려 있지 않은 시.

179) 정조(鄭造) : 조선 후기의 문신(1559~1623). 본관은 해주(海州). 자는 시지(始之). 이이첨(李爾瞻)의 주구가 되어 인목대비(仁穆大妃)를 죽이려 하였으나 박승종(朴承宗)의 방해로 실패하였다. 1617년 다시 폐모론을 제기하여 인목대비를 유폐시키는 데 적극 가담하였다. 인조반정으로 정국이 역전되면서 원흉으로 지목되어 사형되었다.

180) 新羅時僧義相, 得道, 將入西域天竺, 植杖於所居寮門前簷內曰, 吾去後, 此杖必生枝葉. 此樹不枯死, 則可知吾不死也. 義相去後, 寺僧卽所居, 塑義相像安寘, 而樹在窓外, 卽生枝葉, 雖日月照之, 雨露不沾, 而長在屋宇, 亦不穿上, 僅一丈有餘, 千年如一日. 光海朝, 鄭造, 爲慶尙監司, 至寺見之曰, 仙人所杖, 吾亦欲杖. 卽令鉅斷而去, 復卽抽二莖, 如前而長. 仁廟癸亥, 造以逆誅, 樹至今, 四時長青, 亦無開落, 僧人號爲

북향화

北向花

선암사(仙巖寺)[181]에 북향화(北向花)라는 나무가 있는데, 그 꽃은 자주색이고 반드시 북쪽을 향하여 핀다.[182]

살펴보건대, 『대당신화(大唐新話)』에서 말하였다.

현장법사(玄奘法師)가 불경을 가지러 서역(西域)으로 갈 때, 법사가 영암사(靈岩寺)의 소나무를 어루만지며 말하였다.

"내가 서역으로 떠나니, 너는 서쪽으로 자라다가 내가 돌아올 것 같으면 동쪽을 향해야 할 것이다"

법사가 떠날 때 그 가지가 서쪽으로 향하더니, 어느 날 갑자기 동쪽을 향하자, 제자들이 "우리 법사님이 돌아오시는구나"라고 하였다. 이 나무를 마정송(摩頂松)이라 부른다.[183]

飛仙花樹. 昔退溪嘗咏樹有詩曰, 擢玉亭亭倚寺門, 僧言錫杖化靈根, 杖頭自有曹溪水, 不借乾坤于露恩云.(『擇里志, 卜居總論, 山水』) → 僧義相, 植所持枯杖於浮石寺宇下乾砌而去曰, 若我死, 此木不生. 其年生葉, 不長不大. 四時長春有花, 如南靈草花. 退溪詩云, 擢玉亭亭倚寺門, 僧言錫杖化靈根, 杖頭自有曹溪水, 不借乾坤于露恩. 光海時鄭造, 以嶺伯到此, 欲爲杖, 群僧懇乞, 造曰, 仙人所杖, 吾亦杖之, 卽時莖生如故, 造則罪誅.(『松南雜識』)

181) 선암사(仙巖寺) : 전라남도 순천시 승주읍 죽학리 조계산(曹溪山)에 있는 절. 박전지(朴全之)가 쓴 「영봉산용암사중창기(靈鳳山龍巖寺重創記)」에 "만일 세 개의 암사(巖寺)를 창건하면 삼한이 합하여 한나라가 되고 전쟁이 저절로 종식될 것이다"라는 지리산 성모천왕(聖母天王)의 말을 따라 도선(道詵)이 세 암자를 창건하였는데, 곧 선암(仙巖)·운암(雲巖)·용암(龍巖)이 그것이라고 하였다. 절 서쪽에 높이가 10여 길되는 평평한 큰 돌이 있는데 사람들은 옛 선인(仙人)이 바둑을 두던 곳이라고 하며 이때문에 '선암(仙巖)'이라는 이름이 생겼다고 한다.

182) 仙巖寺, 有樹曰北向花. 其花紫色, 開必**向北**.(『芝峯類說, 卷二十, 卉木部, 木』) → 仙巖寺, 有樹曰北向花. 其花紫色, 開必**北向**.(『松南雜識』)

183) 玄奘法師, 西域取經, 手摩靈岩寺松曰, 吾西去, **汝**可西長. 若歸, 卽東向. **使弟子知之**. 及去, 其枝**年年**西向, **一年**忽**向**東. 弟子曰, 吾師歸矣. **果然**. 號摩頂松. 大唐新話.(『韻府羣玉, 松忽向東』) → **按**大唐新話**曰**, 玄**宗**裝法師, **往**西域, 取經, **師**手摩靈岩寺松曰, 吾西去, **爾**可西長. 若歸, 卽東向. 及去, 其枝西向, 忽東. 弟子曰, 吾師歸矣, 號

청빙릉
靑冰菱

『동명기(洞冥記)』[184]에서 “영지(靈池)에 뿌리가 물에 뜨는 마름이 있는데, 뿌리는 물 위로 나오고 잎은 가라앉아 아래에 있다”[185]라고 하였다.

마름 · 가시연
菱芡

지봉(芝峯) 이수광(李睟光)이 “모두 수생식물인데, 마름꽃은 해를 등지기 때문에 차갑고 가시연꽃은 해를 향하기 때문에 따뜻하다”[186]라고 하였다.

『설문해자(說文解字)』에 “릉(菱)은 바로 기(芰)이다”[187]라고 하였으니, 굴도(屈到)[188]가 좋아하던 것이다.

『운회거요(韻會擧要)』에서 ‘결명채(決明采)’[189]라고 하였고, 『양서(梁書)』에서는 “흉년에 ‘릉(菱)’을 채소로 삼았다”라고 하였다.

『이아익(爾雅翼)』에서 “그것의 열매를 먹으면 곡물을 먹지 않아도 된다”[190], “공수(龔遂)[191]가 발해(渤海)의 백성에게 마름과 가시연을 길러

摩頂松.(『松南雜識』)

184) 동명기(洞冥記) : 후한(後漢)의 곽헌(郭憲)이 찬집한 책. 5권. 한무동명기(漢武洞冥記) 혹은 별국동명기(別國洞冥記)라고도 한다.

185) **旦露池西有**靈池, **方四百步**, 有**連錢荇**, **根菱倒枝藻**, **連錢荇**, **荇如錢文**, 浮根菱, 根出水上, 葉沈**波**下, **實細薄**, **皮甘香**, **葉半靑半白**, **霜降彌美**, **因名靑氷菱也**.(『說郛, 卷六十六下, 別國洞冥記』) → 靈池, 有浮根菱. 根出水上, 葉沈**在**下.(『松南雜識』)

186) **小說曰**, **菱芡**, 皆水物, 而菱花, **開**背日故寒, 芡花, **開**向日故暖.(『芝峯類說, 卷二十, 卉木部, 草』) → 皆水物而菱花背日故寒, 芡花向日故暖.(『松南雜識』)

187) 芰**也**.(『說文解字, 菱』) → 菱**卽**芰.(『松南雜識』)

188) 굴도(屈到) : 춘추 시대 초(楚)나라 사람. 마름[芰]을 매우 좋아하여 자기 제사에 마름을 사용하라고 유언했다.

屈到嗜芰, 有疾, 召其宗老而屬之曰, 祭我, 必以芰及祥.(『國語, 卷十七, 楚語上』)

189) **蓋**決明**之**菜.(『韻會擧要, 蔆』) → 決明菜.(『松南雜識』)

흉년에 대비하도록 권장하였다"[192]라고 한 말이 이것이다.

『무릉기(武陵記)』에서 "뿔이 네 개 혹은 세 개인 것을 '기(芰)'라 하고, 뿔이 두 개인 것을 '릉(菱)'이라 한다. 꽃은 자주색으로, 낮에는 오무러들었다가 저녁에 피는데, 달을 따라 옮겨간다"라고 하였다.

성재(誠齋) 양만리(楊萬里)의 시에,

계두는 내 동생이고 연뿌리는 형이니	鷄頭吾弟藕爲兄
머리 뿔 우뚝해도 다투지 않네	頭角嶄然也不爭[193]

라고 하였다.[194]

운서(韻書)에서 말하였다.

가시연[芡]을 남초(南楚)에서는 '계두(鷄頭)'라 하고, 북연(北燕)에서는 '역(葰)'이라 하고, 서주(徐州)와 회수(淮水) 사이에서는 '검(芡)'이라 한다. 『손공담포(孫公談圃)』[195]에서는 '수류황(水硫黃)'[196]이라 하였다. 『본초

---

190) **其**實餌**之**, 可**以**斷穀.(『爾雅翼, 陵』) → 餌實, 可斷穀.(『松南雜識』)

191) 공수(龔遂) : 한(漢)나라 때 사람. 자는 소경(少卿). 선제(宣帝) 때 발해(勃海)에 도적이 일어나자 선제가 공수를 태수(太守)로 삼아 이를 진압하게 하였는데, 공수가 부임하여 도적들을 교화시켜서 모두 농상(農桑)에 종사하게 하자 발해가 잘 다스려졌다.

192) 龔遂**爲**渤海**太守**, 勸民**冬益**蓄**果實**菱芡.(『爾雅翼, 芡』) → 龔遂勸渤海民畜菱芡.(『松南雜識』)

193) 「식릉(食菱)」.

194) 說文, 芰**也**. **俗作菱**. **國語**, 屈到嗜**芰**. 韻會云, **屈到所嗜**, 決明菜**也**. **決明**, **亦名菱**, **梁魚弘乏食用菱作飯**, 梁書, **矩野凶年**, 以**菱**爲蔬. **廣志**. 爾雅翼, **餌**菱實可斷穀. 武陵記, 四角三角曰芰, 兩角曰淩, 花紫晝合宵**炕**, 隨月轉移. 雞頭吾弟藕爲兄, 頭角**嶄**然也不爭. 誠齋.(『韻府羣玉, 淩』) → 說文**云**, 菱**卽**芰. 屈到**所**嗜. 韻會云, 決明菜. 梁書, 以爲蔬. 爾雅翼**曰**, 餌實, 可斷穀. **龔遂勸渤海民**, **畜菱芡**, **備凶荒**, **是也**. 武陵記**曰**, 四角三角曰芰, 兩角曰淩, 花紫晝合宵**炕**, 隨月轉移. 誠齋**詩**, 雞頭吾弟藕爲兄, 頭角**嶄**然也不爭.(『松南雜識』)

195) 손공담포(孫公談圃) : 송나라 유연세(劉延世)가 손승(孫升)에게 들은 말을 기록한 책. 총 3권.

196) 『孫公談圃, 卷中』.

강목(本草綱目)』에는 '안두(雁頭)'[197]라고 하였다. 『장자(莊子)』에서 "마름[鷄雍]과 연뿌리[藕子]를 합하여 약을 만들어 먹고 수명을 늘린다"[198]라고 하였다.[199]

매요신(梅堯臣)[200]은 「가시연을 캠」이라는 시에서,

오나라 닭 싸움에서 지니 붉은 벼슬 찢어지고	吳鷄鬪敗絳幘碎
바다 조개 입을 벌리니 진주가 빛난다	海蚌口出眞珠明[201]

라고 하였다.

황정견(黃庭堅)[202]의 시에서 "조개를 가르고 홍두[芡]를 지지네[剖蚌煮鴻頭]"[203]라고 하였다.

---

197) 『本草綱目, 卷三十三, 芡實』.

198) **藥也. 其實, 菫也 · 桔梗也** · 雞壅**也** · **豕零也. 是時爲帝者也, 何可勝言. 菫**, **川烏也. 雞壅, 雞頭也.** 豕零, **木豬苓. 醫者制藥, 隨其所用, 各有所主. 主者爲帝, 其他爲臣, 謂之藥者, 其實皆同, 隨其所用而有輕重, 亦猶人之在世, 得時而用則爲貴, 不得時而用, 則爲賤其在我者, 初無貴賤也. 此數句奇文**.(『莊子, 徐無鬼篇』) → 雞壅**與藕子合爲散延年**.(『松南雜識』)

199) 南楚**名**雞頭, 北燕謂蔆, 徐泗**間**謂芡, 本草**名**鴈頭. 莊**徐無鬼篇**, 雞壅, **於容反**, **卽雞頭也**. 與藕子合爲散延年.(『韻府羣玉, 芡』) → **芡**. 南楚**謂**鷄頭, 北燕謂蔆, 徐泗謂芡. **孫公談爲水硫黃**, 本草**云**鴈頭. 莊**子**, 雞壅與藕子合爲散延年.(『松南雜識』)

200) 매요신(梅堯臣) : 송나라의 정치가 · 문인(1002~1060). 자는 성유(聖兪). 호는 원릉(宛陵). 『당서(唐書)』의 편찬에 참여하고 구양수(歐陽脩)와 교제했다. 저서에 『당재기(唐載記)』 · 『모시소전(毛詩小傳)』 · 『완릉집(宛陵集)』이 있다.

201) 吳雞鬭**敗**絳幘碎, 海蚌**口**出眞珠明.(『宛陵集, 卷十五, 采芡』) → 吳鷄鬪**罷**絳幘碎, 海蚌**扶**出眞珠明.(『松南雜識』)

202) 『松南雜識』에는 '韓愈'로 오기되어 있음.

203) 『山谷集, 卷二, 古詩五十一首, 同錢志仲飯耤田錢孺文官舍』.

부용화
芙蓉花

이백(李白)은 시(詩)에서,

예전의 부용화가	昔日芙蓉花
이젠 단장초가 되었다	今成斷腸草

라고 하였다. 살펴보건대, 단장초(斷腸草)는 그 꽃이 대단히 좋기에 '부용(芙蓉)'이라고 한다. 그 뿌리는 먹을 수 없으니, 먹으면 창자가 끊어진다.[204]

목부용
木芙蓉

『본초강목(本草綱目)』에서 "목부용은 일명 '杹'라고 하니, 음은 '화'이다"[205]라고 하였다. 초사(楚詞)에서 "나무 끝에서 부용을 채취하네[搴芙蓉於木末]"[206]라고 하였는데, 부용은 수생식물로 나무에서는 구할 수 없다. 그러나 목부용도 있으니, 당시(唐詩)에서,

나무 끝의 부용화	木末芙蓉花
산중에 붉은 꽃 피었네	山中發紅萼[207]

204) 李**太**白詩云, 昔**作**芙蓉花, 今**爲**斷腸草. **以色事他人能得幾時好**. 按**陶弘景仙方註云**, 斷腸草, 不可食. 其花**美**好, 名芙蓉.(『李太白集注, 卷四, 樂府三十七首, 妾薄命』의 주석)→李白詩云, 昔**日**芙蓉花, 今**成**斷腸草. 按斷腸草, 其花**甚**好, 名芙蓉. **其根**不可食, **食之斷腸**.(『松南雜識』)

205) **木芙蓉綱目**. **校正倂入圖經**. **地芙蓉**. **釋名**, **地芙蓉圖經**. **木蓮綱目**. **華木綱目**. 杹**木**音化.(『本草綱目, 卷三十六, 木芙蓉』)→一**名杹**. 杹音化.(『松南雜識』)

206) 搴芙蓉**兮**木末.(『楚辭集注, 卷二, 雲中君』)→搴芙蓉**於**木末.(『松南雜識』)
 * 굴원(屈原)의 구가(九歌) 중 「운중군(雲中君)」.

라고 하였고, 백거이(白居易)의 시에서 "수련꽃 다 지고 목련꽃 피네[水蓮花盡木蓮開]"[208]라고 한 말이 이것이다.

육연
陸蓮

관문지기[關令] 윤희(尹喜[209])의 집에는 땅에서 연(蓮)이 났다. 땅에서 자라는 연(蓮)은 도가(道家)의 신이(神異)한 상서(祥瑞)이다.[210] 지금 연풍(延豊)[211]의 상암(上庵)에 그것이 있다.

또 한연(旱蓮)[212]은 도자기 화분에 심는데, 그 꽃으로 김치를 담그면 맛이 좋고 향기가 진하다.

『당서(唐書)』에서 "강무(姜撫[213])가 '종남산(終南山)의 한우(旱藕)를 복용하면 장수할 수 있다'라고 말하였다"[214]라고 하였다.

---

207) 왕유(王維)의 「신이오(辛夷塢)」.

208) 水**蓮花**盡木**蓮開**.(『白香山詩集, 卷二十五, 木芙蓉花下招客飮』) → 水**邊開**盡木**邊**開.(『松南雜識』)

209) 윤희(尹喜) : 춘추 시대의 은자. 진(秦)나라 함곡관(函谷關)을 지키는 일을 하였다. 그는 함곡관을 지키다가 마침 이곳을 지나던 노자(老子)를 만나 그의 학설을 들었다.

210) 關令尹喜**生時**, **其**家陸地**自**生蓮, **華光色鮮盛**. **關令內傳**.(『古今事文類聚前集, 卷四十四, 樂生部, 陸地生蓮』) → 關令尹喜家, 陸地生蓮, **爲道家異瑞**.(『松南雜識』)

211) 연풍(延豊) : 충청북도 괴산 지역의 옛 지명. 본래 고구려의 상모현(上芼縣)이었는데 현종 9년(1018)에 장연현(長延縣)으로 고쳐 장풍현(長豊縣)과 함께 충주에 속하게 했다.

212) 한연(旱蓮) : 육연(陸蓮)과 같다.

213) 강무(姜撫) : 당나라 송주(宋州) 출신. 자는 충화(沖和). 개원(開元) 말에 동도(東都)로 와서 장생술(長生術)을 보급했다.

214) 姜撫, …… **言**終南**山**, **有**旱藕, **餌之**, **延年**.(『唐書, 卷二百四, 列傳第一百二十九, 姜撫』) → **唐**姜撫云, 服**太湖常春藤**・終南**山**旱藕, **可**長生.(『韻府羣玉, 常春藤』) → 姜撫云, 服終南旱藕, 長生.(『松南雜識』)

금련
金蓮

『유마경(維摩經)』[215]에서 "고원(高原)과 육지에는 연꽃이 나지 않고 낮고 습한 진흙이라야 난다"[216]라고 하였다.

어떤 사람이 호주(湖州)[217] 법화산(法華山)에서 푸른 연꽃 한 가지를 얻었기에, 그 땅을 파니 돌상자에 한 명의 동자가 들어 있었는데, 설근(舌根)이 무너지지 않았고 꽃이 혀에서 나왔다. 이 사람이 법화경(法華經)을 외워 여기에 승과(勝果)를 이루었기에 그대로 산의 이름이 되었다.[218]

『유양잡조(酉陽雜俎)』[219]에서 "수련(睡蓮)은 아침 해가 뜨는 새벽녘에 피고 밤에 고개 숙여 물에 들어간다"[220]라고 하였다.

또 "한류지(漢柳池)의 자부용(紫芙蓉)은 크기가 말[斗]만 하고 잎은 달아서 먹을 수 있으며 열매는 구슬 같다"[221]라고 하였다.

---

215) 유마경(維摩經) : 구마라습(鳩摩羅什)이 번역한 대승불교 경전. 정확한 명칭은 『유마힐소설경(維摩詰所說經)』. 흔히 『유마힐경(維摩詰經)』, 『유마경(維摩經)』이라 한다. 유마힐은 주인공인 거사(居士)의 이름이다. 이 경문은 3회 14품으로 구성되어 있는데 대승의 깊은 교리인 불이(不二) 법문을 유마거사의 침묵을 통해 깨우치게 된다는 내용이다. 이 불경에 대한 한역(漢譯)은 7가지가 있었다고 하나, 현존하는 것은 지겸(支謙)의 『유마힐경(維摩詰經)』 2권, 구마라습의 『유마힐소설경(維摩詰所說經)』(3권), 현장(玄奘)의 『설무구칭경(說無垢稱經)』(6권) 3가지이다.

216) **淤泥生蓮**. 高原陸地, 不生蓮華. 卑濕淤泥, 乃生**蓮華**. 維摩.(『韻府羣玉, 淤泥』) → 維摩**經曰**, 高原陸地, 不生蓮華. 卑濕淤泥, 乃生**之**.(『松南雜識』)

217) 호주(湖州) : 발해 시대의 지방행정구역. 『신당서』에 기록되어 있는 62주(州) 중의 하나이다. 상경 용천부(上京龍泉府)에 속하며 그 위치는 명칭으로 보아 현재의 경박호(鏡泊湖) 부근으로 추정된다. 속현(屬縣)은 장경현(長慶縣)이 있었다.

218) 湖州法華山, **樵夫**得青蓮一枝, 掘地, 有石匣藏一童子. 舌根不壞, 花自舌出, 是人誦法華**經**, 致此**勝果**, 因名其山.(『韻府羣玉, 青蓮』) → 湖州法華山, 得青蓮一枝, 掘地, 有石匣藏一童子, 舌根不壞, 花自舌出, 是人誦法華. 致此, 因名其山.(『松南雜識』)

219) 『松南雜識』에는 '拾遺記'로 되어 있음.

220) **睡蓮**. **南海**有睡蓮, 夜**則花**低入水.(『酉陽雜俎, 卷十九, 睡蓮』) → 有睡蓮, **曉起朝日**, 夜**低**入水.(『松南雜識』)

221) 昭帝始元元年, 穿淋池. 廣千步, 中植分枝荷, 一莖四葉, 狀如騈. 盖日照則葉低蔭. 根莖若葵之衛足, 名曰低光荷. 實如玄珠, 可以飾佩.(『拾遺記, 卷六』) → 漢柳池, 紫芙蓉, 大如斗, 葉甘可食, 實如珠.(『松南雜識』)

또 "창주(滄洲) 금련화(金蓮花)는 갈면 진흙처럼 되는데, 비단에 채색하면 진짜 금과 차이가 없다"[222]라고 하였다.

또 "마고단(麻姑壇)의 연(蓮)은 붉은 것이 푸른색으로 변했는데, 지금은 또 희다"라고 하였다."[223]

『신경기(神境記)』에 "구의산(九疑山) 냇가에 황연(黃蓮)이 있다"[224]라고 하였다.

세상에서 전하는 말에 "칡을 연(蓮)이 자라는 연못에 담가두면 연근(蓮根)이 저절로 녹아버린다"라고 하였다. 연(蓮)의 꽃술은 두진(痘疹)[225]을 치료하는 약이 된다.

또 연안(延安)[226]의 남대지(南大池)[227]에서는 관(官)에서 연밥에 세금을 매기기에, 이덕무(李德懋)의 시에, "연못의 연밥 쓸 만하니 도리어 세금 매기고[池蓮適用還徵稅]"[228]라고 하였다.

---

222) **又有**金蓮花. **洲人**研之如泥, **以間**綵繪, **光影煥爍**, 與眞金無異.(『杜陽雜編, 卷下』) →**滄洲**金蓮花, 研之如泥, 綵繪, 與眞金無異.(『松南雜識』)

223) 麻姑**山頂有古**壇. **相傳云**, **麻姑於此得道**, **壇東南池中**, **有**紅蓮, **近忽**變碧, 今又白矣.(『古今事文類聚前集, 卷三十四, 麻姑壇記』) →麻姑壇蓮紅變碧. 今又白矣.(『松南雜識』)

224) 九疑山 …… **有青**澗, **澗中**有黃**色**蓮**華**.(『說郛, 卷六十上, 神境記, 黃蓮』) →杜陽編**曰**, 九疑山澗, **有**黃蓮**云**.(『松南雜識』)
*『松南雜識』에는 출전을 '杜陽編'이라고 하였으나, 『설부(說郛)』·『운부군옥(韻府群玉)』 등에는 '神境記'으로 밝히고 있음.

225) 두진(痘疹) : ① 천연두의 증상. 춥고 열이 나며 얼굴부터 전신에 붉은 점이 생기는 것이 홍역과 비슷하다. ② 천연두와 마진 따위의 발진성 질병을 통틀어 이르는 말.

226) 연안(延安) : 황해도에 있는 읍. 연백평야의 중심지.

227) 남대지(南大池) : 황해도 연백군(延白郡) 연안읍(延安邑)에 있었던 저수지다. 고려 초기에 축조되어 광복 이전까지 보존되었다. 와룡지(臥龍池).

228) 「연안부(延安府)」.

병체화
幷蔕花

『송서(宋書)』에서 "원가(元嘉)[229] 연간에 천연지(天淵池)[230]에서 한 줄기에 세 송이의 연꽃이 피었다"[231]라고 하였고, "태시(泰始)[232] 연간에 이연(鯉淵)에서 하나의 꽃받침에 두 송이의 연꽃이 피었으니, 곧 쌍두연(雙頭蓮)으로, 두 송이 연꽃이 나란히 나와 씨방이 두개가 되어 두 송이로 나뉘어서 그렇게 된다"[233]라고 하였다.[234]

『강호기문(江湖記聞)』에서 "송나라 때 남녀가 서로 사랑하여 사통(私通)하다가 부모에게 발각되자 함께 물에 빠져 죽었다. 물속에서 마침내 하나의 꽃받침에 두 송이 연꽃이 피어나니, 사람들이 정분에 감응한 것이라 여겼다"라고 하였으니, 당시(唐詩)에서 "꽃에 끌리니 한 꽃받침에 두 송이가 핀 연꽃이 가련키도 하다[牽花憐共蔕]"[235]라고 한 말이 이것이다.

체화
栘花

『이아(爾雅)』에서 "체화(栘花)는 당체(棠棣)이다. 백양(白楊)과 비슷한데,

229) 원가(元嘉) : 남북조 시대 송나라 문제(文帝) 때의 연호(424~453).

230) 『松南雜識』에는 '天泉池'로 되어 있음.

231) 元嘉**二十一年六月丙午**, **華林園**天**淵**池, 二蓮同榦.(『宋書, 卷二十九』) → 元嘉**間**, 天**泉**池, 三蓮同幹.(『松南雜識』)

232) 태시(泰始) : 남북조 시대 송나라 명제(明帝) 때의 연호(465~471).

233) **太**始**二年八月己未**, **豫州刺史山陽王休祐**, **獻**蓮, **二花一蔕**.(『宋書, 卷二十九』) → **泰**始**中**, 鯉**淵**雙蓮合跗, **卽雙頭蓮也**. **兩蓮駢生**, **雙房分體**.(『松南雜識』)

234) 宋**文帝**元嘉間, **樂遊苑**天泉池三蓮同幹. 泰始中, **嘉**蓮一雙**並實**合跗**同莖生豫州**鯉**湖**.(『古今事文類聚後集, 卷三十二, 花卉部』) → 宋**史**元嘉間, 天泉池, 三蓮同幹. 泰始中, 鯉**淵**雙蓮合跗, **卽雙頭蓮也**. **兩蓮駢生**, **雙房分體**.(『松南雜識』)

235) 왕발(王勃)의 「채련곡(採蓮曲)」.

강동(江東)에서는 부체(夫移)라고 부른다"[236]라고 하였다.

육전(陸佃)[237]이 "그 꽃은 뒤집어졌다가 합쳐진다"라고 하였다.

『시경(詩經)』에 "당체꽃, 팔랑팔랑 펄럭이네[唐棣之華, 偏其反而]"[238]라고 하였다.

모든 나무의 꽃은 먼저 합해졌다가 뒤에 피는데, 유독 이 꽃은 피고 뒤에 합해진다.[239]

관동화
款冬花

동중서(董仲舒)[240]가 "냉이는 한여름에 죽고 관동(款冬)은 한겨울에 꽃이 핀다[葶藶死於盛夏, 款冬花於嚴寒]"[241]라고 하였는데, 그 주석에서 "관동(款冬)은 바로 관동(款東)이다. 또 관동(款凍)이라고도 하는데, 추위를 무릅쓰고 얼음을 뚫고 나오기 때문에 이런 이름이 붙었다"라고 하였다.[242]

---

236) **唐**棣**移**. **注**, 似白楊, 江東呼夫移.(『爾雅注疏, 唐棣移』) → **棠**棣, 似白楊, 江東呼夫移.(『松南雜識』)

237) 육전(陸佃) : 송나라의 학자. 산음(山陰) 출신. 자는 농사(農師). 호는 도산(陶山). 예학(禮學)과 성명학(性命學)에 밝았다.

238) 『논어(論語), 자한(子罕)』에 나오는 내용으로, 『시경(詩經)』에서는 없어진 일시(逸詩)임.

239) **移**. **說文**, **棠棣也**. 爾雅, 棠棣, **注**, 似白楊, 江東呼夫移. 陸佃曰, 其華反向後合. 詩, 偏其反而. 凡木之華, 先合後開, 此**華**先開後合.(『韻府羣玉, 移』) → 爾雅**曰**, 棠棣, 似白楊, 江東呼夫移. 陸佃曰, 其**花**反向後合. 詩**云**, 偏其反而. 凡木之華, 先合後開, **獨**此**花**先開後合.(『松南雜識』)

240) 동중서(董仲舒) : 전한의 유학자. 호는 계암자(桂巖子). 춘추 공양학(春秋公羊學)을 수학하여 하늘과 사람의 밀접한 관계를 강조하였다. 무제(武帝)로 하여금 유교를 국교로 삼도록 설득하였다. 저서에 『춘추번로(春秋繁露)』가 있다.

241) 「우박대(雨雹對)」.

242) **款冬**, **花名**. 董仲舒**答雨雹問**, 葶藶死於盛夏, 款冬華於嚴寒. **急就篇**註, 款東卽款冬, 亦曰款凍, 以其凌寒叩氷而生, 故爲此名.(『康熙字典, 款』) → 董仲舒曰, 葶藶死於盛夏, 款冬華於嚴寒. 註, 款冬卽款東, 亦曰款涷. 以其凌寒叩氷而生, 故爲此名.(『松南雜識』)

불상

佛桑

『영표록이(嶺表錄異)』[243]에서 “주근(朱槿)[244]과 비슷하다. 줄기와 잎이 뽕나무와 같기 때문에 그렇게 이름했다. 2월에 꽃이 피어 동지까지 간다”[245]라고 하였다.

소식(蘇軾)의 시에 “불꽃처럼 하늘에 타오르는 붉은 불상[燄燄燒空紅佛桑]”[246]이라고 한 말이 이것이다.

능소화

凌霄花

『육을시집(六乙詩集)』에서 “고목을 능소화가 빌린다[枯櫱借凌霄]”[247]라고 하였는데, 그 주석에 “덩굴로 자라 나무를 휘감는다”라고 하였다.

『거가필용(居家必用)』에서 “부인(婦人)이 그 향기를 맡으면 잉태를 하지 못한다”[248]라고 하였다.

『산해경(山海經)』에서 말하였다.

파몽산(嶓蒙山)에 골용(蓇容)이란 풀이 있는데, 꽃은 검고 열매가 없

---

243) 영표록이(嶺表錄異) : 당나라 유순(劉恂)이 편찬한 책. 총 3권. 지리류(地理類).
*『松南雜識』에는 ‘嶺南異錄’으로 되어 있음.

244) 주근(朱槿) : 낙엽관목(落葉灌木), 꽃은 붉은 색과 흰 색. 관상 식물. 불상(佛桑)・부상(扶桑)・적근(赤槿)・일급(日及).

245) 嶺**表**, 朱槿花, 莖葉**皆**如桑**樹**, **葉光而厚**, **南人謂之佛桑**.[**出酉陽雜俎**] **樹身高者**, **止于四五尺**, **而枝葉婆娑**, 自二月**開**花, 至**於中**冬.(『嶺表錄異, 卷下』) → 嶺**南異錄曰**, **似**朱槿, 花莖葉如桑, **故名焉**. 自二月花, 至冬**至**.(『松南雜識』)

246)『東坡全集, 卷二十三, 正月二十六日, 偶與數客野步, 嘉祐僧舍東南野人家,雜花盛開, 扣門求觀.主人林氏媼出應白髮, 青裙少寡, 獨居三十年矣. 感歎之餘, 作詩記之一首』.

247)『東坡全集, 卷十七, 葉公秉王仲至見和次韻答之. 再和』.

248) 婦人聞其氣不孕.(『居家必用, 癸集, 嗣續有方』)

다. 그래서 『옥편(玉篇)』에서 '열매 맺지 않는 풀'[249]이라고 하였으니, 먹으면 사람이 임신하지 못한다.[250]

지금 황무지에서 자란 풀을 세상에서는 '진동찰(陳同札)'이라고 한다. 부인 가운데 갑자기 잉태하지 못하는 사람은 의원이 그 씨앗을 채취하여 그늘에서 말리고 가루로 만들어 술과 물에 타서 복용하게 하면 곧 다시 잉태한다고 한다.

여뀌
蓼花

향산(香山) 백거이(白居易)는 시에서, "물 여뀌 차가운 꽃 옹기종기 붉었네[水蓼冷花紅簇簇]"[251]라고 하였으니, 지금의 요화(蓼花)이다.

신이화
辛夷花

『화보(花譜)』에서 "신이화는 바로 산다화(山茶花)이니, 남촉(南蜀)의 좋은 나무이다"라고 하였다.

소식(蘇軾)의 시에서,

잎은 두텁고 모가 있고 무쏘 가죽 갑옷처럼 탄탄하며 葉厚有稜犀甲健

249) 不實草.(『玉篇, 萺』)

250) **又西三百二十里曰**嶓蒙之山, …… 有草焉, **其葉如蕙**, **其本如桔梗**, 黑華而不實, 名曰萺蓉, 食之使人無子.(『山海經, 卷二, 西山經』) → 嶓蒙之山, 有草焉, 名曰萺蓉, 黑華而不實, **故玉篇曰不實草**, 食之使人無子.(『松南雜識』)

251) 「죽지사 사수(竹枝詞四首)」.

꽃이 진하고 가녀린 자태에 학의 머리처럼 붉다네 花深少態鶴頭丹[252]

라고 하였다.

성재(誠齋) 양만리(楊萬里)는 시에서,

누가 금싸라기 은실 같은 회를 가져다 誰將金粟銀絲膾
사발 속에 주홍채(朱紅菜)를 수북히 쌓았나 簇飣朱紅菜椀心[253]

라고 하였다.

지금 '홍신이(紅辛夷)'라고 하는 것이다. 백합(白合)은 바로 '백신이(白辛夷)'이니, 지금 피로를 치료하는 약이다.

황신이(黃辛夷)는 꽃잎이 네 개 나니, 담복(薝蔔)의 종류인 듯한데, 본래는 모두 목필화(木筆花)이다.

운서(韻書)에서 "목필화(木筆花)의 '필(筆)'은 필연(筆硯)의 필(筆)이니, 대나무에 속한다"라고 하였다.

영산홍

暎山紅

『화보(花譜)』에서 "두견화(杜鵑花)·석류(石榴)·산철쭉[山躑躅]을 통틀어 영산홍(暎山紅)이라고 한다"[254]라고 하였지만, 그 종류는 모두 다르다. 또 왜철쭉도 다르다.

---

252) 葉厚有稜犀**甲**健.(『東坡全集, 卷三, 和子由柳湖久涸, 忽有水. 開元寺山茶, 舊無花, 今歲盛開. 二首』) → 葉厚有稜犀**角**健.(『松南雜識』)

253) 誰將金粟銀絲**膾** 簇**飣**朱紅菜**椀**心.(『誠齊集, 卷四十一, 詩, 退休集, 山茶』) → 誰將金粟銀絲**鱠**, 簇**釘**朱紅菜**垸**心.(『松南雜識』)

254) **增本草**. 杜鵑花, **一名紅躑躅**, **一名山**石榴, **一名**映山紅, **一名**山躑躅.(『佩文齋廣羣芳譜, 卷三十九, 花譜』) → **又名山**石榴·山躑躅·映山紅.(『韻府羣玉, 花名杜鵑』) → 杜鵑花·石榴·山躑躅, **通謂**映山紅, **而其類皆異**. **又倭躑躅**, **亦異矣**.(『松南雜識』)

『정자통(正字通)』에서 "영산홍은 황두견(黃杜鵑)이다"라고 하였는데, 그 주석에서 "독초(毒草)이다"[255]라고 하였다. 또 백두견(白杜鵑)은 홍도화(紅桃花)·벽도화(碧桃花)와 같지만 다르다"라고 하였다.

한유(韓愈)는 시에서 "철쭉이 산을 이루어 셀 수 없이 피었네"[256]라고 하였다.

우리나라 조정철(趙貞喆[257])이 순찰사가 되어 연풍(延豐)에 도착했을 때 "산마다 산철쭉, 물마다 수단화[山山山躑躅, 水水水丹花]"라는 시를 지었는데, 그 지방 사람이 웃으며 "산철쭉과 수단화는 원래 같은 꽃입니다"라고 하였다.

백일홍
百日紅

조선의 익조(翼祖)[258]가 시에서,

인간 세상의 봄날 구십 일에다가	知有人間春九十
어떻게 열흘이나 더 붉을 수 있나	如何添得一旬紅

---

255) 躑躅, 毒草也. 有黃杜鵑.(『正字通』) → 黃杜鵑, 註, 毒草也.(『松南雜識』)

256) 躑躅成山開不算.(『昌黎先生文集, 卷四, 遊青龍寺贈崔大補闕』) → 蹢躅成山開不算.(『松南雜識』)

257) 조정철(趙貞喆) : 조선 후기의 문신(1751~1831). 본관은 양주(楊州), 자는 성경(成卿), 호는 정헌(靜軒). 영조 51년(1775) 별시문과에 병과로 급제하였다. 한때 제주에 유배되기도 하였으며, 벼슬은 형조판서·지중추원사에 이르렀다. 저서로 『정헌영해처감록(靜軒瀛海處坎錄)』이 있다.

258) 익조(翼祖) : 조선 태조 이성계(李成桂)의 증조부. 본관은 전주(全州). 이름은 행리(行里). 아버지는 목조(穆祖 : 安社)이며, 어머니는 평창 이씨(平昌李氏)로 천우위(千牛衛) 숙(肅)의 딸이다. 비는 등주 최씨(登州崔氏) 호장(戶長) 기열(基烈)의 딸 정숙왕후(貞淑王后 : 추증)이다. 태조 3년(1394) 4대조를 추존할 때 익왕(翼王)이 되었다가 태종 때 다시 익조로 추존되었다.

라고 하였다.

또 초백일홍(草百日紅)을 우리나라에서는 '면계관화(麵鷄冠花)'라고 하니, 『풍창소독(楓窓小牘)』[259]에서 "계관화(鷄冠花)[260]를 변(汴) 지방 사람은 '세수화(洗手花)'라 부른다"[261]라고 하였다.

봉선화
鳳仙花

유기보(劉圻父)[262]가 금봉화(金鳳花)를 두고 읊은 시에서,

봉황의 덕이 어찌 그리 쇠하였는가	鳳德何其衰
놀라서 날다가 그윽한 풀로 떨어졌네	驚飛下幽草[263]

라고 하였다. 나도 역시 봉선화(鳳仙花)를 두고 지은 시가 있다.

소식(蘇軾)은 「부인이 거울을 보며 손톱을 물들이고 눈썹을 그리는 것을 두고 노래함[詠婦人對鏡染指畵眉]」이라는 시에서,

화성이 달밤에 흐를 때	火星[264]流夜月
붉은 비는 봄 산을 지나네	紅雨過春山

---

259) 풍창소독(楓窓小牘) : 편찬 시대 · 작자 미상의 서명(書名). 총 2권. 변경의 고사에 대한 내용이 많다.

260) 계관화(鷄冠花) : 맨드라미 꽃.

261) 雞冠花. 汴**中**, 謂之洗手花.(『楓窗小牘, 卷下』) → 鷄冠花. 汴**人**, 謂之洗手花.(『松南雜識』)

262) 유기보(劉圻父) : 송나라 사람. 자는 자환(子寰). 호는 황율옹(篁嵘翁). 주자(朱子)의 문하에서 수학했으며 저서에 『마사집(麻沙集)』이 있다.
*『松南雜識』에는 '劉圻父'가 '劉功甫'로 되어 있음.

263) 「금봉화(金鳳花)」.

264) 화성(火星) : 유화(流火) 즉 대화심성(大火心星)을 말한다.

라고 하였다.

연화

楝花

당시(唐詩)에서 "스물 네 번의 꽃소식 바람[265)][二十四番花信風]"[266)]이라고 하였는데, 연화(楝花)가 그중에서 마지막이다.[267)] 지금 '고련(苦楝)'을 또 '금령자(金鈴子)'라고 하는데, 원추새가 그 열매를 먹는다.[268)]

『속제해기(續齊諧記)』[269)]에 이른바 "구회(歐回)[270)]가 굴원(屈原)을 만나 말을 들으니, '교룡이 통 속의 쌀을 훔쳐 먹는 것이 고달프다'라고 하였다. 그래서 멀구슬나무 잎으로 통을 막고 비단 실로 묶었으니, 두 가지 물건은 교룡이 두려워하는 것이다"[271)]라고 하였다.

---

265) 스물 네 번의 꽃소식 바람 : 처음 매화풍(梅花風)에서부터 마지막 연화풍(楝花風)까지를 말함.

266) 송나라 서부(徐俯)의 「등왕각(滕王閣)」.

267) **凡**二十四番花信風, **始梅花終**楝花. **歲時記**.(『全芳備祖前集, 卷十九, 花部, 梅花』) → 二十四番花信風, 楝花**其終也**.(『松南雜識』)

268) 東皐雜錄, 江南自初春至初夏五日一畨風候謂之花信風. 梅花風最先, 楝花風最後, 凡二十四番以爲寒絶也. 後唐人詩云, 楝花開後風光好, 梅子黃時雨意濃. 徐師川詩云, 一百五日寒食雨, 二十四番花信風.(『歲時廣記, 卷一, 花信風』) → 碎錄. 苦楝鵷雛食其實, 亦名金鈴子. 凡二十四番花信風, 始梅花終楝花. 歲時記.(『全芳備祖前集, 卷十九, 花部, 楝花』) → 唐詩二十四番花信風, 楝花其終也. 今苦楝, 亦曰金鈴子. 鵷雛食其實.(『松南雜識』)

269) 속제해기(續齊諧記) : 남북조 시대의 양나라의 오균(吳均)이 지은 책. 총 1권.

270) 구회(歐回) : 한나라의 문신.
* 『松南雜識』에는 '區回'로 오기 되어 있음.

271) **屈原五月五日投汨羅水**. **楚人哀之**, **至此日**, **以竹筒子貯米**, **投水以祭之**. **漢建武中**, **長沙區曲**, **忽見一士人**. **自云三閭大夫**, **謂曲曰**, **聞君當見祭甚善**, **常年爲**蛟龍**所**竊, **今共有惠**, **當**以楝葉塞**其上**, **以彩絲纏**之, **此**二物**蛟**龍所**憚**. **曲依其言**.(『續齊諧記』) → **建武元年**, **長沙人歐**回見屈原曰, 苦蛟龍竊筒米, **可**以楝葉塞, **以**綵絲縛之. 二物**蛟**龍所畏. **齊諧記**.(『全芳備祖前集, 卷十九, 花部, 楝花, 紀要』) → 齊諧記**所謂**, **區回見屈原語**, **苦**蛟龍竊**筒米**, 以楝葉塞**筒**, **綵線縛**之, 二物龍所**畏者**.(『松南雜識』)
* 굴원이 5월 5일 멱라수에 빠져 죽었기에, 초나라 사람들이 이날 대나무통에 쌀을 담

대개 복숭아 오얏이 겨울에 꽃을 피우고 쇠와 돌 위에 꽃이 피는 것은 모두 미친 꽃[狂花]이다. 소식(蘇軾)의 시에서도 그렇게 말하였다.[272] 『당서(唐書)』에서 "늦가을에 배꽃이 피었는데, 두경검(杜景儉) 만이 '음양(陰陽)이 문란해지면 재앙이 됩니다'라고 말하였다"[273]라고 하였다.

나가
那伽

『유양잡조(酉陽雜俎)』에 "나가(那伽)는 꽃 모양이 삼척(三脊)[274]과 같고 잎이 없다. 꽃은 흰 색인데, 꽃심은 노랗고 꽃잎이 여섯 개이며 박상(舶上)[275]이 난다"[276]라고 하였다.

아 강물에 던져 제사지냈다. 하루는 대낮에 굴원이 구회(歐回) 앞에 나타나 자신에게 제사 지내 주는 일은 좋지만 그것을 교룡들이 훔쳐 먹기에 교룡이 싫어하는 고련(苦楝) 잎으로 통을 막고 오색의 비단 실로 묶어서 던져 달라고 하기에 그의 말대로 하였다.

272) 不比狂花生客慧. 〈**花不以時開**, **如**桃李冬花**者**, **謂之狂花**. **又**金石上生花, **亦謂之**狂花.〉(『東坡詩集註, 卷二十七, 子由新修汝州龍興寺吳畫壁』) → **盖**桃李冬花**及**金石上生花, **皆曰**狂花.(『松南雜識』)

273) **杜景儉**, **冀州武邑人也**. …… **天嘗以**季秋, **內出**梨花**一枝**, **示宰臣曰**, **是何祥也**. **諸宰臣曰**, **陛下德及草木**, **故能秋木再花**. **雖周文德及行葦**, **無以過也**. 景儉**獨**曰, **謹按洪範五行傳**, 陰陽**不相**, **奪倫**瀆**之**, **卽**爲災.(『舊唐書, 卷九十, 列傳, 第九十, 杜景儉』) → **亦云**, **唐史**季秋梨花, **杜**景儉曰, 陰陽瀆**則**爲災.(『松南雜識』)

274) 삼척(三脊) : 삼릉(三稜) 혹은 삼척모(三脊茅)로 제사에 사용하는 나물이다.

275) 박상(舶上) : 약재의 이름.

276) **那伽**. 花狀如三**春**, 無葉. 花色白, 心黃, 六瓣, 出舶上.(『酉陽雜俎續集, 卷九, 支植上』) → 花狀如三**脊**, 無葉. 花色白, 心黃, 六瓣, 出舶上.(『松南雜識』)

승화
僧花

『본초강목(本草綱目)』에는 없다. 지금 북향 언덕의 암석에서 난다. 꽃은 중의 고깔과 같으며 담홍색이다. 음양풍담(陰陽風痰)·조열증(燥熱症)에 술을 만들어 복용한다. 의원의 말에 "승화가 세상에 퍼진 것이 벌써 오래되었으니, 만병초(萬病草)·쌍각초(雙脚草)가 나오고 또 뒤에 녹음방초(綠陰芳草)가 나왔다"라고 한다.

오대산(五臺山)에 백련초(白蓮草)가 있는데, 두창(頭瘡)과 부피(浮皮)를 고치는 신약(神藥)이라고 한다.

작약
芍藥

『본초강목(本草綱目)』에 '흑견이(黑牽夷)'라고 하였고, 『광아(廣雅)』[277]에서 "천하에 이름이 난 것은 오로지 낙양의 목단(牧丹)과 광릉(廣陵)의 작약(芍藥) 뿐이다. 꽃잎이 붉고 허리는 노랗기에 '금대위(金帶圍)'라고도 하는데, 심지 않아도 때때로 나오니 성(城) 안에도 의당 재상이 있는 것이다. 위국공(魏國公) 한기(韓琦)[278]와 기국공(岐國公) 왕규(王珪)[279]가 모두 그러하다"라고 하였다.

『후산담총(後山談叢)』[280]에서 "자복사(資福寺)의 흰 작약은 아주 둥글

277) 광아(廣雅) : 위(魏)나라 때 장읍(張揖)이 편찬한 자전(字典). 「삼창(三蒼)」·「설문(說文)」 등을 참고로 증보한 것임. 10권.

278) 한기(韓琦) : 송나라의 현상(賢相). 위국공(魏國公)에 봉해졌기에 한위공(韓魏公)이라고 한다. 한위공(韓魏公)이 양주(揚州)의 지방관으로 갔을 때 작약 무더기 중에서 가선이 노란 작약 4떨기를 따니, 이곳 사람들이 그 꽃은 '금요대(金腰帶)'이니, 수 십 년간 한 두 떨기밖에 나지 않는 것이라면서 감탄하였다고 한다.

279) 왕규(王珪) : 송나라 사람. 기국공(岐國公)에 봉해 졌기에 왕기공(王岐公)이라고 한다.

기에 '옥반우(玉盤盂)'라고 이름하니, 옥반우가 피면 연회를 벌였던 양주 주씨(楊州朱氏)의 정원 금정(錦亭)과 채번경(蔡繁卿)의 만화회(萬花會)가 이것이다"라고 하였다.

『고금주(古今注)』[281]에서는 "일명이 '가리(可離)'이기 때문에 이별할 때 서로 준다"[282]라고 하였다.

『시경(詩經)』에서,

남자와 여자가　　維士與女
서로 지분대며　　伊其相謔
작약을 건넨다　　贈之以勺藥[283]

라고 하였다.

「남도부(南都賦)」[284]에서,

기러기 돌아가고 탈구(鶗鴂) 울며　　歸鴈鳴鶗
벼가 익고 생선에 맛이 오르니　　黃稻鱻魚
작약이 필 때로세　　以爲芍藥

라고 하였다.

『서계총어(西溪叢語)』[285]에서 "작약은 생선살에 섞어 식혜(食醯)를 만

---

280) 후산담총(後山談叢) : 송나라의 진사도(陳師道)가 편찬한 책. 총 4권.
*『松南雜識』에는 '後山叢話'로 되어 있음.

281) 고금주(古今注) : 진(晉)나라의 최표(崔豹)가 편찬했다. 부록인 「중화고금주(中華古今注)」 3권은 오대(五代)의 마호(馬縞)가 편찬했다. 여복(輿服) · 도읍(都邑) · 음악(音樂) · 조수(鳥獸) · 어충(魚蟲) · 초목(草木) · 잡주(雜注) · 문답(問答) · 석의(釋義) 등의 8편으로 이루어져있다. 이 두 책은 명물(名物)을 고증하였다. 3권.

282) **牛亨問曰**, **將離別**, **相贈以芍藥者何**. **答曰**, **芍藥**, 一名**可**離故, **將**別以贈**之**.(『古今注, 卷下, 問答釋義第八』) → 一名**將**離故, 相別以贈.(『松南雜識』)

283) **維**士與女, **伊其相謔**, 贈之以**勺**藥.(『詩經, 鄭風, 溱洧』) → 士與女兮, 贈之以**芍**藥.(『松南雜識』)

284) 후한 장형(張衡)의 작품.

드는 식물이다"[286]라고 하였다.

한유(韓愈)의 시에서 "오정(五鼎)[287]의 맛난 음식에 작약으로 조미(調味)를 한다[五鼎調芍藥]"[288]라고 하였는데, 그 주석에서 "뿌리는 주로 장(臟)을 조화롭게 한다. 또 독기(毒氣)를 제거하기 때문에 난계(蘭桂)와 섞어서 여러 음식에 조미한다"[289]라고 하였다.[290]

지봉(芝峯) 이수광(李睟光)이 "음식의 독(毒)을 다스리기 때문에 유독 '약(藥)'이라는 이름이 붙었다"[291]라고 하였다.

---

285) 서계총어(西溪叢語) : 송나라 요관(姚寬)이 편찬한 책. 총 3권.

286) **溱洧詩, 贈之以勺藥. 江淹別賦下, 有芍藥之詩, 子虛・南都二賦, 言勺藥者, 乃**以魚肉等物, 爲醢食**物**也.(『西溪叢語, 卷上』)→以魚肉等物, 爲醢食也.(『松南雜識』)

287) 오정(五鼎) : 소・양・돼지・생선・순록의 다섯 가지 고기를 다섯 솥에 각각 담아 먹는 것. 고관 귀족(高官貴族)의 호사스러운 생활. 혹은 성찬을 의미함.

288) 『五百家注昌黎文集, 卷八, 晩秋郾城夜會李正封聯句上王中丞盧院長』.

289) **其**根主和臟. 又辟毒氣故, 合**之**於蘭桂, 以助諸食.(『五百家注昌黎文集, 卷八, 晩秋郾城夜會李正封聯句上王中丞盧院長』)→根主和臟. 又辟毒氣故, 合於蘭桂, 以助諸食.(『松南雜識』)

290) **又**名將離, 故**將**別以贈. 本草黑牽夷. 廣雅, 名天下**者**, 惟廣陵紅葉黃腰, 號金帶圍**而**无種, 有時出, 則城中**當**有宰相, 韓魏公・王岐公・**王荊公・陳太傅**皆然. **后山**叢話. **玉盤**盂, **南禪**・資福**兩**寺, **一歲最盛**, **有**白花正**員**, **如覆**盂, **下十餘葉**, **盛之如盤**, **因易**名**云**玉盤盂. **東坡詩序**, 蔡繁卿**守揚州**, **作**萬花會**用花十餘萬枝**. **漁隱叢話**. **揚**州朱氏園, **種芍藥五六萬株**, **花盛時**, **作**錦亭, **以待遊者**, **逾月不絶**. ……五鼎調芍藥, 韓**晩秋郾城芍藥**. 根主和臟, 又辟毒氣故, 合於蘭桂, 以助諸食.(『韻府羣玉, 花木芍藥』)→本草**曰**, 黑牽夷. 廣雅**曰**, 名天下, 惟廣陵紅葉黃腰, 號金帶圍, 無種, 有時出, 則城中有宰相, 韓魏公・王岐公皆然. 叢話**云**, 資福寺, 白花正**圓**, 名玉盤盂. **楊**州朱氏園錦亭, 蔡繁卿萬花會, **是也**. **古今注曰**, 一名將離, 故**相**別以贈. **詩云**, **士與女兮**, **贈之以芍藥**. **南都賦**, **歸鴈鳴鷄**, **黃稻鱻魚**, **以爲芍藥**. **叢語曰**, **以魚肉等物**, **爲醢食也**. 韓**詩**, 五鼎調芍藥. **註**, 根主和臟, 又辟毒氣故, 合於蘭桂, 以助諸食.(『松南雜識』)

291) **韋昭曰**, 制食之毒**者**, **莫良於芍藥**故, 獨得藥之名耳.(『芝峯類說, 卷十九, 食物部, 藥』)→制食之毒故, 獨得藥之名耳.(『松南雜識』)

원지 · 당귀
遠志當歸

『이아주(爾雅注)』[292]에서 "산쑥이 극원(棘蒬)을 에웠다[蔓繞棘蒬]"라고 하였는데, 그 주석에서 "극원은 지금의 원지(遠志)이다"[293]라고 하였다. 손성(孫盛)[294]의 『동이잡어(同異雜語)』에서 말하였다.

강유(姜維)[295]가 제갈량(諸葛亮)에게 나가있을 때, 의당 돌아와야 한다[當歸]는 어머니의 편지를 받고, 강유가 말하였다.

"원대한 뜻[遠志][296]이 있을 뿐이지 의당 돌아가는데[當歸][297]에 있지 않습니다."[298]

당귀(當歸)는 우리나라에서 '신감채(辛甘菜)'라고 한다. 또 다른 이름은 '문무(文無)'이니, 우리나라의 시에 '문무초가 자라지 않았네[文無草未長]'[299]라는 말이 이것이다.

---

292) 『松南雜識』에는 '爾雅注'가 '爾雅釋'으로 되어 있음.

293) 蔞繞**蕀**蒬. 〈**蔞蒬音杳寃**, 遠志**也**.〉(『爾雅注, 卷下, 釋艸, 第十三』) → 蔓繞**棘**蒬. **註**, **今**遠志.(『松南雜識』)

294) 손성(孫盛) : 진(晉)나라의 학자. 태원(太原) 출신. 자는 안국(安國). 저서에 『진양춘추(晉陽春秋)』(33권), 『역상묘(易象妙)』 등이 있었는데, 현전하지 않음.

295) 강유(姜維) : 삼국 시대 촉한의 장수. 자는 백약(伯約). 제갈 무후(諸葛武侯)에게 병법을 배웠다. 위(魏)나라를 치다가 등애(鄧艾)에게 패전하였다.

296) 원지(遠志) : 원지과의 여러해살이풀. 줄기는 높이가 30cm 정도이며 잎은 어긋나고 선 모양이다. 7~8월에 자주색 꽃이 총상 꽃차례로 가지 끝에 피고 열매는 삭과(蒴果)이며 뿌리는 약용한다.

297) 당귀(當歸) : 신감채의 뿌리를 한방에서 이르는 말. 보혈 작용이 뛰어나 부인병에 쓴다.

298) 姜維詣**諸葛亮**, 得母書, 令求當歸. 維曰, 但有遠志, 不在當歸. 孫盛雜**語**.(『韻府羣玉, 遠志當歸』) → 孫盛雜**錄曰**, 姜維詣**孔明**, 得母書, 令求當歸. 維曰, 但有遠志, 不在當歸.(『松南雜識』)

299) **余送李潭陽安訥詩曰**, **惜別將何贈**, 文無草未長. **見者如李五峯**. **車五山諸人**, **皆不解出處云**, **可笑**.(『芝峯類說, 卷十三, 文章部六, 東詩』) → **東詩**, 文無草未長.(『松南雜識』)

감초

苷

『강희자전(康熙字典)』에서 말하였다.

감초(甘草)[300]를 '감(苷)'이라 하고, 우슬(牛膝)[301]을 '우(⿱艹牛)'라 하고, 통초(通草)[302]를 '통(蓪)'이라 하고, 패모(貝母)[303]를 '패(萯)'라 하고, 원지(遠志)를 '원(薳)'이라 하고, 지모(知母)[304]를 '지(⿱艹知)'라 하고, 의남(宜男)[305]을 '의남(萓莮)'이라 하고, 문동(門冬)[306]을 '문동(門苳)'이라 하고, 마치(馬齒)[307]를 '치(⿱艹齒)'라 하고, 복령(伏令)[308]을 '복령(茯苓)'이라 하고,

---

300) 감초(甘草) : 콩과의 여러해살이풀. 높이는 1~1.5미터이며, 모가 나 있다. 잎은 겹잎으로 어긋나며, 여름에 나비 모양의 쪽빛을 띤 보라색 꽃이 핀다. 붉은 갈색의 뿌리는 단맛이 나는데 먹거나 약으로 쓴다.

301) 우슬(牛膝) : 쇠무릎. 비름과의 여러해살이풀. 높이는 50~100cm이며, 잎은 마주나고 타원형이다. 8~9월에 연한 녹색 꽃이 수상(穗狀) 꽃차례로 피고 열매는 포과(胞果)로 겉에 가시가 있어서 사람의 옷에 잘 붙는다. 뿌리는 임질약 · 강장제 · 이뇨제 · 해열제 따위로 쓰고, 줄기와 잎은 독사에 물렸을 때 해독약으로 쓴다.

302) 통초(通草) : 말린 등칡의 줄기. 열을 내리고 오줌을 잘 누게 하며 혈압 강화 작용을 한다.

303) 패모(貝母) : 백합과의 여러해살이풀. 높이는 30~60cm이며, 잎은 돌려나고 선 모양이다. 5월에 자주색의 종 모양 꽃이 줄기 끝에 피고 열매는 삭과(蒴果)로 6개의 날개가 있다. 관상용이고 약용을 사용하니, 기침과 담(痰)을 다스린다.

304) 지모(知母) : 백합과의 여러해살이풀. 뿌리줄기는 굵고 옆으로 벋으며, 잎은 끝에서 뭉쳐나고 선 모양으로 잎 부분이 서로 안기어 줄기를 감싼다. 늦봄에 자줏빛 꽃이 두세 개씩 수상(穗狀) 꽃차례로 피고 관상용으로 재배한다. 한국의 황해도, 일본 등지에 분포한다. 이것의 뿌리줄기는 성질이 차며, 열로 인한 기침 · 담(痰) · 갈증 따위에 약재로 쓴다.

305) 의남(宜男) : 의남초(宜男草). 원추리를 말함. 임신한 부인이 원추리꽃을 허리에 차면 반드시 아들을 낳는다고 하여 부쳐진 이름이다.

306) 문동(門冬) : ①맥문동(麥門冬). 백합과의 여러해살이풀. 줄기는 높이가 30~50cm이고 뿌리는 짧고 굵으며 잎은 뿌리에서 뭉쳐나고 선 모양 또는 선상 피침 모양으로 부추 잎과 비슷하다. ②맥문동이나 소엽맥문동의 뿌리. 성질은 차고 맛은 달고 약간 쓰다. 마른기침, 열이 나고 답답한 데, 강장제(强壯劑) 따위로 쓴다.

307) 마치(馬齒) : 마치현(馬齒莧). 쇠비름과의 한해살이풀. 높이는 15~30cm이며, 잎은 마주나고 쐐기 모양의 타원형이다. 5~8월에 노란 꽃이 가지 끝에 피는데 꽃자루가 없고 아침에 피었다가 한낮에 오므라진다. 열매는 개과(蓋果)로 검은 씨가 있다. 사료나 약

상륙(商陸)[309]을 '상륙(薚蔏)'이라 한다.

사탕수수
蔗糖

『이물지(異物志)』에서 "자당(蔗糖)은 감자(甘蔗)다. 교지(交趾)[310]에서 나는 것은 둘레가 몇 마디쯤 되고 길이가 한 길 남짓이다"라고 하였다.

초사(楚辭)에서,

삶은 금계와 구운 양고기에	胹鼈炮羔
사탕수수 음료가 있네	有柘漿些[311]

라고 하였다.

한(漢)나라 「교사가(郊祀歌)」에서,

온갖 맛 좋은 술에 난초 향기 흐드러지더니	百味旨酒布蘭生
태존의 사탕수수 음료가 숙취를 풀어준다네	泰尊柘漿析朝酲[312]

라고 하였다.[313]

재로 쓰며 번식력이 크다. 말비름·쇠비름.

308) 복령(茯苓) : 구멍장이버섯과의 버섯. 공 모양 또는 타원형의 덩어리로 땅속에서 소나무 따위의 뿌리에 기생한다. 껍질은 검은 갈색으로 주름이 많고 속은 엷은 붉은색으로 무르며, 마르면 딱딱해져서 흰색을 나타낸다. 이뇨의 효과가 있어 한방에서 수종(水腫), 임질, 설사 따위에 약재로 쓴다.

309) 상륙(商陸) : 자리공의 뿌리를 한방에서 이르는 말. 부종(浮腫), 적취(積聚) 따위를 다스리고 대소변을 잘 통하게 하는 데 쓴다. ≒장류근·장륙.

310) 교지(交趾) : 한나라 때의 군명(郡名). 지금 월남 북부지역을 말한다.

311) 有柘漿**些**.(『楚辭集注, 卷七, 招魂, 第九』) → 有柘漿.(『松南雜識』)

312) 百**末**旨酒布蘭生, 泰尊柘漿析朝**酲**.(『前漢書, 卷二十二, 禮樂志, 第二』) → 百**味**旨酒布蘭生, 泰尊柘漿析朝酲.(『古今事文類聚後集, 卷二十七, 菓實部, 蔗』) → 百**味**旨酒布蘭生, 泰尊柘漿析朝**醒**.(『松南雜識』)

지금 취독(醉毒)에 감로수(甘露水)를 복용한다는 말이 이것이다.

송나라 야사(野史)의 기록에 의하면 신종(神宗)이 여혜경(呂惠卿[314])에게 "어떤 풀도 서출(庶出)이 아닌데 유독 감자(甘蔗)에만 '서(庶)'자를 쓰는 이유는 무엇인가?"라고 물었다.

여혜경이 "모든 풀은 심으면 똑바로 나니 이것은 적출(嫡出)입니다. 그런데 사탕수수만은 횡으로 나니 서출(庶出)입니다. 그렇기 때문에 글자가 '초(艹)'와 '서(庶)'로 구성된 것입니다"[315]라고 대답하였다.

당나라 때 추화상(鄒和尙)이라는 중이 흰 노새를 타고 산산(繖山)에 올라가서 살았는데, 소금과 쌀, 채소, 땔나무가 필요하면 종이에 품목을 쓰고 돈 꿰미를 노새에 매달아 시장으로 보냈다. 노새가 시장에 도착하면 사람들이 평균가로 따져서 물건을 노새에 실어 보내곤 하였다. 그러던 어느날 노새가 산 아래 황씨(黃氏)네 밭의 사탕수수를 먹어치우니, 황씨가 추화상에게 값을 물어달라고 하였다. 그러자 추화상이 "자네는 검은 사탕수수로 하얀 설탕을 만들면 이익이 열 배가 되는 것을 모르는구나. 그 방법을 가르쳐 주는 것으로 보상을 하마"라고 말하였다.

그때부터 그 제조법이 행하여졌다.[316] 지금의 '사탕[沙糖]'이라는 말

313) 甘蔗. 交趾所生者, 圍數寸, 長丈餘. 〈異物志〉…… 臑鱉炮羔有柘漿**些**. 〈楚辭〉**詩句**, 百味旨酒布蘭生, 泰尊柘漿析朝**醒**. 〈漢郊祀歌〉(『古今事文類聚後集, 卷二十七, 菓實部, 蔗』) → 異物志**曰**, 甘蔗, 交趾所生者, 圍數寸, 長丈餘. 楚辭**曰**, 臑鱉炮羔有柘漿. 漢郊祀歌**曰**, 百味旨酒布蘭生, 泰尊柘漿析朝**醒**.(『松南雜識』)

314) 여혜경(呂惠卿) : 송나라 진강(晉江) 출신. 자는 길보(吉甫). 왕안석(王安石)과 의론이 잘 맞아 그가 신법(新法)을 시행할 적에 여혜경이 '법을 보호하는 선신[護法善神]'이라 칭송했다.

315) 庶出. 野史, 宋神宗問呂惠卿曰, 何草不庶出, 獨于蔗爲庶出, 何也. 對曰, 凡草植之, 則正生, 此嫡出也, 甘蔗以斜生, 所謂庶出也.(『山堂肆考, 卷二百八, 果品, 庶出』) → 宋神宗, 問呂惠卿曰, 何草不庶出, 獨於蔗**庶出**, 何也. 曰凡草種之, 則正生, 蔗獨庶出**也**. 野史.(『韻府羣玉, 蔗庶』) → 宋野史, 神宗問呂惠卿曰, 何草不庶出, 獨於**甘**蔗, 何也. 曰凡草種之, 則正生, 蔗獨庶出.(『松南雜識』)

316) **先是**, 唐**大歷間**, **有**僧, **號**鄒和尙, **不知所從來**. 跨白驢, 登繖山, **結茅以居**. **須**鹽米薪菜**之屬**, **卽**書**付**紙, 繫錢, 遣驢**負**至市**區**. 人**知爲鄒也**, **取**平直, **挂物於鞍**, **縱**驢歸. 一日, 驢犯**山下**黃氏**者**蔗苗. **黃**請償於鄒, 鄒曰, 汝未知**窨**蔗糖爲霜, 利**當**十倍. **吾語**

이 이것이다. '사(沙)'는 '자(蔗)'와 '상(霜)'의 와음(訛音)이다.

내가 보건대 소주(蘇州) 율상(溧商)의 사탕수수 줄기는 지금의 마른 피마(皮麻) 줄기와 비슷해서 먹으면 단맛이 난다.

여정실

女貞實

소언(蘇彥)의 송(頌)에서,

여정나무	女貞之樹
일명은 동청(冬青)	一名冬青
서리 맞으면 파랗게 되어	負霜慈翠
가지를 떨치고 바람도 아랑곳 않네	振柯淩風
그래서 청렴한 선비는 그 자질 흠모하고	故淸士欽其質
정조 있는 여인은 그 이름 사모한다네	而貞女慕其名

라고 하였다.[317]

우리나라에서는 '쥐똥나무열매'라고 한다. 고부(古賦)[318]에서 "예장(豫

女, **塞責**, **可乎**. **試之**, **果信**. 自是, **就傳**其法.(『糖霜譜, 原委, 第一』)→唐**大歷間**, **有**僧, **號**鄒和尙, **不知所從來**. 跨白驢, 登繖山, **結茅以居**. **須**鹽米薪萊**之屬**, **卽書寸**紙, 繫錢緡, 遣驢**負**至市**區**. 人**知爲鄒也**, **取**平直, **掛物于鞍**, **縱**驢歸. 一日, 驢犯**山下**黃氏**者**蔗苗, **黃**請償於鄒. 鄒曰, 汝未知**因**蔗糖爲霜, 利**當**十倍, **吾語汝**, **塞責**, **可乎**. **試之**, **果信**. 自是, **流傳**其法.(『古今事文類聚後集, 卷二十七, 菓實部, 始創糖霜』)→唐僧鄒和尙, 跨白驢, 登繖山, 鹽米茱薪, 書**寸**紙, 繫錢緡, 遣驢至市. 人**以**平直, **付**驢歸. 一日, 驢犯黃氏蔗苗, 請償於鄒. 鄒曰, 汝未知**因**蔗糖爲霜, 利十倍. 自是, 其法**行**.(『松南雜識』)

317) **晉**蘇**彥女貞**頌曰, **昔東阿王作楊柳頌**, **辭義慷慨**, **旨在其中**. **余今爲女貞頌**, **雖事異於往作**, **蓋亦以厲冶容之風也**. 女貞**之樹**, 一名冬青, 負霜葱翠, **振柯淩風**, 故**淸士**欽**其質**, **而**貞女慕其名. **或樹之於雲堂**, **或植之於階庭**.(『藝文類聚, 卷八十九, 女貞』)→蘇頌曰, 女貞負蔥翠, 故 貞女慕其名. 一名冬青.(『康熙字典, 貞』)→蘇頌曰, 女貞負霜蔥翠, 故貞女慕其名. 一名冬青.(『松南雜識』)

章)[319]과 여정(女貞)"[320]이라 한 말이 이것이다.

지금 제주(濟州) 해안의 바람 많은 곳에서 나는 것이 가장 훌륭하다. 허약하거나 음기(陰氣)가 허한 증상 등에 복용하면 뛰어난 효과가 있는데, 가루를 내어 술에 타서 마신다고 한다.

소합환
蘇合丸

사서(史書)에서 "소합환(蘇合丸)을 내버리고 쇠똥구리[蜣螂]가 굴리는 똥을 취하였다"라고 하였는데, 그 주석에 "소합환은 대진국(大秦國)에서 처음 나왔는데, 온갖 꽃을 합하여 만든다"[321]라고 하였다.

혹자(或者)는 "생 자소엽(紫蘇葉)을 달여 '노(露)'[322]로 만든 것이 바로 소합유(蘇合油)인데, 술에 넣어서 마시면 한기(寒氣)가 문득 사라진다. 그래서 '소(蘇)'라는 이름이 되었다"라고 한다.

인삼
人蔘

『본초강목(本草綱目)』에서 "인삼(人蓡[323]) · 원삼(元蓡[324]) · 사삼(沙蓡[325]) ·

---

318) 사마상여(司馬相如)의 「상림부(上林賦)」.

319) 예장(豫章) : 나무 이름. 예장(豫樟). 침목(枕木)과 장목(樟木)의 병칭.

320) 豫章女貞.(「上林賦」) → 櫲章女貞.(『松南雜識』)

321) 棄蘇合之丸, 〈**後漢書西域傳曰**, 大秦國合**會諸香**, **煎其汁**, **以爲蘇合**.〉 取蛣蜣之轉也.(『資治通鑑, 卷二百七十五, 後唐紀四』) → 棄蘇合之丸, 取蜣蜋之轉. **註**, **始出大秦國**, **合百花爲之**.(『松南雜識』)

322) 노(露) : 꽃을 달여서 만든 향기로운 액체.

323) 인삼(人蓡) : 인삼(人蔘). 해가 오래될수록 점점 자라는데, 뿌리가 사람 모양처럼 생겨서 인삼이라고 부른다. 신초(神草), 인함(人銜) 또는 지정(地精)이라고도 한다. 『집운(集韻)』에서 "인삼(人蓡)의 '蓡'자를 '삼(蔘)' 혹은 '삼(葠)'으로도 쓴다"라고 하였다.

단삼(丹葠)[326] · 고삼(苦葠)[327] 다섯 가지를 '오삼(五蔘)'이라고 한다. 인삼(人葠)은 인함(人銜)이라고도 하는데, 뿌리가 사람모양 같다"라고 하였다.[328]

유종원(柳宗原)의 편지[329]에서 "당귀(當歸)는 말꼬리처럼 생겼고, 인삼은 사람 다리처럼 생겼다"[330]라고 하였다.

『당서(唐書)』에서 "영주(營州)에서는 인삼(人葠) · 표범꼬리 · 골굴(骨貀)[331]의 토산물을 공물로 바친다"[332]라고 하였는데, 그 주석에서 "貀의 음은 굴이다"라고 하였다.

소식(蘇軾)의 시에서 "맑은 샘물 인삼에 붓고[玄泉傾海腴]"[333]라고 하였다.

우리나라에서는 강계삼(江界蔘)[334]을 보배로 여기는데, '강삼(江蔘)'이

---

324) 원삼(元葠) : 현삼(玄蔘)을 말한다. 현삼과의 다년초이다. 산지에 절로 나는데, 줄기는 네모지고 키는 80~150센티미터 쯤 된다. 잎은 끝이 뾰족한 달걀 모양이며, 톱니가 있다. 늦여름에 황록색 꽃이 핀다.

325) 사삼(沙葠) : 사삼(沙蔘). 초롱꽃과의 다년생 덩굴풀이다. 산이나 들에 나는데, 뿌리는 도라지처럼 굵고 줄기는 덩굴성이다. 뿌리는 거담이나 건위 등에 약재로 쓰인다.

326) 단삼(丹葠) : 단삼(丹蔘). 꿀풀과의 다년초. 산지에 나는데 줄기는 60센티미터 가량이고, 전체에 털이 많다. 잎은 깃 모양의 겹잎으로 마주나며, 5~6월에 자줏빛의 작은 꽃이 핀다. 뿌리가 건위 · 정장 · 부인병 등에 약재로 쓰인다.

327) 고삼(苦葠) : 고삼(苦蔘). 콩과의 다년초이다. 양지바른 곳에 나는데, 줄기의 높이는 80~100센티미터 가량 된다. 잎은 깃 모양이며 잎자루가 길다. 6~8월에 연한 황색 꽃이 이삭 모양을 핀다. 뿌리가 약재로 쓰인다.

328) **葠. 唐韻所金切, 音森. 說文, 人葠藥草. 本草, 一名神草**, 一名人銜, **一名地精. 年深浸漸長成者**, 根如人形, **故謂之人葠. 葠字從浸, 亦浸漸之意.** 唐書**地理志, 太原府**土貢人葠. **又博雅, 鹿腸元葠, 苦心沙葠.** 本草, 人葠 · 元葠 · 沙葠 · 丹葠 · 苦葠, 共爲五葠.(『康熙字典, 葠』) → 人葠 · 元葠 · 沙葠 · 丹葠 · 苦葠, 共爲五葠, **而人葠**, 一名人銜, 根如人形**云**.(『松南雜識』)

329) 「여최요주론석종유서(與崔饒州論石鍾乳書)」.

330) **言**當歸**者, 以類**馬尾**蠶首, 言人參者以**人**形**.(『柳河東集注, 卷三十二, 與崔饒州論石鍾乳書』) → **柳子厚書云**, 當歸**似**馬尾, **蔘形似**人**脚**.(『松南雜識』)

331) 골굴(骨貀) : 나무의 마디혹. 골굴(榾貀).

332) 營州 …… 土貢人葠 · **麝香** · 豹尾皮 · 骨貀.(『唐書, 卷三十九, 志第二十九, 地理志』) → 營州土貢人葠 · 豹尾皮 · 骨貀.(『松南雜識』)

333) 『東坡全集, 卷二十三, 小圃五詠, 人參』.

334) 강계삼(江界蔘) : 평안북도 강계 지방에서 나는 인삼을 말한다.

라고 부른다. 근래에는 가정에서 채소처럼 재배하기도 하는데, 사삼(沙蔘)・만삼(蔓蔘)[335]과 비교해도 차이가 없다고 한다. 중국에서는 쪄서 그 독을 제거하여 홍삼(紅蔘)으로 만든다.

『택리지(擇里志)』에서 "왜(倭)는 온 나라의 샘물에 모두 장기(瘴氣)[336]가 있어서 풍토병이 많은데, 인삼을 물동이에 담그면 장기(瘴氣)의 탁한 물질이 녹아 없어진다. 그래서 인삼(人蔘)을 가장 중요하게 여긴다. 이러한 까닭에 우리나라 인삼 값이 날개를 단 듯 치솟고 있다"[337]라고 하였다.

보두
寶豆

베트남[安南國]에서 자라는 나무이름으로, 그 열매는 큰 마늘 같은데, 벌레나 뱀의 독을 치료하는 묘약이다. 『본초강목』에는 실려 있지 않다.

---

335) 만삼(蔓蔘) : 초롱꽃과의 다년생 덩굴풀이다. 긴 잎자루 끝이 달걀 모양의 잎이 어긋맞게 나며 7~8월에 자줏빛의 꽃이 핀다. 뿌리가 약재로 쓰인다.

336) 장기(瘴氣) : 습하고 더운 땅에서 생기는 독기.

337) 倭一國, **多**瘴泉**而有**土疾, **若**以**人**蔘投水**盂**, 則瘴濁融化. 故最重**人蔘**, **深處倭**, **皆求得於馬島**. **朝家**, **歲有頒賜定數**, **而嚴禁私商**, **然以利重**, **故雖誅之**, **不能禁**, **近來防禁漸弛**, **犯者衆**, **而**我國**人**蔘, **日漸**翔貴**矣**.(『擇里志, 八道總論, 慶尚道』) → 倭一國, **皆**瘴泉, **多**土疾, 以蔘投水**盆**, 則瘴濁融化. 故最重**之**, **是以**我國蔘, 翔貴**云**.(『松南雜識』)

* 위의 기록을 살펴보면, 이러한 까닭으로 인삼을 귀하게 여겨 먼 곳에 있는 왜인이 대마도에 와서 구해갔다고 한다. 그러나 우리나라 조정에서는 일정한 수량의 인삼을 하사할 뿐, 사사로이 매매하는 것은 엄금하였다. 하지만 이익이 많았기 때문에 밀매하는 자를 베어 죽여도, 완전히 금하지 못했는데 나중에는 금령조차 느슨해져서 범법하는 자가 더욱 많아지고 덩달아 우리나라 인삼 값도 나날이 치솟았다고 한다.

우여량
禹餘糧

『술이기(述異記)』338)에서 "우여량(禹餘糧)은 약의 이름인데, 우(禹) 임금이 물을 다스릴 때 남은 양식을 강에다 버렸는데, 살아서 약초가 되었다"339)라고 하였다.

『박물지(博物志)』에서 "바닷가에 나는 풀이 있는데, '사(蒒)'라고 하며 그 열매를 먹는다. 마치 보리처럼 생겼으며 7월에 익는다. 속명은 '자연곡(自然穀)'이며 혹은 '우여량(禹餘糧)'이라고도 한다"340)라고 하였다.

아위
阿魏

『정자통(正字通)』에 "아위(阿魏)341)는 풀과 나무 두 가지 종으로 나뉜다. 풀은 서역에서 자라고, 나무는 남쪽 변방에서 자란다"342)라고 하였다.

---

338) 술이기(述異記) : 구본(舊本)은 양(梁)나라 임방(任昉)이 지었다. 총 2권. 그러나 내용 중에 북제(北齊)의 무성(武成)과 하청(河淸) 연간의 일이 있는 것으로 보아 장화(張華)의 『박물지(博物志)』의 경우처럼 여러 가지 책의 내용을 모아 만든 것으로 보인다.
*『松南雜識』에는 '神異經'으로 되어 있음.

339) 今藥中有禹餘糧者. 世傳, 昔禹治水, 棄其所餘糧於江中, 生爲藥也.(『說郛, 卷六十五下, 述異記, 禹餘糧, 糧』) → **又藥名**. 神異經, **禹餘糧**, **世傳**禹治水, 棄其所餘糧于江中, 生爲藥草也.(『康熙字典, 糧』) → 神異經**曰**, 禹治水, 棄其所餘糧于江中, 生爲藥草也.(『松南雜識』)

340) 海上有草焉. 名蒒, 其實食之. 如大麥, 七月稔, 俗名**曰**自然穀, 或曰禹餘糧. **蒒音師**.(『博物志, 卷三, 異草木』) → 海上有草焉. 名蒒, 其實食之. 如大麥, 七月稔, 俗名自然穀, 或曰禹餘糧.(『松南雜識』)

341) 아위(阿魏) : 미나리과의 식물로 다년생이며 높이는 1미터쯤이다. 작고 노란 꽃이 피며 꽃대의 끝에 여러 꽃자루가 방사상으로 나와 다시 그 끝에 부챗살 모양을 갈라져 핀다. 가지와 줄기에서 나오는 유액이 오래되면 굳어져서 덩어리가 되는데, 그것을 '아위(阿魏)'라고 부르며 약재로 쓰인다. 또한, 아우(阿虞) · 당거(薰渠) · 합석니(哈昔尼)라고도 한다.

342) 阿魏分草木二種. 草者出西域, **苗葉根莖**, **似白芷**. **擣根汁**, **曝之如膠**. **西國持呪人**,

『본초강목(本草綱目)』에서 "한 그루의 나무를 그려 놓고, 또 나귀를 타고 화살을 뽑는 사람을 그려 놓았다. 대개 나무의 냄새가 독하고 사람이 그것에 닿으면 즉사한다. 그러므로 튼튼한 나귀를 타고서 빠른 화살을 나무에 쏘아 맞혀 생채기를 낸 다음 코를 막은 채 그 진액을 취해 즉시 돌아와야 한다"343)라고 하였다.

빈랑
檳榔

운서(韻書)에서 "가지가 없으며 나무 끝에 열매가 나서 씨방을 만드는데, 하나의 씨방에 수 백 개의 열매가 들어있다. 열매의 맛은 쓰고 떫다. 부유(扶留)344)와 와옥자(瓦屋子)345)를 같이 태워서 그 재를 씹어 먹으면 달고 매끄럽다. 양지를 향해 자라는 것을 빈랑(檳榔)346)이라 하고, 음지를 향해 자라는 것을 대복자(大腹子)라고 한다"347)라고 하였다. 이것을 먹으면 이가 붉어진다.

禁食之. 木者出南番.(『正字通』) → 阿魏分草木二種. 草者出西域, 木者出南番.(『松南雜識』)

343) 暹羅國者, 樹不甚高, 土人納竹筒於樹內, 脂滿其中. 冬月破筒, 取之. 或云, 其脂最毒, 人不敢近. 每采時, 以羊繫於樹下, 自遠射之, 脂之毒着羊, 羊斃, 卽爲阿魏. 觀此則其有二種, 明矣.(『本草綱目, 卷三十四, 阿魏』) → 畫一木, 又畫一人騎驢拔矢像. 盖樹臭毒, 人有觸之, 卽死故, 健驢疾矢, 射木成瘡, 掩鼻取其脂, 卽還云.(『松南雜識』)

344) 부유(扶留) : 등나무의 다른 이름이다.

345) 와옥자(瓦屋子) : 조개의 일종이다.

346) 빈랑(檳榔) : 종려나무과의 상록 교목. 높이는 25미터 정도. 잎은 길이가 1~2미터이다. 꽃은 흰색이고 열매는 둥글거나 타원형 또는 긴 것이 있고, 누런색이나 붉은색이며 기호품으로 씹거나 염료로 쓰인다. 어린잎은 식용한다. 촌충 약, 설사약, 피부약, 두통약으로 쓴다.

347) 無柯. 實生其端, 作房一房數百實, 味苦澁. 得扶留藤與瓦屋子, 灰嚼之則甘滑. 向陽者**曰**檳榔, 向陰者**曰**腹子.(『韻府羣玉, 草木檳榔』) → 無柯. 實生其端. 作房一房數百實, 味苦澁. 得扶留藤與瓦屋子, 灰嚼之則甘滑. 向陽者檳榔, 向陰者**大**腹子.(『松南雜識』)

토사
免絲

『산해경(山海經)』에서 "고요산(姑媱山)은 제대(帝臺)[348]의 동쪽에 있다. 제녀(帝女)[349]가 이 산에서 죽었는데, 죽어서 요초(䔄草)가 되었다. 그 풀을 몸에 지니고 있으면 사람들에게 사랑받는다"[350]라고 하였다.

『당운(唐韻)』[351]에서 "䔄의 음은 '요'이며, 토사(兎絲)[352]를 뜻한다"라고 하였다.

한사군(漢四郡) 중에 유독 '현토(玄菟)'라고 이름이 붙은 이유는 지금 함흥에서 그것이 나기 때문인 듯하다.

오가피
五加皮

『본초강목(本草綱目), 서례(序例)』에서 "사팔뜨기가 오화(五花)[353]를 먹으면 저절로 정상이 된다"라고 하였다. 그 주에서 "오가피(五加皮)[354] 중

---

348) 제대(帝臺) : '제대(帝臺)'는 이 기록 바로 앞에 보이는데, 곽박(郭璞)은 신인(神人)의 이름이라고 주석하였다. 그러나 다른 주석에서는 천제(天帝)의 대(臺)를 가리킨다고도 하였다. 『松南雜識』에서는 천제의 대로 풀이하였다.

349) 제녀(帝女) : 『수경주(水經注), 무현(巫縣)』 조에서 제녀에 대하여 "무산(巫山)에는 제녀가 산다. 송옥(宋玉)이 말한 천제의 막내딸로 이름을 요희(瑤姬)라 하는데, 결혼하지 않고 죽어서 무산의 남쪽에 매장되었다. 그 정혼(精魂)이 풀이 되었다"라고 하였다.

350) **又東二百里曰**姑媱**之**山. 帝女死**焉**. **其名女尸**, 化爲䔄草. **其葉胥成**, **其葉黃**, **其實如菟丘**. 服之媚于人.(『山海經, 卷五, 中山經』) → 姑媱山. **在帝臺東**, 帝女死. 化爲䔄草. 服之媚于人.(『松南雜識』)

351) 당운(唐韻) : 당나라 손면(孫愐)의 편찬한 책. 4만 5천 5백여 자가 수록되었음.

352) 토사(兎絲) : 풀이름. '토사(菟絲)'와 같다. 매꽃과의 일년초이며 덩굴식물이다. 나무에 붙어사는 기생식물로 줄기는 가늘고 길며 황갈색의 철사모양이다. 8~9월에 흰 꽃이 피고 씨앗은 '토사자(菟絲子)'라 하여 한방에서 약재로 쓰인다. 토루(菟縷)・옥녀(玉女)・당몽(唐蒙) 등의 다른 명칭이 있다.

353) 오화(五花) : 오가피(五加皮)의 별명.

354) 오가피(五加皮) : 다섯 개의 잎이 교차해 더해진 것을 좋은 것으로 치기에 오가(五加)

에 세 개짜리 잎이 달린 것이 숫나무이고 다섯 개짜리 잎이 달린 것이 암나무이다. 다섯 개짜리 잎이 달린 오가피를 가루로 만들어 술에 타서 마시면 사팔뜨기가 저절로 정상이 된다"[355]라고 하였다.

오미자
五味子

『이아(爾雅)』에 "미(菋)는 치저(荎藸)이다"[356]라고 하였는데, 그 주석에서 "오미자(五味子)[357]이다"[358]라고 하였다.

『포박자(抱朴子)』에서 "오미자(五味子)[359]는 오행(五行)의 정기를 받아서, 그 열매가 다섯 가지 맛[360]을 낸다"[361]라고 하였다.

또 『박아(博雅)』[362]에서 "우치(牛荎)[363]는 우슬(牛膝)이다"라고 하였다.[364]

라고 하며, 오가피(五加皮)는 오가(五加)의 뿌리껍질을 가리킨다. 오가(五加)는 두릅나무과의 낙엽관목으로 산지에 흔히 나는데 높이는 3~4미터 정도 된다. 줄기에 작은 가시가 있고, 잎은 손바닥 모양 즉 다섯 개의 작은 잎으로 이루어진 겹잎이다. 여름에 자줏빛의 잔 꽃이 뭉쳐 피고, 열매는 가을에 검게 익는다.

355) 目辟眼䁬, 有五花而自正. 五加皮, **其葉有雄雌**, 三葉爲雄, 五葉爲雌. **須使**五葉者, **作末**酒浸飮之, 其目䁬 者正.(『本草綱目, 卷一下, 序例上』) → **本草序例**, 目辟眼䁬 ,有五花而自正. **註**, 五加皮, 三葉爲雄, 五葉爲雌. **取**五葉者, 酒浸飮之, 其目䁬 者**自**正.(『松南雜識』)

356) 菋, 荎藸.(『爾雅注疏, 卷八, 釋草, 第十三』)

357) 오미자(五味子) : 식물 이름. 목련과의 낙엽 만목이다. 산기슭의 돌밭 비탈에 흔히 나는데, 잎은 어긋나고 달걀 모양이며 뒤쪽에 털이 있다. 여름에 황백색 꽃이 핀다. 한약재로 쓰이는 둥근 열매는 가을에 붉게 익는다.

358) 五味**也**.(『爾雅注疏, 卷八, 釋草第十三音義』) → 五味**子**.(『松南雜識』)

359) '오미자(五味子)'를 '오미(五味)'라고도 한다.

360) 오미자는 열매가 과육이 달고[甘] 시며[酸], 과실씨의 흰 알맹이가 쓰고[苦] 맵고[辛] 또 짜기도 해서 다섯 가지 맛이 나므로 그렇게 이름 붙였다고 한다.

361) 五味**入口**, **不欲偏多**, **故酸多傷脾**, **苦多傷肺**, **辣多傷肝**, **醎多則傷心**, **甘多則傷腎**. **此**五行**自然**之**理也**.(『抱朴子內篇, 卷三, 辯問, 第十二』) → 五味者, 五行之精, 其子有五味.(『本草綱目, 卷十八上, 五味子』) → 五味者, 五行之精, 其子有五味.(『松南雜識』)

362) 박아(博雅) : 장읍(張揖)이 지은 『광아(廣雅)』의 이칭.

363) 『박아(博雅)』는 『광아(廣雅)』의 별칭이다. 『광아(廣雅), 석초(釋草)』에서 "우경(牛莖)

구기

枸杞365)

『본초강목(本草綱目)』에 말하였다.

구기(枸杞)는 청정자(青精子)·각노지(却老枝)·지골피(地骨皮)·선인장(仙人杖)이라고도 부른다. 또, "집을 떠나 천 리 밖에 있을 때에는 '나마(蘿摩)'366)와 '구기(枸杞)'를 먹지 마라"라는 속담이 있으니 음기(陰氣)가 왕성하기 때문이다.367)

육구몽(陸龜蒙)368)은 부(賦)에서,

너 구기는 가시가 없고 爾杞未棘

은 우슬(牛膝)이다[牛莖牛膝也]"라고 기록되어 있으므로, 『松南雜識』의 '치(茥)'는 오기인듯하다.

364) **茥**. **唐韻**, **直尼切**. **集韻陳尼切**, **竝音治**. 爾雅**釋草**, 蘵茥藸. 註, **茥藸**, 五味子. **本草註**, 抱朴子**云**, 五味者, 五行之精, 其子有五味. ……又博雅, 牛茥, 牛膝也.(『康熙字典, 茥』) → **爾雅**, 蘵茥藸. 註, 五味子. 抱朴子**曰**, 五味者, 五行之精, 其子有五味. 又博雅, 牛茥**卽**牛膝也.(『松南雜識』)

365) 구기(枸杞) : 가지과의 낙엽 관목. 여름에 자줏빛의 작은 꽃이 피고 가을에 길고 둥근 열매가 붉게 익는다. 그 열매를 구기자(枸杞子)라 하여 한방에서 약재로 쓰고, 어린순은 나물이나 차를 만들어 먹는다. 지골(地骨)·구극(枸棘)·구기(苟芑)·구기(枸忌)로 쓰기도 한다. 구기의 뿌리껍질을 '지골피(地骨皮)'라고 하는데 역시 약재로 쓴다.

366) 나마(蘿摩) : 박주가리과의 다년생 덩굴풀. 산과 들에 자생한다. 여름에 나무 끝에서 엷은 자줏빛 꽃이 이삭처럼 핀다. 줄기와 잎에서 흰 즙이 나오는데, 잎·열매·뿌리는 한방에서 약재로 쓰고 연한 순은 먹기도 한다.

367) **枸杞**, 地骨皮. …… **俗諺云**, 去家千里, 勿食蘿摩枸杞. **此**言**二物補益精氣**, **强**盛陰**道**也.(『本草綱目, 卷三十六, 木之三, 枸杞·地骨皮』) → **名青精子**, **却老枝**, 地骨皮, **仙人杖**. 去家千里, 勿食蘿摩枸杞, 言陰盛也.(『松南雜識』)

368) 육구몽(陸龜蒙) : 만당(晩唐)의 시인·학자(? ~881). 자는 노망(魯望). 호는 천수자(天隨子)·보리선생(甫里先生). 소주(蘇州)의 명문 출신. 어렸을 때 이미 육경(六經)에 능통하였으며, 특히 『춘추(春秋)』에 조예가 깊었다. 송강(松江)의 보리(甫里)에 은거하며 농경(農耕)을 장려하고 개간과 농업의 개량사업에 힘쓰는 한편 시서를 즐기며 유유자적한 생활을 보냈다. 저서에 『당보리선생문집(唐甫里先生文集)』 등이 있다.

너 국화는 시들지 않나	爾菊未莎
나에게 어찌 하겠는가	其如予何[369]

라고 하였는데, 그 주석에 "시들지 않았을 때 따서 쓸 만하다"라고 하였다.[370]

소식(蘇軾)의 부(賦)[371]에서,

구기를 양식으로 삼고	以杞爲糧
국화를 식량으로 삼아	以菊爲糗
봄에는 싹을 먹고	春食苗
여름엔 잎을 먹네	夏食葉
가을엔 꽃과 열매를 먹고	秋食花實
겨울엔 뿌리를 먹는다네	而冬食根[372]

라고 하였다.

『속선전(續仙傳)』[373]에서 "주유자(朱孺子)가 시내에서 물을 긷다가 두 마리의 화견(花犬)을 보고, 쫓아가 구기(枸杞) 숲 속으로 들어가서 땅을 파니 그 뿌리가 개 모양 같았다. 주유자가 그것을 삶아 먹자 몸이 가벼워지더니 산봉우리 위로 날아갔다"[374]라고 하였다.

369) 「기국부(杞菊賦)」.

370) 爾杞未棘, 爾菊未莎, 其如予何, **其如予何**.(『甫里集, 卷十四, 杞菊 幷序』) → **菊莎**. 爾杞未棘, 爾菊未莎, 其如予何. **陸龜蒙杞菊賦**, **謂**未老**猶**可採.(『韻府羣玉, 菊莎』) → 爾杞未棘, 爾菊未莎, 其如予何. **註**, 未老可採**也**.(『松南雜識』)

371) 「후기국부(後杞菊賦)」.

372) **以**杞爲糧, **以**菊爲糗. 春食苗, 夏食葉, 秋食**花**實, **而**冬食根, **庶幾乎西河南陽之壽**. (『東坡全集, 卷三十三, 賦十七首, 後杞菊賦』) → 杞爲粮, 菊爲糗, 春食苗, 夏食葉, 秋食實, 冬食根.(『松南雜識』)

373) 속선전(續仙傳) : 당나라 때의 심분(沈汾)이 지었다.3권 '분(汾)'은 분(玢)'으로 쓰기도 한다. 상권에는 비승선(飛昇仙) 16명을 실어놓았고, 중권과 하권에는 각각 은화선(隱化仙) 12명과 8명을 실어놓았다.

374) 朱孺子, **永嘉安固人也**. …… **幼而師事道士王元正**. …… **一日就溪**, **濯蔬**, **忽**見岸側有二花犬**相趁**, **孺子異之**, **乃尋**逐入, 枸**杞**叢**下**. **歸語元正**, **訝之**, **遂與孺子**, **俱往伺**

축여
祝餘

『산해경(山海經)』에서 “초요산(招搖山)에 부추처럼 생기고 푸른 꽃이 피는 풀이 나니, ‘축여(祝餘)’라고 하는데 그것을 먹으면 배가 고프지 않다”[375]라고 하였다.

묵응이
墨應耳[376]

지봉(芝峯) 이수광(李睟光)이 말하였다.

춘천(春川) 기린면(麒麟面)[377] 묵응이산(墨應耳山)에 뿌리 색깔이 마늘 같은 풀이 난다. 그것을 먹으면 며칠 동안 배고프지 않게 된다고 하니, 대개 선계(仙界)의 풀인 듯하다. 풀이름은 산 이름을 따서 지었으며, 임진왜란 중에 많이 캐서 먹었다. 강릉(江陵)과 장안사(長安寺)[378]에서도 난다.[379]

之, 復見二犬戲躍逼之, 又入枸杞下. 元正與孺子, 共尋掘, **乃得二枸杞**根, 形**狀**如**花**犬, **堅若石, 洗澤挐歸煮之, 而孺子益薪著火, 三晝夜, 不離竈側, 試嘗其汁, 味最甘美, 喫不已. 及見根爛, 以告元正, 來共取**食之. **俄頃孺子忽然**飛**昇在**峯上.(『續仙傳, 卷上, 飛昇一十六人內女眞三人, 朱孺子』)→朱孺子**汲於**溪, 見二花犬, 逐**之**入枸叢. 掘**之**根形如犬, **烹**食之, **身輕**飛**於**峯上.(『松南雜識』)

375) **南山經之首, 曰䧿山. 其首曰**招搖**之**山, **臨于西海之上, 多桂多金玉**. 有草**焉**, **其狀**如韭**而**青花, **其**名, **曰**祝餘, 食之不飢.(『山海經, 卷一, 南山經』)→招搖山, 有草, 如韭青花, 名祝餘, 食之不飢.(『松南雜識』)

376) 묵응이(墨應耳) : 강원도 산간에서 자생하는 풀인데, 그 뿌리를 먹으면 며칠 동안 배가 고프지 않다고 한다.

377) 기린면(麒麟面) : 강원도(江原道) 춘천(春川) 기린현(基麟縣)을 가리킨다.

378) 장안사(長安寺) : 강원도 금강산에 있는 큰 절. 신라 법흥왕 원년(514)에 진표(眞表)가 창건하였으며 고려 성종 때 크게 확장되었다. 주위의 경치가 선경(仙景)과 같이 좋다.

379) 春川**有**墨應耳山. **山**有草, **名墨應耳**. **其**根色赤如蒜, 食之, 令人數日不飢. 壬**辰**亂**離**, **人**多採食**之**, 蓋仙卉也. **楓岳**長安寺**洞中**及江陵**伊川**, **亦**有之**云**.(『芝峯類說, 卷二十, 卉木部, 草』)→春川**麒麟面**墨應耳山. 有草, 根色如蒜, 食之, 令人數日不飢, 盖

경수

瓊樹[380]

『옥편(玉篇)』에서 "돌이 쌓여서 된 나무가 있는데, 경지(瓊枝)라고 한다. 높이가 백 이십 길이고 둘레는 삼십 아름인데, 옥돌로 이루어져 보배라 여긴다"[381]라고 하였다.

「사마상여전(司馬相如傳)」에서 "영지(靈芝) 꽃을 씹어 먹고, 경수(瓊樹)의 꽃을 씹어 먹네"라고 하였는데, 그 주석에 "경수(瓊樹)는 곤륜산(崑崙山) 서쪽 물가의 모래밭에서 난다. 둘레는 삼 백 아름이고, 높이는 만 길이며, 꽃술을 먹으면 오래 살 수 있다"[382]라고 하였다.

영지와 목이

芝栭[383]

「내칙(內則)」의 소(疏)에 "꽃과 잎이 없이 자라는 것으로 모두 영지류(靈芝類)에 속한다"[384]라고 하였다.

仙卉也. **仍山名名焉**. 壬亂, 多採食. 江陵及長安寺, 有之.(『松南雜識』)

380) 경수(瓊樹) : 나무 이름. 그 꽃을 먹을 수 있다.

381) **瓊**. **渠營切**. **說文云**, **赤玉也**. **莊子曰**, 積石爲樹, 名曰瓊枝. 其高一百二十仞, 大三十圍, 以琅玕 爲之寶.(『玉篇, 瓊』) → 積石爲樹, 名曰瓊枝. 其高百二十仞, 大三十圍, 以琅玕爲之寶.(『松南雜識』)

382) 咀噍芝英兮嘰瓊華. **張揖曰**, **芝**, **草蒻也**. **榮而不實**, **謂之英**, **嘰食也**. 瓊樹生崑崙西流沙濱, 大三百圍, 高萬仞, 華**蘂**也. 食之長生.(『前漢書, 卷五十七下, 司馬相如傳, 第二十七下』) → 咀噍芝英兮嘰瓊華. **註**, 瓊樹, 生崑崙西流沙濱, 大三百圍, 高萬仞, 華**蘂**也. 食之長生.(『松南雜識』)

383) 지이(芝栭) : '영지[芝]'와 '목이[栭]'. 모두 버섯류로 나무 위에 핀다.

384) **庾蔚云**, 無華葉而生**曰芝栭**. **盧氏曰**, **芝**, **木芝也**. **王肅云**, **無華而實**者, **名栭**, **皆**芝屬, **則芝栭**, **是一物**.(『禮記義疏, 卷三十九, 內則』) → 無華葉而生者, **盖**芝屬**也**.(『松南雜識』)

지초
芝草[385]

지봉 이수광이 "지금 우리나라에서 '자초(紫草)'라고 부르는 것은 지초(芝草)니, 도가(道家)에서 이른바 오색지(五色芝)는 다른 종류이다"[386]라고 하였다.

『포박자(抱朴子)』[387]에서 "석지(石芝)·목지(木芝)·초지(草芝)·육지(肉芝)·균지(菌芝)가 있다"[388]라고 하였다.

용봉지
龍鳳芝

『두양잡편(杜陽雜編)』[389]에서 말하였다.

당나라 원화(元和)[390] 연간에 장유칙(張惟則)[391]이 신라에 사신으로

385) 지초(芝草): 영지(靈芝)를 가리킨다. 옛날부터 상서로운 풀로 여겨졌다.

386) **本草曰, 芝草處處有之, 人家園圃, 或種蒔其根, 所以染紫也**. **今**俗謂紫草**者**, **是**也. 仙方所稱五色芝, 乃**是**別種.(『芝峯類說, 卷二十, 卉木部, 草』) → 俗謂紫草也. 仙方所稱五色芝, 乃別種**也**.(『松南雜識』)

387) 포박자(抱朴子): 317년에 중국 동진의 갈홍(葛洪)이 내편·외편·자서로 나누어 지은 도가서(道家書). 내편은 불로장생의 선술(仙術)과 구체적인 이론을 실관적(實觀的) 지식에 의해 논하고, 경전(經典)·계율(戒律)·금기(禁忌) 등을 기술하였다. 외편은 유교적 정치론으로 정치·처세의 이해득실이 논술되어 있다. 총 8권으로 내편 20편, 외편 50편만이 전한다.

388) **五芝者**, 有石芝, **有**木芝, **有**草芝, **有**肉芝, **有**菌芝, **各有百許種也**.(『抱朴子, 仙藥』) → 有石芝·木芝·草芝·肉芝·菌芝.(『松南雜識』)

389) 두양잡편(杜陽雜編): 두양편(杜陽編). 당나라 소악(蘇鶚)이 당대의 이문(異聞)을 대종(戴宗) 광덕(光德) 원년에서부터 의종(懿宗) 함통(咸通) 14년까지 모두 3글자를 표제(標題)로 하여 기록했다. 문사가 미려하여 곽헌(郭憲)·왕가(王嘉)의 체와 비슷하다. 총 3권.

390) 원화(元和): 당나라 헌종(憲宗)의 연호(806~820년).

391) 『松南雜識』에는 '張惟則'이 '張維則'으로 되어 있음.

갔다 돌아오다가 신선을 만났다. 신선이 “황제에게 이 금거북 도장을 갖다 주거라”라고 말하였는데, 그 도장에는 ‘봉황[鳳]같은 영지(靈芝)와 용(龍)같은 나무처럼 영원히 천명을 받으리’라고 새겨 있었다. 그 의미를 몰랐는데, 훗날 궁전 앞의 연리수(連理樹)[392]에 영지가 피었는데, 용과 봉황의 형상 같았다.[393]

송나라 야사에서 “인종(仁宗)이 태어날 때 곽태후(郭太后)의 침상 아래에 마흔 두 잎이 달린 영지가 났는데 재위 기간과 잎의 수가 들어맞는다”[394]라고 하였다.

대두황권
大豆黃卷[395]

속명은 두아(豆芽)[396]이다. 장연(長淵)[397]의 명사(鳴沙)에서 자생하는 것

---

392) 연리지(連理枝) : 서로 다른 나무의 가지가 맞닿아서 결이 통하여 하나가 된 것.

393) 元和五年, 內給事張惟則, 自新羅使迴云. 於海上泊洲島間, 忽聞雞犬鳴吠. 似有煙火, 遂乘月 閒步. 約及一二里, 則見花木臺殿, 金戶銀闕. 其中有數公子, 戴章甫冠, 著紫霞衣, 吟嘯自若. 惟則知其異, 遂請謁見. 公子曰, 汝何所從來. 惟則具言其故. 公子曰, 唐皇帝, 乃吾友也. 汝當旋去, 爲吾傳語. 俄而命一青衣, 捧金龜印, 以授惟則, 乃置之於寶函, 復謂惟則曰, 致意皇帝. 惟則遂持之. 還舟中, 迴顧舊路, 悉無蹤蹟. 金龜印, 長五寸, 上負黃金玉, 印面方一寸八分. 其篆曰, 鳳芝龍木, 受命無疆. 惟則達京師, 卽具以事進. 上曰, 朕前生, 豈非僊人乎. 及覽龜印, 歎異良久. 但不能諭其文爾. 因命緘以紫泥玉鎖, 致於帳內. 其上往往見五色光, 可長數尺. 是月, 寢殿前, 連理樹上生靈芝, 二株宛如龍鳳. 上因歎曰, 鳳芝龍木, 寧非此驗乎.(『杜陽雜編, 卷中』) → 唐元和中, 張維則, 自新羅回遇仙. 仙曰, 授皇帝金龜印. 篆曰, 鳳芝龍木, 受命無疆. 後殿前, 連理樹生芝, 如龍鳳形.(『松南雜識』)

394) 宋仁宗誕降, 郭太后榻下生靈芝四十二葉, 後享國.(『山堂肆考, 卷三十二, 地理, 后榻靈芝』) → 仁宗生時, 母李宸妃榻下, 產靈芝四十二葉, 享國之數, 愜焉.(『松南雜識』)

395) 대두황권(大豆黃卷) : 검은콩을 말린 것이다. 『본초강목(本草綱目), 대두황권(大豆黃卷)』에 “검은콩이다. 홍경(弘景)이 말하길 ‘검은콩을 벽아(糵芽)라고 하는데 다섯 마디 정도쯤 자란다. 말린 것을 황권(黃卷)이라 한다.[釋名, 豆糵, 弘景曰, 黑大豆爲糵芽, 生五寸長, 便乾之, 名爲黃卷]”라고 하였다.

은 청심환(淸心丸)을 만드는 최고의 재료이니 천하에 그만한 것이 없다.

육계

肉桂[398]

『이아(爾雅)』에서 말하였다.

침(梫)은 목계수(木桂樹)이니, 일명 '목서(木犀)'라고도 한다. 잎은 비파나무 잎과 비슷하고 작다. 꽃은 엷은 흰색을 띤다. 엷은 홍색의 꽃이 피는 것은 단계(丹桂)라고 한다. 한시(漢詩)에서 "계수나무 꽃에는 열매가 맺히지 않네[桂樹花不實]"[399]라고 하였으니, 곧 '단계(丹桂)'를 말한다. 노란 꽃이 피는 것은 열매를 수 있으며, 바위산봉우리 사이에서 무더기로 자란다. 가지의 잎은 겨울이나 여름이나 항상 푸르다.[400]

『본초강목(本草綱目)』에서 "균계(菌桂)[401]는 꽃이 희고 꽃술은 황색이

---

396) 두아(豆芽) : 황두(黃豆)와 녹두(綠豆)를 물에 담가 두어 발아시킨 것을 말한다. 채소 중에서도 맛이 좋다.

397) 장연(長淵) : 황해도 장연군에 있는 읍.

398) 육계(肉桂) : 녹나무과의 상록교목. 가죽껍질처럼 두꺼운 잎은 광택이 난다. 여름철에 피는 작은 꽃은 녹황색이며 갈라져서 각 꽃대마다 꼭대기나 한 가운데의 꽃으로부터 우산모양처럼 피어난다. 껍질에 진액이 많은데, 맛이 맵고 달며 향기가 있다. 약재로 쓰인다.

399) 漢成帝時歌謠. 漢書五行志, 成帝時歌謠也. 桂亦色漢家象, 花不實, 無繼嗣也. 王莽自謂, 黃象, 黃爵巢其顚也. 邪徑敗良田, 讒言亂善人, 桂樹花不實, 黃爵巢其顚.(『古樂府, 卷一, 古歌謠辭』)

400) 梫, 木桂. **注**, **今南人呼桂**, **厚皮者**, **爲木桂**. **桂**樹, 葉似枇杷而**大**, **白華華而不**著子, 叢生**巖**嶺, 枝葉冬夏常靑.(『爾雅注疏, 卷九, 釋木 第十四』) → **桂花**. **羣書要語**, 梫, 木桂樹, 一名木犀. 葉似枇杷而小, 花淡白, 其淡紅者, 謂之丹桂, 黃花者, 能著子. 叢生**巖**嶺間, 枝葉冬夏常靑. **爾雅**.(『古今事文類聚後集, 卷二十八, 花卉部, 桂花』) → 梫, 木桂樹, 一名木犀. 葉似枇杷而小, 花淡白. 其淡紅者, 謂之丹桂, **卽漢詩桂樹花不實**, **是也**. 黃花者, 能著子, 叢生**岩**嶺間, 枝葉冬夏常靑.(『松南雜識』)

며, 나무에서 향기가 난다"[402]라고 하였다.

연암(燕岩) 박지원이 "중국에는 진짜가 없어진 지 건륭에 이르기까지 20년이 되었다"[403]라고 하였다. 지금은 제주도에서 난다.

표초

螵蛸[404]

『이아익(爾雅翼)』에 "사마귀가 알을 낳을 때 뽕나무 위를 제일 좋은 곳으로 여긴다"[405]라고 하였다. 『본초강목(本草綱目)』에서 '상표초(桑螵蛸)'[406]라고 하였다.

또 오징어의 등은 저포(樗蒱)처럼 생겼기에 '해표초(海螵蛸)'[407]라고도 부른다.[408]

---

401) 균계(菌桂) : 육계(肉桂)의 일종으로 대나무와 비슷하다.

402) **集解** …… 菌桂, **葉似柿葉而尖狹光淨**, 花白**蕋**黃.(『本草綱目, 卷三十四, 桂・牡桂』) → 菌桂, 花白**蘂**黃, **香木也**.(『松南雜識』)

403) 陸飛字起潛, 號篠飮, 杭州仁和人也. 乾隆丙戌春, 與嚴誠, 潘庭筠來燕京. 洪德保證交乾淨衕衕, 有會友錄. 余曾有序, 篠飮家在西湖, 坊名湖墅大關內珠兒潭. 起潛言, 肉桂交趾產, 近世亦難得. 肉桂性引火歸源, 桂皮性發起伏火, 用法大相不同云. 吾東之妄以桂皮之稍厚者, 代用, 危哉危哉. 余曾以此語遍告醫人及藥局. 偶於通州藥肆, 覓肉桂, 則出示拳大者, 價銀五十兩, 有范生隨余, 潛囑, 此非眞, 中國絶眞, 亦已廿餘年云.(『燕巖集, 卷之十五, 別集, 熱河日記, 銅蘭涉筆』) → 中國絶眞, 至乾隆時, 已二十年云.(『松南雜識』)

404) 표초(螵蛸) : 사마귀의 알 혹은 알집. 상표초(桑螵蛸)라고도 하니, 사마귀가 뽕나무 위에서 알을 낳기 때문이다. 한약재로 쓰인다.

405) 以桑**上**者, 爲佳.(『爾雅翼, 卷二十五, 蜱蛸』)

406) **蜱蛸** …… **別錄曰**, 桑**螵**蛸, **生桑枝上**, **螳蜋子也**.(『本草綱目, 卷三十九, 蟲之一, 螳蜋桑螵蛸』) → **謂之**桑**蜱**蛸.(『松南雜識』)

407) 해표초(海螵蛸) : 등쪽 체벽의 내부에 석회질로 된 배 모양의 뼈 한 줄기가 있는데, 그것을 가리킨다.

408) 又**海中有**烏賊魚, 背如樗蒱形, 亦**有螵蛸之名**, **故方家謂此爲桑螵蛸**, 謂**彼爲**海螵蛸.(『爾雅翼, 卷二十五, 蜱蛸』) → 又烏賊魚, 背如樗蒱形**者**, 亦謂海螵蛸.(『松南雜識』)

패모
貝母

『시경(詩經)』에서 "패모(貝母)를 캐노라[言采其蝱]"[409]라고 하였는데, 그 주석에서 "맹(蝱)은 패모(貝母)니, 심기가 답답한 것을 치료한다"[410]라고 하였다.

『유설(類說)』[411]에서 말하였다.

어떤 사람의 어깨뼈에 사람 얼굴처럼 생긴 종기가 났는데, 술을 마시게 하면 붉어지고 먹을 것을 주면 입을 벌렸다. 이 약 저 약 먹여보다가 패모(貝母)를 먹이려하니, 낯을 찡그리고 입을 닫아버렸다. 그래서 입을 벌려 들이부었더니 상처가 나았다고 한다.[412]

지황
地黃

운서(韻書)에서 "하(芐)가 지황(地黃)[413]이다"[414]라고 하였다.

---

409) 言采其蝱.(『詩經, 國風, 鄘, 載馳』)

410) **蝱**, 貝母也. **主療**鬱**結之疾**.(『詩經, 國風, 鄘, 載馳』) → 貝母也. **治心氣**鬱.(『松南雜識』)

411) 유설(類說) : 송나라의 증조(曾慥)가 편집한 책으로 한대(漢代) 이래의 백가소설(百家小說)을 가려내어 기록하였다.

412) 有人髆上生瘡, 如人面**口鼻皆具**. 以酒飮之則**面**赤, **以**食與之, **則髆脹**. **因**歷**以**諸藥試**之**, 至貝母, 則面聚口閉**而不納**. 因決口灌之, **數日成痂**而愈.(『類說, 卷四十二, 酉陽雜俎, 髆瘡如人面』) → 有人髆上生瘡, 如人面, 以酒飮之則赤, 食**物**與之**張口**, 歷試諸藥, 至貝母, 則面聚口閉, 因決口灌之而愈**云**.(『松南雜識』)

413) 지황(地黃) : 식물 이름. 현삼(玄蔘)과의 다년생풀로 줄기 높이는 30㎝ 가량이다. 전체에 짧은 털이 있으며, 뿌리는 굵고 가로로 뻗는다. 초여름에 잎 사이에서 뻗은 꽃줄기 끝에 홍자색(紅紫色)의 꽃이 핀다. 뿌리는 한방에서 보혈강장제(補血强壯劑)로 쓴다.

414) 芐, 地黃也.(『古今通韻, 芐』)

『이아익(爾雅翼)』에서 말하였다.

살아있는 것을 물에 넣어서 시험해 보면, 뜨는 것이 있으니 이것을 '천황(天黃)'이라 이름하고, 반쯤 뜨고 반쯤 가라앉는 것은 '인황(人黃)'이라고 이름하며, 가라앉는 것은 '지황(地黃)'이라고 이름한다. 그러므로 '하(芐)'자는 '하(下)'자로 구성되니 아래로 내려간다는 뜻이다.[415)]

지금은 '하(芐)'라고 읽으며 다른 음은 없다.

부자

附子[416)]

운서(韻書)에서 '바곳[堇]'이라고 하였다. 1년 된 것을 '즉자(前子)', 2년 된 것을 '오훼(烏喙)', 3년 된 것을 '부자(附子)', 4년 된 것을 '오두(烏頭)', 5년 된 것을 '천웅(天雄)'이라고 한다.[417)]

소진(蘇秦)이 "굶주린 사람이라도 오훼(烏喙)를 먹지 않으니, 그것으로 배를 가득 채우는 것이나 굶어 죽는 것이나 걱정스럽기는 매한가지이기 때문이다"[418)]라고 하였다.

---

415) **又**生者, 以水試之, 浮者, 名天黃, 半沈半浮, **名**人黃, 沈者, **名**地黃, **以沈者爲良宜**. **其以地爲名而**芐字, **又**從下, 亦趨下之義**也**.(『爾雅翼, 卷七, 釋草, 芐』)→生者, 以水試之, 浮者, 名天黃, 半沈半浮**者**, 人黃, 沈者, 地黃, **故**芐字從下, 亦趨下之義.(『松南雜識』)

416) 부자(附子) : 바곳 혹은 투구꽃을 말한다. 미나리 아재비과의 다년초. 줄기 높이는 1m 가량이며, 잎은 손바닥 모양이다. 늦여름에 투구 모양의 청자색 꽃이 핀다. 잎과 줄기에 모두 독이 있고, 땅속의 덩이뿌리에도 독이 있다.

417) **奚毒**, **附子也**. 一歲**爲**前子, 二歲**爲**烏喙, 三歲**爲**附子, 四歲**爲**烏頭, 五歲**爲**天雄.(『廣雅, 卷十, 釋草, 奚毒』)→**廣雅云**, **附子**, 一歲**曰**前子, 二歲**曰**烏喙, 三歲**曰**附子, 四歲**曰**烏頭, 五歲**曰**天雄.(『廣韻, 卷五, 前』)→一歲前子, 二歲烏喙, 三歲附子, 四歲烏頭, 五歲天雄.(『松南雜識』)

418) 蘇秦曰, **臣聞**, 飢人**所以飢而**不食烏喙**者**, 爲其**愈**充腹而與餓死, 同患也.(『史記, 卷

지금 대신에게 죄가 있으면 부자(附子) 한 냥쭝을 넣은 사약(賜藥)을 내린다.

창출
蒼朮

『남방초목상(南方草木狀)』[419]에서 "출(朮)을 서역(西域)에서는 '걸력가(乞力伽)'라고 부른다"[420]라고 하였다.

백지
白芷[421]

『구선신은서(臞仙神隱書)』[422]에서 "백지(白芷)를 심으면 뱀을 물리칠 수 있다"[423]라고 하였다.

우리나라에서는 '암구릿대[雌九里臺]'라고 부른다.

六十九, 蘇秦列傳, 第九』) → 蘇秦曰, 飢人不食烏喙, 爲其充腹而與餓死, 同患也.(『松南雜識』)

419) 남방초목상(南方草木狀) : 진대(晉代)의 혜함(嵇含)이 편찬한 책. 총 3권. '초(草) · 목(木) · 과(果) · 죽(竹)' 4가지로 분류하였는데, 모두 80종으로, 그것들은 모두 영남(嶺南)의 토산물이다. 『수당지(隋唐志)』에는 기록되어 있지 않다. 그러나 서술이 간아(簡雅)하여 당나라 이후의 사람이 능히 지을 수 있는 것이 아닌 듯하다.

420) 藥有乞力伽朮也. 瀕海所產, 一根有至數斤者. 劉涓子取以作煎, 令可丸. 餌之長生.(『南方草木狀, 卷上』) → 南方草木狀, 朮, 西域謂之乞力伽.(『康熙字典, 伽』) → 南方草木狀曰, 西域謂之乞力伽.(『松南雜識』)

421) 백지(白芷) : 미나리과의 다년생 풀. 높이는 1~2m가량이고, 줄기와 잎에 가는 털이 있다. 6~8월에 흰 꽃이 피고 열매는 타원형이며, 어린잎은 먹는다. 뿌리를 한약재로 쓴다. 백채(白茝) · 부리(符籬) · 택분(澤芬) 등 여러 가지 이름으로 불린다.

422) 구선신은서(臞仙神隱書) : 명나라 태조(太祖)의 제 십칠 자(第十七子)인 영헌왕(寧獻王) 주권(朱權)이 편찬한 책. 총 4권.

423) 臞仙神隱書**言**, 種白芷, 能辟蛇.(『本草綱目, 卷十四, 草之三, 白芷』의 주석) → 臞仙神隱書**曰**, 種白芷, 能辟蛇.(『松南雜識』)

황정

黃精[424]

『본초강목(本草綱目)』에 "태양초(太陽草)[425]이다. 그것을 먹으면 오래 산다"[426]라고 하였다.

두보(杜甫)의 시에서 "백발을 물리칠 수 있는 황정(黃精)이 있으니[掃除白髮黃精在]"[427]라고 하였다.

그러나 향산(香山) 백거이(白居易)는,

온갖 병을 다 치료할 수 있지만	萬病皆可治
오직 늙음을 치료할 약은 없다네	惟無治老藥[428]

라고 하였다.

지금 남쪽 물이 북쪽으로 흘러가는 산골짜기에 그것이 있다.

복령

茯苓

『구주요기(九州要記)』에서 "묵자(墨子)가 묵산(墨山)에 거처할 때, 복령(茯苓)을 캐 먹고 오백 살까지 죽지 않았다"[429]라고 하였다.

---

424) 황정(黃精) : 백합과에 속하는 다년생 풀. 줄기 높이는 2m 가량이며, 잎은 바소 모양처럼 생겼다. 초여름에 꽃이 담록색의 꽃이 피기 시작하는데, 방울처럼 생겨 아래로 늘어진다. 검은 색의 둥근 열매가 맺힌다. 땅속줄기는 한약재로 쓰인다.

425) 태양초(太陽草) : 황정(黃精)의 다른 이름이다.

426) **天老曰**, 太陽之草, **名黃精**, **食**之, **可以**長生.(『本草綱目, 卷十二上, 草之一, 黃精』의 주석) → 太陽之草, **餌**之長生.(『松南雜識』)

427) 「장인산(丈人山)」.

428) 「탄로 삼수(歎老三首)」.

429) 九州要記, 墨子, 居墨山, 採茯苓, 餌之, 五百歲不死.(『康熙字典, 墨』) → 九州要記**曰**, 墨子, 居墨山, 採茯苓, 餌之, 五百歲不死.(『松南雜識』)

소식(蘇軾)의 시에 "소나무 아래 거북이와 뱀 녹색의 뼈가 가볍구나[松下龜蛇綠骨輕]"430)라고 하였는데, 그 주석에 "송진이 땅 속으로 흘러들어가 천년이 지나면 복령(茯苓)이 되는데, 거북이와 뱀처럼 생겼다"431)라고 하였다.

방

梆

『당운(唐韻)』에서 "梆의 음은 방이다"432)라고 하였다. 토정[土精 : 인삼의 다른 이름]으로 손처럼 생겼고 땅속에 있다. 그것을 먹으면 병이 생기지 않는다.

『백택도(白澤圖)』433)에서 "어린애 손처럼 생긴 식물로 손가락이 없는 것을 '봉(封)'이라고 하는데, 그것을 먹으면 힘이 세진다"434)라고 하였다.

차

茶

『다경(茶經)』435)에서 말하였다.

---

430) 「화장칠출수호주 이수(和章七出守湖州二首)」

431) **厚**松**柏**, 入**土**千歲 **化**爲茯苓, **形**如龜蛇**鳥獸者**, **最良也**.(『東坡詩集註, 卷十二, 酬答, 和章七出守湖州二首』의 주석) → 松**脂**入**地**千歲, 爲茯苓, 如龜蛇.(『松南雜識』)

432) **梆**, **正字通**, **俗搒字**. **又**唐韻, **博江切**, 音邦. 土精如手, 在地**中**. 食之無病.(『康熙字典, 梆』) → 唐韻, 音邦. 土精如手, 在地, 食之無病.(『松南雜識』)

433) 백택도(白澤圖) : 황제(黃帝)가 순수(巡狩)하다가 바다에 이르러 백택신수(白澤神獸)를 만나 함께 천하 만물과 귀신의 일을 이야기하고 신하에게 그것을 기록하도록 하여 만든 책이라고 전해진다. 총 1권.

434) 白澤圖, 物如小兒手, 無指, 名封, 食之多力.(『康熙字典, 封』) → 白澤圖**曰**, 物如小兒手, 無指, 名封, 食之多力.(『松南雜識』)

435) 다경(茶經) : 당나라 육우(陸羽)가 편찬한 책. 총 3권.

차는 남방의 아름다운 나무이다. 높이는 한 자, 두 자에서부터 수십 자까지 이른다. 천협(川峽)에 두 아름이 되는 나무가 있으니 베어서 거둬들인다. 나무는 과로(瓜蘆)[436] 같고, 잎은 치자(梔子) 같다. 꽃은 백장미 같고, 열매는 야자 같고, 꽃받침은 정향(丁香)같고, 뿌리는 호두같이 생겼다. 그 이름을 다섯 가지로 부르는데, 다(茶)·가(檟)·설(蔎)·명(茗)·천(荈)이라고 한다.[437]

『당국사보(唐國史補)』에서 "검남(劍南) 지역에는 몽정차(蒙頂茶)[438]·석화차(石花茶)[439]가 나고, 호주(湖州) 지역에는 고저차(顧渚茶)·자순차(紫筍茶)가 나며, 협주(峽州) 지역에는 벽간차(碧澗茶)·명월차(明月茶)가 난다"[440]라고 하였다.

사종(謝宗)이 「논차(論茶)」에서 "섬배차(蟾背茶)의 꽃다운 향기를 기다리며, 하목차(蝦目茶) 끓는 것을 바라본다"[441]라고 하였다.

소식(蘇軾)은 시에서,

---

436) 과로(瓜蘆) : 과일나무 이름.

437) 茶者, 南方**之**嘉木**也**. 一尺二尺, **迺**至數十尺. **其巴山**峽川, 有兩人**合**抱者, 伐而掇之, **其**樹如瓜蘆, 葉如梔子, **花**如白薔薇, 實如栟櫚, 蒂如丁香, 根如胡桃. …… 其名一曰茶, 二曰檟, 三曰蔎, 四曰茗, 五曰荈.(『茶經, 卷上, 一茶之源』)→茶者, 南方嘉木. **自**一尺二尺, 至數十尺. 川峽, 有兩人抱者, 伐而掇之, 樹如瓜蘆, 葉如梔子, 白如薔薇, 實如栟櫚, 蒂如丁香, 根如胡桃, 其名一曰茶 , 二曰檟, 三曰蔎, 四曰茗, 五曰荈.(『松南雜識』)

438) 몽정차(蒙頂茶) : 사천성(四川省) 몽산(蒙山)에서 생산되는 차. 몽산은 사천성 명산현(名山縣) 서쪽에 있는데, 가장 높은 봉우리를 상청봉(上淸峯)이라 한다. 그 봉우리 정상에 차나무 일곱 그루가 있는데, 생산량이 매우 적다.

439) 석화차(石花茶) : 조류(藻類)에 속하는 식물 이름. 바다 가운데 암석 위에서 여러 갈래의 가지로 나뉘어 자란다. 그 가지에서 다시 섬세하고 편평한 작은 가지가 나와 날개 모양으로 자란다.

440) 劍南有蒙頂石花. **或小方**, **或散牙**, **號爲第一**. 湖州有顧渚**之**紫**笋**, **東川有神泉小團昌明獸目**, 峽州有碧澗明月.(『唐國史補, 卷下』)→劍南有蒙頂石花, 湖州有顧渚紫**筍**, 峽州有碧澗明月.(『松南雜識』)

441) 謝宗論茶, 候蟾背之芳香, 觀蝦目之沸湧.(『續茶經, 卷下之二, 六茶之飮』)→謝宗論茶**云**, 候蟾背之芳香, 觀蝦目之沸湧.(『松南雜識』)

게 눈 이미 지나가고 생선 눈이 생기니 蟹眼已過魚眼生[442]
'쉭쉭' 솔바람 소리가 일어나려고 하네 颼颼欲作松風鳴[443]

라고 하였다.

『박물지(博物志)』에서 "진짜 차를 마시면 사람으로 하여금 잠이 오지 않게 한다"[444]라고 하였다.

황차
黃茶

신라의 역사에 의하면, 흥덕왕(興德王)[445] 때 재상 대렴(大廉)이 당나라에서 씨앗을 얻어 지리산(智異山)에 심었는데 향과 맛이 당나라의 것보다 나았다고 한다.[446]

또 해남(海南)에 오래된 황차(黃茶)가 있었지만 세상에 아는 사람이 없고 오직 정약용(丁若鏞)만이 알았기 때문에 '정다(丁茶)' 또는 '남다(南茶)'라고 한다.

---

442) 송나라 방원영(龐元英)의 『담수(談藪)』에 의하면, 물이 끓지 않을 때는 기포가 없기에 '맹탕(盲湯 : 눈이 없다는 뜻)'이라고 하고, 물이 갓 끓기 시작한 것은 '해안(蟹眼 : 게 눈)'이라고 하고, 물이 더 끓어 기포가 점점 커지는 것은 '어안(魚眼 : 물고기 눈)'이라고 한다.

443) 「시원전다(試院煎茶)」.

444) 飮眞茶, 令人少眠.(『博物志, 卷四, 食忌』)

445) 흥덕왕(興德王) : 신라의 제42대 왕(?~836). 성은 김(金). 이름은 수종(秀宗). 뒤에 경휘(景徽)로 고쳤다. 청해진을 만들고 장보고를 그 대사로 삼아 해적의 침입을 막게 하였으며, 복색 제도를 개정하고 백성의 사치를 금하였다. 재위 기간은 826~836년.

446) 遣使入唐朝貢. 文宗召對于麟德殿, 宴賜有差. 入唐廻使大廉, 持茶種子來, 王使植地理山. 茶自善德王時有之, 至於此盛焉.(『三國史記, 新羅本紀, 興德王 三年』) → 興德王時, 宰相大廉, 得種於唐, 種智異山, 香味優於唐云.(『松南雜識』)

황매차
黃梅茶

속명은 '생강나무[生薑樹]'인데, 달여서 먹으면 진짜 생강과 맛이 구별되지 않으니, 생강나무 위에서 나서 그런듯하다

『동파지림(東坡志林)』[447]에서 "당나라 사람들은 차를 달일 때 생강을 넣으면 참으로 맛이 좋다"[448]라고 하였다. 지금도 차에 반드시 생강을 넣으니 또한 당나라를 본받은 것이다.

선장차
僊掌茶

『다보(茶譜)』[449]에서 "형주(荊州) 옥천사(玉泉寺)에 석회동굴이 있는데, 옥천(玉泉)이 교차해 흐르는 가운데에 흰 박쥐가 산다. 크기가 갈가마귀만 하고, 종유샘물을 마시고 오래 산다. 물가에 '선장(僊掌)'이라고 하는 차가 나는데, 크기가 손바닥만 하다"[450]라고 하였으니, 또한 차의 별종이다.

---

447) 동파지림(東坡志林) : 송나라 소식(蘇軾)이 저술했다. 혹은 소식의 수택본(手澤本)을 후인들이 『동파전집(東坡全集)』 안에 포함시켰다고도 한다. 총 5권.

448) 唐人煎茶用薑**故, 薛能詩云, 鹽損添常戒, 薑宜煮更誇. 據此則又有用鹽者矣. 近世有用此二物者, 輒大笑之. 然茶之中等者, 若用薑煎**, 信佳也, **鹽則不可**.(『東坡志林, 卷十』) → 唐人煎茶用薑, 信佳也.(『松南雜識』)
*본 의미는 중급의 차에 생강을 넣으면 좋다는 것임.

449) 다보(茶譜) : 후촉(後蜀)의 학사 모문석(毛文錫)이 차(茶)에 관한 고사를 모아서 만든 책. 1권.

450) **李太白集贈族姪僧中孚玉泉仙人掌茶序, 余聞**, 荊州玉泉寺, **近青溪諸山, 山洞往往**有乳窟, **窟多**玉泉, 交流中, 有白蝙蝠, 大如鴉. …… 飮乳**水**而長生**也**. **其**水邊**處處, 有**茗草**羅生**.(『續茶經, 卷上之一, 一茶之源』) → 荊州玉泉寺, 有乳窟. **玉**泉交流中 有白蝙蝠, 大如鴉, 飮乳而長生. 水邊茗草, 名僊**人僊**掌, 大如手掌.(『韻府羣玉, 僊掌茶』) → **茶譜曰**, 荊州玉泉寺, 有乳窟, 玉泉交流中, 有白蝙蝠, 大如鴉, 飮乳而長生. 水邊茗草, 名僊掌, 大如手掌.(『松南雜識』)

노동(盧仝)[451]의 시에 "손으로 월단차(月團茶) 삼백 개를 만졌지[手閱月團三百片]"[452]라고 하니 지금은 편차(片茶)[453]라고 하고, 오시차(午時茶)[454]는 근래에 중국에서 들어와 이름을 떨치고 있다.

작설차
雀舌茶

소식(蘇軾)[455]은 시에서,

차의 싹을 선별하여 '작설'이라 명명하고	揀芽名雀舌
용단차(龍團茶)[456]를 하사하네	賜茗出龍團[457]

라고 하였으니, 지금의 '작설차(雀舌茶)'가 그것이다.

대개 화전차(火前茶)[458]는 한식(寒食) 이전에 캐서 만든 것을 말한다. '기문단황(蘄門團黃)'[459]은 '일기이창(一旗二槍)'[460]이란 별호가 있으니,

---

451) 노동(盧仝) : 당나라의 시인. 호는 옥천자(玉川子). 제원(濟源) 사람. 박학하고 시를 잘 지었다. 그가 일찍이 월식(月蝕)에 관한 시를 지었는데 한유(韓愈)가 그것을 뛰어나다고 칭찬했다.

452) 「주필사맹간의기신다(走筆謝孟諫議寄新茶)」.

453) 편차(片茶) : 차의 일종. 쪄서 만든 차이다. 『송사(宋史), 식화지(食貨志)』에 "차에는 두 가지 종류가 있는데, 편차(片茶)와 산차(散茶)이다. 편차는 쪄서 만든다"라고 하였다.

454) 오시차(午時茶) : 차의 이름. 창술(蒼朮)・곽향(藿香)・소엽(蘇葉)・신곡(神曲)・맥아(麥芽)・홍차(紅茶) 등을 넣어 만들며, 감기나 체증의 치료애 효과가 있다.

455) 『松南雜識』에는 '杜牧'으로 오기되어 있음.

456) 용단(龍團) : 상등 품질의 차. 차를 계통별로 둥글고 편편하게 만들어서 그 위에 용이나 봉황 무늬의 도장을 찍어 용봉차(龍鳳茶)라고 하였다. 용단(龍團)은 그중에서 용무늬의 도장이 찍힌 것이다.

457) 『東坡全集, 卷十八, 怡然以垂雲新茶見餉報以大龍團仍戲作小詩』.

458) 화전(火前) : 차 이름. 『낭야대취편(琅琊代醉編), 화전화후(火前火後)』에서 "촉(蜀)의 아주(雅州) 지역 몽정산(蒙頂山)에 화전차(火前茶)가 나는데, 한식(寒食) 날 불 때는 것을 금하기 이전에 캐서 만든 것이기 때문에 그렇게 부른다. 그 이후의 것은 '화후차(火後茶)'라고 한다"라고 하였다.

한 개의 잎, 두 개의 싹이란 의미이다.[461] 그러므로 일찍 채취한 것을 '다(茶)'라고 하고, 늦게 채취한 것을 '명(茗)'이라고 한다.[462]

또, 왕숙(王肅)은 '낙노(酪奴)'[463]라 하고[464], 두목(杜牧)은 '서초괴(瑞草魁)'[465]라고 하였다.

우황

牛黃

세상에 전하는 이야기에, "소가 산삼 잎을 먹고 우황(牛黃)이 생겼는데, 큰 것은 계란 만 하고 작은 것은 좁쌀 만 하다. 매달 그믐과 초하루에 생겼다가 없어진다"라고 한다.

우황이 제주(濟州)에서 주로 생산되는 이유는 산에 신령한 산삼이 많기 때문인 듯하다. 인간세상에도 우황이 있으니 구사(狗砂)[466]는 바로 구황(狗黃)이다.

---

459) 기문단황(蘄門團黃) : 단황(團黃)은 차의 명품으로 기주(蘄州)에서 난다고 하여 이렇게 부른다.

460) 일기이창(一旗二槍) : 한 개의 깃발, 두 개의 창이라는 의미.

461) **蘄州**, 蘄門團黃, 有一旗一槍之號, 言一葉一芽也.(『續茶經, 卷上之一, 一茶之源』) →蘄門團黃, 有一旗二槍之號, 言一葉二芽也.(『松南雜識』)

462) 早採爲茶, 晩采爲茗.(『續茶經, 卷上之一, 一茶之源』)

463) 낙노(酪奴) : '낙죽(酪粥)의 노예'라는 뜻으로 차(茶)의 별칭이다. 황정견(黃庭堅)의 「景珍太博見示舊唱和蒲萄詩, 因而次韻」에 "일백 곡을 거두어 봄 술 빚어서, 낙노를 압도하는 명성을 내고싶네.[欲收百斛供春釀, 放出聲名壓酪奴]"라고 한 데서 나온 말이다.

464) 齊王肅曰, 茶不如酪, 號爲酪奴.(『藝林彙考飮食篇, 卷七, 茶茗類』)

465) 두목(杜牧)의 「다산시(茶山詩)」에 "山寶東南秀, 茶稱瑞草魁"라고 하였다.

466) 구사(狗砂) : 구황(狗黃). 병든 개의 쓸개 속에 든 우황(牛黃) 같은 것. 옹저(癰疽) · 악창(惡瘡) 등의 약재로 쓰임.

석웅황

石雄黃[467]

『태현경(太玄經)』[468]에서 "동황(𪏰黃)은 금(金)과 비슷하다[𪏰黃疑金]"[469]라고 하였는데, 그 주석에서 "동황(𪏰黃)은 돌의 종류인데 광채가 마치 금과 같다"[470]라고 하였으니, 바로 지금의 웅황(雄黃)이다.

『원화기(原化記)』에서 말하였다.

유무명(劉無名)[471]이 항상 웅황(雄黃)을 먹었다. 후에 저승사자를 만나니 저승사자가 "나는 태산(泰山)의 저승사자로 그대를 잡으러 왔는데 그대 정수리 위에 황금빛 광채가 몇 자나 되는 것을 보고는 가까이 갈 수가 없다. 혹시 그것은 웅황(雄黃)의 공력(功力)이 아닌가?"라고 말하였다.[472]

대개 돌에는 자황(雌黃)[473]과 웅황(雄黃)이 있는데, 자황은 오직 그 빛

---

467) 석웅황(石雄黃) : 웅황(雄黃).

468) 태현경(太玄經) : 한(漢)나라 양웅(揚雄)이 『주역(周易)』을 모방하여 만든 책으로, 진(晉)나라 범망(范望)이 주석을 달았다. 특히 범망(范望)은 송충(送衷)과 육적(陸績)의 주석을 산정하여 지금의 판본을 확정이었다. 총 10권.

469) 『太玄經, 卷五, 從減至晦, 第五』.

470) 雄黃石也. 𪏰黃之色, 光瑩燦然, 疑有兼金在其中也.(『太玄經, 卷五, 從減至晦, 第五』의 주석) → 𪏰黃, 石屬, 光瑩似金, 卽今雄黃也.(『松南雜識』)

471) 유무명(劉無名) : 『촉중광기(蜀中廣記), 신선기(神仙記)』의 기록에 의하면 유무명은 성도(成都) 출신으로 촉(蜀)나라 선주(先主)의 후예라고 한다. 8,9세 되던 무렵 집 앞을 지나던 도사(道士)가 도(道)를 배우면 장생하리라고 한 말에 따라 평생을 장생(長生)을 위한 공부에 골몰하여 나중에 신선이 되었다고 한다.

472) 劉無名, 常**令庚申日守三尸**, 食雄黃. 後見一鬼使曰, 我泰山直符來攝君. 見君頂上黃光數尺, 不得近. **君**非雄黃之功乎.(『類說, 卷七, 原化記, 庚申日守三尸』) → 劉無名, 常食雄黃. 後見鬼使曰, 我泰山**眞**符來**捉**君, 見君頂上黃光數尺, 不可近. 得非雄黃之功乎. 原化記.(『韻府羣玉, 頂光』) → 劉無名, 常食雄黃. 後見鬼使曰, 我泰山**直**符來**攝**君. 見君頂上黃光數尺, 不可近. **得**非雄黃之功乎.(『松南雜識』)

473) 자황(雌黃) : 웅황(雄黃)과 함께 주로 무도산(武都山) 골짜기에서 난다. 맛은 맵고 담백하며, 악창(惡瘡)이나 두독(頭禿)・가개(痂疥)를 치료하는데 주로 쓰인다. 독충(毒蟲)

깔 때문에 쓴다. 웅황은 뱀들이 피하는 것인데, 여름철 평평한 돌 위에 뱀들이 눕지 않는 곳에 웅황이 있다.

파란 귤껍질
青皮

한라산(漢拏山) 꼭대기 백록담(白鹿潭) 주변의 한 나무에 열리는 것이 온 나라에 쓰이고 중국에까지 보내진다고 한다. 귤이 익었는데도 파란 것이 근래는 나무가 늙어서 열매도 많이 열리지 않으며, 대부분은 갈라지고 말라서 귤이 익지 않아 파랗게 된다고 한다.

삼칠
三七

『본초강목(本草綱目)』에서 말하였다.

잎이 왼쪽 세 개, 오른쪽 네 개씩인 까닭에 '삼칠(三七)'[474]이라고 이름한다. 일설에는 본명이 '산칠(山桼)'이라고 한다.[475]

과 이[蝨], 몸의 가려움증, 나쁜 기운, 여러 가지 독을 없앤다. 오래 복용하면 몸이 가볍고 나이를 먹어도 늙지 않는다고 한다. "雌黃, 味辛平, 主惡瘡頭禿痂疥殺毒蟲蝨身癢邪氣諸毒, 鍊之久服, 輕身, 增年不老."(『本草經, 玉石部, 中品』)

474) 삼칠(三七) : 식물명. 국화과. 다년생으로 줄기의 길이는 2~3자이며 잎은 크고 날개 모양이고 각각 날카로운 톱처럼 되어 있다. 줄기와 잎의 바탕은 보드랍고 색깔은 자줏빛을 띠고 늦가을에 핀다. 주로 지혈제(止血劑) 및 진통제로 쓰인다.

475) **時珍曰**, **彼人**言, **其**葉左三右四, 故名**三七**. **蓋恐不然**. **或云**, 本名山漆, **謂其能合金瘡如漆粘物也**. **此說近之**.(『本草綱目, 卷十二下, 草之一, 三七』의 주석) → 葉左三右四, 故名**之**. **一說**, 本名山漆.(『松南雜識』)

인언
人言

『본초강목(本草綱目)』에서 말하였다.

비(砒)[476]는 신주(信州)[477]에서 나는 까닭으로 사람들이 '신석(信石)'이라고 한다. 또 '신(信)'자를 쪼개면 '인(人)'과 '언(言)'이 되므로 은어(隱語)로 '인언(人言)'이라고 한다.[478]

대개 짐새의 배설물이 돌에 붙으면 돌이 섞어 문드러져서 비상(硯霜)이 된다.

지금은 자석(煮石)[479]을 신석(信石)이라고 한다.

북도의 멀리 다니는 장사치들이 간혹 겨울에 이것을 술에 섞어 마셔서 추위를 막는다고 한다.

칡은 짐새의 독을 푼다
葛解鴆毒

운서(韻書)에서 "칡[葛]은 황근(黃斤)·계제(鷄齊)·녹곽(鹿藿)이라는 이름이 있다. 지금의 식용 칡은 치격(絺綌)[480]을 만드는 것이 아니다. 화등

---

476) 비(砒) : 약이름. 비석(砒石) 혹은 상(霜)이라고 한다. 『본초강목(本草綱目)』에서 "비(砒)는 신석(信石)·인언(人言)이라고도 한다. 가공하지 않은 것을 비황(砒黃)이라하고 가공한 것을 비상(砒霜)이라고 한다. 비(砒)의 성질이 사납기가 비(貔)와 같은 까닭에 이렇게 이름했다"라고 하였다.

477) 신주(信州) : 현재 중국 강서(江西) 상요현(上饒縣) 일대.

478) **時珍曰**, 砒**性猛如貔故名**. **惟**出信州, 故**人呼爲信石**, **而又**隱信字爲人言.(『本草綱目, 卷十, 金石之四, 砒石』의 주석』)→砒, 出信州故, 隱信字, 爲人言.(『松南雜識』)

479) 자석(煮石) : 자백석(煮白石). 신선(神仙)·방사(方士) 백석(白石)을 구워 식량으로 삼는 것.

480) 치격(絺綌) : 칡의 섬유로 짠 베 가운데서 발이 고운 것과 굵은 것.

(花藤)은 술을 깨게 할 수 있다"[481]라고 하였다.

『박물지(博物志)』에서 "칡은 짐새의 독을 풀 수 있다. 그런 까닭에 조조(曹操)가 야갈(野葛)[482]을 한 자[尺]나 능숙하게 먹을 수 있었다"라고 하는 말이 이것이다.

『남방초목상(南方草木狀)』에서 "옹(蕹)[483]은 낙규(落葵)[484]같이 생겼지만 그보다는 작다. 야갈(冶葛)은 독이 있다"라고 하였는데, 그 주석에서 "蕹의 음은 '옹'이다"[485]라고 하였다.

청첩산
靑黏散[486]

「화타전(華陀傳)」에서 "화타(華陀)가 번아(樊阿)에게 칠엽청첩산(漆葉靑黏散)을 주면서, 칠엽(漆葉) 가루 한 되, 청첩(靑黏) 가루 열 네 냥의 비율로 먹으라고 하였다. 번아가 그 말대로 하여 신선이 되었다"[487]라고 하

---

481) **羅願曰**, 雞齊, **一名**鹿藿, 一名黃斤. **生蔓延生**, **食甛脆**, **亦可蒸食**. 今之食葛, 非爲絺綌**者也**. 今南楚兩粵, 專採葛根作粉, 食此藤, **卽可布粉**, **可作丸**, **曰葛粉**. **廣人以假西國米**, **能**醒酒.(『通雅, 卷四十三, 黃斤』)→**葛有名**黃斤·鷄齊·鹿藿者. 今之食葛, 非絺綌者, 其花藤所醒酒.(『松南雜識』)

482) 야갈(野葛) : 야갈(冶葛). 독초 이름.

483) 옹(蕹) : 채소류의 식물로 통칭 옹채(蕹菜), 속명은 공심채(空心菜)라고 한다. 줄기는 덩굴처럼 부드럽고 잎은 시금치 같다. 줄기와 잎은 먹을 수 있다.

484) 낙규(落葵) : 종규(蔠葵)의 별명.

485) 蕹, 葉如落葵而小. **性冷味甘**, **南人編葦爲筏**, **作小孔**, **浮於水上**, **種子於水中**, **則如萍根浮水面**.**及長莖葉**, **皆出於葦筏孔中**, **隨水上下**, **南方之奇蔬也**. 冶葛**有大**毒, **以蕹汁滴其苗**, **當時萎死**. **世傳**, **魏武能噉冶葛至一尺云**.(『南方草木狀, 卷上』)→蕹, 葉如落葵而小, **治**葛毒. **註**, **蕹音雍**.(『松南雜識』)

486) 청첩산(靑黏散) : 약초 이름, 정기(精氣)에 도움이 된다. 일명 지절(地節) 혹은 황지(黃芝)라고 한다.

487) **佗**授以**漆**葉靑黏散, **漆**葉屑**一升**, 靑黏**屑**十四兩, 以是爲率, **言久服**, **去三蟲**, **利五藏**, **輕體使人頭不白**. **阿從其言**, **壽百餘歲**.(『魏志, 卷二十九, 華佗』)→華佗傳, **授**樊**何**以榛葉靑黏散, **榛**葉屑**一兩**, 靑黏十四兩, 以是爲率, **仙方也**.(『松南雜識』)

였다.

지금 청첩미(青黏米)와 인삼(人蔘)을 함께 끓여 만든 속미음(粟米飮)은 삼(蔘)의 독을 푼다고 한다.

육을니
六乙泥

『세시기(歲時記)』에서 "5월 5일 정오에 북쪽 밭이랑에서 동쪽을 향하여 말없이 지렁이를 잡아 말린 것을 '육을니(六乙泥)'라고 한다. 목에 생선가시가 걸린 사람이 목을 조금 문지르면 곧 가시가 없어진다"[488]라고 하였다.

팔요단
八瑤丹

『황정경(黃庭經)』에서 "구전(九轉)[489] · 팔요단(八瑤丹)"이라고 하였는데, 그 주석에서 "팔요단(八瑤丹)은 주사(朱砂)[490] · 웅황(雄黃) · 공청(空青)[491] · 운모(雲母)[492] · 융염(戎鹽)[493] · 초석(硝石)[494] · 자황(雌黃)의 여덟 가지이

---

488) 五日午時, 於**井**畦面東不語, 取蚯蚓, 乾收之, 謂**之**六乙泥. 爲魚鯁者, **以**少許擦咽外, 卽消. 歲時記.(『韻府群玉, 六乙泥』) → **五月**五日午時, 於**北**畦面東不語, 取蚯蚓, 乾收之, 謂六乙泥. 爲魚鯁者, 少許擦咽外, 卽消.(『松南雜識』)

489) 구전(九轉) : 도가(道家)에서 금단(金丹)을 제련하는 방법이다. 구전금단(九轉金丹)이라고도 한다. 여러 가지 약재를 불에 넣어 단사(丹砂) · 웅황(雄黃) · 백경(白礬) · 증청(曾青) · 자석(磁石)의 오석(五石)에 굴리면 한 돌이 각각 다섯 번 굴러서 각각 오색을 이룬다. 구르는 횟수가 많으면 약효가 좋아지는 까닭에 구전(九轉)을 귀하게 여긴다.

490) 주사(朱砂) : 광물 이름. 주사(硃砂) · 단사(丹砂)라고도 쓴다.

491) 공청(空青) : 아연과 알루미늄을 함유한 산화 광물. 등축 정계에 속하며, 짙은 녹색이나 회색을 띠고 경도가 높으며 유리 광택이 난다. ≒ 양매청(楊梅青).

492) 운모(雲母) : 화강암 가운데 많이 들어 있는 규산염 광물의 하나. 단사 정계에 속하는

다"라고 하였다.[495]

공청
空青

『강희자전(康熙字典)』에서 '공청(硿碃)'[496]이라고도 하였다.

『산해경(山海經)』에서 "청구산(青丘山)에서 청확(青雘)이 생산된다"[497]라고 하니, 지금의 공청(空青)이다.

두보(杜甫)는 시에서 "석벽 가파른데 하늘은 파랗다[石壁斷空青]"[498]라고 하였다.

의서(醫書)에서 "산골짜기 바위 속의 구멍이 수천 년이 되어 저절로 물이 담긴 것도 '공청(空青)'이라고 한다"라고 하였다.

『본초강목(本草綱目)』에서 말하였다.

> 공청(空青)은 속이 비어 있는데 그것을 깨뜨려 보면 액체가 들어 있으니, 눈병을 치료할 수 있다. 일명 '양매청(楊梅青)'이다. 또 백청(白青)

결정으로, 흔히 육각의 판(板) 모양을 띠며 얇은 조각으로 잘 갈라지는 성질이 있다. 백운모와 흑운모 등이 있다.

493) 융염(戎鹽) : 염소와 암모니아의 화합물. ≒ 강염(羌鹽) · 청염(青鹽).

494) 초석(硝石) : 질산 칼륨. 염화칼륨의 뜨거운 수용액에 질산나트륨을 가하여 만들거나 탄산칼륨 또는 수산화칼륨을 질산에 녹여 만든 결정. 물에 녹으며 가연성 물질과 섞이면 폭발한다.

495) 黃庭經, 九轉八瓊**丹**. 註, **八者**, 朱砂 · 雄黃 · 空青 · 硫黃 · 雲母 · 戎鹽 · 硝石 · 雌黃也.(『康熙字典, 丹』) → 黃庭經, 九轉八瓊. 註, 朱砂 · 雄黃 · 空青 · 硫黃 · 雲母 · 戎鹽 · 硝石 · 雌黃也.(『松南雜識』)

496) 硿青**藥石**, **出會稽**. **通作空青**.(『康熙字典, 硿』) → 硿**碃**.(『松南雜識』)

497) **東三百里**, **曰**青丘之山. 〈**亦有青丘國**, **在海外**. **水經云**, **卽上林賦云**, **秋田於青丘**, **其陽多玉**, **其陰多青**雘**雘黝屬音瓠**.〉(『山海經, 卷一, 南山經』) → 青丘之山, **出金**雘.(『松南雜識』)

498) 「불리서각 이수(不離西閣二首)」.

이 있다. 색이 짙은 것을 석청(石靑)이라고 하고 옅은 것을 벽청(碧靑)이라고 한다.[499]

『회남필만술(淮南畢萬術)』에서 "백청(白靑[500])에 철(鐵)이 첨가되면 바로 동(銅)으로 변한다"라고 하였다.

또 층청(曾靑)·녹청(綠靑)·편청(扁靑)·녹부청(綠膚靑)이 있다.[501]

석담
石礵

『옥편(玉篇)』에서 "석담(石礵[502])은 촉(蜀)에서 난다"[503]라고 하였다.

『본초강목(本草綱目)』에서 "돌 속에 쓸개즙 같은 즙이 있는데 맛은 시고 매우며 성질은 차다. 여러 가지 간질(癎疾)·경련(痙攣)·석림(石淋[504])·눈의 통증을 치료한다"라고 하였다.[505]

---

499) 空靑**生益州山谷及越巂山有銅處. 銅精熏則生空靑. 今信州亦時有之. 狀若楊梅, 故別名**楊梅靑. **其**腹中空, 破之, 有漿**者, 絶難得. 亦有大者如雞子, 小者如豆子.** …… **今**治眼**翳障爲最要之物.** …… 又**有**白靑, **出豫章山谷, 亦似空靑, 圓如鐵珠, 色白而腹不空, 亦謂之**碧靑, **以其硏之, 色碧也. 亦謂之魚目靑, 以其形似魚目也. 無空靑時, 亦可用. 今不復見之.**(『證類本草, 卷三, 空靑』) → 本草**綱目**, 空靑腹中空, 破之, 有漿, 治眼疾. 一名楊梅靑, 又白靑. **治目疾.** 色深者爲石靑, 淡者爲碧靑.(『康熙字典, 靑』) → 本草**曰**, 空靑腹中空, 破之, 有漿, **治眼疾, 一名楊梅靑. 又白靑.** 色深者爲石靑, 淡者爲碧靑.(『松南雜識』)

500) 백청(白靑) : 색채(色彩)의 일종. 어목청(魚目靑)이다.

501) **淮南子**畢萬術云, 白靑得鐵, 卽化爲銅, 又曾靑·綠靑·扁靑·綠膚靑.(『康熙字典, 靑』) → 畢萬術云, 白靑得鐵, 卽化爲銅, 又曾靑·綠靑·扁靑·綠膚靑.(『松南雜識』)

502) 석담(石膽) : 황산구리로 이루어진 황산염 광물. 삼사 정계에 속하며, 콩팥 모양 또는 종유(鐘乳) 모양으로, 유리 광택이 나고 반투명한 푸른색을 띤다. 여러 광산의 물속에서 발견되는데, 침전동(沈澱銅)의 원료 광물로서, 살충제·안료·매염제·전해액 따위로 쓴다. ≒ 군석(君石)·담반(膽礬).

503) **礵, 丁敢切. 石礵**, 出蜀中.(『玉篇, 礵』) → 出蜀中.(『松南雜識』)

504) 석림(石淋) : 임질(淋疾)의 한 가지. 신장(腎臟)이나 방광(膀胱) 속에 돌 같은 것이 생기는 병.

석종유

石鐘乳[506]

『본초강목(本草綱目)』에서 “종유(鍾乳)에는 석유(石乳)·죽유(竹乳)·모산유(茅山乳)의 세 종류가 있다”[507]라고 하였다.

물방울지기도 하고 엉기기도 하는데 매미 날개 같은 무늬가 있는 것이 좋다.[508]

『동국여지승람(東國輿地勝覽)』에서 “석유(石乳)는 제주(濟州) 명월포(明月浦) 재암혈(財岩穴)에서 난다. 사람들이 횃불을 들고 들어갈 수 있다. 소협재(小夾財)도 그러하다”[509]라고 하였다.

---

505) 石膽, **味**酸辛, 寒**有毒**. **主明目**·目痛·**金瘡**·諸癇**痙**·**女子陰蝕痛**·石淋.(『證類本草, 卷三, 石膽』)→玉篇, **石礵**, **藥名**, 出蜀中. **正字通**·本草**綱目**, **石膽**, 石中有汁如膽汁, 酸辛氣寒, 治諸癇·石淋·目痛.(『康熙字典, 礵』)→**石中有汁**如膽汁, 酸辛氣寒, **治**諸癇·石淋·目痛.(『松南雜識』)

506) 석종유(石鍾乳) : 돌의 일종. 샘물이 탄산석회의 성분을 함유하여 바위틈에서 물방울이 떨어져 내리면 석회질이 아래에 쌓여 종유(鍾乳)와 같이 되는데 그것을 석종유(石鍾乳) 혹은 종유(鍾乳), 종유석(鐘乳石)이라고도 한다.

507) 乳有三種. 石乳**者**, **其山洞純石**, **以石津相滋**, **陰陽交備**, **蟬翼紋成**, **其性溫**. 竹乳**者**, **其山洞遍生小竹**, **以竹津相滋**, **乳如竹狀**, **其性平**. 茅山**之**乳**者**, **其山有土石相雜**, **遍生茅草**, **以茅津相滋爲乳**, **乳色稍黑而滑潤**, **其性微寒**.(『本草綱目, 卷九, 金石之三, 石鍾乳』)→鍾乳有三種, 石乳·竹乳·茅山乳. 本草.(『韻府羣玉, 鍾乳』)→**鐘**乳有三種, 石乳·竹乳·茅山乳.(『松南雜識』)

508) 鍾乳 …… 且滴且凝, **此乳之最精者**, …… **又以鵝管之端**, **尤輕明**, **如雲母爪甲者**, **爲**勝.(『桂海虞衡志, 志山, 鍾乳』)→且滴且凝, **紋如蟬翼者**勝.(『康熙字典, 乳』)→且滴且凝, **紋如蟬翼者**勝.(『松南雜識』)

509) 財岩在明月浦西五里, 其形如屋穹隆, 其上鋪白沙, 其下有大穴, 人以炬入, 其中寬廣, 可八十步許, 産石鍾乳, 其西北又有二巖. 名小夾財, 俱産石鐘乳, 其中寬廣, 亦五十步許.(『新增東國與地勝覽, 卷三十八, 全羅道, 濟州牧』)→石乳産於濟州明月浦財巖穴, 人以炬入, 小夾財, 亦然.(『松南雜識』)

죽유

竹乳[510]

『개보본초(開寶本草)』[511]에서 "산골짜기에 작은 대나무가 두루 자라는데, 대나무의 진액과 섞여 불어나기에 그 유석(乳石)이 대나무 모양 같다. 성질은 평이하다"[512]라고 하였다.

지금의 죽력(竹瀝)이다.

해석

海石

『포박자(抱朴子)』에서 "진흙을 태워 기와를 만들고 나무를 태워 숯을 만든다. 벌집으로 밀랍을 만들고 물거품으로 부석(浮石)을 만드니, 모두 부드럽고 무른 성질을 제거하고 변화시켜 굳고 단단하게 만든 것이다"[513]라고 하였다.

지금 의가(醫家)에서 바닷물의 포말을 '해석(海石)'[514]이라고 한다.

---

510) 죽유(竹乳) : 종유석(鐘乳石)의 일종.

511) 개보본초(開寶本草) : 송나라 이방(李昉)이 편찬한 책. 총 20권.

512) **竹乳者**, **其**山洞, 遍生小竹, 以竹津相滋, 乳**如竹狀**, 其性平.(『本草綱目, 卷九, 金石之三, 石鍾乳』) → **開寶本草曰**, 山洞遍生小竹, 以竹津相滋, 乳其性平.(『松南雜識』)

513) 抱朴子曰, 燒泥爲瓦, 燔木爲炭, 水沫爲**浮**石, **此**皆**去**其柔脆, 變爲堅剛**也**.(『本草綱目, 卷九, 金石之三 浮石』) → 燒泥爲瓦, 燔木爲炭蜂窠爲蠟, 水沫爲石, 凡此皆其柔脆, 變爲堅剛. **又曰磁石引針**. **抱朴子**.(『古今事文類聚前集, 卷十四, 石』) → 抱朴子曰, 燒泥爲瓦, 燔木爲炭, 蜂窠爲蠟, 水沫爲石, 皆其柔脆, 變爲堅剛**者**.(『松南雜識』)
*『抱朴子』의 내용이 많이 축약, 변용되었음.

514) 해석(海石) : 부석(浮石) 혹은 수화(水花)라고 한다.

밀타승

密陀僧[515)]

『본초강목(本草綱目)』에서 “일명 ‘몰다승(沒多僧)’이라고 한다. 페르시아에서 생산되며, 모양은 황룡치(黃龍齒) 같은데 더욱 단단하고 무겁다”[516)]라고 하였다.

보골지

補骨脂

지봉(芝峰) 이수광(李睟光)이 말하였다.

보골지(補骨脂)[517)]는 바로 ‘호비자(胡韮子)’이니 페르시아에서 생산된다. 잘못 발음하여 ‘파고지(破古紙)’가 되었다. 지금 흡곡(歙谷)[518)] 등지에 그것이 난다.[519)]

---

515) 밀타승(密陀僧) : ‘일산화납’을 달리 이르는 말. 색상의 농도에 따라 금밀타(金密陀), 은밀타(銀密陀) 등이 있다. 이질이나 종기를 다스리는 살충약으로 쓴다. ≒ 밀타. 몰다승(沒多僧), 노저(爐底).

516) **蜜陀僧**, **唐本草釋名**沒多僧, **集解恭曰**出波斯國, 形似黃龍齒而堅重.(『本草綱目, 卷八, 金石之一, 蜜陀僧』) → **一名**沒多僧, 出波斯國, 形似黃龍齒而堅重.(『松南雜識』)

517) 보골지(補骨脂) : 식물이름. 콩과에 속함. 일년생 초본(草本). 봄에 씨앗을 뿌려 여름과 가을 사이에 담자색(淡紫色)의 나방 모양의 작은 꽃이 피는데 모양은 공과 같다.

518) 흡곡(歙谷) : 강원도 통천군(通川郡) 북쪽의 지명.

519) **補骨脂**, **一名**胡韮子. **按本草**, 生**廣南及**波斯國, **語**訛爲破故紙. **昔東醫不識**, **認作故休紙**, **入藥**, **用至今笑之**. **按輿地勝覽**, **我國**歙谷等地, **亦產此物**, **無乃異而同者耶**.(『芝峯類說, 卷十九, 食物部. 藥』) → **卽**胡韮子, 生波斯國. 訛爲破故紙, **今**歙谷等地, **有之**.(『松南雜識』)

생골석
生骨石

『물리론(物理論)』[520]에서 "흙의 정기가 돌이 되니, 돌은 정기의 핵(核)이다. 기(氣)에서 돌이 나오는 것은 맥락(脈絡)에서 손톱과 어금니가 생기는 것과 같은 이치다"[521]라고 하였다.

의서(醫書)에서 "뼈를 붙이는 아교가 있다"라고 하였다. 지금 생골(生骨)[522]이라는 돌이 있으니, 사람이 혹 부러지거나 다쳤을 때, 이것을 삼키면 곧바로 뼈가 붙어서 마치 다치지 않은 듯하고, 이것을 먹으면 따로 뼈가 하나 생긴다고 한다. 지금 기호(畿湖) 등지에 이것이 있다.

흡독석
吸毒石

연암(燕巖) 박지원(朴趾源)이 말하였다.

흡독석(吸毒石)은 크기가 대추만 하고 검푸른 빛깔이다. 소서양(小西洋)에 서식하는 어떤 종의 독사(毒死) 머리 속에서 난다. 뱀과 지네에게 물린 상처 및 일체의 독종(毒腫)과 악창(惡瘡)을 고친다. 이 돌을 상처 부위에 놓으면 돌이 저절로 붙어 떨어지지 않다가 독기를 다 빨아낸 뒤에 돌이 저절로 떨어지고 종기는 당장에 낫는다고 한다. 그러

---

520) 물리론(物理論) : 진(晉)나라 양천(楊泉)이 진한(秦漢) 제가(諸家)의 설을 모아 편찬한 책. 1권.

521) 物理論曰, 土精爲石, 石氣之核也. 氣之生石, 猶**人**筋絡之生爪牙也.(『太平御覽, 卷五十二, 地部十七, 石下』)→物理論曰, 土精爲石, 石氣之核也. 氣之生石, 猶筋絡之生爪牙也.(『松南雜識』)

522) 생골(生骨) : 산골. 이황화철, 산화철을 주성분으로 하는 황화 철강. 구리가 나는 곳에서 나는 푸른빛을 띤 누런색의 쇠붙이로, 접골 약으로 쓴다.

나 반드시 사람의 젖[人乳]을 준비하여 돌을 이것에 담궈 돌이 젖빛 같이 약간 푸른빛이 날 때까지 두었다가, 즉시 맑은 물에 잘 씻어서 다음에 쓸 수 있도록 한다. 만일 젖에 담가 두고 조금 지체하면 돌의 독이 모두 빠져서 영험이 없어진다고 한다.[523]

지금 까치살무사의 꼬리뼈는 다리의 부종(浮腫)을 치료하는 약이다.

먹구렁이 · 흰뱀
烏白蛇

『동의보감(東醫寶鑑)』에서 "먹구렁이[烏蛇]는 오직 우리나라 풍천(豊川)의 초도(椒島)에 있다"[524]라고 하였다. 흰뱀[白蛇]은 곳곳에 있다.

의서(醫書)에서 "동이(東夷)의 병 중에서 뱀에 물리는 것이 가장 치명적이다"라고 하였다. 지금 백화사(白花蛇)[525]는 모두 당재(唐材)[526]이다.

---

523) **吸毒**石, 棗子大, 青黑色, 小西洋一種毒蛇頭裏. 生**石**. 能治蛇**蝎**蜈**蚣諸蟲**咬傷, **幷治**癰疽, **一切毒瘡**惡瘡. **卽**將石置傷處, 石自緊**黏不落**, 吸毒盡**時**, **石**自離**落**, 患**可**除痊. 須預備人乳**一鍾**, **急將石**浸之. 候**至**乳色略綠, 卽洗淸水, **淨抹收貯**, 以**待**後用. 若浸乳稍遲**則石毒過出**, **久後**無靈.(『燕巖集, 卷十五, 別集, 熱河日記, 銅蘭涉筆』) → **燕岩曰**, 石**如**棗子大, 青黑色, 小西洋一種毒蛇頭裏, 生**之**. 能治蛇蜈咬傷, **及**癰疽惡瘡**也**. 將石置傷處, 石自緊**黏**, 吸毒盡**後**自離, 患**卽**痊除, 須預備人乳浸之, 候乳色略綠, 卽洗淸水, 以**爲**後用. 若浸乳稍遲, 無靈**云**.(『松南雜識』)

524) 我國**黃海道**豊川**海中**椒島有之.(『東醫寶鑑, 烏蛇』) → 烏蛇, **惟**我國豊川**地**椒島有之.(『松南雜識』)

525) 백화사(白花蛇) : 뱀과의 하나. 몸의 길이는 1.4미터 정도이며, 비늘은 19~21열이고 갈색 바탕에 검은색 또는 갈색 무늬가 많다. 네 개의 검은 줄무늬가 머리에서 꼬리까지 있다. 겨울에는 10~100여 마리가 모여 겨울잠을 자는데 문둥병, 풍약, 보신 강장재로 쓴다. 얕은 산, 풀밭, 습지, 물가 등지에 사는데 한국, 일본, 중국 등지에 분포한다. ≒ 산무애 뱀 · 건비사(蹇鼻蛇) · 기사(蘄蛇).

526) 당재(唐材) : 중국산 또는 중국을 통해 들여온 약재이다.

첩석교
黏石膠

연암(燕巖) 박지원(朴趾源)이 말하였다.

전검(滇黔)[527] 지역에 돌이 붙는 등나무[藤]가 있으니, 이름은 '양도등(羊桃藤)'이다. 즙을 내어 돌을 붙이니 마치 풀로 종이를 붙이고 아교로 나무판을 붙이는 것과 같으니 검(黔) 땅의 사람들이 '첩석교(黏石膠)'라고 부른다.[528]

지금 침목(梣木)[529]의 기름을 '백랍(白蠟)'이라고 하니, 비석 글자의 결점을 메워서 흔적이 없게 만드는 물건이다.

난석초
爛石草[530]

『박아(博雅)』에서 "주제(菹蒢)가 바로 지유초(地楡草)[531]이다"[532]라고

---

527) 전검(滇黔) : 중국의 운남(雲南)과 귀주(貴州)의 합칭.

528) **王三賓言**, 滇黔中, 有續石籐, 名羊桃籐. 取汁膠石, **山中架空造梁, 雖數十丈, 聯續不斷**, 如糊紙膠板. **然**黔人呼**黏**石膠**云**. **其言殊極荒唐, 姑錄之, 以資他考**.(『燕巖集, 卷十四, 別集, 熱河日記, 口外異聞, 籐汁膠石』) → 滇黔中, 有續石籐, 名羊桃籐. 取汁膠石, 如糊紙膠板. 黔人呼**黏**石膠.(『松南雜識』)

529) 침목(梣木) : 나무이름. 목서과(木犀科)의 일종. 낙엽교목(落葉喬木). 줄기의 높이는 2길쯤이다. 여름철에 꽃이 피는데 담녹색이다. 진피(秦皮)·잠피(梣皮)·심목(樳木)이라고도 한다.

530) 난석초(爛石草) : 풀이름. 마신호(馬新蒿)·마시호(馬矢蒿)·연석초(練石草)·난석초(爛石草)·호마(胡麻)라고도 한다. 남양(南陽)의 천택(川澤)에서 난다.

531) 지유초(地楡草) : 식물명. 장미과(薔薇科). 다년생 초본(草本). 작은 가지는 높이가 3~4자이다. 가을에 가지 끝에 작은 꽃이 피는데 암홍색 혹은 백색이다. 옥고(玉鼓)·산자(酸赭)·옥찰(玉札)이라고도 한다.

532) 菹蒢, 地楡**也**.(『廣雅, 菹蒢』) → 菹蒢, **卽**地楡**草**.(『松南雜識』)

하였다.

냄새가 수박(水朴) 같다. 그 뿌리를 태워 만든 재로 돌을 문드러지게 할 수 있다.[533]

요(遼)나라 임금이 장막 앞의 돌을 가리켜 "이 돌이 문드러지지 않는 한 약속을 고치지 않을 것이다"[534]라고 하였으니, 돌을 문드러지게 만드는 물건이 있는 줄 모르고 한 말이다.

천구
天灸

『본초강목(本草綱目)』에서 말하였다.

> 천구(天灸)[535] · 백구(白灸)는 모간초(毛茛草)[536]의 별명이다. 산사람들은 학질을 치료하려면 모간초 잎을 채집하여 한 마디쯤 만한 크기로 반죽하여 붙이는데, 하룻밤 만에 마치 불에 덴 것 같은 수포가 생기는 까닭에 그런 이름이 붙었다.[537]

---

533) 其根**亦入釀酒**. **道方**燒**作**灰, 能爛石.(『本草綱目, 卷十二下, 草之一, 地楡』) → **臭如水朴**, 燒其根灰, 能爛石.(『松南雜識』)

534) **契丹**主, **乃從之**, 指帳前石, **謂德鈞使者**曰, **我已許石郎**, 此石爛, **可改矣**.(『資治通鑑, 卷二百八十, 後晉紀, 一, 高祖聖文章武明德孝皇帝, 上之上』) → **遼**主, 指帳前石**曰**, 此石爛**者**.(『松南雜識』)

535) 천구(天灸) : 모간초(毛茛草)의 다른 이름이다. 이외에 모건초(毛建草) · 수간모강(水茛毛薑) · 후산(猴蒜)이라고도 한다.

536) 모간초(毛茛草) : 모간과(毛茛科) 식물이다. 다년생 초본(草本)으로 높이는 2~3자쯤이다. 가지와 잎은 모두 모용(毛茸)이 있다. 잎은 단엽(單葉)이며 장상분열(掌狀分裂)을 한다.

537) 天灸 …… 山人截瘧, 采葉挼貼寸口, 一夜作泡如火燎故, **呼爲天灸 · 白灸**.(『本草綱目, 卷十七下, 草之六, 毛茛』) → 本草**綱目**, 天灸 · 白灸, 毛茛艸別名. 山人截瘧, 采茛葉, 挼貼寸口, 一夜作泡如火燎故名.(『康熙字典, 灸』) → **本草曰**, 天灸 · 白灸, **毛蒖草別名**. 山人截瘧, 采**蒖**葉挼貼寸口, 一夜作泡如火燎故**名焉**.(『松南雜識』)

지금의 노고초(老姑草)이다.

상산
常山

『본초강목(本草綱目)』에 "이 풀과 나무가 상산(常山)에서 나는 까닭에 이렇게 이름하였다"라고 하였다. 나무는 율반목(栗飯木)이니, 적색과 백색의 꽃이 피는데, 적색은 약이 된다. 풀은 율반초(栗飯草)이니, 한 줄기가 곧게 뻗는데, 상단에 황색의 꽃이 핀다.

지금은 잘못 알고 통용한다고 한다.

구절초
九節草

『본초강목(本草綱目)』에는 기록되어 있지 않으니, 근세에 비로소 발견하였다. 매년 9월 9일 전후 사흘에 이것을 캐니, '구절초(九節草)'라고 한다. 이것은 쑥과 비슷하며 향기가 있고 독은 없다. 산에서 나는 것도 있지만 물가에서 나는 것이 좋다. 지금 원주(原州)의 강가에 있다. 그것의 특성은 담(痰)을 치료하고 보혈(補血)을 하며, 익모초(益母草)와 마찬가지로, 부인이 잉태하지 못할 때 효험이 있다고 한다.

금등초

金燈草[538]

『정자통(正字通)』에서 "일명 산자고(山慈姑)이다. 의가(醫家)의 처방에서는 이것을 모아 합하여 환(丸)을 만드는데 '옥추단(玉樞丹)'이라고 한다"[539]라고 말하였다.

백합

百合[540]

『유편(類編)』에서 "강(蘠)이다"[541]라고 하였다.

『담자화서(譚子化書)』[542]에서 "산구(山蚯)가 변화하여 백합초(百合草)가 된다"[543]라고 하였다.

---

538) 금등초(金燈草) : 풀이름. 산자고(山慈姑)의 별명이다. 이외에도 귀등경(鬼燈檠)·주고(朱姑)·녹제초(鹿蹄草)·무의초(無義草)라고도 한다. 뿌리는 수자고(水慈姑) 같고 꽃은 꽃모양이 등롱(燈籠) 같고 붉은색인 금등초라 부른다.

539) 金燈草 …… 一名山慈姑. 醫方, 取此合爲丸, 名玉樞丹.(『正字通, 登』) → 一名山慈姑. 醫方, 取此合爲丸, 名玉樞丹.(『松南雜識』)

540) 백합(百合) : 식물명. 백합과(百合科). 산뇌저(蒜腦藷)라고도 한다. 다년생 초본(草本)이다. 높이는 2~3자쯤이다. 여름에 줄기 끝에 꽃이 피는데 화려하고 아름다우며 향기가 있다. 꽃은 여섯 잎이고 백색에 붉은 빛을 띠는 것도 있지만 반점은 없다.

541) 『類篇, 卷二, 蘠』.

542) 담자화서(譚子化書) : 남당(南唐)의 담초(譚峭)가 편찬했다. 송나라 제구양(齊邱攘)이 자기가 지은 것이라고 한 까닭에 『제구자(齊邱子)』라고도 한다. 모두 6편인데 '도화(道化)·술화(術化)·덕화(德化)·인화(仁化)·식화(食化)·검화(儉化)'이다. 담초가 본래 도사(道士)인 까닭에 대체적인 의미가 황로(黃老)에게서 나왔지만 유가(儒家)의 취지와도 부합한다.

543) 山蚯, 化爲百合.(『化書, 卷一』) → 山蚯, 化爲百合**草**.(『松南雜識』)

차전자

車前子[544]

『시경』에서 "캐고 캔 부이[采采芣苢]"[545]라고 하였다.

『당운(唐韻)』에서 "질경이[蕮]이다"[546]라고 하였다.

다음과 같은 전설이 있다.

어떤 사람이 어려서 어머니를 여의고 아침저녁으로 슬피 울며 어머니의 모습을 보기를 원하였는데, 어떤 이가 방법을 알려주었다.

"차전초(車前草) 중에서 한 뿌리에 세 줄기가 나는 것을 향기로운 기름에 적신 뒤 그늘에서 말려 두었다가 어머니 제사를 지낼 때 그것을 태워보라."

아들이 그말대로 따라 하였더니 과연 어머니의 형상을 볼 수 있었다고 한다.

이것은 풀의 잠영석(潛英石)인가. 또 이 풀의 잎을 많이 먹으면 눈이 밝아진다고 한다.

---

544) 차전자(車前子) : 식물명. 차전과(車前科). 다년생 초본(草本). 잎이 뿌리에서부터 무더기로 나는데 넓은 타원형이다. 『본초강목(本草綱目), 차전(車前)』에서 당도(當道)·부이(芣苡)·마석(馬舃)·우유(牛遺)·유설(牛舌)·차륜채(車輪菜)·지의(地衣)라고도 부른다라고 하였다. 이 풀은 본래 우마(牛馬)의 발자국 사이나 길가에 자라는 까닭에 이렇게 명명하였다.

545) 『詩經, 周南, 芣苢』.

546) 蕮. 唐韻, **思積切**, **音潟**, **車前草**.(『康熙字典, 蕮』) → 唐韻**曰蕮也**.(『松南雜識』)

석멱자
菥蓂子

주촌(舟村)에서 "석멱자(菥蓂子)는 대제(大薺)이니, 속명 관제(鸛薺)라고 한다. 열매를 따서 먹으면 비록 여러 해 동안 눈이 흐릿했더라도 갑자기 밝아진다"라고 하였다.[547] '蓂'의 음은 '멱'이다.

예지자
預知子

『일화지(日華志)』에서 "예지자(預知子)[548]를 따서 옷깃 위에 엮어 두면 고독(蠱毒)을 만나는 경우에 그 소리를 들을 수 있다"[549]라고 하였다.

합환
合歡

운서(韻書)에서 "혼(棔)[550]이다"[551]라고 하였다.

이 나무를 뜰에 심으면 사람이 성내지 않게 된다. 밤에 꽃이 움츠려

---

547) **菥蓂**, **一名**大薺, 俗**呼老**薺, **似薺而葉細**. **本草**, **又名蕵菥**, **一名太蕺**, **一名馬辛**, **是也**.(『爾雅注疏, 卷八, 菥蓂』) → **舟村曰**, 大薺, 俗**名鸛**薺, **取實餌之**, **雖累年目翳**, **頓除云**.(『松南雜識』)

548) 예지자(預知子) : 넝쿨 풀 이름. 성선자(聖先子)・합합자(盍合子)・선소(仙沼)라고도 한다.

549) 日華志曰, **相傳**, 取**子二枚**, 綴衣領上, 遇有蠱毒, 則聞其**有**聲. **當預知之**, **故有諸名**.(『本草綱目, 卷十八上, 草之七, 預知子』) → 日華志曰, 取綴衣領上, 遇有蠱毒, 則聞其聲.(『松南雜識』)

550) 혼(棔) : 나무이름. 합혼(合棔)・합환(合歡)・합혼(合昏)이라고도 한다. 『정자통(正字通)』에서 "합혼(合昏)의 잎은 괴(槐)나무 같은데, 밤에 움츠렸다가 낮에 펴진다. 그래서 합혼(合昏)이라고 한다. 세상에서는 합환(合歡)이라고도 불린다"라고 하였다.

551) 棔, **合棔木名**.(『原本廣韻, 棔』) → **韻書曰**, 棔**也**.(『松南雜識』)

들기에 '합환화(合歡花)'라고 한다.

『고금주(古今注)』에서 "다른 사람의 분노를 없애고 싶으면 청당(靑棠)[552]을 준다"[553]라고 하였다.[554]

『순보(筍譜)』[555]에 '합환죽(合歡竹)'[556]이라는 말이 있고,[557] 『광여기(廣輿記)』[558]에 '합환귤(合歡橘)'[559]이라는 말이 있다.[560]

번우국(番禺國)[561]에 합환채(合歡菜)가 있으니,[562] 모두가 연리목(連理木)의 종류이다.[563]

---

552) 청당(靑棠) : 합환목(合歡木)의 별명.

553) **欲蠲人之**忿, 則贈**之**靑**堂**. **靑堂**, **一名**合**懽**, **合懽則忘忿**.(『古今注, 卷下, 問答釋義, 第八』) → 蠲忿, 則贈**以**靑**棠**, **卽**合**歡也**.(『松南雜識』)

554) 棔 …… 樹之階庭, **使**人不忿. **正字通**, 合昏, **本作昏**, **譌作棔**.(『康熙字典, 棔』) → **韻書曰**, 棔**也**, 樹之堦庭, **令**人不忿, **夜合**, **故名**合昏**花**.(『松南雜識』)

555) 순보(筍譜) : 송나라의 중 찬녕(贊寧)이 편찬한 책.

556) 합환죽(合歡竹) : 부죽(扶竹)이라고도 한다. 『순보(筍譜)』에서 "구곡산(九穀山)에 쌍초죽(雙梢竹)이 나는데 순(筍)이 길고 가지는 하나이다. 가지와 잎이 자라서 두 가지로 나뉜다"라고 하였다.

557) 合歡竹筍, 出南嶽下諸州山溪間, 郴州最多.(『筍譜, 合歡竹筍』)

558) 광여기(廣輿記) : 명나라 육응양(陸應陽)이 지은 책. 『대명일통지(大明一統志)』를 모방하여 지은 것으로, 각 성(省)을 주(州)·부(府)로 나눈 다음 건치 연혁을 기술하고, 다음으로 형승(形勝)·산천(山川)·토산(土産)·관량(關梁)·사묘(祠廟)·고적(古蹟)·명환(名宦)·인물(人物)에 대해 기록하였다. 24권.

559) 합환귤(合歡橘) : 과일 이름. 호북성(湖北省) 강릉(江陵)에서 난다.

560) 合歡橘. 〈江陵〉(『廣輿記, 卷十四』)

561) 번우국(番禺國) : 광동성(廣東省) 일대의 번산(番山)과 우산(禺山) 일대에 세워진 나라로 위타(尉陀)가 이곳에 남월국(南越國)을 세우기도 했다.

562) **盧氏雜記**, 番禺有**菜**, **四葉相對**, **晝開夜合**, **名**合歡菜.(『淵鑑類函, 卷三百九十八, 菜蔬部』) → 番禺**國**, 有合歡菜.(『松南雜識』)

563) **唐韻·集韻·韻會·正韻**, **叢呼官切**, **音讙**. **說文**, **喜樂也**. **徐曰**, **喜動聲氣**, **故從欠**. **禮檀弓**, **啜菽飮水**, **盡其歡**. **又樂記**, **欣喜歡愛樂之官也**, **亦作懽**. **孝經孝治章**, **故得萬國之懽心**, **以事其先王**. **又作驩**, **孟子驩虞如也**. **前漢王褒傳**, **驩然交欣**. **又合歡**, **漢殿名**, **班固西都賦**, **後宮則有合歡增成**. **又樹名**, **崔豹**古今注, **合歡樹**, **似梧桐**, **枝葉繁互相交結**, 樹之**階**庭, **使**人不忿. **又竹名**, **僧贊寧**筍譜, **雙稍竹**, **出九疑山**, **筍長獨莖**, **及生枝葉**, **卽分爲兩梢**, **謂之**合歡竹. **又橘名**, 廣輿記, **荊州江陵**, 有合歡橘. **又歡伯酒也**, **焦氏易林**.(『康熙字典, 歡』) → **韻書曰**, **棔也**. 樹之**堦**庭, **令**人不忿. **夜合故**, **名合昏花**. 古今注, **蠲忿**, **則贈以靑棠**, **卽合歡也**. 筍譜, **有**合歡竹, 廣輿記, 有合歡橘.(『松南雜識』)

제휴목

帝休[564]

송지문(宋之問)[565]은 시에서 "도읍으로 돌아오신 천자께서 제휴나무를 가리키네[回鑾指帝休]"[566]라고 하였다.

『산해경(山海經)』에서 "소실산(少室山)에 제휴목(帝休木)이 있다. 꽃은 노랗고 열매는 검다. 이것을 먹으면 성내지 않게 된다"[567]라고 하였으니, 역시 『열자(列子)』에 이른바 "오(吳)나라와 초(楚)나라에 유목(櫾木)이 있는데, 그 껍질과 즙을 먹으면 분궐(憤厥)[568]이 없어진다"[569]라고 한 것과 같다.

송방

松肪

도가(道家)에 송방(松肪)[570]을 복용하는 법이 있다.

소식(蘇軾)의 시에 "송방을 채집하여 한 수레 가득 실어 보내네[爲採松肪寄一車]"[571]라고 하였다.

---

564) 제휴(帝休) : 천자(天子)가 순행(巡幸)하고 도읍(都邑)으로 돌아오는 것.

565) 송지문(宋之問) : 당나라의 시인(656~712), 자는 연청(延淸). 오언시에 뛰어났고, 심전기(沈佺期)와 함께 율체를 창시하였다.

566) 「행소림사응제(幸少林寺應制)」.

567) **又東五十里**, **曰**少室**之**山, …… **其上有木焉**. **其名曰**帝休, …… 黃**華**黑實, 服**者**不**怒**.(『山海經, 卷五, 中山經』) → 少室山, 有帝休**木**, 黃**花**黑實, 服**之**不**愁**.(『松南雜識』)

568) 분궐(憤厥) : 분기(憤氣)가 가슴에 맺혀서 경련(痙攣)이 일어나거나 정신을 잃는 병.

569) 吳楚**之國**, **有大木焉**, **其名爲**櫾. 食其皮汁, 已憤厥之疾.(『列子, 湯問』) → **所謂**吳楚櫾**木**, 食其皮汁, 已憤厥之疾**也**.(『松南雜識』)

570) 송방(松肪) : 송향(松香), 송지(松脂) 혹은 송고(松膏)이다. 송백과(松柏科)의 나무 줄기 중간에 흘러나오는 나무기름과 물, 혹은 수증기로 쪄서 얻은 잔류물로 황색의 고체이며 주정(酒精), 휘발유 등에 녹는다. "松脂別名, 松肪."(『本草綱目, 松』)

571) 「증포간신장노(贈蒲澗信長老)」.

하수오

何首烏

의서(醫書)에서 말하였다.

어떤 백발의 노인이 이것을 캐어 먹고 머리가 다시 검어지고 얼굴이 소년 같이 되었다. 사람들이 괴상히 여기고 "어떻게 머리가 까맣게 되었습니까?[何首烏]"라고 묻자 "이 풀의 뿌리를 먹었다네"라고 대답한 까닭에 이렇게 이름이 붙여졌다.[572)]

지금 강원(江原)·황해(黃海) 등지에 이것이 있다. 우리나라에서는 '새박뿌리[塞朴根]'라고 한다.

불사초

不死草

『십주기(十洲記)』[573)]에서 말하였다.

---

572) 『동의보감(東醫寶鑑)』에서 하수오(何首烏)에 대하여 말하기를 "원래 이름은 야교등(夜交藤)인데 하수오(何首烏)라는 사람이 먹고 큰 효과를 본 데서 하수오라는 이름을 붙이게 되었다. 이 사람은 본래 몸이 약하였고 늙어서는 아내도 자식들도 없었다. 하루는 취해서 밭에 누워 있었는데 한 덩굴에 2줄기가 따로 난 풀의 잎과 줄기가 서너번 서로 감겼다 풀렸다 하는 것이 보였다. 이상하게 생각하고 마침내 그 뿌리를 캐어 햇볕에 말려 짓찧은 다음 가루로 만들어 술에 타서 7일 동안 먹었더니 그리운 사람이 있었고 100일이 지나서는 묵은 병들이 무두 나았다. 10년 후에는 여러 명의 아들을 낳았고 130살이나 살았다"라고 하였다.

573) 십주기(十洲記) : 구본(舊本)은 한(漢)의 동방삭(東方朔)이 편찬했다. 1권. 『해내십주기(海內十洲記)』라고도 한다. 십주(十洲)는 조(祖)·영(瀛)·현(懸)·염(炎)·장(長)·원(元)·유(流)·생(生)·봉린(鳳麟)·추굴(聚窟) 등이다. 또 나중에 창해도(滄海島)·방장주(方丈洲)·부상(扶桑)·봉구(蓬邱)·곤륜(崑崙)의 다섯 조목이 덧붙여졌다. 내용은 '신삭(臣朔)'이라고 하여 임금에 대한 말인 듯도 하지만 또 도가(道家)의 과장되고 허황한 말과 같다. 이선(李善)의 주(注)가 있다.

동해(東海)의 조주(祖洲) 지방 오백 리 되는 곳에 불사초(不死草)가 있는데 요전(瑤田)[574] 속에서 자란다. 길이는 석 자쯤이고 이미 죽은 사람이라도 이 풀로 덮어두면 즉시 살아난다"라고 하였다.

유맹회(劉孟會)가 "한 뿌리로 한 사람을 살릴 수 있다"[575]라고 하였다.

불사약
不死藥

『산해경(山海經)』에서 "불사국(不死國)이 있는데 성은 아(阿)이며, 감목(甘木)을 먹는다"[576]라고 하였는데, 그 주석에서 "감목(甘木)은 바로 불사수(不死樹)이다"[577]라고 하였다.

곽박(郭璞)은 찬(贊)에서,

만물을 잠시 바라보니	萬物暫見
인생은 기생(寄生)하는 것 같네	人生如寄
죽지 않는 불사수(不死樹)	不死之樹
천지와 함께 영원하리	壽蔽天地[578]

라고 하였다.

---

574) 요전(瑤田) : 전설에서 말하는 신선의 원포(園圃).

575) 祖洲. **近在**東海**之中**, 地方五百里, **去西岸七萬里**上, 有不死**之**草, **草形如菰苗**, 長三**四**尺, 人已死**三日**者, 以草覆之, **皆當時**活**也**. …… 生瓊田中, **或名爲養神芝**, **其葉似菰苗叢生**, 一株可活一人.(『海內十洲記, 祖洲』) → 東海祖洲, 地方五百里上, 有不死草, 生瓊田中, 長三尺**許**, 人已死者, 以草覆之**卽**活. **劉孟會云**, 一株可活一人.(『松南雜識』)

576) **有**不死之國阿姓, 甘木是食.(『山海經, 卷十五, 大荒南經』) → 不死之國阿姓, 甘木是食.(『松南雜識』)

577) 甘木卽不死樹.(『山海經, 卷十五, 大荒南經』의 주석)

578) 「불사수(不死樹)」.

또 요수(瑤樹)[579]는 곤륜(崑崙)의 서쪽 사막 가에서 난다. 크기는 삼백 아름쯤이며 높이는 만 길[仞]인데 이것을 먹으면 오래 산다.

또 "유사(流沙)의 동쪽과 흑수(黑水)의 사이는 불사산(不死山)이 있다"[580]라고 하였다.

지봉(芝峰) 이수광(李睟光)이 "왜국(倭國)에 부사산(富士山)이 있다. 한자로 번역하면 '불사산(不死山)'이니, 혹시 이 산에 불사약(不死藥)이 있는 것일까?"[581]라고 하였다.

『전국책(戰國策)』에서 말하였다.

> 형(荊)나라에서 어떤 사람이 왕에게 불사약(不死藥)을 바쳤다. 그런데 시위관(侍衛官)이 탈취하여 먹었다. 왕이 노하여 그를 죽이려고 하자 시위관(侍衛官)이 말하였다.
>
> "신이 이것을 먹었는데도, 왕께서 저를 죽이실 수 있다면 이것은 불사약이 아니라 사약(死藥)인 셈입니다."[582]

진시황(秦始皇)도 서불(徐市)[583]을 파견하여 구하게 하였으니 이것이

---

579) 요수(瑤樹) : 선목(仙木)을 말한다. 『회남자(淮南子), 추형훈(墬形訓)』에 곤륜산(昆侖山)에는 강수(絳樹)가 그 남쪽에 있고, 벽수(碧樹)와 요수(瑤樹)가 그 북쪽에 있다고 한다.

580) 流沙之東, 黑水之間, 有**山**, **名**不死**之**山.(『山海經, 卷十八, 海內經』) → 流沙之東, 黑水之間, 有不死山.(『松南雜識』)

581) **所有山曰**富士山, …… **余謂富士山**, 譯以漢音則乃不死山, **豈山上多生**不死藥**故**耶.(『芝峯類說, 卷二, 諸國部, 外國』) → **倭國**, 有富士山, 譯以漢音則乃不死山, **或有**不死藥耶.(『松南雜識』)

582) 有獻不死**之**藥**於荊**王者, **謁者操以入**, **中射之**士, **問曰可食乎**. **曰可**, **因**奪而食之. 王怒**使人**殺**中射**之**士**, **中射之士**, **使人說王曰**, **臣問謁者**, **謁者曰可食**. **臣故食之**. **是臣無罪而罪在謁者也**. **且客獻不死之藥**, 臣食之, 而王殺**臣**, 是死藥也. **王殺無罪之臣而明人之欺王**. **王乃不殺**.(『戰國策, 卷十七, 楚四』) → **荊人**, 有獻不死藥**于**王者, 士奪而食之. 王怒**將**殺**之**, **士曰**, 臣食之而王殺**之**, 是死藥也.(『松南雜識』)

583) 서불(徐市) : 진(秦)나라의 방사(方士)인 서복(徐福). 진시황의 명으로 불사약을 찾기 위해 남녀 수천 명을 거느리고 동해로 떠나서 돌아가지 않았다. 『松南雜識』에는 '서시(徐市)'로 되어 있다. 『사기(史記)』의 「고증(考證)」의 하맹춘(何孟春)에 의하면 그에

정말로 있는가?

반혼수
返魂樹

지여지(地輿志)에서 "서해(西海)의 취굴주(聚窟州)에 큰 나무가 있는데, 단풍나무와 비슷하게 생겼다. 이 나무의 잎과 꽃의 그 향기는 수백 리에 밖에서도 맡을 수 있으니 '반혼수(返魂樹)'라고 한다"[584]라고 말하였다.

대개 사람이 죽었을 때 이 나무를 죽은 사람의 입에 놓으면 혼이 즉시 돌아오게 한다.

비자
榧子

『운회거요(韻會擧要)』에서 "비자(榧子)[585]는 동양(東陽)의 여러 군에서 생산된다"[586]고 하였는데, 삼충(三蟲)[587]을 제거한다.

소식(蘇軾)의 시에서,

게 서불(徐市)와 서복(徐福)이라는 두 개의 이름이 있었던 것이 아니라, 원래 불(市)자는 바로 옛날의 불(韍)자였다. 그러나 한(漢)나라 때는 아직 번절법(飜切法)이 없어서 소리가 비슷한 글자를 그 아래에 주로 처리하였는데 후세의 사람들이 시전(市廛)이라고 할 때의 시(市)자로 잘못 읽고 '서시(徐市)'가 서복의 별명이라고 여겼다고 한다.

584) 聚窟洲, **在**西海**中** …… **有大山**, **形似人鳥之象**, **因名之爲神鳥山**. **山多**大樹, 與楓木相**類**, **而花葉**香, 聞數百里, 名**爲**反魂樹.(『海內十洲記, 聚窟洲在西海』) → **地輿志曰**, 西海聚窟洲, **有**大樹, 與楓木相**似**, **其**香聞數百里, 名**曰**返魂樹.(『松南雜識』)

585) 비자(榧子) : 비자나무의 익은 열매. 맛이 매우 떫다. 촌충약, 변비 치료제로 쓰며 기침을 멈추게 하는 데에도 효과가 있다.

586) 出東陽諸郡.(『古今韻會擧要, 榧』)

587) 삼충(三蟲) : 도가(道家)에서 하는 말로 '삼시충(三尸蟲)'이라고도 한다. 사람의 몸 안에 있으면서 앙화(殃禍)를 입힌다는 무형의 세 마리 벌레. 이것이 경신(庚申)날 밤에 나와서 그 사람의 잘못을 몰래 천제(天帝)에게 고한다고 함.

삼팽충(三彭蟲)[588]을 몰아내 驅攘三彭仇
내 뱃속의 병을 고쳤다네 已我心腹疾[589]

라고 한 말이 이것이다.[590]

지금 제주(濟州)에서 생산된다.

고수풀

胡荾

『이아익(爾雅翼)』에서 "도가(道家)에서는 부추[韭]·마늘[蒜]·유채[芸薹][591]·고수풀[胡荾][592]·염교[薤][593]를 오훈(五葷)[594]이라고 한다"[595]라고 하였다.

『순자(荀子)』에서 "뜻이 훈채(葷菜)[596]에 있지 않다"[597]라고 하였는데,

---

588) 삼팽충(三彭蟲) : 삼시(三尸). 팽(彭)은 삼시(三尸)의 성(姓)이라고 한다.

589) 驅**攘**三彭**仇**.(『東坡全集, 卷九, 送鄭戶曹賦席上果得榧子』) → 驅除三彭蟲.(『韻府羣玉, 榧』) → 驅**除**三彭**虫**.(『松南雜識』)

590) **榧實産信州玉山縣**. 韻會**云**, 出東陽諸郡. **榧**去三蟲, **通作棐**. …… 坡詩, 驅除三彭蟲, 已我心腹疾.(『韻府羣玉, 榧』) → 韻會**曰**, 出東陽諸郡, 去三蟲. 坡詩, 驅除三彭**虫**, 已我心腹疾.(『松南雜識』)

591) 유채[芸薹] : 십자화과의 두해살이풀. 높이는 1미터 정도이며, 뿌리잎은 잎자루가 길고 갈라지는 것도 있으나 윗부분의 잎은 밑이 귀처럼 처져서 줄기를 감싸며 갈라지지 않는다. 4월에 노란 꽃이 피고 열매는 원기둥 모양의 각과(角果)를 맺으며 씨는 작고 검은 갈색이다. 잎과 줄기는 먹고 종자로는 기름을 짠다.

592) 고수풀[胡荾] : 산형과의 한해살이풀. 높이는 30~60cm이며, 잎은 어긋나고 잘게 갈라진 깃모양 겹잎이다. 6~7월에 작고 흰 꽃이 겹산형 꽃차례로 가지 끝에 피고 열매는 둥글다.

593) 염교[薤] : 백합과의 여러해살이풀. 꽃줄기의 높이는 30~60cm이며, 잎은 비늘줄기에서 모여나고 속이 비어 있다. 가을에 자주색 꽃이 산형(繖形) 꽃차례로 피고 열매를 맺지 못한다. 잎은 절여서 먹으며, 중국 남부가 원산지이다.

594) 오훈(五葷) : 도가(道家)에서 금하는 다섯 가지 자극성 있는 채소.

595) **今**道家**亦有五葷**, **乃謂**韭·蒜·芸**薹**·胡荾·薤也.(『爾雅翼, 卷五, 葷』) → 道家以韭·蒜·芸**薹**·胡荾·薤爲五葷.(『松南雜識』)

596) 훈채(葷菜) : 마늘·파·생강 등 특이한 맛과 향기를 내는 채소.

그 주석에서 "파·염교·생강은 매운 채소이다"598)라고 하였다.

의서(醫書)에서 "고수풀은 원포(園圃)에서 나니, 천연두나 역질을 치료하는 특효약이다"라고 하였는데, 그 주석에서 "마늘을 속칭 '고사(高斜)'라고 한다. 천연두는 훈채를 꺼리건만, 유독 고수풀만 약이 되는 것은 어째서인가?"라고 하였다. 어떤 사람이 강화도에서 그것이 난다라고 하였다.

해로
薤露

지봉 이수광이 "해로(薤露)는 비록 맵지만 오장(五臟)을 맵게 하지는 않기 때문에 도가(道家)에서 항상 먹는다. 지금은 우리나라에서는 염교(厭蕎)라고 한다"599)라고 하였다.

율무
薏苡

『포박자(抱朴子)』에서 "국화와 율무의 꽃이 서로 비슷하지만, 국화는 달고, 율무는 쓰다"600)라고 하였으니, 만물의 성질이 같지 않다.

우리나라에서는 '초주미(草珠米)'라고 하니, 마원(馬援)601)이 가져 왔을

---

597) 志不在於**食**葷.(『荀子, 哀公篇』) → 志不在於葷.(『松南雜識』)

598) **葷**, 葱薤**之**屬也.(『荀子, 哀公篇』의 주석) → 葱薤**及薑**, **辛菜**.(『松南雜識』)

599) 薤露 …… 雖辛而不葷五臟, 故道家**常**餌之, **卽**今**俗所**謂厭蕎**也**.(『芝峯類說, 卷二十, 卉木部, 草』) → 薤露, 雖辛而不葷五臟, 故道家餌之. 今謂厭蕎.(『松南雜識』)

600) **菊花與薏花相似, 直以甘苦別之, 而**菊甘**而**薏苦.(『抱朴子內篇, 卷二, 僊藥, 第十一』) → 菊甘薏苦.(『松南雜識』)

601) 마원(馬援) : 후한(後漢)의 장군(B.C. 14~A.D. 49) 자는 문연(文淵). 광무제 때 감숙성 방면의 강(羌)·저(猪) 등의 외민족을 토벌하였다. 41년 이후에는 복파장군(伏波將軍)

때 명주(明珠)와 율무를 구별하지 못하였다는 이야기[602]가 이것이다.

『거가필용(居家必用)』에서 "율무에는 두 가지가 있는데, 찧기 어려운 것은 '의이(薏苡)'라고 하고, 찧기 쉬운 것은 '공미(贛米)'라고 한다"[603]라고 하였다.

『광운(廣韻)』에서 "간(簳)은 율무의 씨이다"라고 하였다.

지봉 이수광이 "율무가루로 풀을 쑤어 배의 창문 종이를 바르면, 비록 바람과 파도가 치더라도 오랫동안 견뎌 낼 수 있으니, 율무가 장기(瘴氣)를 이기고 습독(濕毒)을 제거할 수 있음을 알 수 있다"[604]라고 하였다. 율무의 씨는 중의 염주(念珠)를 만든다.

마가목
馬價木

오대(五代) 말기 『남사(南史)』에서 말하였다.

제나라의 해숙겸(解叔謙)[605]의 모친이 몇 년 동안 중풍을 앓았다. 해

에 임명되어, 교지(交趾 : 북베트남) 지방에서 봉기한 징칙(徵側)과 징이(徵貳) 자매의 반란을 토벌하고, 하노이 부근의 낭박(浪泊)까지 진출하여 그곳을 평정하였다. 그 공로로 43년 신식후(新息侯)가 되었다.

602) 마원(馬援)이 교지에서 율무를 먹었는데, 몸도 가벼워지고 욕심도 줄어들며 장기(瘴氣)도 이길 수 있었다. 그래서 그 종자를 옮겨 심으려고 돌아 올 때, 한 수레를 싣고 왔는데, 미처 황제에게 보고를 하지 못하고 죽었다. 그것이 명주(明珠)라고 여긴 사람들이 마원이 명주(明珠)를 한 수레 싣고 와서 집에 감추어 두었다고 참소하였다고 한다.(『後漢書, 卷二十四, 馬援列傳』)

603) **此物有兩般**, **一般**難春, **名**薏苡, **一般**易春, **名**贛米.(『居家必用, 戊集, 種藥類』) → 難春**者**, 薏苡, 易春**者**, 贛米.(『松南雜識』)

604) **海上船窓**, **以薏苡**末糊紙, **則**雖**遇**風濤, **能**耐久. **今戰船皆用此法**. 其勝瘴去濕, 可知.(『芝峯類說, 卷十九, 食物部, 藥』) → **其**末糊**窓**紙, 雖風濤耐久, 其勝瘴去濕, 可知.(『松南雜識』)

605) 해숙겸(解叔謙) : 남조 제나라 사람. 자는 초량(楚梁) 안문(鴈門) 출신.
*『松南雜識』에는 '褻叔謙'로 오기되어 있음.

숙겸이 기도를 하니, 하늘에서

"정공등(丁公藤)으로 술을 빚어 먹이면 차도가 있을 것이다."

라고 하는 말이 들렸다. 그래서 의원을 찾아가고 『본초강목(本草綱目)』의 주석까지 보았지만 아는 사람이 없었다. 백방으로 그것을 찾던 중 의도군(宜都郡)의 산 속에서 어떤 노인이

"이것이다."

라고 하였다.606)

속칭 '마가목(馬價木)'607)이라고 하는데, 이것과 말의 가격이 같기 때문이다. 손바닥 피부의 건조증과 방광요통(膀胱腰痛)에 이것으로 지팡이를 만들어 짚으면 효험이 있고, 그 지팡이로 미친개를 때리면 죽는다고 한다.

모과

木瓜

『이아(爾雅)』에서 "무(楙)는 모과(木瓜)이다"608)라고 하였다.

『시경(詩經)』에서 이른바 "나에게 모과를 던져 주니[投我以木瓜]"609)라

606) **解**叔謙, **字楚梁**, **鴈門人也**. 母**有**疾, 叔謙**夜於庭中**, **稽顙**祈**福**, 聞空中語云, **此病得**丁公藤爲酒, 便差. **卽**訪醫及本草**注**, 皆無識者. **乃求訪**, 至宜都**郡**, **遙見**山中一老**公伐木**, **問其所用**, **答**曰, 此**丁公藤療風尤驗**.(『南史, 卷七十三, 列傳, 第六十三, 孝義上, 解叔謙』) → **五季齊史**, **褒**叔謙, 母**病風**疾, 叔謙祈**禱**, 聞空中語云, 丁公藤爲酒, 便差. 訪醫及本草, 皆無識者. 至宜都山中, 老**人**曰, 此**是也**.(『松南雜識』)

607) 마가목(馬價木) : 장미과의 낙엽 활엽 교목. 높이는 5~10미터이며, 잎은 깃모양 겹잎이고 가장자리에 톱니가 있다. 초여름에 작고 흰 꽃이 가지 끝에 방상(房狀) 꽃차례로 피고 열매는 이과(梨果)로 10월에 익는다. 재목은 단단하여 세공물이나 지팡이를 만드는 데 쓰고 나무껍질과 열매는 약용한다. 깊은 산의 숲 속에서 자생하며, 한국, 일본, 사할린 등지에 분포한다. ≒ 남등(南藤) · 석남등 · 정공등.

608) 楙, 木瓜.(『爾雅注疏, 卷九, 釋木, 第十四』)

609) 投**我**以木瓜.(『詩經, 國風, 木瓜』) → 投**之**以木瓜.(『松南雜識』)

고 한 말이 이것이다.

병자호란 때 우리 군사들이 갈증이 심하였는데, 어떤 스님이 지나가면서 "모과를 먹어 본 사람이 있는가?"라고 물었으니, 조조(曹操)가 매화나무 숲을 가리킨 고사[610]와 비슷하다.

『능엄경(楞嚴經)』에서 "비유하자면, 어떤 사람이 신 매실에 대해 말을 한다면 입안에서 침이 흘러나오고, 낭떠러지 위를 걷는다고 생각한다면 발 중심에 맥이 빠져 주춤거리는 것과 같다"[611]라고 하였다. 대개 마음이 생각하는 바이니, 그 이치가 본래 그러하다.

용염
龍鹽

『단연록(丹鉛錄)』[612]에서 "용염(龍鹽)은 바로 길조(吉弔)이다. 암용과 숫용이 교미를 하다가 흘린 정액을 길조(吉弔)라고 하는데, 뗏목에 붙어서 소금이 된 것은 음허(陰虛)의 증상에 사용하면 묘약이 된다"[613]라고 하였다.

---

610) 조조의 군대가 행군을 하다가 모두 갈증이 심하였다. 조조가 군사들을 돌아보고 "저 앞에 큰 매화나무 숲이 있다. 달기도 하고 시기도 한 매실이 많으니, 갈증을 풀 수 있을 것이다"라고 말하였다. 이 말을 들은 군사들이 침을 질질 흘렸다. 이렇게 하여 앞에 있는 강까지 이를 수 있었다고 한다.

611) 譬如人**談**說酢梅, 口中水出. 思蹋懸厓, 足心酸澁, 楞嚴經.(『韻府羣玉, 足心酸』) → 楞嚴經**曰**, 譬如人說酢梅, 口中水出, 思蹋懸厓, 足心澁酸.(『松南雜識』)

612) 단연록(丹鉛錄) : 명나라의 승암(升菴) 양신(楊愼)의 저작을 그의 문인 양좌(梁佐)가 편집한 책. 원 책명은 단연여록(丹鉛餘錄)이다. 단연여록(丹鉛餘錄) 17권, 속록(續錄) 12권, 적록(摘錄) 13권, 총록(總錄) 27권으로 구성되어 있다.

613) **龍生三卵**, **一爲**吉弔. **上岸與鹿**交 **或在水邊遺**精, 流槎**遇粘**, **褁浮木枝如蒲桃焉**, **號紫梢花**, **道樞所謂龍**鹽, **有益帷箔者也**.(『升菴集, 卷八十一』) → **丹鉛錄曰**, **卽**吉弔**也**. **龍雌雄**交, **而其**精**水**, **謂吉弔**, 流**而着**槎, **爲**鹽**者**, **用陰虛爲妙**.(『松南雜識』)

호골

虎骨

호랑이뼈 전체를 약에 넣어 환약(丸藥)으로 만들어서 임산부가 복용하면 씩씩하고 용감한 장사(壯士)를 낳는다. 그래서 안남국(安南國) 사람들은 최고의 보배로 여긴다. 지금 약령(藥嶺)에 재화로 있는데, 중국의 약방에 들어가면 부르는 게 값인 보물이 된다고 한다.

반모

班茅

『고금주(古今注)』에서 "반모(班茅)는 벌레 이름이다. 약에는 다섯 가지 독이 있다. 그중 다섯째가 '반모(班茅)'인데 융염(戎鹽)[614]으로 해독한다"[615]라고 하였다.

음양곽

淫羊藿

『의감(醫鑑)』에서 "양은 본래 양기가 부족한데, 이 곽(藿)의 잎을 먹고 나서 교미를 하기 때문에 '음양곽(淫羊藿)'[616]이라고 한다"라고 하였다.

---

614) 융염(戎鹽) : 염소와 암모니아의 화합물. ≒청염(青鹽)・강염(羌鹽).

615) 神農經日, 藥種有五毒. 一日狼毒, 占斯解之. 二日巴豆, 藿汁解之. 三日黎, 盧湯解之. 四日天雄烏頭, 大豆解之. 五曰班貓, 戎鹽解之.(『博物志, 卷四, 物性』) → 又班茅, 蟲名. 古今注, 藥種有五物, 五曰班茅, 戎鹽解之.(『康熙字典, 班』) → 古今注日, 蟲名也. 藥種有五物, 五曰班茅, 戎鹽解之.(『松南雜識』)

616) 음양곽(淫羊藿) : 약초. 삼지(三枝) 구엽(九葉)으로 잎과 뿌리는 정력을 돕는 강장제로 쓰임.

올눌제

膃肭臍

『임해지(臨海志)』에 "놜(貀)은 호랑이 모양에 머리는 개와 비슷하다. 동해에 난다"라고 하였다.

구종석(寇宗奭)[617]이 "등래(登萊)에서 난다. 형체는 개도 아니고, 길짐승도 아니고, 물고기도 아니다. 앞다리는 길짐승 같고 꼬리는 물고기 같다. 몸에는 짧고 희푸른 색의 털이나 있으며, 털에는 검은 점이 있다"라고 하였다. 어떤 사람은 "올눌제(膃肭臍)[618]는 바로 놜(貀)의 성기이다"라고 하였다.[619]

『본초강목』에서 "신라에서 나는 물개의 성기이다"[620]라고 하였으니 지금 평해군(平海郡)[621]에서 난다.

지봉 이수광이 "우리나라에서는 처음에는 그것의 쓰임새를 몰랐더니, 임진왜란 때 명나라 장수가 와서 찾는 이가 많았는데, 지금까지도 유폐(遺弊)가 심하다"[622]라고 하였다.

---

617) 구종석(寇宗奭) : 송나라 학자. 『본초연의(本草衍義)』를 편찬하였음.

618) 올눌제(膃肭臍) : 물개의 음경과 고환을 한방에서 이르는 말. 보신 강정제로 쓴다. 해구신(海狗腎).

619) 貀**無前足. 按異物志, 貀出朝鮮, 似狸猩, 蒼黑色, 無前兩足, 能捕鼠. 陳藏器曰, 骨豽獸, 出西方突厥國, 似狐而大長尾**. 臨海志, 狀**如虎**形, 頭似狗, 出東海**水**中. 寇宗奭曰, **今**出登萊**州**, 狀非狗非獸非魚, 前脚似獸, 尾卽魚, 身有短青白毛, 毛有黑點. 或曰**方書**, 膃肭臍, 卽貀外腎.(『爾雅注疏, 卷十一, 釋獸, 第十八』) → 臨海志**曰**, 貀狀**鹿**形, 頭似狗, 出東海中. 寇宗奭曰, 出登萊, 狀非狗非獸非魚, 前脚似獸, 尾卽魚, 身有短青白毛, 毛有黑點, 或曰, 膃肭臍, 卽貀外腎**也**.(『松南雜識』)

620) **膃肭臍**, **是**新羅**國**, 海**內**狗外腎**也**.(『本草綱目, 卷五十一下, 膃肭獸』의 주석) → 新羅, 海狗外腎.(『松南雜識』)

621) 평해군(平海郡) : 경상북도 울진군 평해읍, 후포면, 온정면, 기성면에 있었던 고을의 옛 지명. 조선 시대에는 동해안에 있는 강원도 관할의 최남단에 위치한 고을이었다.

622) **膃肭臍**. 本草**云**, 新羅, 海狗外腎**也**. 今出**江原道**平海郡, **而採得甚難**. 我國**人**, 初不知所用, 及壬**辰後**, 天將**出**來, 多**有**求之**者**. 至今**遼東將官**, **移咨請索者相望**, 貽弊甚矣.(『芝峯類說, 卷十九, 食物部, 藥』) → 本草**曰**, 新羅海狗外腎. 今出平海郡. **芝峯曰**, 我國, 初不知所用, 及壬**亂**, 天將來, 多求之, 至今貽弊甚矣.(『松南雜識』)

진짜 해구신을 콩 속에 묻어두고 여자를 그 위로 넘어가게 하면 절로 일어선다고 하니, 바로 『조비연전(趙飛燕傳)』[623]의 '신휼교(愼恤膠)'[624]와 당나라 현종의 '조정화(助精花)'의 종류이다.

그러나 중국 속담에 "아무리 신통한 약이 있어도 소년만 못하다"[625]라고 하였다.

번익(樊嫕)[626]이 "강도(江都)에 있을 때를 회상해 보니, 이고(李姑)가 싸움 오리를 연못가에 기르고 있었는데 수달이 오리를 물어 가서 짜증이 났다. 병로(芮姥)란 사람이 수달을 잡아서 이고에게 바치면서 말하기를 '이 수달은 다른 것은 먹지 않으니, 의당 오리만 먹어야 합니다'라고 하였다"[627]라고 한 말이 이것이다.

팽조(彭祖)[628]가 "약을 백 첩 먹는 것이 혼자 누워 있는 것만 못하다"[629]라고 하였다.

거북이 오줌
龜溺

『쇄언(瑣言)』에서 "숫거북이를 거울에 비춰주면 바로 음기(淫氣)가 동

---

623) 조비연전(趙飛燕傳) : 한나라 영현(伶玄)이 지은 책. 1권. 원제는 『조비연외전(趙飛燕外傳)』.

624) 신휼교(愼恤膠) : 아편(鴉片)의 일종으로 환각제 또는 최음제로도 쓰인다.

625) 漢世古諺曰, 雖有神藥, 不如少年, 雖有珠玉, 不如金錢.(『述異記, 卷下』)

626) 번익(樊嫕) : 조비연의 고모.

627) **嫕抵掌笑曰**, 憶在江都時, **陽華**李姑, 畜鬥鴨**水**池上, 苦獺齧鴨**時**, **下朱里**芮姥者, 求捕獺狸獻, **姥謂**姑曰, 是狸不他食, 當飯以鴨.(『西漢文紀, 卷二十二, 趙飛燕外傳』) →樊嫕**所謂**, 憶在江都時, 李姑畜鬥鴨池上, 苦獺齧鴨. **有**芮姥者, 求捕獺狸, 獻**于**姑曰, 是狸不他食, 當飯以鴨.(『松南雜識』)

628) 팽조(彭祖) : 요(堯) 임금 때부터 하(夏)를 거쳐 은(殷)나라 말기까지 8백년을 살았다는 옛날의 장수자(長壽者).

629) 彭祖**經**, …… 服藥百裹, 不如獨臥. **後人集其採納之術**, **號彭祖經**.(『類說, 卷三, 列仙傳, 彭祖經』) →彭祖**云**, 服藥百裹, 不如獨臥.(『松南雜識』)

하여 오줌을 싼다. 그것을 약에 타서 먹으면 귀머거리를 고칠 수 있다"[630]라고 하였다.

사답

咋答

『본초강목』에서 "사답(咋答)은 자답(鮓答)이다"라고 하였다. 이시진(李時珍)[631]이 "사답은 길짐승이나 소나 말 같은 가축의 간과 쓸개에 생기는데, 육질의 주머니가 감싸고 있으며 대부분 한 되쯤 된다. 흰색이고 모양은 계란과 같다. 뼈도 아니고 돌도 아닌데, 깨보면 겹겹으로 되어있다"[632]라고 하였다.

연암 박지원이 "타조알은 크기가 몇 말 들이 박 같다. 모양은 오리알 같은데, '사답(咋答)'이라고 이름하니, 고치기 어려운 기이한 질병을 치료할 수 있다"[633]라고 하였다.

지금 구사(狗砂)[634]는 간질(癎疾)류를 치료할 수 있다.

---

630) 鏡照雄龜, 卽淫發失溺, 以和藥, 可治聾. 瑣言.(『韻府羣玉, 龜溺』) → 瑣言**曰**, 鏡照雄龜, 卽淫發失溺, 以和藥, 可治聾.(『松南雜識』)

631) 이시진(李時珍) : 명나라의 약학자. 자는 동벽(東璧). 저서로는 『본초강목(本草綱目)』 · 『기경팔맥고(奇經八脈考)』 · 『빈호맥학(瀕湖脈學)』이 있음.

632) 鮓答. **集解**, 時珍曰, **鮓答**生走獸及牛馬諸畜肝膽**之間**, 有肉囊裹之, 多至升許. **大者**如**雞**子, **小者如栗如榛**, **其狀**白色, **似石**非石, **似骨**非骨, 打破層疊.(『本草綱目, 卷五十下, 獸之一, 鮓答』) → 鮓答, **李**時珍曰, 生走獸及牛馬諸畜肝膽, 有肉囊裹之. 多至升許, 色白, **狀**如**鷄**子, 非骨非石, 打破層疊.(『松南雜識』)

633) **余問舖中藥料希奇俱全否. 舖主曰, 無論艸木金石, 指名要看, 輒敢奉正. 余曰, 稀奇珍品, 偶未思名. 舖主指東壁下紅漆樻子曰, 這裡砟答一枚, 眞是稀奇難得之料. 余問砟答何物. 舖主笑而起曰, 第不妨觀看. 開櫃出一團石**, 大如數**升匏**子, 形似**鵞**卵. **余曰, 此水磨石也, 何相戲耶. 舖主曰, 何敢故慢無禮. 這是**駝卵, 能治難**名**奇疾.(『熱河日記, 口外異聞, 砟答』) → 駝卵, 大如數**斗瓠**子, 形似**鵝**卵, **卽名砟答**, 能治難**醫**奇疾.(『松南雜識』)

634) 구사(狗砂) : 구황(狗黃). 병든 개의 쓸개 속에 든 우황(牛黃) 같은 것. 옹저(癰疽) · 악창(惡瘡) 등의 약재로 쓰임.

자하거
紫河車

음진군(陰眞君)[635]의 「금액단가(金液丹歌)」에서 "북방의 정기(正氣)를 '하거(河車)'[636]라고 이름한다[北方正氣名河車]"라고 하였다. 솥에 물 한 말을 붓고 불로 달이면 그 속에서 성석(聖石) 아홉 냥이 만들어진다. 처음에는 차녀(姹女)[637]가 되고, 마지막에 자색(紫色)이 되니 '자하거(紫河車)'라고 한다. 흰색을 '백하거(白河車)'라고 하고 푸른색을 '청하거(青河車)'라고 한다. 붉은 색을 '적하거(赤河車)'라고 하고 또 '황아(黃芽)'[638]라고도 한다. 또 황하(黃河)가 역류하는 것은 대개 격운법(擊運法)이다.[639]

지금은 사람의 태반(胎盤)을 '자하거(紫河車)'라고 한다.

사상
蛇狀

속명은 '가궁궁[假芎藭]'이라고 한다. 위(魏)나라 문제(文帝)가 이른바

---

635) 음장생(陰長生) : 한나라의 도인. 음진군(陰眞君). 신야(新野) 출신. 한(漢)나라 화제(和帝) 영원(永元) 8년에 황후로 즉위한 음씨(陰氏)가 바로 그의 증손녀(曾孫女)이다. 부귀한 가문에서 자랐지만 영예를 탐하기보다 은거하여 도술을 연마하며 여러 책을 저술하였다. 그의 저서라고 일컬어지는 것에 『금액환단가(金液還丹歌)』(1권), 『주역참동계(周易參同契)』(3권), 『금단결(金丹訣)』(1권), 『오정론(五精論)』(1권) 등이 있다.

636) 하거(河車) : 도가에서 연단의 원료로 삼는 '납'을 이름.

637) 차녀(姹女) : 도가에서 연단의 원료로 삼는 '수은'을 이름.

638) 황아(黃芽) : 도가에서 연단을 통해 얻어낸 정화(精華)를 이름. 黃牙.

639) 陰眞君歌, 北方正氣**爲**河車, **東方甲乙成丹沙**, **兩情合養爲一體**, **朱雀調運生金花**. **注云**, **北方正氣是水**, **東方甲乙是木**, **朱雀南方火也**.(『山堂肆考, 卷一百五十, 仙人, 金花』)→陰眞君 金液丹歌, 北方正氣名河車. **一名河車**, 是**水**, 取水一斗鐺中, 以火**炎**之, 致聖石九兩其中, 初成姹女, 後成紫色, 名紫河車, 白色曰白河車, 青色曰青河車. 赤色曰赤河車, 亦名黃芽, 又黃河水逆流, 蓋擊運法.(『韻府羣玉, 河車』)→陰眞君 金液丹歌**云**, 北方正氣名河車, 是取水一斗鐺中, 以火**餤**之, 致聖石九兩其中, 初成姹女, 後成紫色, 名紫河車, 白色曰白河車, 青色曰青河車. 赤色曰赤河車, 亦名黃芽, 又黃河水逆流, 蓋擊運法**也**.(『松南雜識』)

"서로 비슷하여 진짜를 어지럽히는 것이 있으니 사상(蛇牀)[640]이 미무(蘼蕪)와 비슷하고, 두형(杜衡)이 세신(細辛)[641]을 어지럽힌다"[642]라고 한 말이 이것이다.

대개 얼룩소[犂牛]는 범과 비슷하고, 무부(珷玞)[643]는 옥과 비슷하고, 피[稊稗]는 벼와 비슷하고, 가라지[稂莠]는 조와 비슷하다.

약초를 캐는 사람들이 하는 말에, 우리나라에서 생산되는 약초는 삼백여 종인데 괴산(槐山)에서만 칠십여 종이 채집된다고 한다.

육지
肉芝

『포박자(抱朴子)』에서 "산 속에서 난쟁이를 보았는데, 타고 있는 말이 일곱 여덟 치였으니, 바로 육지(肉芝)였다. 그것을 먹고 바로 신선이 되었다"[644]라고 하였다.

또 『감우기(感遇記)』에서 "소정지(蕭靜之)가 땅에서 어떤 물건 하나를 캤는데, 사람의 손을 닮았으며 통통하고 윤기가 흘렀다. 삶아 먹고 한 달이 지나니 이와 머리카락이 다시 났다. 도사가 그것은 '육지(肉芝)이다'라고 하였다"라고 말하였다.[645]

---

640) 사상(蛇牀) : 미나리과의 2년생 풀. 산형과의 두해살이풀. 높이는 30~70cm이며, 잎은 겹잎이다. 6~8월에 흰 꽃이 피고, 열매는 가시 같은 털이 있어 다른 물체에 잘 붙는다. 애순은 식용하며, 뱀도랏 · 사상(蛇床) · 사속(蛇粟)이라고도 불린다. 씨는 사상자(蛇床子)라 하여 약재로 쓰인다.

641) 세신(細辛) : 족도리풀의 뿌리를 한방에서 이르는 말. 감기 · 두통 · 코 막힘 · 담음(痰飮) 등의 증상에 쓴다.

642) 相似亂眞者, 蛇牀似蘼蕪, 杜衡亂細辛. 魏文帝**紀**.(『韻府羣玉, 杜衡亂細辛』) → 魏文帝**所謂**, 相似亂眞者, 蛇牀似蘼蕪, 杜衡亂細辛, (『松南雜識』)

643) 무부(珷玞) : 옥과 비슷한 돌.

644) 山中**見**小人, 乘車馬長七八寸者, 肉芝也. **捉取**服之, 卽**僊矣**.(『抱朴子內篇, 僊藥』) → 山中**有**小人, 乘車馬長七八寸者, 肉芝也, 服之, 卽**仙**.(『松南雜識』)

645) 山中有小人, 乘車馬長七八寸者, 肉芝也. 服之卽仙. 抱朴. 蕭靜之, 掘得一物, 類人

『완위여편(宛委餘編)』[646]에 "육지(肉芝)는 바로 만년 된 두꺼비 · 천년 된 박쥐 · 천 년 묵은 영구(靈龜) · 풍생수(風生獸)[647] · 천년 된 제비의 종류이다. 먹으면 사람이 장수한다고 한다"[648]라고 하였다.

옥지
玉芝

『본초강목(本草綱目)』에서 말하였다.

옥지(玉芝)는 귀구(鬼臼)[649]이다. 한 해에 한 절구[臼] 만큼이 나고, 황정(黃精)[650]과 비슷하다. 이것을 먹으면 곡물을 먹지 않아도 된다. 호동미(胡洞微)가 소식에게 보내 준 옥지(玉芝)는 일명 '경전초(瓊田草)'이다.[651] 속칭 '당파경(唐婆鏡)'[652]이 이것이다.[653]

手肥潤, 烹食之, 逾月齒髮再生. 一道士**云**, 肉芝也. **神仙**感遇記.(『韻府羣玉, 肉芝』) →抱朴**子曰**, 山中有小人, 乘車馬長七八寸者, 肉芝也. 服之, 卽仙. **又**感遇記**曰**, 蕭靜之, 掘得一物, 類人手肥潤, 烹食之, 逾月齒髮再生. 道士**曰**, 肉芝也.(『松南雜識』)

646) 완위여편(宛委餘編) : 명나라의 왕세정(王世貞)이 지은 책. 19권.

647) 풍생수(風生獸) : 전설상의 신수(神獸).

648) 宛委餘編曰, 肉芝, 卽萬歲蟾蜍 · 千歲蝙蝠 · 千歲靈龜 · 風生獸 · 千歲燕之類, 服之, 令人長生云.(『芝峯類說, 卷一, 災異部, 物異』)

649)『松南雜識』에는 '鬼舊'로 되어 있음.

650) 황정(黃精) : 약초. 뿌리는 비위(脾胃)를 튼튼히 하고 원기를 돋우는 약재로 쓰임.

651) 李太白有潯陽紫極宮感秋詩. 紫極宮, 今天慶觀也. 道士胡洞微, 以石本示余, 蓋其師卓玘之所刻, 玘有道術節義過人, 今亡矣. 太白詩云, 四十九年非, 一往不可復, 今予亦四十九, 感之, 次其韻, 玉芝, 一名瓊田草, 洞微種之, 七八年矣云, 更數年, 可食許以遺余, 故并記之, 并叙.(『東坡全集, 卷十三, 和李太白』)

652) 당파경(唐婆鏡) : 풀이름. 귀구(鬼臼)의 별명.

653) 鬼臼. 〈蘇東坡詩集云, 璚田草, 俗號唐婆鏡, 卽本草, 鬼臼也. 歲生一臼如黃精, 根而堅瘦, 可以辟穀.〉(『本草綱目, 卷十七下, 草之六, 鬼臼』) → 本草**云**, 鬼**舊**. 歲生一**日**如黃精, 可辟穀, 東坡**所寄胡道士玉芝**, **一名**璚田草, 俗號唐婆鏡, **是也**.(『松南雜識』)

아편담배
鴉片烟

옛날에는 이 약이 없었다. 서양 사람들이 앵속각(罌粟角)[654]에 사람의 정액을 섞어 만든다. 담배[煙茶]처럼 들이 마시는 데, 전생의 일이 모두 기억나고 두 배로 총명해지며 기력이 용솟음친다고 한다. 그러나 삼년 동안 들이마시지 않으면 죽는다고 한다.

저미고
猪尾膏

의서(醫書)에서 말하였다.

거의 죽은 사람도 다시 살리고, 천연두를 치료하는 특효약이다. 살아 있는 돼지의 꼬리를 잘라서 찬물에 담가 두었다가 용뇌(龍腦)[655]에 섞어서 복용한다. 「성두가(聖痘歌)」[656]가 만들어진 이후로 살려낸 사람이 매우 많다.

웅담
熊膽

지봉 이수광이 말하였다.

---

654) 앵속각(罌粟角) : 양귀비 열매의 껍질을 한방에서 이르는 말.
655) 용뇌(龍腦) : 용뇌수(龍腦樹)로부터 얻은 결정체. 방향성(芳香性)이 있으며 중풍이나 담, 열병 따위로 정신이 혼미한 데나 인후통 따위의 치료에 쓴다.
656) 성두가(聖痘歌) : 1683년 11월에 숙종이 천연두를 앓다가 치유되자, 이현석(李玄錫)이 「성두가(聖痘歌)」를 지어서 기쁨을 표시하니, 사람들이 많이 전하여 외었다고 한다.

집안에 어린 아이가 있으면 웅담(熊膽)이 없어서는 안 된다. 풀줄기를 이용하여 한 방울 찍어서 물에 넣는다. 위급한 사람일수록 효과가 좋다. 잡다한 병에도 모두 사용할 수 있다. 또 눈병의 치료제가 된다. 그래서 왜인들이 유독 눈병으로 고생하기 때문에 많은 양을 무역해 가서 우리나라에서는 매우 귀하다고 한다.

대개 약(藥)은 짐승들도 안다. 범은 독화살에[657] 맞으면 푸른 진흙을 먹고 해독한다. 멧돼지도 독화살에 맞으면 제니(薺苨)[658]를 찾아서 먹는다. 꿩은 매에게 상처를 입으면 지황(地黃)잎을 씹어서 붙인다. 쥐는 취한 것처럼 중독되면 진흙물을 찾아서 마신다. 생쥐가 뱀에 물리면 어미쥐가 콩잎을 씹어서 붙여준다. 또 꿩이나 숭어가 총이나 낚시에 상처를 입으면 모두 송진을 바른다.[659]

정월 첫 번째 해일(亥日)에 짠 생참기름은 뱀에게 물린 상처에 특효약이다.[660]

『본초강목』에 "모 시대는 바로 만삼(蔓蔘)이다"라고 하였다.

---

657) 『松南雜識』 원문에는 '箭'이 '丸'으로 되어 있음.

658) 제니(薺苨) : 모싯대의 뿌리를 한방에서 이르는 말. 성질이 차며 다른 약독을 풀어 준다. 해수(咳嗽)・갈증・부스럼 따위의 치료에 쓴다.

659) **陸放翁筆記曰**, **熊膽奇藥**, 家有小兒, 不可無**此**, 用草莖點入水, 轉急者良, **勇氣所聚爲膽故也**. **今俗**雜病, 皆用**熊膽**, **蓋以是也**. **俗方**, **咽喉腫痛閉塞**, **瓠花上飛蛾燒爲末**, **吹入喉中**. **或云**, **其蛾有龍腦臭者乃效**, **蓋能散氣故也**. **朝野僉載**, 虎中藥**箭**, 食青泥而解, 野猪**中藥箭**, 逐薺苨而食, 雉被鷹傷, 啣地黃葉貼之, 鼠中毒如醉, 取泥汁飮**之**, **須臾平復**. **北夢瑣言**, **鼠子**爲蛇**所**傷, 母鼠**啣葉**嚼**而**傅之**皆活**. 又**有人言**, **嘗**雉及秀魚被傷, 皆以松脂, 傅**其瘡處**, **尤可怪也**. **夫以鳥獸蟲物**, **猶知解毒**, **況最靈之人而不知藥性**, **何耶**.(『芝峯類說, 卷十九, 食物部, 藥』) → 家有小兒, 不可無**熊膽也**. 用草莖點入水, 轉急者良**也**. 雜病, 皆**可**用. **又爲眼疾藥**, **故倭人偏苦眼**, **多貿去**, **我國極貴云**. **盖藥也**, **獸亦知之**. 虎中藥**丸**, 食青泥而解, 野猪逐薺苨而食, 雉被鷹傷, 啣地黃葉貼之, 鼠中毒如醉, 取泥汁飮, **雛**爲蛇傷, 母鼠嚼**豆葉**傅之. 又雉及秀魚被**銃釣**傷, 皆傅以松脂**矣**.(『松南雜識』)

660) **俗傳**, 蛇咬傷, **用**正月上亥日所**取**生眞油.(『芝峯類說, 卷二十, 禽蟲部, 蟲豸』) → 正月上亥日所**壓**生眞油, **爲**蛇咬傷, **妙藥也**.(『松南雜識』)

우리나라에서는 '잔대(戔大)'라고 한다.

녹용
鹿茸

산곡(山谷) 황정견(黃庭堅)의 시에서, "떡갈나무 잎에 바람이 잦아드니 사슴 뿔이 자라난다[槲葉風微鹿養茸]"[661]라고 하였다.

성호(星湖) 이익(李瀷)이 "바닷가의 사슴은 물고기가 변한 것이 많다. 그래서 북쪽 녹용만 못하다"[662]라고 하였다.

연암 박지원은 말하였다.

「월령(月令)」에서 "하지(夏至)에 사슴뿔이 떨어진다"라고 하였으니, 『주역』 구괘(姤卦)[663]에 해당한다. 일음(一陰)이 생겨나는 것으로 음기를 보충하는 약제이다. "동지(冬至)에는 사불상(四不象)[664]의 뿔이 떨어진다"라고 하였으니, 『주역』의 복괘(復卦)[665]에 해당한다. 일양(一陽)이 생기는 것으로 양기를 보충하는 약제가 된다. 청나라 건륭제(乾隆帝)[666]가 천하에 명령을 내려 고라니와 사슴 등 뿔달린 짐승을 산 채로 잡아들여 해자(海

---

661) 「하일몽백형기강남(夏日夢伯兄寄江南)」.

662) 山多鹿, 盖海魚所化也. 取皮取茸, 皆價重.(『星湖僿說, 卷八, 人事門, 生財』) → 海邊鹿 ,多魚所化故, 不及北茸.(『松南雜識』)

663) 구괘(姤卦) : 육십사괘의 하나. 건괘(乾卦)와 손괘(巽卦)가 거듭한 것으로, 하늘과 바람을 상징한다.

664) 사불상(四不象) : 사슴과의 짐승. 뿔은 사슴, 발굽은 소, 꼬리는 나귀, 목은 낙타를 닮았다.

665) 복괘(復卦) : 육십사괘(六十四卦)의 하나. 곤괘(坤卦)와 진괘(震卦)가 거듭된 것으로, 우레가 땅속에서 움직이기 시작함을 상징한다.

666) 건륭제(乾隆帝) : 청나라의 제6대 황제(1711~1799). 본명은 홍력(弘曆). 묘호는 고종(高宗). 건륭은 연호. 인도차이나 · 대만 · 티베트 등지를 평정하여 강한 국가를 형성하였다. 『대청일통지』 · 『사고전서』 등을 편집하도록 하여 청나라의 융성기를 이루었다. 재위 기간은 1735~1795년.

子)[667]에서 키우면서 공간을 구별하여 짝짓기를 함부로 하지 못하게 하였다. 그랬더니 하지가 되자 고라니와 사슴의 뿔이 빠졌고, 동지가 되어서 뿔이 빠지는 것은 큰 사슴뿐이었다. 마침내 십일월령(十一月令)에서 '미각해(麋角解)'라고 하던 말을 '주각해(麈角解)'로 고쳤다. 우리나라 북관에서 나오는 녹용은 필시 이 녹용이 아닌데, 나라 안에서 날로 귀해지니 딱한 노릇이다. 큰 사슴[麈]의 모양에 대해 물으니 앞은 사슴 같고 뒤는 말 같다고 한다.[668]

당용
糖茸

의서(醫書)에서 말하였다.

사탕수수 뿌리가 땅에서 나와 첫마디가 거꾸로 드리워져 땅에 닿

667) 해자(海子) : 남해자(南海子). 지금 북경의 남원(南苑). 원・명・청 시대의 황제와 귀족들이 사냥을 하던 곳.

668) **惟天子可以議禮, 今皇帝改**月令**可徵焉. 余燕巖艸堂, 嘗有蒼鹿來飮前澗, 頭如紡車, 欲詳觀其毛角, 徐往臨觀, 鹿大驚超去, 竟不得詳. 今出長城外, 日閱貢獻鹿群, 大者如騾, 小者如驢. 及還入塞, 坐一藥鋪, 見鹿角扶疎, 長皆四五尺, 充溢棟宇, 皆稱鹿茸. 余曰, 此皆麋茸耳. 願得鹿茸. 鋪主大笑曰, 豈不聞麋鹿之大者乎. 鹿之大者爲麋, 則麋之小者爲鹿爾. 角豈有異哉. 余曰,** 夏至, 鹿角解, 在易爲姤, 一陰生, 爲補陰之劑, 冬至, 麋角解, 在易爲復, 一陽生, 爲補陽之劑, **功用顯殊. 鋪主曰, 足下未見時憲書耶. 已改月令矣. 萬歲爺, 嘗有疑麋鹿之茸,** 令天下, **凡文字之持鹿傍而**有角者, **皆**生致**之**, 養之海子中, 區而別之, 不相亂倫. 及夏至, 麋與鹿, **皆同時**解角, 冬至解**角**者, 麈爾. 遂改十一月令麋角解, 曰麈角解. **由此觀之**, 我國關北所出鹿茸, 未必是鹿茸, 而國中**鹿茸**日貴, 可**勝**歎**哉**. **余曰**, 麈形**何如**. **鋪主曰**, **未曾見**. **或曰**前鹿後馬, **大約改月令, 非天子之威勢, 無以服信天下. 故曰唯天子可以議禮**.(『燕巖集, 卷十四, 別集, 熱河日記, 口外異聞, 麈角解』)→月令**云**, 夏至, 鹿角解, 在易爲姤, 一陰生, 爲補陰之劑, 冬至, 麋角解, 在易爲復, 一陽生, 爲補陽之劑**矣**. **乾隆**令天下生致**麋鹿**有角者, 養之海子中, 區而別之, 不相亂倫. 及夏至, 麋鹿角**俱**解, **乃**冬至解者, 麈**角**爾. 遂改十一月令麋角解曰麈角解. 我國關北所出鹿茸, 未必是鹿茸, 而國中日貴, 可歎. **問**麈形, **則**前鹿後馬**云**.(『松南雜識』)

지 않은 것을 캐어서 가루로 내어 좋은 술에 타서 복용하면 그 효과가 녹용보다 도리어 좋다. 이것을 '당용(糖茸)'이라고 한다. 또 '야용(野茸)'은 그 뿌리가 이미 땅에 들어간 것이니 쓰지 않는다고 한다.

복약
服藥

사자연(謝自然)[669]이 "약을 먹으면 바로 밥을 먹지 않아도 된다. 대개 잣나무 잎·복령(茯苓)·호마(胡麻)·구기(枸杞)는 모두 장수하게 한다"[670]라고 하였다.

혜강(嵇康)[671]의 「양생론(養生論)」에서,

콩을 먹으면 살이 찌고	豆令人重
느릅나무잎을 먹으면 눈이 어두워진다	楡令人瞑
합환초를 먹으면 분노가 사라지고	合歡蠲忿
원추리를 막으면 근심을 잊는다	萱草忘憂
이는 머리에 살아서 검고	蝨處頭而黑
사향노루는 잣을 먹어서 향기롭다	麝食栢而香
험한 곳에서 살면 목에 혹이 나고	頸處險而癭
진(晉)나라에 살면 이가 노래진다	齒居晉而黃[672]

---

669) 사자연(謝自然) : 당나라 정관(貞觀) 연간의 여도사(女道士). 본래 과주(果州) 남충현(南充縣) 출신으로, 천태산(天台山)의 사마자미(司馬子微)에게 도술을 배워 신선이 되었다.

670) 大都·柏葉·茯苓·枸杞·胡麻, 俱能**常年**久視.(『太平廣記, 卷六十六, 女仙十一, 謝自然』)→謝自然曰, **服藥**, **便可絶粒**, 大都·栢葉·茯笭·胡麻·拘杞, 俱能久視**云**.(『松南雜識』)

671) 혜강(嵇康) : 삼국 시대 위(魏)의 시인·철학자(223~262). 자는 숙야(叔夜). 죽림칠현(竹林七賢)의 중심인물.

672) **且**豆令人重, 楡令人**瞑**, 合歡蠲忿, 萱草忘憂, **愚智所共知也**. **薰辛害目**, **豚魚不養**, **常世所識也**. 蝨處頭而黑, 麝食栢而香, 頸處險而癭, 齒居晉而黃, **推此而言**, **凡所食**

라고 하였다.

의서(醫書)에서 "대추를 좋아하는 사람이 치아가 노랗게 되는 것은 진(晉)에 대추가 많아서 이곳 사람들이 소매 속에 넣고 다니면서 늘 먹기 때문이다. 이는 월(粤)사람들이 빈랑(檳榔) 열매를 많이 먹어서 단맛이 비위를 상하게 하여 이가 노랗게 된 것과 같다"[673]라고 하였다.

'호마(胡麻)'는 바로 '거승(苣蕂)'이니 지금의 '검은깨[黑荏子]'이다.

남약 · 혼약
藍藥菌藥

갈홍(葛洪)[674]의 『주후비급방(肘後備急方)』에서 "음식에 섞인 독에 중독되면 빨리 백은(白銀)을 입에 물고 하룻밤을 지낸 후에 푸르게 변하면 남약(藍藥)에 중독 된 것이고, 황적색으로 변하면 혼약(菌藥)에 중독된 것이다. 백화등(百花藤)[675]을 말린 쪽[藍] 열매와 함께 물에 달여서 복용하면 바로 해독이 된다"[676]라고 하였다.

之氣, **蒸性染身**, **莫不相應**.(『嵇中散集, 卷三, 養生論一首』) → 嵇康養生論**曰**, 麝食栢而香, 虱處頭而黑, 豆令人重, 楡令人**滑**, 萱草忘憂, 合歡蠲忿, 頸處險而癭, 齒居晉而黃.(『松南雜識』)

* 순서가 많이 바뀌어 있음.

673) **黃齒**. **齒居晉而黃**. **養生論**. 晉**地**多棗, **人常置之懷袖中**, **若粤人之噉**檳榔, **味甘傷脾**, **故**齒**黃**也. **醫說**.(『天中記, 卷五十二』) → **醫書**, **嗜棗者**, **齒黃**, **以臨**晉多棗, **猶食**檳榔齒**赤**也.(『松南雜識』)

674) 갈홍(葛洪) : 동진(東晉)의 도사. 자는 치천(稚川). 호는 포박자(抱朴子). 영리를 탐하지 않았으며, 유교 윤리와 도교의 비술(祕術)을 결합하려고 애썼다. 평생 신선도(神仙道)를 수행하였다. 저서에 『포박자』·『신선전(神仙傳)』·『주후비급방(肘後備急方)』 등이 있다.

675) 백화등(白花藤) : 협죽도과의 상록·활엽·덩굴나무. 잎은 마주나고 넓고 긴 타원형이며, 초여름에 흰 꽃이 취산(聚繖) 꽃차례로 피고 열매는 삭과(蒴果)를 맺는다. 마삭줄과 비슷하나 전체가 더 크다. 따뜻한 지방의 산지(山地)에 나는데 한국의 경남·일본·대만 등지에 분포한다. ≒ 백화마삭줄.

676) 席辯刺史云, 嶺南俚人毒, 皆因食得之, 多不卽覺, 漸不能食, 或更心中漸脹, 幷背

지금 은수저로 음식에 독이 들었는지 시험하는 것이 그 예이다.

무약무병
無藥無病

『전등록(傳燈錄)』에서 말하였다.

도오화상(道吾和尙)의 「일발가(一鉢歌)」에서,

떠날 수도 없고 머물 수도 없으니	無可離無可著
어디서 병 없애는 약을 구하랴	何處更求無病藥
약이 병이고 병이 약이니	藥是病病是藥
필경 두 가지 일을 떨쳐버림이	到頭兩事須拈却
약도 없고 병도 없는 것이니	亦無藥亦無病
바로 진실로 신령한 각성이니라	正是眞如靈覺性[677]

라고 하였다.
소식의 시에서,

서로 만나면 다시 무슨 말을 할까	相逢更何言

急悶, 先寒似瘴, 微覺卽急取一片白銀, 含之一宿, 銀變色, 卽是藥也. 銀靑, 是藍藥, 銀黃赤, 是菌藥. 久久者, 入眼眼, 或靑或黃赤, 靑是藍藥, 黃赤是菌 藥.(『肘後備急方, 卷七, 治爲熊虎爪牙所傷毒痛方, 第五十』) → **又正字通**, 葛洪肘後方云, 中飮食毒, 急含白銀一宿, 銀色變靑, 是藍藥, 黃赤, 是菌 藥. 取白花藤, 同乾藍實, 煮水服之, 毒卽解.(『康熙字典, 菌』) → 葛洪肘後方云, 中飮食毒, 急含白銀一宿, 銀色變靑, 是藍藥, 黃赤**色**, 是菌 藥. 取白花藤, 同乾藍實, 煮水服之, 毒卽解.(『松南雜識』)

677) **無病無藥** 相逢更何言, 無病亦無藥. 坡. 道吾和尙一鉢歌, 无可離无可着, 何處更求無病藥. 藥是病病是藥, 到頭兩事須拈却, 亦無藥亦無病, 正是眞如靈覺性. 傳燈.(『韻府羣玉, 無病無藥』) → 傳燈**錄曰**, 道吾和尙一鉢歌**云**, 無可離無可着, 何處更求無病藥. 藥是病病是藥, 到頭兩事須拈却, 亦無藥亦無病, 正是眞如靈覺性. 坡**詩**, 相逢更何言, 無病亦無藥.(『松南雜識』)

병이 없으면 또 약도 없으리라　　無病亦無藥[678]

라고 한 말이 이것이다.

당나라 이백약(李百藥)은 어려서 병치레를 많이 했기 때문에 '약(藥)'자로 이름을 지었다.[679]

주운(朱雲)[680]과 이적(李勣)[681]은 병이 들어도 약을 먹지 않았다.[682]

우리나라 서유대(徐有大)[683]도 "사람이 어찌 묵은 뿌리와 썩은 풀을 먹고 시원하게 낫겠는가?"[684]라고 말하였다.

동방삭(東方朔)은 "음식을 조절하고 약을 복용하면 어느 정도 병을 줄일 수 있다"[685]라고 하였다.

미무
蘼蕪

『운부군옥(韻府群玉)』에서 "미무(蘼蕪)는 바로 효(虈)이니, 채(茝)이다"라

---

678) 「증전도인(贈錢道人)」.

679) 李百藥, **少時**多**病**故名.(『芝峯類說, 卷十七, 雜事部, 名號』) → **唐**李百藥, **幼**多**疾**故, **以藥**名**焉**.(『松南雜識』)

680) 주운(朱雲) : 한나라 성제(成帝) 때 문신. 강직한 성품으로 유명하다.

681) 이적(李勣) : 당초의 명장. 고종(高宗) 때에 고구려를 쳐서 멸망시켰다.

682) 雲年七十餘, 終於家, 病不呼醫飮藥, 遺言以身服斂, 棺周於身, 土周於槨.(『前漢書, 卷六十七, 楊胡朱梅云傳, 第三十七, 朱雲』)

683) 서유대(徐有大) : 조선후기의 무신(1732~1802). 자는 자겸(子謙). 시호는 무익(武翼). 본관은 달성(達成). 영조 33년(757) 문음선전관(門蔭宣傳官)을 시작으로 관직에 진출하여 승지 · 함경도병사 · 수군통제사 · 총융사 · 훈련도감중군 · 포도대장 등과 중앙 정예부대의 사령관을 맡았으며 정조의 탕평책을 기반으로 한 병권 운영과 무신의 인사에 큰 영향력을 행사했다.

684) **非**陳根腐草**所可爲力也**.(『竹石館遺集, 冊五, 疏, 陳病乞解兵曹判書疏』) → **人豈食**陳根腐草, **固快活矣**.(『松南雜識』)

685) 節食服藥, 差可少病.(『類說, 卷二十一, 方朔歲星』) → 節食服藥, 差可少病**耳**.(『松南雜識』)

고 하였다. 지금의 백지(白芷)이다.686)

「이소경(離騷經)」에서 "어찌 유독 혜초(蕙草)와 채초(茝草)만 찾으리오? [豈維紉夫蕙茝]"687)라고 하였다.

지봉 이수광이 "옛 시에 '산에 올라 궁궁이를 캐네'라고 하였다"라고 말하였으니,688) 대개 옷에 향기를 내는데 쓴다.

불생선(不生蟬)은 바로 궁궁(芎藭)의 잎이다. 지(芷)와 이름이 다르지만 향기는 같다.

사마상여(司馬相如)의 부(賦)에서 "암려(菴䕡)와 헌우(軒于)"라고 하였으니, 『이아(爾雅)』에 이른바 '만우(蔓于)'689)이니, 모두 '누린내풀[蕕草]'이다.

예서(禮書)에 "옆에 냄새나는 구리때를 실은 것은 코를 치료하기 위해서이다"690)라고 하였다.

용연
龍涎

『향보(香譜)』에서 말하였다.

용연(龍涎)은 대식국(大食國)691)에서 난다. 이 나라의 용은 대부분 바다 속의 큰 바위에 서려있다. 그 용이 누워서 침을 토하면 수 많은 고기가 모여들어 그것을 빨아먹는다. 그러면 그 지방 사람이 그것을

---

686) **茝**, **昌亥切**, 虈**也**, **卽**今白芷.(『韻府羣玉, 茝』) → 虈, **乃茝**, 今白芷.(『松南雜識』)
687) 『楚辭章句, 卷一, 離騷經章句, 第一』.
688) 古**樂府曰**, 上山採蘼蕪.(『芝峯類說卷十, 文章部三, 古樂府』) → 古**詩**, 上山採蘼蕪.(『松南雜識』)
689) **莤**. 蔓于. **注 多生水中**, **一名軒于**, **江東呼莤**.(『爾雅注疏, 莤』)
690) 側載**睪芷**, 所以養鼻也.(『禮書綱目, 卷七十四, 禮記通禮二十七』) → 側載臭茝, 所以養鼻也.(『松南雜識』)
691) 대식국(大食國) : 당나라 때의 사라센 제국을 일컫던 말.
*『松南雜識』에는 '大石國'으로 되어 있음.

보고서 물속으로 들어가 건져온다. 그러나 침은 향내가 나지 않고 그 기운은 노린내에 가깝지만, 여러 종류의 향을 발산할 수 있기 때문에 향과 섞어 사용한다.[692]

또 금안향(金顔香)은 대식국(大食國)에서 난다. 지금은 용연연향(龍涎軟香)을 띠에 넣어 차는 사람들이 사용한다.[693]

용뇌
龍腦

『비연외전(飛燕外傳)』에서 말하였다.

교지(交趾)에서 용뇌향(龍腦香)을 진상(進上)하였다. 용뇌향은 매미누에처럼 생겼다. 페르시아 상인이
"늙은 용뇌수(龍腦樹)의 마디를 지금 가지고 있으니, 궁중에서는 서룡뇌(瑞龍腦)라고 부릅니다."

---

692) **葉庭珪云**, 龍涎出大食國, 其龍多蟠**伏**於洋中之大石, 臥而吐涎, **涎浮水面**, **人見烏林上異禽翔集**, 衆魚**游泳爭**嚼之, **則**沒取焉. 然龍涎**本**無香, 其氣近於臊, 白者如百藥, **煎**而膩理, 黑者亞之, 如五靈脂而光澤, 能發衆香, 故**多**用**之**以和香焉.(『陳氏香譜, 卷一, 龍涎香』) → 龍**涎**出大食國. 其龍多蟠於洋中之大石, 臥而吐涎, 衆魚**聚而**嚼之. **土人見**則沒**而**取焉. 然龍涎無香, 其氣近於臊, 白者如百藥而膩理, 黑者亞之, 如五靈脂而光澤, 能發衆香, 故**人常**用**之**, 以和香焉.(『古今合璧事類備要外集, 卷四十一, 宋范曄香序』) → **香譜曰**, 出大**石**國, 其龍多蟠於洋中之大石, 臥而吐涎, 衆魚**聚而**嚼之, **土人見則沒而**取焉. 然涎無香, 其氣近於臊. 能發衆香故, 用以和香焉.(『松南雜識』)

693) **西域傳云**, **金顔香類薰陸**, **其色赤紫**, **其烟如凝漆沸超**, **不甚香而有酸**, **氣合沉檀**, **爲香焚之**, **極淸婉**. **葉庭珪云**, 出大食**及眞臘國**.(『陳氏香譜, 卷一, 金顔香』) → 香出大食**及眞臘**國, **所謂三佛齊國出者**, **蓋自二國**, **販去三佛齊**, **而三佛齊**, **乃販至中國焉**. **其香乃樹之脂也**, **色黃而氣勁**, **蓋能聚衆香**. 今**之爲**龍涎軟香佩帶者, **多**用之, **番人亦以和香而塗身**.(『香乘, 卷四, 香品, 金顔香』) → **又金顔**香, 出大食國. 今龍涎軟香佩帶者, 用之.(『松南雜識』)

라고 하였다.

양귀비가 이것을 사사로이 명타사(明駝使)[694]를 시켜 안록산(安祿山)에게 세 개 보냈다고 한다. 명타(明駝)는 눈 아래 밤에 빛이 나는 털이 있는데, 하루에 오백 리를 갈 수 있다고 한다.[695]

지금 용목(龍木)은 그 향기가 혹심(酷甚)하다.
또 용뇌향(龍腦香)은 파리국(婆利國)에서 난다고 한다.

침향
沈香

「남월지(南越志)」에서 말하였다.

교주(交州)에 밀향(櫁香)나무가 있는데, 그 지방 사람들이 향을 취하려면, 먼저 여러 해 묵은 나무의 뿌리를 자른다. 일 년이 지나면 바깥 껍질과 줄기가 모두 썩는데, 나무의 심(心)과 마디는 썩지 않고 단단하고 색이 검다. 물에 가라앉는 것이 바로 침향(沈香)[696]이고 수면(水面)에 평평하게 뜨는 것이 계골향(鷄骨香)이고 가장 질이 나쁜 것이 잔향(棧香)이다.[697]

---

694) 명타사(明駝使) : 당대(唐代)에 낙타로 역말을 대신했는데, 그 낙타를 관리하는 관리를 명타사(明駝使)라고 했다. 명타(明駝)는 낙타(駱駝)의 이칭(異稱).

695) 交趾進龍腦香, **有**蟬蠶**之狀**, **波斯言**老龍**腦**樹節方有之, **禁中呼爲瑞龍腦**. 妃私發明駝使, 持三枚遺**安**祿山. 明駝者, 眼下有毛夜明, 日行五百里.(『類說, 卷一, 楊妃外傳, 明駝使』) → **外傳云**, 交趾進龍腦香, **如**蟬蠶, 老龍樹節方有之, **楊**妃私發明駝使, 持三枚遺祿山, 明駝者, 眼下有毛夜明, 日行五百里**云**.(『松南雜識』)

696) 침향(沈香) : 팥꽃나무과에 속하는 상록교목. 또 그 나무의 진액(津液). 동인도(東印度)의 특산으로 향료로 쓰인다.

697) 沉木香者, 土人斫斷, 積以歲年, 朽爛而心節獨在, 置水中則沉, 故名曰沉香, 次浮者, 棧香.(『南史, 卷七十八, 列傳, 第六十八, 夷貊上, 海南諸國』) → 南越志**云**, 交**趾**

또 나무를 베어 나무를 제거하고 채취한 향을 '생속향(生速香)'이라고 하고 썩은 나무속에 남아 있는 향을 '숙속향(熟速香)'이라고 한다.[698]

당나라의 종초객(宗楚客)이 침향을 벽에 바르게 하자, 향기가 진동하였다. 민간에서는 늙은 상수리나무를 물에 담궈 만든다고 한다.[699]

『유양잡조(酉陽雜俎)』에서 "한 가지 나무에 네 가지 향이 있는데, 뿌리는 전단(旃檀)이라 하고, 마디는 침향(沈香)이라 하고, 꽃은 계설(鷄舌)이라 하고, 진액(津液)을 훈육(薰陸)이라 한다"[700]라고 하였다.

계설향

鷄舌香

『본초강목』에서 "계설향(鷄舌香)은 곤륜국(崑崙國)·교광(交廣) 등지에서 난다"[701]라고 하였다. 소나무 껍질 위의 이끼를 여러 가지 향과 섞으면 그 연기가 둥글게 모이니, 아낄 만하다.

또 보운계(寶雲溪)의 절에서는 한 겨울에 손님이 오면 나무 대신 난향(煖香)을 한 움큼 때니, 방안 가득 봄기운이 퍼진다.[702]

蜜香樹, **彼人取之**, 先斷其**積年老木**根, 經年, **其**外皮**幹**, **俱**朽爛, 木心與**枝**節**不壞**, 堅黑沈水者, **卽**沉香**也**. **半**浮**半沈**, **與**水面平者, 爲雞骨**香**, **細枝緊實未爛者**, **爲青桂香**, **其幹**爲棧香.(『本草綱目, 卷三十四, 木之一, 沉香』)→南越志**曰**, 交**州有榕**香樹, **欲取**先斷其根, 經年**後**, 外皮朽爛, 木心與節, 堅黑沈水者, **爲**沉香. 浮水面平者, 爲雞骨, **最麤者**爲棧香.(『松南雜識』)

698) 伐樹**去木而**取香**者**, 謂**之**生速**香**, **樹仆於地**, 木腐**而**香存**者**, 謂**之**熟速**香**.(『陳氏香譜, 卷一, 生熟速香』)→伐樹取香, 謂生速, 木腐香存, 謂熟速.(『松南雜識』)

699) 唐宗楚客, **造新第**, **用**沉香**紅粉以**泥壁, **每開戶則**香氣蓬勃.(『陳氏香譜, 卷四, 沉屑泥壁』)→唐宗楚客, **屬**沉香泥壁, 香氣蓬勃.(『松南雜識』)

700) 木**五**香, 根**栴**檀, 節沈, 花雞舌, **葉藿**膠薰陸.(『酉陽雜俎, 卷十八, 廣動植之三, 木五香』)→一木**四**香, 根**曰**旃檀, 節**曰**沈**香**, 花**曰**雞舌, 膠**曰**薰陸.(『松南雜識』)

701) 雞舌香. 唐本草云, 出崑崙國及交廣 (『陳氏香譜, 卷一, 雞舌香』)

702) 暖香. 寶雲溪**有**僧舍, 盛冬若客至, **則然薪火暖**香一炷, 滿室如春. **人歸更取餘燼**. **雲林異景志**.(『香乘, 卷十一, 香事別錄, 暖香』)→寶雲溪僧舍, 盛冬若客至, **爇煖**香一炷, 滿室如春.(『松南雜識』)

훈육향
薰陸香

『향보(香譜)』에서 말하였다.

훈육향(薰陸香)은 바로 유향(乳香)으로 대식국(大食國)에서 난다. 그 나무는 소나무와 비슷한데, 도끼로 찍으면 진액이 밖으로 나와 엉겨서 향이 된다. 속명(俗名)은 '적유(滴乳)'다. 거둬들일 때 병에 담기에, '병유(甁乳)'라고도 한다. 또 품질의 등급을 '유탑(乳塌)·흑탑(黑塌)·수습(水濕)'으로 나뉜다. 또 부서진 것을 '작삭(斫削)'이라 하고, 키에 까불려 먼지가 된 것을 '전말(纏末)'이라고 한다.[703]

정향
丁香

『향보(香譜)』에서 말하였다.

계설향(鷄舌香)[704]을 일명 정자향(丁子香)이라 하는데, 그중 큰 것을

703) 葉庭珪云, 一名薰陸香, 出大食國之南數千里深山窮谷中. 其樹大抵類松, 以斤斫樹, 脂溢於外, 結而成香, 聚而爲塊, 以象輦之, 至於大食. 大食以舟載, 易他貨於三佛齊故, 香常聚於三佛齊. 三佛齊, 每歲以大舶至廣與泉. 廣泉二船視香之多少, 爲殿最, 而香之品十有三. 其最上品者, 爲揀香, 圓大如乳頭, 俗所謂滴乳, 是也. 次曰甁乳, 其色亞於揀香. 又次曰甁香, 言收時量重置於甁中, 在甁香之中, 又有上中下三等之別. 又次曰袋香, 言收時只置袋中, 其品亦有三等. 又次曰乳搨, 盖香在舟中鎔搨, 在地雜以沙石者. 又次黑搨, 香之黑色者. 又次曰水濕. 黑搨, 盖香在舟中, 爲水所浸漬, 而氣變色敗者也. 品雜而碎者曰斫削, 簸揚爲塵者曰纏末, 此乳香之別也.(『陳氏香譜, 卷一, 乳香』) → 乳香, 出大食國. 其樹類松, 以斤斫之, 脂溢于外, 結而成香, 俗謂滴乳. 收時置甁, 謂甁乳. 又乳搨·又黑搨·又水濕. 又碎者曰斫削, 爲塵曰纏末.(『松南雜識』)

704) 계설향(鷄舌香) : 말린 정향(丁香)나무의 꽃봉오리. 성질이 따뜻하고 맛이 매워서 심장이나 복부가 차서 생기는 통증, 구토, 설사 등의 치료제로 쓴다. ≒ 정향(丁香)

지금 정향모(丁香母)라고 한다. 일화자(日華子)[705]가 "정자향이 입 냄새를 없앤다"라고 하였다.[706]

우리나라에도 그것이 있다. 일명 '백결화(百結花)'라도 한다. 그 향과 맛이 중국 것보다 좋건만, 반드시 중국에서 구하여 사용한다.

당시(唐詩)에서,

파초는 아직 피지 않고 정향이 맺혔는데	芭蕉未展丁香結
함께 봄바람을 향하면서도 근심은 제 각각	同向春風各自愁[707]

이라고 하였다.

그것이 우리나라에서도 나는데 중국에서 찾으니 또한 근심스럽도다.

운향

芸香

당나라 때 비서감(秘書監)을 또한 운대(芸臺)라고 하였다.[708]

『두양잡편(杜陽雜編)』에서 "원재(元載)[709]가 운휘당(芸暉堂)를 만들었다"

---

705) 일화자(日華子) : 『제가본초(諸家本草)』를 지은 명나라 사람인데, 이름은 알려져 있지 않다.

706) **葉庭珪云**, **丁香**, 一名丁子香, **以其形似丁子也**. 雞舌香, **丁香之**大者, 今**所**謂丁香母, **是**也. 日華子云, **雞舌香**治口氣, **所以三省故事郎官含雞舌香**, **欲其奏事對答**, **其氣芬芳**. **至今方書爲然**. **出大食國**.(『陳氏香譜, 卷一, 丁香』) → 雞舌香, 一名丁子香. **其**大者, 今謂丁香母也. 日華子云, 治口氣.(『松南雜識』)

707) 이상은(李商隱)의 「대증 이수(代贈二首)」.

708) 秘書監, 亦曰芸臺.(『韻府羣玉, 蘭臺』) → **又漢**祕書監曰芸臺, **唐改祕書爲麟臺**.(『康熙字典, 臺』) → **唐**秘書監, 亦曰芸臺.(『松南雜識』)
* 『운부군옥(韻府羣玉)』에서 운대(芸臺) · 인대(麟臺) · 난대(蘭臺)를 같은 것이라고 하였음.

709) 원재(元載) : 당나라 기산(岐山) 출신. 자는 공보(公輔).

라고 했는데, 그 주석에서 "운휘초(芸暉草)를 벽에 발랐다"[710]라고 하였다. 대개 운향(芸香)이 번들개와 좀을 막기 때문이다.[711]

자단향
紫檀香

『향보(香譜)』에 "자단향(紫檀香)은 삼불제국(三佛齊國)[712]에서 나는데, 껍질이 있고 색이 노란 것을 황단(黃檀)이라 하고 껍질이 썩고 색이 붉은 것을 자단(紫檀)이라 한다"[713]라고 하였다.

『기결(碁訣)』[714]에서 "관중(關中)의 부귀한 집에서는 자단목(紫檀木)의 목심(木心)으로 바둑알을 만든다"[715]라고 하였는데, 매우 귀한 보배이다.

우리나라 여러 곳에서 그것이 나는데, 울릉도에서 생산되는 것이 좋다.

---

710) 元載**末年**, 造**蕓**輝堂**於私第**, **蕓輝**, **香草名也**. …… **舂之爲屑**, **以**塗**其**壁**故**, **號蕓輝焉**.(『杜陽雜編, 卷上』) → 元載造**芸**輝堂. **註**, **用芸輝草**塗壁.(『松南雜識』)

711) **芸臺者**, 芸香, 辟止魚蠹.(『韻府羣玉, 蘭臺』) → **蓋芸**香, 辟止魚蠹.(『松南雜識』)

712) 삼불제국(三佛齊國) : 송나라 때에, '스리비자야(Srivijaya)'를 이르던 말. 스리비자야는 7세기에서 11세기까지 수마트라의 팔렘방을 중심으로 있었던 나라. 샤일렌드라 왕조가 지배하였는데, 당나라에서는 실리불서(室利佛逝), 송나라에서는 삼불제(三佛齊)라 불렀다.

713) **檀香**出三佛齊國, **氣清勁而易洩**, **爇之能奪衆香**, 皮**在**而色黃者, 謂之黃檀, 皮腐而色紫者, 謂之紫檀.(『陳氏香譜, 卷一, 檀香』) → 出三佛齊國. 皮**木**而色黃者, 謂之黃檀, 皮腐而色紫者, 謂之紫檀.(『松南雜識』)

714) 기결(棋訣) : 송나라 유중보(劉仲甫)가 지은 책. 1권. 유중보는 전당(錢塘) 출신으로 송나라 당시의 국수(國手)였다. 바둑을 두는 것이 병사(兵事)와 같은 것으로 여겨 손오(孫吳)의 병법을 활용하여 바둑 이론을 설명하고 끝부분에 안천장(晏天章)의 『기경(棋經)』에 주석을 붙여 첨부하였다.

715) 關中貴家, 以紫檀心**瑞龍腦**爲棋子.(『錦繡萬花谷後集, 卷三十五, 檀心棋子』) → **碁訣曰**, 關中貴家, 以紫檀心爲棋子.(『松南雜識』)

백단향
白檀香

불경(佛經)에서 "백전단(白旃檀)을 몸에 바르면 절로 일체의 치열한 번뇌를 없어지게 할 수 있다"[716]라고 하였다.

『열반경(涅槃經)』에서 "파라(婆羅)의 숲 속에 족히 백 년은 됨직한 나무 한 그루가 있는데, 그 껍질과 가지와 잎이 모두 벗겨지고 떨어졌지만 오직 늘 푸른 열매만은 남아 있다"[717]라고 하였다.

지봉 이수광이 "순천(順天) 송광사(松廣寺)[718]에 말라 죽은 나무가 있는데, 가지와 줄기가 모두 완전하다. 흰 색이고 쇠처럼 단단하며 향기가 매우 진하다"[719]라고 하였다.

『택리지(擇里志)』에서 말하였다.

> 옛날 보조국사(普照國師) 지눌(知訥)[720]이 죽을 때 "이 나무는 내가 죽은 뒤에 반드시 말라 죽을 것이다. 만약 다시 가지와 잎이 살아나면 내가 다시 살아날 것이다"라고 했는데, 지금 천년이 지났으나 가지와 잎이 나지 않았다. 그런데 사람들이 칼로 껍질을 깎아보면 진액

---

716) **華嚴經云**, 白旃檀塗身, 能除一切煩惱.(『續通志, 卷一百七十六, 昆蟲草木畧, 木類三, 檀香』)→**佛經曰**, 白旃檀塗身 **自**能除一切熱惱.(『松南雜識』)

717) 涅槃經**云**, **如大村外**, **有**婆羅林中, 有一樹, **先林而生**, 足**一**百年, **是時林主灌之以水**, **隨時修治**, 其**樹陳朽**皮膚枝葉, **悉皆**脫落, 唯**貞**實在.(『宗鏡錄, 卷十三』)→涅槃經**曰**, 婆羅林中, 有一樹, 足百年. 其枝葉脫落, 惟皮膚**眞**實在.(『松南雜識』)

718) 송광사(松廣寺) : 전라남도 순천시 송광면 신평리 조계산에 있는 절. 25교구 본사의 하나로, 신라 말기에 혜린 선사가 창건하여 길선사(吉禪寺)라 하였다. 조계종의 발상지이며, 여기서 16국사가 나왔다 해서 승보 사찰이라고 한다.

719) 順天松廣寺, 有枯木**一株**, **不知歷幾百年**, 而枝幹皆完, 色白如鐵, 有香臭甚烈, **不知其爲何木也**. **或謂白檀**.(『芝峯類說, 卷二十, 卉木部, 木』)→順天松廣寺, 有枯木, 而枝幹皆完, 色白如鐵, 有香臭甚烈.(『松南雜識』)

720) 보조국사(普照國師) 지눌(知訥) : 고려 신종 때의 중(1158~1210). 속성은 정(鄭). 이름은 지눌(知訥). 호는 목우자(牧牛子). 시호는 불일보조(佛日普照). 선교 양종(兩宗)의 합일을 주장하여, 그 전의 구산선문을 조계종으로 통합하였다. 저서에 『진심직설(眞心直說)』·『수심결(修心訣)』 등이 있다.

(津液)이 나오고 생기(生氣)가 있다.[721)]

안식향
安息香

『향보(香譜)』에서 "안식향(安息香)은 삼불제국(三佛齊國)에서 나니 바로 나무의 기름이다. 그 모양과 색깔은 호도(胡桃) 살과 같지만, 사르기에는 마땅치 않다. 그러나 여러 향을 발산하기 때문에 사람들이 가져다가 향과 섞는다"[722)]라고 하였다.

『당국사보(唐國史補)』에서 "문자나무[蚊子木]의 열매는 비파(枇杷)와 비슷하다. 익으면 저절로 갈라지는데, 모기는 다 날아가 버리고 텅 빈 껍질만 남는다"[723)]라고 하였다.

지봉 이수광이 말하였다.

> 중국에는 없고 우리나라에 있는 것이다. 사기(邪氣)를 물리칠 수 있기에, 지금 세상에서 잘라서 몸에 지녀 돌림병을 막는다. 그 기름을 안식향(安息香)이라 한다.
>
> 의서(醫書)에서 "그 색깔은 황흑색(黃黑色)인데, 태우면 귀신이 두려워 흩어진다. 그 열매를 오배자(五倍子)라고 하는데, 모기가 그 속에

---

721) 昔普照國師, 臨化時曰, 此樹, 我去後必枯. 若更**生**枝葉, 則**知**我再生. 今千年而不生葉, 人以刀**括**皮, **則內**津津有生氣.(『擇里志, 卜居總論』) → 昔普照國師, 臨化時曰, 此樹, 我去後必枯. 若更枝葉生, 則我再生. 今千年而不生枝葉, 人以刀刮皮, 津津有生氣.(『松南雜識』)

722) 出三佛齊國, 乃樹之脂也. 其形色類胡桃**瓤**而不宜於燒. 然能發衆香故, **多用**之以和香焉.(『陳氏香譜, 卷一, 安息香』) → 出三佛齊國, 乃樹之脂也. 其形色類胡桃**穰**而不宜於燒. 然能發衆香故, **人取**之以和香焉.(『松南雜識』)

723) **江東有蚊母鳥, 亦謂之吐蚊鳥. 夏則夜鳴吐蚊於叢葦間, 湖州尤甚. 南中又有**蚊子樹, 實類枇杷, 熟則自裂, 蚊盡**出**而空殼矣.(『唐國史補, 卷下』) → 蚊子樹, 實類枇杷, 熟則自裂, 蚊盡而空殼矣.(『松南雜識』)

가득하기 때문에 문합(蚊蛤)이라 한다. 붉나무[北木][724]는 바로 천금목(千金木)이다"라고 하였다.[725]

전무향
茎蕪香

『습유기(拾遺記)』에서 "전무향(荃蕪香)은 파익국(波弋國)에서 나는데, 땅에 베어들면 흙과 돌이 모두 향기롭다. 마른 뼈에 연기를 쬐면 살과 피부가 모두 생긴다"[726]라고 하였다.

영릉향
零陵香

『문견록(聞見錄後)』[727]에서 "초나라 사람이 혜초(蕙草)라 하는 것은 지금의 영릉향(零陵香)이다"[728]라고 하였다.

---

724) 붉나무[北木] : 옻나뭇과의 낙엽 활엽 소교목. 줄기는 높이가 7미터 정도이고 가지가 굵으며, 잎은 어긋나고 7~13개의 작은 잎으로 된 깃모양 겹잎이다. 여름에 흰 꽃이 원추(圓錐) 꽃차례로 피고 열매는 편구형의 핵과(核果)로 누런 갈색 털로 덮이고 10월에 익는다. 잎에 진디, 나무진디 따위가 기생하여 혹같이 돋는 것을 '오배자'라고 하고, 약제·염료·잉크 원료로 쓴다.

725) **千金木**能辟邪. 今俗截**而**爲佩, **以爲**辟瘟. 其脂曰安息香, **又**其實曰五倍子, 有蚊**子**滿其中, 一名蚊蛤, 我國所**在**有**之**. **按稗史云**, **安息香樹出波斯國**, **呼爲辟邪樹**, **豈**中國所無**耶**.(『芝峯類說, 卷二十, 卉木部, 木』) → 中國所無, 我國所有**者**, 能辟邪. 今俗截爲佩辟瘟. 其脂曰安息香. **醫書曰**, **其色黃黑**, **燒之鬼懼神散**. 其實曰五倍子, 有蚊滿其中, **故**名蚊蛤. **謂北木**, **卽**千金木**也**(『松南雜識』)

726) **荃蕪之香**, **香**出波弋國. 浸地則土石皆香, **著朽木腐草**, **莫不鬱茂**, 以燻枯骨則肌肉皆生.(『拾遺記, 卷四』) → 出波弋國. 浸地則土石皆香, 以燻枯骨則肌肉皆生.(『松南雜識』)

727) 문견록후(聞見錄後) : 송나라의 소박(邵博)이 지은 책. 총 30권.

728) 楚人曰蕙, 今零陵香**也**.(『聞見後錄, 卷二十九』) → 楚人曰蕙**者**, 今零陵香.(『松南雜識』)

『박물지(博物志)』에서 "동방 군자의 나라에 훈초(薰草)가 있는데, 아침마다 꽃이 핀다"[729]라고 하였으니, 바로 영릉향(零陵香)이 이것이다.

성성향

猩猩香

『본초강목(本草綱目)』에는 없는 것인데, 지금 황해도(黃海道)에 있다. 현삼(玄蔘)[730]과 비슷한데, 껍질 속은 희고 조개 보면 속이 검다. 그 향기는 매우 진하다.

어떤 의원은 '이것으로 온갖 병을 치료하여 효험을 보았다'라고 하였다.

뇌자

腦子

『향보(香譜)』에서 말하였다.

> 뇌자(腦子)는 발리(渤泥) 삼불제국(三佛齊國)에서 나는데, 바로 깊은 산의 늙은 삼뇌(杉腦)이다. 조각을 이룬 것을 것을 '매화뇌(梅花腦)'라 하고, 그 다음 품질을 '속뇌(速腦)' 혹은 '미뇌(米腦)'라고 한다.[731]

---

729) 君子國**在其北, 衣冠帶劒食獸, 使二大虎在旁. 其人好讓不爭**, 有薰. **或作堇華**草, 朝生**夕死**.(『廣博物志, 卷八』) → **東方**君子國, 有薰草, 朝**朝生華**, **卽零陵香**.(『松南雜識』)

730) 현삼(玄蔘) : 현삼과의 여러해살이풀. 높이는 1~1.5미터이며, 잎은 마주나고 긴 달걀 모양인데 톱니가 있다. 줄기는 사각형이고 털이 없다. 8~9월에 엷은 노란색을 띤 녹색 꽃이 원추(圓錐) 꽃차례로 피고 열매는 삭과(蒴果)로 10월에 익는다. 뿌리는 약용한다. 산과 들에서 자라는데 한국, 일본, 중국 등지에 분포한다. ≒원삼(元蔘).

731) 渤泥三佛齊, **亦有之**. 乃深山**窮谷千年**老杉, **樹枝榦不損者**, **若損動則氣洩無腦矣**. 其**土人解爲板**. **板傍裂縫**, **腦出縫中**, **劈而取之**, **大者**成片. **俗**謂**之**梅花腦, 其次**謂之**速腦, **速腦之中**, 又**有金脚**, **其碎者**, **謂之**米腦.(『陳氏香譜, 卷一, 龍腦香』) → **出**渤泥

또 독욕향(篤耨香)은 캄보디아[眞臘國]에서 나는데, 또한 나무 기름이다. 나무는 소나무·삼나무와 같은데, 지금 이른바 호로표(葫蘆瓢)가 이것이다.[732]

또 소합향(蘇合香[733])의 기름은 대식국(大食國)에서 나는데, 향기와 맛이 대체로 독욕향(篤耨香)과 유사하다.[734]

장미수
薔薇水

『향보(香譜)』에서 말하였다.

장미수(薔薇水)는 대식국(大食國)에서 나는 꽃 즙[花露]이다. 지금은 말리(茉莉[735])을 채취하여 그 액(液)을 취하여 이것 대신 사용한다. 유리병에 담아 서너 차례 뒤집고 흔들어 그 거품이 아래위로 두루 퍼지는 것이 진짜다.[736]

三佛齊, 乃深山老杉**腦也**. 成片**者**, 謂梅花腦, 其次速腦, 又米腦.(『松南雜識』)

732) 出眞臘國, 亦樹**之**脂也. 樹如松杉**之類**, **而香藏於皮**, **樹老而自然流溢者也**. …… 今所謂葫蘆瓢**者**, 是也.(『陳氏香譜, 卷一, 篤耨香』) → **篤緶香**, 出眞臘國, 亦樹脂也. 樹如松杉, 今所謂葫蘆瓢, 是也.(『松南雜識』)

733) 소합향(蘇合香) : '조록나무'과의 낙엽 활엽 교목. 높이는 10미터 정도이며, 잎은 손바닥 모양이고 3~7 갈래로 갈라지고 잎자루가 길다. 암수 한 그루이며, 재질이 좋아서 마호가니 대용으로 쓰고 나무진은 발삼 제조에 쓴다. 소아시아에 분포한다.

734) 蘇合香油, **亦**出大食國, 氣味類**於**篤耨.(『陳氏香譜, 卷一, 蘇合香』) → 蘇合香油, 出大食國, 氣味**大抵**類篤耨.(『松南雜識』)

735) 말리(茉莉) : 물푸레나뭇과의 상록 관목. 높이는 1미터 정도이며, 잎은 5~9개의 잔잎으로 된 깃모양 겹잎이다. 여름에 4~5개로 갈라진 희고 누런 통꽃이 취산(聚繖) 꽃차례로 가지 끝에 핀다. 잎은 식용하고 꽃의 향기가 높아 정원에 관상용으로 재배한다. 인도, 이란이 원산지로 추운 지방에서는 온실에서 재배한다.

736) 大食國花露也. **五代時**, **蕃將蒲訶散**, **以十五瓶効貢**, **厥后罕有至者**. 今則採**末利花**, **蒸**取其液, 以代焉. **然其水多僞雜試之**, **當**用琉璃**瓶**盛之, 翻搖數四, 其泡**自**上下者, 爲眞.(『陳氏香譜, 卷一, 薔薇水』) → 大食國花露也. 今則採**茉莉**, 取其液, 以代焉. 用

또 '봉래향(蓬萊香)'은 해남(海南)의 산 서쪽에서 나는데, 처음 나무에 붙어 있을 때는 모양이 밤송이과 같다. 원주민들은 '자향(棘香)'[737] 이라고 하니 칼로 나무를 쪼개서 향을 채취한다.[738]

택난향
澤蘭香

『악부(樂府)』에서,

양탄자와 고운 담요에 오목의 향기가 나니　　氍毹毾㲪五木香[739]
미질향(迷迭香)과 애납[艾納香][740] 및 도량[都梁香]일세　　迷迭艾納及都梁[741]

라고 하였다.

『당지(唐志)』에서 "도량향(都梁香)은 교광(交廣)에서 나고 미질향(迷迭香)은 서역(西域)에서 난다. 위(魏)나라 문제(文帝)가 「미질향부(迷迭香賦)」를 지었다"라고 하였는데, 그 주석에서 "오목(五木)은 바로 청목(青木)·도량(都梁)·택란(澤蘭)이다"라고 하였다.

琉璃盛之, 翻搖數四, 其泡**周**上下者, 爲眞**也**.(『松南雜識』)

737) 『松南雜識』에는 '刺香'으로 오기되어 있음.

738) **一名**蓬萊香. **葉庭珪云**, 出海南山西, 其初連木, 狀如栗棘房. **土人**謂**棘**香, **刀**刳**去**木, **而**出其香.(『陳氏香譜, 卷一, 生沉香』) → **又**蓬萊香, 出海南山西. 其初連木, **則**狀如栗棘房, 謂**刺**香, 刳木出其香.(『松南雜識』)

739) 氍**毹毾**㲪五木香.(『歷代賦彙, 卷一百二十, 懷芳草賦』) → 氍**毹毾**㲪五木香.(『松南雜識』)

740) 애납향(艾納香): 세애(細艾)와 비슷하다. 여러 향과 함께 태우면 청백(青白)의 연기가 나는데, 흩어지지 않는다.

741) 명나라 서세부(徐世溥)의 「회방초부(懷芳草賦)」.

도기불수향
塗肌拂手香

『향보(香譜)』에서 "도비불수향(塗肌拂手香)은 점성국(占城國)에서 나는데, 뇌자(腦子)·사향(麝香) 등 여러 향을 찧고 섞어 만든다"[742]라고 하였다. 또 아습향(亞濕香)도 점성국(占城國)에서 나는데, 열 종의 향을 찧어 만든다.[743]

울금향
鬱金香[744]

속명은 심황(深黃)이니, 『예기(禮記)』에서 이른바 '울합창(鬱合鬯)'과 '소합서직(蕭合黍稷)'이 이것인가?[745]

풍향
楓香

『남방초목상(南方草木狀)』에서 "풍향수(楓香樹)의 열매는 크기가 오리알만 한데, 햇볕에 말리면 태울 수 있다. 오직 구진군(九眞郡)에만 있다"[746]라고 하였다.

---

742) **二香俱**出**眞臘**占城國, **土人**以腦麝諸香, 擣和而成. **或以塗肌**, **或以拂手**.(『陳氏香譜, 卷一, 塗肌拂手香』) → 出占城國, 以腦麝諸香, 擣和而成.(『松南雜識』)

743) 出占城**國**. **其香非自然**, **乃土人以**十種香**擣和**而成.(『陳氏香譜, 卷一, 亞濕香』) → **又亞濕香**, **亦**出占城, **搗**十種香而成.(『松南雜識』)

744) 울금향(鬱金香): 백합과의 여러해살이풀. 높이는 20~60cm이며 잎은 어긋나고 넓은 피침 모양이다. 4~5월에 종 모양의 흰색, 노란색, 자주색의 겹꽃이 핀다. 꽃은 술을 빚는 데 쓰기도 한다. 관상용이고 남동 유럽과 소아시아가 원산지이다. 튤립(tulip).

745) 鬱合鬯臭陰, 達於淵泉, 灌以圭璋, 用玉氣也. 旣灌然後, 迎牲致陰氣也. 蕭合·黍稷臭陽, 達於牆屋, 故旣奠然後焫.(『禮記注疏, 卷二十六, 郊特牲』)

746) 楓香樹, **似白楊**, **葉圓而歧分**, **有脂而香**. **其**子大如鴨卵, **二月華發**, **乃著實**, **八九月**

사향

麝香

운서(韻書)에서 "서북(西北)의 사향노루는 살모사와 잣을 먹기 때문에 향기가 맺힌다. 모양은 작은 고라니 같은데, 사람이 쫓아가면 스스로 높은 절벽에서 떨어져 발톱으로 배꼽의 향낭(香囊)을 긁어내어 버리고 잡힌다"[747]라고 하였다.

『춘추좌씨전(春秋左氏傳)』에 이른바 '배꼽을 깨문다[噬臍]'[748]가 이것이다.

우리나라에서는 궁노루[宮麞]라고 한다. 또 사향쥐는 쥐의 별종(別種)이다.

대개 코끼리가 상아(象牙)를 버리고 무소가 뿔을 버리고 사향노루가 향을 버릴 때에도 모두 문득 감추어 두거나 뒤집어 놓으니 그것이 보배인 줄 스스로 알기 때문이다.[749]

熟. 曝乾可燒. 惟九眞郡, 有之.(『南方草木狀, 卷中』) → 楓香樹, 子大如鴨卵, 曝乾可燒. 惟九眞郡, 有之.(『松南雜識』)

747) 如小麋, 人逐則自投高岩, 擧爪剔**入**臍香, 就縶. **尤拱四足**, **保其臍**. 象**退**齒 · 犀**退**角 · 麝**退**香, **皆輒藏覆**, **自珍也**. 西北之麝噬虺食栢故香結.(『韻府羣玉, 麝』) → 西北之麝, 噬虺食栢故香結. **形**如小麋, 人逐則自投高岩, 擧爪剔**出**臍香, 就縶. **左傳所謂噬臍**, **是也**. **俗謂宮麞**, **又麝香鼠**, **鼠之別種也**. 盖象齒 · 犀角 · 麝臍退, 皆藏覆自珍.(『松南雜識』)

748) **若不早圖**, **後君**噬臍.(『春秋左傳注疏, 卷七, 莊公六年』) → **所謂**噬臍.(『松南雜識』)

749) 『비아(埤雅), 석수(釋獸), 사(麝)』의 내용을 축약 인용한 『운부군옥(韻府羣玉), 사(麝)』의 내용을 재인용하면서 다시 축약 변형한 것으로 보임.

* 蓋麝絶愛其香, 每爲人所迫逐, 勢且急, 卽自投高巖, 擧爪剔出其香, 就縶且死, 猶拱四足保其臍 …… 象退齒 · 犀退角 · 麝退香 · 皆輒藏覆知自珍其貨.(『埤雅, 釋獸, 麝』)

목사향

木麝香

『향보(香譜)』에서 “목사향(木麝香)은 점성국(占城國)에서 난다. 나무가 늙어 쓰러져 땅에 묻혀 썩어서 겉은 검고 속이 황적색인 것으로 향기는 사향(麝香)과 비슷하다”[750]라고 하였다.

수사향

水麝香

『향보(香譜)』에서 “천보(天寶)[751] 연간에 광중(廣中)[752]에서 수사(水麝)[753]의 제항(臍香)[754]을 얻었는데 모두 사향이다. 바늘로 찌르니 육사향(肉麝香)보다 향기가 갑절이 진하였다”[755]라고 하였다.

자고반

鷓鴣班

『권유록(倦遊錄)』에서 말하였다.

---

750) 出占城**國**, 樹老而仆, 埋於土而腐, 外黑肉黃赤者, **其**氣類**於**麝, **故名焉**.(『陳氏香譜, 卷一, 麝香木』)→出占城, 樹老而仆, 埋於**地**而腐, 外黑肉黃赤者, 氣類麝.(『松南雜識』)

751) 천보(天寶) : 당나라 현종(玄宗)의 연호(742~756).

752) 『松南雜識』에는 ‘漁人’으로 되어 있으니, ‘水麝’로 인한 착오로 보인다.

753) 수사(水麝) : 사향노루의 일종. 배꼽이 향기가 나는 물로 차 있다고 한다. 『本草綱目, 獸二, 麝』

754) 제항(臍香) : 본래 숫사향노루의 사향선낭(麝香腺囊)의 분비물인데 매우 좋은 향기가 난다.

755) **唐**天寶中, **廣中**, 獲水麝臍香, 皆**水**也. **每**以針**取**之, 香**氣**倍**於**肉**臍**.(『陳氏香譜, 卷一, 麝香』)→天寶中, **漁人**, 獲水麝臍香, 皆**麝**也. 以針**刺**之, 香倍肉**麝**.(『松南雜識』)

자고반(鷓鴣班)은 고주(高州)・두주(竇州) 등에서 난다. 산에 사는 백성들이 향목(香木)의 굽은 줄기와 가지를 칼로 찍어서 구멍을 만들면 한 해가 지나면서 빗물이 고이게 되는데, 그것을 톱으로 잘라 향을 취한다. 그 향이 엉겨서 반점(斑點)이 되기 때문에 자고반(鷓鴣班)이라고 이름 한다. 생결향(生結香)이라고도 한다.756)

나갑향
螺甲香

『본초강목』에서 "갑향(甲香)은 바다 소라의 껍질로 향을 모을 수 있다. 다른 향은 태우면 더욱 향기로운데, 유독 이것만은 태우면 악취가 난다"757)라고 하였다.

황정견(黃庭堅)의 시에서, "나갑향이 곤륜이의 향을 가르네[螺甲香割崑崙耳]"758)라고 하였는데, 그 주석에서 "곤륜이(崑崙耳)와 같은 대갑향(大甲香)을 취하여 술에 끓이고 꿀에 볶은 후 여러 향을 넣어 사용한다"759)라고 하였다.

756) 生結香, **産**高竇等州, **山民見香木曲幹斜枝**, **以**刀斫成坎, 經年得雨, **水漬**, **復**鋸取**之**, **刮去白木**, 其香結爲班點, **亦**名鷓鴣班. 倦游錄.(『古今事文類聚續集, 卷十二, 香茶部, 香譜』)→倦游錄**曰**, **出**高竇等州, 刀斫**香木**成坎. 經年得雨, 鋸取其香, 結爲班點, **故**名鷓鴣班, **亦曰**生結香.(『松南雜識』)

757) **唐**本草, …… 甲香, 海螺之掩**也**. 可聚香, **使不散雜**. **衆香燒之**, **使益芳**, 獨燒則臭.(『施註蘇詩, 卷三十四, 子由生日以檀香觀音像及新合印香銀篆槃爲壽一首』의 주석)→本草**曰**, 甲香, 海螺之掩, 可聚香 獨燒則臭.(『松南雜識』)

758) 螺甲割崑崙耳.(『山谷內集詩注, 卷三, 有惠江南帳中香者戲答六言二首』)→螺甲**香**割崑崙耳.(『松南雜識』)

759) 取大甲香如崑崙耳者, 酒煮蜜熬, 入諸香**等**用.(『山谷內集詩注, 卷三, 有惠江南帳中香者戲答六言二首』의 주석)→取大甲香, 如崑崙耳者, 酒煮蜜熬, 入諸香用.(『松南雜識』)

파율향
婆律香

소식의 시에서 "전단(旃檀)과 파율(婆律)은 해외의 향이라네[旃檀婆律海外芬]"[760]라고 하였는데, 그 주석에서 "파율국(婆律國)에서 나는 나무의 기름을 파율고(婆律膏)라고 하니, 모든 향의 으뜸이다"라고 하였다.

천보향
千步香

『술이기(述異記)』에서 말하였다.

남해(南海)의 산에서 천보향(千步香)이 나는데, 몸에 지니면 향기가 천 보(步)까지나 퍼진다. 지금 바다 모퉁이에 천보초(千步草)가 있으니, 바로 그 종류이다. 『잡공적(雜貢籍)』에서 "남군(南郡)에서 천보향(千步香)을 공물로 바쳤다"라고 하였다.[761]

별제향
鷩齊香

단성식(段成式)[762]이 말하였다.

---

760) 『東坡詩集註, 卷二十, 子由生日以檀香觀音像及新合印香銀篆槃爲壽一首』.

761) 南海山, 出千步香, 佩之, 香聞**於**千步**也**. 今海嵎, 有千步草, 是其種也. **葉似杜若而紅碧間**. 雜貢籍曰, 南郡, 貢千步香.(『述異記, 卷下』)→南海山, 出千步香, 佩之, 香聞千步. 今海嵎, 有千步草, 是其種也. 雜貢籍曰, 南郡, 貢千步香.(『松南雜識』)

762) 단성식(段成式) : 당나라 임치(臨淄) 출신. 자는 가고(柯古). 박학하고 기억을 잘하였다. 시는 이상은(李商隱) · 온정균(溫庭筠)과 이름을 나란히 하였다. 문종(文宗) 때 교서랑(校書郎)이 되었고 태상소경(太常少卿)으로 벼슬을 마쳤다. 저서에 『유양잡조(酉

별제향(顢齊香)은 파사(波斯)의 여러 나라에서 나는데, 이름은 욱발서타탈(項勃黍佗頊[763])이다. '頊'의 음은 탈이다. 나무의 길이는 한 길 남짓이고, 껍질은 엷은 청색이다. 잎은 아위(阿魏)[764] 같은데, 가지 끝에 나며 한 가지에 세 개의 잎이 달린다. 팔 월에 자르면 섣달에 다시 새 가지가 나온다. 칠 월에 그 가지를 자르면 노란 진액이 나오는데, 향기가 꿀 같이 은은하다. 약에 넣으면 병을 고칠 수 있다.[765]

『본초강목』에서 "顢의 음은 '별'이다"라고 하였다.

陽雜俎)』가 있다.

763) 『유양잡조(酉陽雜俎)』에는 '頊勃梨咃'로 되어 있다.

764) 아위(阿魏) : 산형과의 여러해살이풀. 뿌리는 살이 많고 처음에는 뿌리잎만 모여 났다가 약 5년 후에 줄기가 난다. 높이는 1미터 정도이며, 뿌리잎은 매우 크고 잎자루가 있다. 노란 꽃이 겹산형(繖形) 꽃차례로 피고 열매는 편평한 달걀 모양이다. 뿌리의 진은 약용한다. 이란, 아프가니스탄이 원산지이다.

765) 顢齊, 出波斯國**拂林**, **呼爲**頊勃**梨咃**, 長一丈餘, **圍一尺許**, 皮色青, 薄**而極光淨**, 葉似阿魏. **每**三葉生**於條**端, **無花實**. **西域人常**八月伐之, **至**臘月, **更**抽新條, **極滋茂若不鶸**. **除反枯死**. 七月斷其枝, 有黃汁, **其狀**如蜜, 微**有**香**氣**, 入藥療病.(『酉陽雜俎, 卷十八, 廣動植之三, 木篇』) → **段成式曰**, 顢齊, 出波斯**諸**國, **名項**勃**黍佗**頊. 頊**音奪**. **樹**長丈餘, 皮色青薄, 葉似阿魏. 生**枝**端, **一枝**三葉. 八月伐之, 臘月**復**抽新條. 七月斷其枝, 有黃汁, 如蜜微香. 入藥療病.(『松南雜識』)

31. 초목류(草木類)

소나무
松

『패사(稗史)』에서 "소나무와 잣나무는 잎이 뿌리를 덮기 때문에 베어내면 다시 가지에 움이 트지 않는다"라고 하였는데, 경주(慶州) 백률사(栢栗寺)[1]의 소나무는 베어도 다시 자라니 또 무슨 이치인가?[2]

『추강집(秋江集)』[3]에서 말하였다.

---

1) 백률사(栢栗寺) : 경상북도 경주시 동천동 금강산(金剛山)에 있는 절. 불국사(佛國寺)의 말사이다. 창건연대는 미상이나 이 절의 대비관음상(大悲觀音像)은 중국의 공장(工匠)이 만든 것이라는 고전(古傳)이 있고, 또 이 관음상에 얽힌 영험이 효소왕 2년(693)에 있었던 것으로 기록되어 있어 삼국통일을 전후한 시기에 창건된 것으로 추정된다.
2) 稗史, 松柏以葉庇根故, 刈之, 則不復條肄云. **蓋與他木不同**, **而**慶州栢栗寺, **山麓**松木, 斬之**而**復生, 抑何理歟.(『芝峯類說, 卷二十, 卉木部, 木』) → 松柏以葉庇根故, 刈之則不復條肄云. 慶州栢栗寺, 松木, 斬之復生, 抑何理歟.(『松南雜識』)
3) 추강집(秋江集) : 조선 전기의 문신이자 생육신(生六臣)의 한 사람인 남효온(南孝溫)의 시문집. 8권 5책. 초간본은 1577년에 외증손 유홍(兪泓)이 간행하였으나, 임진왜란

발연사(鉢淵寺)[4] 곁에 소나무 두 그루가 있었는데, 오백년 동안 세 번 말라 죽고 세 번 살아났다고 하는데, 지금은 말라 죽어 껍질도 없었다. 중에게 물어보니, "사십 년 전에도 말라죽었길레 껍질을 파보니 진액이 흐르고 생기가 있었습니다"[5]라고 하였다.

속설에 "청송(青松)[6]의 소나무는 베어도 순(筍)이 났기 때문에 고을을 그렇게 이름했다"라고 한다.

풍패루 앞의 여섯 그루 소나무
豊沛六松

야사(野史)에서 "조선의 태조(太祖)가 등극하기 전에 풍패루(豊沛樓) 앞에 손수 소나무 여섯 그루를 심고, '송헌(松軒)'이라 하였다. 임진왜란이 일어나기 전에 네 그루는 절로 말라죽고 두 그루는 지금까지 파릇파릇하다고 한다"라고 하였다.

으로 소실되자 유홍의 증손 유방(兪枋)이 1677년에 5권 5책으로 재간행하였다.

4) 발연사(鉢淵寺) : 강원도 고성군 외금강면 용강리 금강산 미륵봉에 있었던 절. 발연암(鉢淵庵)·발연수(鉢淵藪)라고도 한다. 신라 시대에 승려 진표(眞表)가 지극한 참회를 통하여 미륵보살로부터 친히 간자(簡子)를 전수받았던 곳으로, 혜공왕 6년(770)에 진표가 창건하였다. 미륵봉 동쪽의 험준한 계곡 아래 발연이라는 못이 있는데, 이는 주위의 바위모양이 발우(鉢盂) 모양과 같다고 하여 붙여진 이름이며, 절 이름도 이에 기인한다.

5) **金剛山**鉢淵寺傍有二松**株**. 五百年**間**, **三枯三榮**, **而今則**枯且無皮**矣**. **余撫而**問之, **居僧最老者曰**, **向**四十年前**枯時**, **余猶及見**, 爪其膚而**有津**, **此木之心不死也**. **故有時而復生**.(『秋江集, 卷五, 論, 心論』) → 鉢淵寺傍有二松. 五百年, 枯且無皮. 問之**山人**, 四十年前, 爪其膚, **津有**生氣云.(『松南雜識』)

6) 청송(青松) : 경상북도 청송군에 있는 읍.

반송
蟠松

중국 사신 웅화(熊化)[7]의 시에 "비로소 청우가 너인줄 믿겠네[始信青牛亦爾才]"라고 하였다. 잡서(雜書)에서 "천 년 묵은 소나무의 정령이 '청우(青牛)'이다. '청양(青羊)'이라고도 한다"[8]라고 하였다.[9]

또 심연원(沈連源)[10]은 집안이 번창했으나, 아들 심강(沈鋼)[11]이 재상이 되었을 때에도 초헌(軺軒)[12] 타는 것을 허락하지 않았다. 그런데 심강이 멋대로 수레를 타자, 심연원이 노하여 심강과 초헌을 묶어서 뜰의 소나무에 매달았기에 지금까지 '현초송(懸軺松)'[13]이라고 한다.

---

7) 웅화(熊化) : 명나라의 문신. 청강인(淸江人). 자는 중룡(仲龍). 만력(萬曆) 신축년(1601)에 진사(進士)가 되었고 우리나라에도 여러 차례 사신 와서 신흠(申欽), 이정구(李廷龜) 등 당대의 문장가 등과 교유하였다.

8) 千**歲**松**樹四邊**, …… **蓋其中有物**, **或如**青牛, **或如**青羊, **或如青犬**, **或如青人**, **皆壽千歲**.(『抱朴子內篇, 卷一, 對俗, 第三』) → 雜書, 千**年**松精, **謂**青牛. **成**青羊.(『松南雜識』)

9) 熊天使**車輦蟠松詩曰**, 始信青牛亦爾才. **按**雜書, **大松**千**歲**, **其**精**化**爲青牛. **又云**, 千**歲之樹精**, **化爲**青羊, **萬歲之樹精**, **化爲青牛**, **蓋用此耳**.(『芝峯類說, 卷十二, 文章部五, 明時』) → 熊天使化詩**云**, 始信青牛亦爾才. 雜書, 千**年**松精, 爲青牛. **成**青羊.(『松南雜識』)

10) 심연원(沈連源) : 조선 중기의 문신(1491～1558). 본관은 청송(青松). 자는 맹용(孟容). 호는 보암(保庵). 시호는 충혜(忠惠). 김안국(金安國)의 문인. 중국과 우리나라의 지리에 밝아서 질문을 받으면 직접 자신이 목격한 것처럼 막힘없이 응대하였다.

11) 심강(沈鋼) : 조선 중기의 문신(1514～1567). 본관은 청송(青松). 자는 백유(伯柔). 시호는 익효(翼孝). 명종의 장인. 1543년 진사시에 합격하고 1546년 청릉부원군(青陵府院君)에 봉해졌으며, 돈령부영사(敦寧府領事)를 지냈다. 1563년 신진 사류(士類)로서 화를 당하려던 박순(朴淳) 등을 구하고, 권신 이량(李樑)을 제거하여 칭송을 받았다. *『松南雜識』에는 '沈溫'으로 오기되어 있다. 심온(沈溫)은 조선전기 세종의 장인으로, 심연원(沈連源)의 4종조부(宗祖父)이다.

12) 초헌(軺軒) : 종2품 이상의 관원이 타는 수레.

13) 현초송(懸軺松) : 초헌(軺軒)을 매단 소나무라는 뜻.

노송
老松

『서경잡기(西京雜記)』에서 "소나무 중에 '오렵송(五鬣松)'과 '칠렵송(七鬣松)'이 있다"라고 하였는데, 지금의 노송(老松)과 비슷하다.

두보(杜甫) 시의 주석에서 말하였다.

양원(羊元)이 누워서 산을 바라보며 말하길 "이것이 푸른 병풍(翠屛)입니다"라고 하였다.[14)]

유종원(柳宗元)의 문장에서 청산(青山)을 '병풍(屛風)'[15)]이라고 하였다. 지금 서리서리 얽힌 노송(老松)을 '취병(翠屛)'이라고 하는 것은 잘못이다.

송풍석
松風石

『두양잡편(杜陽雜編)』[16)]에서 "당나라 무종(武宗)[17)] 때 부여국(夫餘國)에서 송풍석(松風石)을 바쳤다. 이것은 사방이 한 길이고 중간에 오래 된 모양의 소나무가 있었는데, 한 여름에 서늘한 바람이 그 사이에서 불었다고 한다"[18)]라고 하였다.

---

14) **蘇曰**, 羊元**居山**, **當戶山峯奇秀**, **每據�**, **終日笑傲**, **或**偃臥看山. **客至**, **謂客**曰, 此翠屛, **宜晩對爽人心目**. **顔魯公**, **名其隱山爲翠屛**, **今人皆傳之**.(『補注杜詩, 卷三十一, 百濟城樓』)→羊元, 偃臥看山曰, 此翠屛.(『松南雜識』)

15) **以白雲爲藩籬**, **碧**山爲屛風, **昭其儉**也.(『柳河東集, 卷二十七, 邕州馬退山茅亭記』) →**青**山爲屛風也.(『松南雜識』)

16) 두양잡편(杜陽雜編) : 당의 소악(蘇鶚)이 편찬한 책. 총 3책. 소설가류

17) 무종(武宗) : 당나라의 제15대 황제(814~846). 성은 이(李). 이름은 염(炎). 도교를 믿어, 불교·경교(景教)·마니교·배화교를 탄압하고, 845년에 폐불(廢佛)을 단행하였다. 재위 기간은 840~846년이다.

18) 武宗**皇帝會昌元年**, 夫餘國, 貢**火玉三斗及**松風石. …… **松風石**, 方一丈, **瑩徹如玉**,

옥각
玉角[19]

『청이록(淸異錄)』[20]에서 “신라의 솔방울에는 몇 가지 등급이 있는데, 그중에서 옥각향(玉角香)이 가장 좋다”[21]라고 하였다.

잣나무가 소생하다
柏乃蘇

『포박자(抱朴子)』에서 “태곡(太谷)의 거꾸로 자라나는 잣나무는 키가 하늘만하고, 수명은 땅과 같다”[22]라고 하였다.

『옥편(玉篇)』에서 “나무는 모두 양에 속하는데, 잣나무만 음지를 향하고 서쪽을 가리킨다”[23]라고 하였다.

신라 효성왕(孝成王)[24]이 왕위에 오르기 전에 신충(信忠)[25]과 잣나무 아래에서 바둑을 두다가 말하였다.

“훗날 내가 자네를 잊지 않을 것이니 그대 역시 절개를 꺾지 마라.

其中有樹, **形若古**松**偃**. **蓋**颯颯**焉而**涼**飀**生於其間, **至**盛夏, **上令置諸殿內**, **稍秋風飀飀**, **卽令撤去**.(『杜陽雜編, 卷下』)→**唐**武宗時, 夫餘國, 貢松風石, 方一丈, 中有**枯**松. 盛夏颯颯涼**颸**生其間**云**.(『松南雜識』)

19) 옥각(玉角) : 옥각자(玉角子) 또는 옥각향(玉角香)으로 불리는데, 솔방울의 일종이다.

20) 청이록(淸異錄) : 송나라의 도곡(陶穀)이 편찬한 책. 2권.

21) 新羅**使者**, **每來多鬻**松子, 有數等, 惟玉角香最奇.(『淸異錄, 果, 玉角香』)→新羅**國**, 松子, 有數等, 惟玉角香最奇.(『松南雜識』)

22) 大谷倒生之柏, 皆與天齊其長, 地等其久.(『淵鑑類函, 卷四百十三, 木部二』)

23) 木皆屬陽, 而柏向陰指西.(『康熙字典, 柏』)→木皆屬陽, 而柏**獨**向陰指西**云**.(『松南雜識』)

24) 효성왕(孝成王) : 신라의 제34대 왕(?~742). 성은 김(金), 이름은 승경(承慶). 성덕왕의 둘째 아들로, 740년에 파진찬 영종(永宗)의 모반을 평정하고, 당나라와 교섭하여 원만한 관계를 이루었다. 재위 기간은 737~742년이다.

25) 신충(信忠) : 신라 효성왕 때의 대신. 효성왕 3년(739)에 중시(中侍), 경덕왕 16년(757)에 상대등에 올랐으며, 은퇴 후에는 단속사(斷俗寺)를 짓고 효성왕의 명복을 빌었다고 한다.

만약 약속을 저버리는 자가 있다면 이 잣나무처럼 되리라"

효성왕이 즉위하여 책록할 때 신충(信忠)을 빼놓았다. 신충이 노래를 지어 잣나무에 붙였더니, 잣나무가 갑자기 말라죽었다. 왕이 깨닫고는 그 노래를 듣고서 크게 놀라며 "「각궁(角弓)」[26]의 의미를 잊을 뻔했구나!"라고 말하고는 신충을 불러서 벼슬을 주니 잣나무가 다시 소생하였다.[27]

또 제갈량(諸葛亮) 사당의 잣나무는 당나라 말기에 말라죽었다가 송나라 초기에 소생하고 황우(皇祐)[28] 연간에 이르러서는 가지가 났다.

회
檜

『이아(爾雅)』에서 "회(檜)는 종(樅)이다. 잎은 소나무, 몸통은 잣나무와 비슷하다"[29]라고 하였는데, 그 주석에서 "지금 태묘(太廟)의 대들보 목재로 이 나무를 사용하였다"[30]라고 하였다.

『설문해자(說文解字)』에서 "원백(圓栢)[31]이다"[32]라고 하였다.

『태청기(太淸記)』[33]에서 "좌뉴회(左紐檜)[34]는 당나라가 융성했을 때 가

---

26) 각궁(角弓) : 『시경(詩經)』 '소아(小雅)'의 편명으로, 임금이 소인들의 참소를 듣고 친족들을 멸시하므로, 친족들이 임금을 원망하여 부른 노래이다.

27) 孝成王潛邸**時**, 與**賢士**信忠, **圍**碁**於宮庭栢**樹下. **嘗**謂曰, 他日**若**忘**卿**, **有**如栢**樹**. **信忠興拜**. **隔數月**, **王**卽位, **賞**功**臣**, **忘**忠**而不第之**. 忠**怨而**作歌, **帖於栢樹**, **樹**忽**黃悴**. 王**怪使審之**, 得歌**獻之**, 大驚曰, **萬機鞅掌**, 幾忘乎角弓. **乃**召**之**, **賜爵祿**, 栢樹乃蘇.(『三國遺事, 卷五, 第八, 避隱篇』) → **羅**孝成王潛邸, 與信忠, 碁**柏**樹下, 謂曰, 他日**我不**忘**汝**, **汝亦不改貞操**. **所有負者**, 如**此**柏. **及**卽位, **錄**功**而遺信**忠, 忠作歌**貼之柏**, **柏**忽**枯**. 王**悟**得歌, 大驚曰, 幾忘乎角弓. 召**賜爵**, **柏**乃蘇.(『松南雜識』)

28) 황우(皇祐) : 송나라 인종(仁宗) 연간. 1049~1053년.

29) 樅, 松葉柏身.(『爾雅注疏, 卷九, 釋木, 樅』)

30) 今大廟梁材用此.(『爾雅注疏, 卷九, 釋木, 樅』)

31) 원백(圓栢) : 회목(檜木)의 다른 이름.

32) 松葉柏身.(『說文解字, 檜』) → 說文, **松葉栢身**, **亦名**圓栢.(『韻府羣玉, 檜』) → **說文曰**, 圓柏**也**.(『松南雜識』)

33) 태청기(太淸記) : 양(梁)나라 왕소(王韶)가 편찬한 책. 총 10권.

지 한 줄기가 다시 살아났으며 송나라가 개국했을 때 다시 이런 이변이 있었다"[35]라고 하였다.

평천장(平泉莊)[36]의 안시회(鴈翅檜)[37]와 주자백(珠子柏)[38] 또한 수목 가운데 진귀한 것이다.

『시경(詩經)』에서 "회나무로 만든 노, 소나무로 만든 배구나[檜楫松舟]"[39]라고 하였는데, 지금 노를 반드시 회나무로 만드는 것은, 나무가 곧기 때문이다.

지금 경기(京畿)에서는 이 나무를 심지 않았는데도 저절로 무성하고 다른 도(道)는 그렇지 않으니 알 수 없는 일이다. 대개 측백(側柏)의 종류인듯하다.

재 · 남
梓楠

『설문해자(說文解字)』에서 "재(梓)[40]는 가래나무[楸]이다"[41]라고 하였다. 일명 '예장(豫章)'[42]이라고 하니, 자란 지 칠 년이 지나야 출목(杭木)

---

34) 좌뉴회(左紐檜) : 나무의 무늬가 왼쪽으로 난 회나무를 가리킨다.

35) **亳州大清宮, 有八檜, 根枝左紐**. 太淸記. **此**左紐檜, **不知年代**. 李唐之盛, 一枝再生, 宋興, 復有此異. **石曼卿詩集**.(『韻府羣玉, 卷十四』) → 太淸記**云**, 左紐檜, 李唐之盛, 一枝再生, 宋興, 復有此異.(『松南雜識』)

36) 평천장(平泉莊) : 당나라의 명재상 이덕유(李德裕)의 별장. 낙양에서 30리 거리에 있으며, 이곳 수석(樹石)의 아름다움을 찬미한 「평천수석기(平泉樹石記)」가 있다.

37) 안시회(鴈翅檜) : 이덕유(李德裕)의 평천장(平泉莊)에 있던 회나무로 너울거리는 가지가 기러기의 날개 같았다고 한다.(『佩文齋廣羣芳譜』)

38) 주자백(珠子柏) : 이덕유의 평천장에 있던 잣나무로 열매가 구슬 같고 향기롭다고 한다.(『佩文齋廣羣芳譜』)

39) 『詩經, 鄘風, 竹竿』.

40) 재(梓) : 활엽 교목에 속한다. 높이는 두 길쯤 되고 잎은 오동잎과 비슷한데 그보다 작으며, 잎줄기가 길다. 여름에 담황색의 꽃이 피고 열매가 가늘고 길다. 재목은 건축물과 가구 등에 사용된다.

41) 楸也.(『說文解字, 梓』)

과 구별할 수가 있다.[43]

『고금주(古今注)』에서 "재(梓)를 '나무의 왕'이라고 하니,[44] 가래나무보다 좋은 나무가 없다"[45]라고 하였다. 우리나라에서는 '먹줄나무[繩木]'라고 한다.

『시경(詩經)』에서 "의나무와 오동나무 가래나무와 옻나무를 심네[椅桐梓漆]"[46]라고 한 것과 "초나라의 구기자나무와 가래나무, 동물의 가죽"[47]이라고 한 말이 이것이다.

지금 현궁(玄宮)[48]을 재궁(梓宮)[49]이라 하고 목수를 재인(梓人)이라 부른다.

우리나라에서는 남(楠[50])을 '팽나무[彭木]'라고 하니 두보(杜甫)의 시 「창남행(蒼柟行)」이 이것이다.

『술이기(述異記)』에서 "남(楠)은 추(椎)이라고도 한다. 황금산(黃金山)의 추목(椎木)은 해마다 동쪽 나무에 꽃이 피면 서쪽 나무가 시들고, 서쪽 나무에 꽃이 피면 동쪽 나무가 시든다. 이 나무는 곧게 자라는데 가지

---

42) 예장(豫章) : 나무이름으로 '예장(豫樟)'과 같다.

43) 豫章**之**生七年, **可**知. **延叔堅曰**, **豫章與枕木相似**, **須七年**, **乃可別耳**.(『文選, 卷五十三, 養生論』) → **一名**豫章, **卽**生七年**而**知**者**.(『松南雜識』)

44) 목왕(木王)은 재(梓)의 별명이다. 『정자통(正字通)』에서 "재(梓)는 모든 나무 중의 으뜸이므로 일명 '목왕(木王)'이라 한다"라고 하였다.

45) **梓**, **說文楸也**. …… 古今注. **一名豫章**. **陸佃曰**, **今呼牡丹花王**, 梓爲木王, 木莫良於梓.(『古今韻會擧要, 卷十一』) → 古今注, 梓爲木王, 木莫良於梓.(『松南雜識』)

46) 『詩經, 鄘風, 定之方中』.

47) **若**杞梓皮革**焉**.(『國語, 卷十七, 楚語, 上』)
杞梓皮革, 自楚往也, 雖楚有材, 晉實用之.(『左傳, 襄公, 二十六年』)
→ 杞梓皮革.(『松南雜識』)

48) 현궁(玄宮) : 임금의 재궁(梓宮)을 묻는 무덤 속.

49) 재궁(梓宮) : 천자의 관(棺). 재(梓)나무로 만들기 때문에 이렇게 이름한다. 인신하여 천자의 무덤을 일컫는다.

50) 남(楠) : 나무이름. 녹나무과의 상록교목에 속하며 '남(枏)'과 같다. 『본초강목』을 보면, 남(楠)은 남방에서 자라는데, 예장(豫章)과 비슷하게 생긴 잎은 크기가 소귀만하며 끝이 뾰족하다고 한다. 또, 해가 지나도 시들지 않고 적황색의 꽃이 피며, 푸른 열매는 먹을 수 있는데, 정향(丁香)과 비슷하게 생겼다고 한다.

와 잎이 서로 방해하지 않는 까닭에 '교양목(交讓木)'이라고 이름하였다"[51]라고 하였다. 좌사(左思)[52]의 「촉도부(蜀都賦)」에서 "곧게 뻗은 교양목[交讓所直]"이라고 하였는데, 그 주석에서 "두 나무가 마주보고 자라는데, 한 나무가 시들면 한 나무는 자라난다. 민산(岷山)에서 난다"[53]라고 하였다.

모 · 해
模楷

오징(吳澄)이 말하였다.

회남자(淮南子)[54]가 말하기를 "모(模)는 주공(周公) 무덤의 나무이다. 봄에는 푸른 색, 여름에는 붉은 색, 가을에는 흰색, 겨울에는 검은 색을 띠니, 색(色)으로 그 올바름을 취한다. 공자(孔子) 무덤의 나무는 해(楷[55])다. 가지는 굴곡이 없으니, 본질로 그 곧음을 취한다"라고 하였다.[56]

이는 마치 '교재(喬梓)'[57]가 우러러보고 굽어보는 성질이 있는 것과

---

51) 黃金山**有楠樹**, 一年, 東**邊**榮, 西**邊**枯, **後年**, 西**邊**榮, 東**邊**枯. **年年如此**, **張華云**, 交讓樹**也**.(『述異記, 卷上』) → **楠作椎**. 黃金山**椎木**, **每**一年, 東榮西枯, 西榮東枯, **其木直上**, **柯葉不相妨**, **謂**交讓木.(『松南雜識』)

52) 좌사(左思) : 서진(西晉)의 시인. 자는 태충(太沖). 부(賦)에 뛰어나 이름난 작품을 많이 남겼는데, 특히 10년 동안 구상하여 지은 「삼도부(三都賦)」는 '낙양(洛陽)의 지가(紙價)를 올리다'라는 고사로 유명하다. 작품에 「제도부(齊都賦)」·「영사시(詠史詩)」·「초은시(招隱詩)」 등이 있다.

53) 兩樹對生, 一樹枯, 則一樹生, **如是歲更**, **終不俱生**, **俱枯也**. 出岷山.(『文選, 卷四, 蜀都賦』) → 交讓所植. **註**, 兩樹對生, 一樹枯, 則一樹生, 出泯山.(『松南雜識』)

54) 회남자(淮南子) : 『회남자(淮南子)』를 지은 회남왕(淮南王) 유안(劉安)을 가리킨다.

55) 곡부(曲阜)의 공자묘(孔子廟)에 있는 나무로 자공(子貢)이 손수 심었다고 전해진다.

56) 模**木**. **淮南草木譜**, **模木**, **生**周公**塚上**, **其葉**春青夏赤秋白冬黑, 以色**得**其**正**也.(『佩文齋廣羣芳譜, 卷八十, 模木』) → 模, 周公**墓木**. 春青夏赤秋白冬黑, 以色**取**其**質**也.(『松南雜識』)

楷木. **淮南草木譜**, **楷木**, **生**孔子塚**上**. 其**榦**枝**疎而不**屈, **以質得**其**直**也.(『佩文齋廣羣芳譜, 卷八十, 楷木』) → 孔子墓木, 楷. 其枝**條**無屈曲, 以**取**其**正**也.(『松南雜識』)

같다. 아마도 지금 모해(模楷)[58]라고 하는 말은 여기에서 유래한 듯하다.

『황람총기(皇覽冢記)』에서 "공자의 무덤에 참단목(毚檀木)[59]이 있다"[60]라고 하였다.

삼
樧

『이아(爾雅)』에서 "피(柀)는 삼(樧)이다"[61]라고 하였는데, 그 주석에서 "소나무와 비슷하며 강남에서 자란다. 배나 관을 만드는 재목으로 쓰이며, 기둥으로 만들어서 땅 묻어도 썩지 않는다"[62]라고 하였다. 소(疏)에서 "피(柀)는 일명 삼(煔)이라고 한다. 민간에서는 '삼(杉)'이라고 쓴다"[63]라고 하였다.

유삼
油杉[64]

『가례(家禮)』에서 "관의 목재로는 유삼(油杉)을 최고로 친다"[65]라고 하

---

57) 교재(喬梓) : 부자(父子)를 뜻한다. '교재(橋梓)'와 같다.
58) 모해(模楷) : 법식을 뜻한다.
59) 참단목(毚檀木) : 단향목의 일종이다. '참단(欃檀)'과 같다.
60) 皇覽**冢記**曰, 孔子冢**塋中**, **樹數百**, **皆異種**. **魯人世世無能名者**. **人傳言**, **孔子弟子異國人**, **持其國樹來種之**. **故**有**柞枌雒離女貞五味**毚檀之樹.(『齊民要術, 卷十, 五穀果蓏菜茹非中國物產者, 木』) → 皇覽曰, 孔子冢, 有毚檀之樹.(『松南雜識』)
61) 柀樧.(『爾雅注疏, 卷九, 釋木, 第十四』)
62) **樧**似松, 生江南, 可以爲船**及棺材**, 作柱埋之, 不腐.(『爾雅注疏 卷九 釋木, 樧』) → 似松, 生江南, 可以爲船, 作柱埋之, 不腐.(『松南雜識』)
63) 疏. 柀一名煔, 俗作杉.(『爾雅注疏, 卷九, 釋木』)
64) 유삼(油衫) : 삼나무는 붉은 삼나무[赤杉]와 흰 삼나무[白杉] 두 가지 종류가 있다. 붉은 삼나무는 실해서 기름이 많고, 흰 삼나무는 비어서 말라 있다.
65) **治棺**. **護喪命匠**, **擇木爲**棺, 油杉爲上.(『家禮, 卷四, 喪禮, 治棺』) → **棺材**, 油杉謂

였다. 혹자는 '익가목(榏佳木)'[66]이라고 한다.[67]

『장자(莊子)』에서 "송나라 형씨(荊氏)라는 지역이 있으니, 가래나무, 잣나무, 뽕나무가 자라기에 알맞다. 이 나무들이 자라면 선방(禪傍)의 재목을 구하는 사람들이 베어간다"[68]라고 하였는데, 그 주석에 "선방(禪傍)은 관(棺)이다"[69]라고 하였다.

목강(穆姜)[70]은 가래나무 관을 만들었고,[71] 묵자(墨子)는 오동나무 관(桐棺)을 썼다고 하니,[72] 고인의 관은 꼭 목재를 가려서 쓴 것만도 아니다. 황장제주(黃腸題湊)[73]나 주수비기(朱壽秘記)[74]는 나무의 결을 가지고 말을 한 것이니, 유독 해송(海松)이나 은행나무 널빤지만 사용할 것은 아니다.

무환목
無患木

『유양잡조(酉陽雜俎)』에서 "무환목(無患木)은 일명 환(桓)이라고도 한다"[75]라고 하였다. 『광운(廣韻)』에서 '무환목(無槵木)'[76]이라고 하였으니

上.(『松南雜識』)

66) 익가목(榏佳木) : 이깔나무.

67) 家禮, 棺材**以**油杉爲上. **油杉未知何物**. 或云**卽俗所謂**榏佳木**也**.(『芝峯類說, 卷二十, 卉木部, 木』) → 家禮**云**, 棺材油杉爲上. 或云榏佳木.(『松南雜識』)

68) 宋有荊氏者, 宜楸柏桑, …… 求樿**傍**者, 斬之, (『莊子, 人間世』) → 宋有荊氏者, 宜楸柏桑, 求樿**旁**者斬.(『松南雜識』)

69) **樿傍**, 棺**也**.(『莊子, 人間世』) → **禪旁**, 棺**木**.(『松南雜識』)

70) 목강(穆姜) : 제(齊)나라 선공(宣公)의 부인.

71) **夏**, **齊姜薨**. **初**穆姜**使擇美**檟, **以自爲**櫬**與頌琴**.(『春秋左傳, 卷二十九, 襄公二年』) → 穆姜, 檟櫬.(『松南雜識』)

72) **今**墨**子**, **獨生不歌**, **死不服**, 桐棺**三寸**.(『莊子, 天下』) → 墨**氏**桐棺.(『松南雜識』)

73) 황장제주(黃腸題湊) : 한(漢)나라 때 천자의 능침(陵寢) 곽실(槨室) 사방에 잣나무를 쌓아 올려, 위는 뾰족하게 하고 아래는 모나게 하여 마치 집의 처마가 사방에서 드리워진 모양처럼 만드는 것.

74) 주수비기(朱壽秘記) : 붉은 옻칠을 한 관.

태우면 대단히 향기롭고, 사악한 기운을 물리친다.

『고금주(古今注)』에서 "옛날에 신통한 무당인 보모(寶旄)가 귀신을 만나자 이것으로 때려 죽였다. 세상 사람들은 이 나무를 뭇 귀신들이 두려워한다고 여겼기 때문에 '무환(無患)'이라고 이름 붙였다"[77]라고 하였다.

열매로는 오염 물질을 제거할 수 있고 씨는 오목(烏木)[78]과 같다.

『정자통(正字通)』에서 "염주를 만들 수 있다. 불경(佛經)에서 '환(槵)의 씨 백 여덟 개를 꿰어 항상 몸에 지니고 다닌다'는 말이 있다"[79]라고 하였다.[80]

지봉 이수광이 "이 나무가 제주도에 있으니 세상 사람들이 앞 다투어 기물을 만들며, 무환(無患)이라 불렀다. 그 열매는 구슬처럼 생겼으니, 무환주(無患珠)라 한다"[81]라고 하였다.

---

75) **無患木 燒之極香**, **辟惡氣**. **一名噤婁**, 一名桓.(『酉陽雜俎續集, 卷十, 無患木』) → 一名桓.(『松南雜識』)

76) **槵**, 無槵木**名**.(『廣韻』) → 無槵木.(『松南雜識』)

77) **程雅問**, **櫨木名**, **曰無患**, **何也**. **答曰**, 昔有神巫寶旄, **能以符劾百鬼**, 得鬼**則**以**木**爲棒, 殺之. 世人**競取**此爲**器**, **以厭卻邪魅**, 故**號曰**無患.(『古今注, 卷下, 問答釋義』) → 昔有神巫寶旄, 得鬼, 以此棒殺之. 世人**以此木**爲**衆鬼所畏**, 故**名**無患.(『松南雜識』)

78) 오목(烏木) : 교주(交州)에서 나며 색이 검고 무늬가 있다. 잎은 종려(椶櫚)와 같고 목재는 가벼우면서도, 단단하므로 젓가락이나 기물을 만들기에 좋다. 일명은 흑목(黑木), 만목(樠木).

79) **槵** …… 可爲念珠. …… 經云, 當貫木槵子一百八个, 常自隨身.(『正字通』) → 可爲念珠. **引佛**經云, 當貫木槵子一百八個, 常自隨身.(『松南雜識』)

80) **槵** 廣韻, 無槵木名. **集韻**, **皮子可澣**. **酉陽雜俎**, 燒之極香, 辟惡氣, **一名噤婁**, **一名桓**. **崔豹**古今**註**, **拾櫨木**, **一名無患**. 昔有神巫名寶旄, **能符劾百鬼**, 得鬼, 以此棒殺之, 世人以此木, 爲衆鬼所畏, 故名無患**也**. **又通雅**, **槵子實**, 可去垢, 核黑如**槃**, 正字通, **謂**可爲念珠. 引佛經云, 當貫木槵子一百八個, 常自隨身.(『康熙字典, 槵』) → **酉陽曰**, **一名桓**. 廣韻**曰**, 無槵木. 燒之極香, 辟惡氣. 古今**注**, 昔有神巫寶旄, 得鬼, 以此棒殺之, 世人以此木, 爲衆鬼所畏, 故名無患. 可去垢, 核黑如**槃**. 正字通**曰**, 可爲念珠. 引佛經云, 當貫木槵子一百八個, 常自隨身.(『松南雜識』)

81) **無患**木, **出**濟州, **其實如珠**, 故**俗謂**無患珠, **今京中人家**, **亦有種而成實者**, **按本草**, **昔神巫以此木擊鬼殺之**, 世人競爲器用, 號無患云.(『芝峯類說, 卷二十, 卉木部, 木』) → 木**在**濟州, 世人競爲器用, 號無患云. 其實如珠, 故爲無患珠.(『松南雜識』)

황벽나무

檗[82]

『설문해자(說文解字)』에서 "황목(黃木)이다"라고 하였다.

도홍경(陶弘景)[83]이 "자벽(子檗) 나무는 작고 석류와 비슷하게 생겼다. 껍질은 노랗고 쓰다"[84]라고 하였다.

염료로 쓸 수 있다.

무회목

無灰木

『태평환우기(太平寰宇記)』에서 "승화목(勝火木)[85]이 있으니, 속명은 정자(鋌子)이다. 태우면 숯이 되고 재가 되지 않는다"[86]라고 하였다.

『동국여지승람(東國輿地勝覽)』에서 "무회목(無灰木)[87]은 제주도 바다 가운데에 있는데, 부드럽고 연하여 물결 따라 오르락내리락 한다. 이것이 물 밖으로 나오면 굳어서 단단해진다"[88]라고 하였다.

---

82) 황벽나무 : 운향과의 낙엽 활엽교목. 일명 단환(檀桓)이라고도 한다. 높이는 20m 정도이며, 껍질에 코르크가 발달하여 깊은 홈이 진다. 잎은 깃 모양의 겹잎으로 마주 나고, 작은 잎은 달걀모양의 타원형으로 잎가가 톱니 같으며, 끝이 뾰족하다. 여름에 황색의 꽃이 가지 끝에서 피고, 검은 색의 과일은 약재로 쓰인다.

83) 도홍경(陶弘景) : 남북조(南北朝) 때 말릉(秣陵) 출신. 자는 통명(通明), 호는 화양진인(華陽眞人). 만 권이 넘는 책을 읽고 초서(草書)와 예서(隷書)를 잘 썼고 비파와 거문고를 잘 탔다. 도술(道術)·음양오행(陰陽五行)·지리(地理)·의약(醫藥)에 밝았다.

84) 弘景曰, 子蘗樹小, 狀**如**石榴, **其**皮黃而苦.(『本草綱目, 卷三十五上, 小蘗』) → **陶**弘景曰, 子檗樹小, 狀**似**石榴, 皮黃而苦.(『松南雜識』)

85) 『松南雜識』에는 '不灰木'으로 되어 있음.

86) **武城盧水側**, **有勝火木**. **方**俗**多**爲鋌子. 燒之成炭而不灰.(『太平寰宇記, 卷二十四, 河南道二十四, 土産』) → **不灰木**, 俗爲鋌子. 燒之成炭而不灰.(『松南雜識』)

87) 무회목(無灰木) : 오래 묵은 미역의 뿌리를 가리킨다. 흑산호와 비슷하며 권련 물부리나 장식품을 만드는 데에 쓴다. 센 불에는 타지만 그 재가 없으므로 '무회(無灰)'라고 이른다.

88) **無灰木**. **出牛島**. **在**海中柔脆, 水波上下, 出水, 乃堅硬.(『新增東國輿地勝覽, 卷三

태워도 재가 되지 않기 때문에 그렇게 이름을 붙였으니, 바로 미역(甘藿)의 뿌리이다.

색릉목
色綾木

『고금주(古今注)』에서 "교주(交州)에 예목(翳木)이 나니, '오문목(烏文木)'[89]이라고도 한다"[90]라고 하였다.

『유양잡조(酉陽雜俎)』에서 "대산(臺山)에 색릉목(色綾木)이 있는데, 나뭇결이 비단무늬 같다. 색목침(色木枕)이라 불리는 목침(木枕)을 만들 수 있다"[91]라고 하였다.

지금은 와전되어 '등목(登木)'이 되었다.

소방목
蘇方木[92]

운서(韻書)에서 "소(蘇)는 소(櫯)"라고 하였고, 『강희자전(康熙字典)』에서 "방(方)은 방(枋)이다"[93]라고 하였다.

十八, 濟州牧, 土産』) → **濟州**海中**有之**. 柔脆, 水波上下, 出水, 乃堅硬.(『松南雜識』)

89) 오문목(烏文木) : 오목(烏木). 감나무과의 상록교목. 긴 타원형의 잎이 번갈아 마주나며, 담황색의 암수꽃이 잎맥에서 피어난다. 과일은 적황색이며 공처럼 생겼고 먹을 수 있다. 빛깔은 검으며 목재가 견고하고 아름다워 물건을 만드는 데에 최상급으로 활용된다.

90) **黳木**, **出**交州, **色黑而有文**, 亦謂**之**烏文木**也**.(『古今注, 卷下』) → 交州**有翳木**, 亦謂烏文木.(『松南雜識』)

91) **色綾木**. 臺山有色綾木, 理如綾文, **百姓取爲**枕 呼爲色綾枕.(『酉陽雜俎續集, 卷十, 支植下, 色綾木』) → 臺山有色綾木, 理如綾文, **可作**枕, 呼爲色綾枕.(『松南雜識』)

92) 소방목(蘇方木) : 소방(蘇方)·소방(蘇枋)·소목(蘇木)과 같은 말이다. 나무 이름으로 열대지방에서 자란다. 붉은색 염료를 만들 수 있다.

우리나라에서는 '다목[丹木]'이라고 하니, 남해에서 자라며, 염료를 만드는데 사용한다. 지금 땔나무 단을 '소목(蘇木)'이라고 부르는데, 남해에서는 이 나무를 땔감으로 쓰기 때문에 차용해서 그렇게 부른다.[94] 여동(黎洞) 사람들이 다른 나무 대신 향나무로 불을 때는 것과 같은 경우이다.

지금 평전(枰錢) 일푼쭝으로 다목 일푼쭝을 바꾼다.

중국 사람들은 청주(淸州)의 북쪽 숲에 이 나무가 난다고 말하였다.

풍인
楓人

『산해경(山海經)』에서 "황제(黃帝)가 치우(蚩尤)[95]를 죽이고 그 질곡(桎梏)[96]을 주산(朱山) 꼭대기에 버렸더니, 변하여 단풍나무 숲이 되었다"[97]라고 하였다.

지금 사람들은 옹이를 일러 '섭(欇)'이라고 한다. 섭(欇)이 비바람을 만나면 자라기 때문에 '나무 목(木)'자와 '바람 풍(風)'자를 따라서 '풍(楓)'이라고 한다. 이 나무의 기름은 향을 만들 수 있으며, 이것이 땅속에 스며들어 천 년을 묵으면 호박(虎魄)[98]이 된다. 혹은 신선으로 변하기도

---

93) 櫯. 集韻孫租切, 音蘇. 玉篇, 櫯, 枋木, 可染緋.(『康熙字典, 櫯』)→方, 枋也.(『松南雜識』)

94) **按本草**, **蘇方木**, 出南海, 用以染色. 今**之**蘇木, **蓋是也**. 俗謂丹木, **聞海中暹羅等國**以**蘇**木爲**薪爨云**.(『芝峯類說, 卷七, 文字部, 字義』)→**俗謂丹木**. 出南海, 用爲染色. 今**柴束謂**蘇木, **借用南海**以**此**木爲**柴**.(『松南雜識』)

95) 치우(蚩尤) : 전설상의 인물. 신농씨 때에 난리를 일으켜 황제(黃帝)와 탁록(涿鹿)의 들에서 싸우면서 짙은 안개를 일으켜 괴롭혔는데 지남차(指南車)를 만들어 방위를 알게 된 황제에게 패하여 잡혀 죽었다고 한다. 후세에는 제나라의 군신(軍神)으로서 숭배되었다.

96) 질곡(桎梏) : '질(桎)'은 발에, '곡(梏)'은 손에 채우는 형틀을 말한다.

97) 有宋山者, 有赤蛇, 名曰育蛇. 有木生山上, 名曰楓木. 楓木, 蚩尤所棄其桎梏. 〈蚩尤爲黃帝所得械而殺之, 已摘棄其械, 化而爲樹也.〉 是謂楓木. 〈卽今楓香樹.〉(『山海經, 卷十五, 大荒南經』)→黃帝殺蚩尤, 棄桎梏於朱山之上, 化爲楓林.(『松南雜識』)

하므로 '풍인(楓人)'[99]이라고 한다.

담초(譚峭)[100]의 『화서(化書)』에서 "오래된 단풍나무가 화하여 신선이 되니 무정물(無情物)이 유정물(有情物)로 변한 것이다"[101]라고 하였다.

한(漢)나라 때 궁궐에 단풍나무를 많이 심었으므로, 궁궐을 '풍신(楓宸)'이라 불렀다.

황양
黃楊

소식(蘇軾)의 시에서,

정원의 초목들은 봄을 만끽하는데　　園中草木春無數
황양목만 유독 윤년의 액을 당하네　　只有黃楊厄閏年[102]

라고 하였다.

---

98) 호박(虎魄) : 보석의 한 종류. '호박(虎珀)' 또는 '호박(琥珀)'으로 쓰기도 한다. 『본초강목, 호박(琥珀)』에서는 "호랑이가 죽으면 그 정령이 땅속으로 들어가는데, 변하여 돌이 된다. 이 돌의 형상이 호랑이와 비슷하므로 '호박(虎魄)'이라고 한다"라고 하였다.

99) 풍인(楓人) : 단풍나무의 옹이. 사람모양처럼 생겨서 '풍인(楓人)'이라고 부른다. 『남방초목장(南方草木狀)』에서 "단풍나무는 해가 오래되면 옹이가 생기는데, 폭풍과 뇌우를 만나면 그 옹이가 야간에 서너 자쯤 자라기 때문에 '풍인(楓人)'이라 부른다"라고 하였다.

100) 담초(譚峭) : 남조(南朝) 당(唐)나라 사람. 자는 경승(景昇). 국자사업(國子司業) 담수(譚洙)의 아들. 어려서부터 총명하여 경사(經史)를 섭렵하며 잘 기억하였다. 그의 부친이 벼슬할 것을 권했지만 거절하고 황노(黃老)·제자(諸子) 등의 사상과 신선 사상에 탐닉하였다. 각지의 명산을 유람하다가 숭산(嵩山)의 도사(道士)에게 십여년 동안 도술을 배워 양기(養氣)에 힘썼다. 저서에 『화서(化書)』 6권이 있다.(『雲笈七籤, 卷一百十三, 傳』)

101) 老楓, 化爲羽人, **朽麥化爲蝴蝶, 自**無情而之有情也.(『化書, 卷一, 老楓』) → 老楓, 化爲羽人, 無情而之有情也.(『松南雜識』)

102) 「퇴포(退圃)」.

속설에서 "황양목(黃楊木)[103]은 일 년에 한 마디씩 자라는데, 오 월에는 의례 줄어들고 윤년에 두 마디가 쪼그라든다"라고 한다.

지금 '오월의 황양목(黃楊木)'이란 말은 바로, 불경(佛經)의 "황양목(黃楊木) 참선(參禪)[104]은 도리어 퇴보해버린다"라는 말이다.

생금수
生金樹

『동명기(洞冥記)』[105]에서 말하였다.

영아지(影娥池) 북쪽에 '생금수(生金樹)'가 있다. 깨뜨리면 껍질 사이에 황금 같은 가루가 나오는데, 색깔이 푸르니 또한 '청금수(青金樹)'라고도 부른다.[106]

소철목
蘇鐵木

지봉 이수광이 말하였다.

---

103) 황양목(黃楊木) : 우리나라에서는 '회양목'이라고도 부른다. 황양목과의 상록 관목 또는 작은 교목으로 석회암 지대에서 자란다. 잎은 두껍고 둥글며 마주 나고, 봄에 옅은 황색꽃이 핀다.

104) 황양목(黃楊木) 참선(參禪) : 황양목선(黃楊木禪)이라고도 함. 황양목은 성장이 매우 느리고 윤달이 든 해에는 도리어 오그라든다. 그래서 세속에서 아둔한 사람이 참선하는 것을 '황양목선(黃楊木禪)'이라 비유해서 말한다. 『대혜보설(大慧普說)』에 "這漢參黃楊木禪倒縮了也"라는 기록이 있다.

105) 동명기(洞冥記) : 한(漢)나라 곽헌(郭憲)이 편찬한 책. 4권.

106) 影娥池北, **作鳴禽之苑**, 有生金樹, 破之, 皮間有屑如金而色青, 亦名青金樹.(『洞冥記 卷三』) → 影娥池北, 有生金樹, 破之, 皮間有屑如金而色青, 亦名青金樹.(『松南雜識』)

소철나무(蘇鐵木)[107]는 왜국(倭國)에 있다. 줄기가 곧고 곁가지가 없으며 잎은 끝에서 나는데 우산처럼 사방으로 펼쳐진다. 만약에 나무가 타들어가서 마를 경우에는 뽑아서 사나흘 햇볕에 쪼여주면 나무 전체에 가시가 돋는다. 그것을 다시 땅에 심으면 소생하는 까닭에 소철목이라는 이름이 붙었다.[108]

또, 『한서(漢書)』에서 "소철목 예순 한 그루가 있는데, 꽃이 피었다"라고 하였다.

정류 · 영수목
檉椐

『이아익(爾雅翼)』에서 "하늘에서 비가 내리려고 하면 정류(檉柳[109])가 먼저 그 기운을 일으켜 응하는 까닭에 '우사(雨師)'라는 이름이 붙었다"[110]라고 하였다.

강엄(江淹)[111]의 송(頌)에서,

---

107) 소철나무[蘇鐵木] : 소철과의 열대산 상록 교목. 높이는 3m 정도이고 줄기는 전면에 비늘 모양을 한 잎의 흔적이 있으며, 잎은 깃모양 겹잎이다.

108) 倭國**有木**, **曰蘇鐵**. 榦直無旁枝, 葉生於顚, 四散如傘, **木若焦枯**, **則拔之**, 曝三四日, 遍身加釘, 還植地, 卽蘇故名.(『芝峯類說, 卷二十, 卉木部, 木』) → **在**倭國, 榦直無旁枝, 葉生於顚, 四散如傘, **拔之枯焦**, 曝三四日, 遍身加釘, 還植地, 卽蘇故名.(『松南雜識』)

109) 정류(檉柳) : 식물명. 정류과의 낙엽 활엽 교목으로 높이가 한 길쯤 된다. 가지는 가늘고 길며, 작은 잎이 비늘처럼 조밀하게 자란다. 여름에 꽃대가 가지 끝에서 솟아올라서는 작은 꽃들이 이삭처럼 피어난다. 다섯 개의 녹색 꽃받침이 있다. 가을에 다시 새 가지가 솟아올라 꽃을 피우니 1년에 두 차례 꽃이 핀다.

110) 天**之**將雨, 檉先起氣**以**應之, 故一名雨師.(『爾雅翼, 卷九, 檉』) → 天將雨, 檉先起氣應之, 故 名雨師.(『松南雜識』)

111) 강엄(江淹) : 남조(南朝) 때의 고성(考城) 출신. 자는 문통(文通). 어릴 때부터 문장을 잘 지어 사람들이 그를 '강랑(江郎)'이라 불렀다. 저서에 『제사십지(齊史十志)』, 『강문통집(江文通集)』이 있다.

겨울에 꽃피는 나무가 귀한데 木貴冬榮
정류 열매 찬 빛을 띠고 있네 檉實寒色[112]

라고 하였다. 그 주석에서 "서리와 눈을 맞고 심한 추위에도 시들지 않는다"라고 하였다.[113]

지금 위성류(渭城柳)의 가지가 가는 실처럼 늘어지는데, 짙은 녹색을 띤다.

당시(唐詩)에,

위성의 아침 비 가벼운 먼지 적시니 渭城朝雨浥輕塵
객사의 푸르고 푸른 버들색 산뜻하네 客舍青青柳色新[114]

라고 한 말이 이것이다.

『시경(詩經)』에서 "능수버들과 가무태나무(其檉其椐)"[115]라고 하였다. 그 주석에서 "거(椐)나무는 일명 영수목(靈壽木)이다. 그 마디가 부루퉁하여 옹이가 많아서 노인이 지팡이로 삼을 만한 까닭에 '영수장(靈壽杖)'[116]이라 한다. 노인이라도 그 나무를 잡을 수 있기에 그것이 나무 이름이 되었다"라고 하였다.[117]

---

112) 「정(檉)」.

113) 爾雅翼, 檉葉細如絲, 婀娜可愛, 從聖. 又酉陽, 天之將雨, 檉先起氣以應之, 故一名雨師, 而字從聖. 又酉陽雜俎, 涼州有赤白檉, 又檉樹一年三秀. 本草衍義, 謂之三春柳. 又張衡南都賦註, 檉似柏而香. 今檉中有脂, 號檉乳. 又詩疏廣要, 檉非獨知雨, 又能負霜雪, 大寒不凋, 有異餘柳. 梁江淹檉頌, 木貴冬榮, 檉實寒色. 又地名, 春秋僖元年, 公會齊侯·宋公·鄭伯·曹伯·邾人于檉.(『康熙字典, 檉』) → 爾雅翼曰, 天將雨, 檉先起氣應之故, 名雨師. 江淹頌曰, 木貴冬榮, 檉實寒色. 註, 能負霜雪, 大寒不凋.(『松南雜識』)

114) 왕유(王維)의 「송원이사안서(送元二使安西)」.

115) 『詩經 ,大雅, 皇矣』.

116) 영수장(靈壽杖) : 영수목으로 만든 지팡이. 영수목은 대나무와 비슷하고 가지에 마디가 있다. 길이는 8~9자를 넘지 않고, 둘레는 서너 마디 정도 된다. 생긴 그대로 지팡이로 쓸 수 있기 때문에 다듬지 않아도 된다.

수양버들
垂楊

『전국책(戰國策)』에서 "버드나무는 쉽게 살아나는 식물입니다. 모로 심어도 살아나고, 거꾸로 심어도 살아나며, 꺾어서 심어도 살아납니다"[118]라고 하였다.

지금 "거꾸로 심은 것은 수양버들이 되고, 모로 심은 것은 와류(臥柳)가 되며, 똑바로 심은 것은 직류(直柳)가 된다"라고 한다.

도주공(陶朱公)[119]이 "버드나무에서 친 가지는 땔감으로 충분하니, 베어내도 또한 무성해진다"[120]라고 하였다.

상사목
相楒木

좌사(左思)의 「오도부(吳都賦)」에서,

---

117) 爾雅釋木, 椐, 樻. 註, 腫節可以爲杖. 草木疏, 節中腫, 可作杖, 以扶老, 今靈壽, 是也. …… 詩大雅, 脩之平之, 其灌其栵, 啓之辟之, 其檉其椐.(『康熙字典, 椐』) → 詩云, 其檉其椐. 註, 椐, 一名靈壽, 其節擁腫, 多瘇處而扶老故 謂靈壽杖. 若老可操之, 爲木名也.(『松南雜識』)

118) 今夫楊, 橫樹之則生, 倒樹之則生, 折而樹之又生, 然使十人樹楊, 一人拔之, 則無生楊矣, 故以十人之衆, 樹易生之物, 然而不勝一人者, 何也.(『戰國策, 卷二十三, 魏二』) → 楊. 易生之物, 橫樹之生, 倒樹之生, 折而樹之生.(『松南雜誌』)

119) 도주공(陶朱公) : 춘추 시대 월(越)나라 사람인 범려(范蠡)의 별칭이다. 범려는 월왕(越王) 구천(句踐)을 섬겨서 오(吳)나라를 멸망시키는 공을 세웠으나, 구천의 사람됨이 환란은 함께할 수 있으나 안락은 함께하기 어려운 사람이라고 하면서 배를 타고 제(齊) 나라로 가서 이름을 치이자피(鴟夷子皮)로 바꾸고 재산을 수천만 금이나 모았다. 제 나라에서 그가 어질다는 소문을 듣고 정승을 삼고자 하자, 그는 다시 모았던 재물을 다 흩어 나누어 준 다음 도(陶)로 가서 도주공이라고 자호하고는 또다시 수천만 금의 재물을 모았다.(『史記, 卷一百二十九, 貨殖列傳』)

120) 陶朱公術**曰**, **種**柳**千樹則**足柴, **十年以後髡一樹得一載**, **歲髡二百樹**, **五年一周**.(『齊民要術, 卷五, 種漆, 第四十九』) → 陶朱公**云**, **髡**柳足柴, **則斬之**, **亦茂也**.(『松南雜誌』)

서리서리 얽힌 나무[楠榴][121]	楠榴之木
임을 그리워하는 나무라네	相思之樹

라고 하였는데, 그 주석에 "상사목(相樬木)이다. 그 열매는 산호 같은데 몇 년이 지나도 변하지 않는다"[122]라고 하였다.

『본초강목(本草綱目)』에서 "홍두(紅豆)가 일명 상사자(相思子)[123]이다"[124]라고 하였다. 영남(嶺南)에서 나며, 나무의 키는 한 길 남짓이다.

당시(唐詩)에서 "강 머리에서 상사수(相思樹) 심기를 배우네[江頭學種相思樹]"[125]라고 하였는데, 곧 남촉수(南燭樹)[126]이다.

전국 시대 때, 한빙(韓憑)이 송(宋)나라 강왕(康王)의 사인(舍人)이 되었는데, 그의 아내 하씨(河氏)가 아름다웠으므로 강왕이 청릉대(青陵臺)를 쌓고 그녀를 빼앗으려 하였다. 그러자 하씨가 노래하였다.

---

121) 서리서리 얽힌 나무[楠榴] : 『문선(文選)』 주석에 의하면, "남류(楠榴)는 나무가 서리서리 얽힌 것으로 그 얽힌 마디의 무늬가 매우 아름다워 기물을 제작할 수 있다"라고 하였다. 또 『경운루집(經韻樓集)』에 의하면 "남(楠)은 남(枏)의 속자이고, 류(榴)는 류(瘤)의 오자이다. 남류목(枏瘤木)이란 것은 지금 사람들이 말하는 '옹이가 있는 나무'라는 것이다. 옹이가 녹나무[枏樹]에서 많이 생기는 까닭에 남류(枏瘤)라고 한다"라고 하였다.

122) 相思**大**樹也, **材理堅邪**, **斫之有文 可作器**, 其實如珊瑚, 歷年不變.(『文選, 卷五, 京都下, 吳都賦』) → 吳都賦, 楠榴之木, 相思之樹, 註, 相思木也, 其實如珊瑚, 歷年不變.(『松南雜誌』)

123) 상사자(相思子) : 식물이름. 일명 홍두(紅豆)라고도 한다. 콩과에 속하며 덩굴식물이다. 타원형의 작은 잎이 깃 모양으로 줄기 전체에 마주 난다. 꽃은 작으며 백색 혹은 홍색을 띠는데, 이삭처럼 피어난다. 열매는 콩깍지가 되고, 씨 크기는 완두콩만 하며 선홍색에 검은 반점이 있다. 식용(食用) · 약용(藥用)으로 모두 쓰인다.

124) 紅豆, **赤小豆**, 相思子.(『本草綱目, 卷二』) → 紅豆, **一名**相思子.(『松南雜誌』)

125) 江頭學種相思**子**.(『全唐詩, 卷五百七十五, 溫庭筠, 錦城曲』) → 江頭學種相思**樹**.(『松南雜誌』)

126) 남촉수(南燭樹) : 여목(紤木), 남천촉(南天燭)이라고도 한다. 매자나무과의 상록 관목이다. 높이는 2미터 가량이며, 줄기는 여러 갈래로 돋아 자라지만 가지는 돋지 않는다. 잎은 버들잎 모양이고 가장자리가 밋밋하다. 초여름에 희고 작은 꽃이 피며, 지름 7~8mm의 둥근 열매가 가을에 붉게 익는다.

남산에 까마귀가 있고 南山有烏
북산에 그물 쳐져 있네 北山張羅
까마귀 스스로 높이 날아가니 烏自高飛
새그물이 무슨 소용 있겠나 羅當奈何[127)]

또 노래하기를,

비가 질펀하게 내리니 其雨淫淫
강이 넓고 수심이 깊어도 河大水深
해는 강 가운데 떠오릅니다 日出當心

라고 하고 마침내 부부가 자살하였다. 두 부부의 무덤가에 각각 가래나무가 있었는데, 뿌리가 땅속에서 얽혀 있고 그 위의 가지는 서로 이어져 있었다. 원앙새 한 쌍이 그 나무에 둥지를 틀자, 사람들이 '한빙(韓憑) 부부의 정령'이라고 하였다.[128)]

당시(唐詩)에서 "땅에서는 연리지 되기를 원하네[在地願爲連理枝]"[129)] 라고 하였다.

요즘도 연리지(連理枝)가 있으니, 두 가지가 서로 엉겨 자란다.

---

127) 「오작가(烏鵲歌)」.

128) 相思樹. 宋大夫韓凴, 娶妻而美. 康王奪之, 凴怨, 王囚之, 論爲城. 且妻密遺凴書, 謬其辭云, 其雨滛滛, 河大水深, 日出當心. …… 俄而, 凴自殺, 妻乃陰腐其衣, 王與之登臺, 妻遂自投下. …… 王曰, 爾夫婦相愛, 能使塚合, 則弗禁也. 一夕有大梓木, 生于二塚之端, 旬日, 其大合抱, 屈體以相就, 根交於下. 又有鴛鴦雌雄, 各一恒棲樹上, 晨夕交頸悲鳴, 音聲感人, 宋人哀之, 遂號其木, 曰相思樹. 〈搜神記〉 **韓凴**, 戰國時, 爲宋康王舍人. 妻何氏美, 王**欲之捕**, **舍人**築青陵臺, 何氏**作烏鵲歌**, **以見志**, **遂自縊死**. 南山有烏, 北山張羅, 烏自高飛, 羅當柰何. 烏鵲雙飛, 不樂鳳凰, 妾是庶人, 不樂宋王. 〈九國志, 王臺新詠〉 (『天中記, 卷十八, 夫妻』) → 戰國時, **韓憑爲**宋康王舍人, **其**妻何氏美, 王築青陵臺, **欲取之**, 何氏歌**曰**, 南山有烏, 北山張羅, 烏自高飛, 羅當柰何. **又云**, 其雨滛滛, 河大水深, 日出當心. 遂夫妻自死. 兩塚有梓木, 根交于下, 枝連其上, 有鴛鴦棲其樹, 人謂夫婦精魂.(『松南雜識』)

129) 백거이(白居易)의 「장한가(長恨歌)」.

음수
淫樹

『채란잡지(採蘭雜志)』에 “손돈국(遜頓國)에 음수(淫樹)가 있다”[130]라고 하였다.

공청림
空青林

유신(庾信)[131]의 사(詞)에서 “공청(空青)이 온 숲을 이루었네[空青爲一林]”[132]라고 하였다. 그 주석에 말하였다.

『운급칠참(雲笈七懺)』[133]에서 “벽옥 같은 하늘에 나무가 있는데 소나무와 비슷하다. 그래서 ‘공청림(空青林)’이라고 이름 지었다”라고 하였다.[134]

『광운(廣韻)』에 “남청(男青)과 여청(女青)은 모두 나부산(羅浮山)의 나무 이름이다”[135]라고 하였다.[136]

---

130) **瑯嬛記**, 遜頓國有淫樹女.(『佩文韻府, 卷六十六之二』) → 採蘭雜志曰, 遜頓國有淫樹女.(『松南雜識』)

131) 유신(庾信) : 남북조(南北朝) 시대 신야(新野) 출신. 자는 자산(子山). 여러 책을 두루 보았는데 특히 『좌씨춘추(左氏春秋)』에 정통했다. 문장이 아름다워 서릉(徐陵)과 이름을 나란히 하여 세상에서 서유체(徐庾體)라고 했다. 병려문을 집대성하여 후인들이 추종하였다. 저서로 『유자산집(庾子山集)』이 있다.

132) 「도사보허사(道士步虛詞)」.

133) 운급칠첨(雲笈七籤) : 송나라 장군방(張君房)이 편찬한 도가서. 총 24권. 도가서(道家書).

134) 雲笈七籤**經釋第三章**, 玉清天中, 有樹似松. 名曰空青之林, **得食其華者**, **身爲金光**.(『庾開府集箋註, 卷三, 道士步虛詞十首』) → 雲笈七籤, 玉清天中, 有樹似松. 名曰空青之林.(『松南雜識』)

135) 男青・女青, 皆木名, **出**羅浮.(『廣韻, 青』) → 男青・女青, 皆羅浮山木名.(『松南雜識』)

136) **有**庾信步虛詞, 空青爲一林. 註, 雲笈七籤, 玉淸天中, 有樹似松, 名曰, 空青之林, **又**廣韻, 男青女青, 皆木名. 出羅浮山記.(『康熙字典, 青』) → 庾信詞曰, 空青爲一林, 註, 雲笈七籤, 玉淸天中, 有樹似松, 名曰空青之林. 廣韻, 男青女青, 皆羅浮山木名也.(『松南雜識』)

물푸레나무
水青木

물푸레나무[水青木]는 『본초강목(本草綱目)』에서 '진피(秦皮)'라고 한 것이다.[137] 중국 강남(江南) 지역에서는 '번계목(樊鷄木)'이라고 부르니, 곧 '심목(梣木)' 또는 '물푸레나무(梣)'를 말한다.[138]

고려 때의 '수청목공사(水青木公事)'[139]라는 말이 이것이다.

당나라 때의 후사지(侯思止)[140]가 죄수를 처결하는 큰 몽둥이를 '맹청(孟青)'이라 하였다.[141]

송번(宋翻)[142]의 큰 칼(枷)을 '미미청(彌尾青)'이라고 부른 따위이다.[143]

---

137) 진피(秦皮) : 물푸레나무과[木犀]의 낙엽교목. 여름에 담록색의 꽃이 핀다. 『본초강목(本草綱目), 진피(秦皮)』의 기록에 의하면 침피(梣皮)・심목(梣木)・석단(石壇)・번계(樊槻)・익계(盆桂)・고수(苦樹)・고역(苦櫪)이라고도 부른다고 한다.

138) **韋仲將合墨法曰, 好膠五兩, 浸梣皮汁中. 按梣音秦**, 江南樊鷄木**也. 皮入水綠色, 又盆黑色云**. 其皮本草謂**之**秦皮, **俗呼曰梣木云, 卽今水青木也**.(『芝峯類說, 卷二十, 卉木部, 木』)→本草謂秦皮, 江南謂樊鷄木, 卽梣, 又梣.(『松南雜識』)

139) 수청목공사(水青木公事) : '수청공문(水青公文)' 또는 '수정목공문(水精木公文)'을 말한다. 즉, 물푸레나무로 만든 몽둥이를 관아의 공문에 비겨서 이르는 말이다. 고려 우왕(禑王) 때의 권신(權臣) 임견미(林堅味)・이인임(李仁任)・염흥방(廉興邦) 등이 물푸레나무[水精木]로 만든 몽둥이로 백성들을 위협하여 재물을 마구 빼앗았기 때문에 유래한 말이다.

140) 후사지(侯思止) : 당나라의 혹리(酷吏). 무식하여 쌍스런 말을 쓰며 죄인을 다룬 것으로 유명하다. 그는 죄인을 고문하다 수많은 사람들을 죽였다. 그가 태후에게 어사로 임명케 해달라고 청원하자 태후가 글자도 모르는 주제에 어떻게 어사가 될 수 있냐고 통박을 주었다. 그러자 후사지가 "해치가 언제 글자를 알아서 사악한 사람을 떠받습니까?"라고 대꾸하였다고 한다.

141) 孟青. 註, 侯思止謂決囚大杖, 爲孟青. **僉載**.(『韻府羣玉, 卷七』)→唐候思止, 決囚大杖, 爲孟青.(『松南雜識』)

142) 『松南雜識』에는 '魏翻'으로 오기되어 있음.

143) 翻, 字飛烏. 少有操行, 世人以剛斷許之. 孝莊時, 除司徒・左長史・河南尹. 初翻爲河陰令, 順陽公主家奴, 爲劫攝而不送. 翻將兵, 圍主宅, 執主壻馮穆步驅. 向縣時, 正炎暑, 立之日中, 流汗霑地. 縣舊有大枷, 時人號曰彌尾青.(『北史, 卷二十六, 列傳第十四, 宋翻』)→**魏宋翻**, 爲河陰令, 大枷號彌尾青.(『韻府羣玉, 卷七』)→宋魏翻, 爲河陰令, 大枷號彌尾青.(『松南雜識』)

홰나무

槐櫰

운서(韻書)에서 "회(槐)의 음은 회이다"라고 하였다. 겨울에 땔감으로 쓴다. 허성(虛星)[144]의 정기이며[145] 황색의 염료로 쓸 수 있다.

고대 가요에 "홰나무에 노란 꽃이 피니, 과거 응시생들 바쁘겠네[槐花黃擧子忙]"[146]라고 한 말이 이것이다.

『이아(爾雅)』에서 "수궁회(守宮槐)의 잎이 낮에는 오므라들었다가 밤에는 펼쳐진다"[147]라고 하였다. 주석에서 "홰나무 잎은 낮에는 오므라들어 합해졌다가, 밤에는 펼쳐지기 때문에 수궁(守宮)이라 명명하였다"[148]라고 하였다. 또, '櫰'의 음은 '괴'인데, 홰나무의 별명이다.

당시(唐詩)에서 "성글고 썰렁하게 늙은 홰나무 석양에 많네[古槐疏冷夕陽多]"[149]라고 한 말이 이것이다.

『박물지(博物志)』에서 "홰나무 잎이 난지 오 일된 것을 '토목(兎目)', 열흘된 것을 '서이(鼠耳)'라 한다"[150]라고 하였다.

『천현주물부(天玄主物簿)』에서 "까치가 홰나무 열매를 쪼아대면 까치 뇌에 옥이 맺히므로 '작옥(鵲玉)'이라 부른다"[151]라고 하였다.

세상에 다음과 같은 말이 전한다.

홰나무에 달린 열매를 모두 따서 한 개의 그릇에 담아두면 반드시 우

---

144) 허성(虛星) : 허수(虛宿). 28수(宿) 중의 하나.

145) 槐者虛星之精也.(『雲笈七籤, 卷二十四, 日月星辰部, 總說星』)

146) **俗云**, 槐花黃擧子忙, **謂槐之方花, 乃進士赴擧之時**.(『說郛, 卷八十, 槐黃』) → **古謠**, 槐花黃, 擧子忙.(『松南雜識』)

147) 守宮槐葉, 晝聶宵炕.(『爾雅注, 卷下, 釋艸, 第十三』)

148) 槐葉, 晝聶合, 而夜炕布者, 名守宮**槐**.(『爾雅注, 卷下, 釋艸, 第十三』) → 槐葉, 晝**日**聶合, 而夜炕布者, 名**爲**守宮.(『松南雜識』)

149) 조하(趙嘏)의 경분양구댁(經汾陽舊宅).

150) **棗雞口 · 槐**兎目 **· 桑黿眼 · 楡負瘤 · 雜木**鼠耳.(『廣博物志, 卷四十二, 草木一』) → 博物志, 槐葉生五日曰兎目, 十日曰鼠耳.(『佩文韻府, 卷九十之二, 兎目』) → 博物志**曰**, 槐葉生五日曰兎目, 十日曰鼠耳.(『松南雜識』)

151) 天玄主物簿云, 鵲啄槐實. 結玉於腦, 謂之鵲玉.(『埤雅, 卷六, 釋鳥, 鵲』)

는 것이 있다. 날마다 그릇을 나누어 개수를 줄여가다 보면 우는 것을 알 수 있다. 사람이 그 열매를 삼키면 총명해지지만 나무에 달려 있을 때에는 까치가 그 열매를 먼저 먹어버린다고 한다.

방서(方書)에서 "쥐 역시 허성의 정기이기에 밤에도 잘 본다. 사람이 우는 홰나무 열매를 먹으면 또한 쥐처럼 밤에도 잘 보게 된다"라고 하였다.

용편
龍鞭

『영표록이(嶺表錄異)』[152]에서 말하였다.

남쪽 해안가 백사장에 사저(沙箸)[153]가 자라는데, 일명 월왕죽(越王竹)이라고 한다. 월왕(越王)이 산가지[154]를 만들고 남은 뼈와 뿔에서 자라났다는 전설이 전해진다. 가는 갈대같이 생겼으며, 키는 한 자 남짓이다. 봄에 싹이 돋아나고 그 심은 뼈 같은데 희고도 단단하다. 남해(南海) 사람들은 그 빛깔을 좋아하여 술산가지[酒籌]를 만든다. 대개 그것을 캐려고 하는 사람은 가벼운 걸음으로 앞으로 나아가서 뽑아야 한다. 만약 발자국 소리가 나면 이것이 갑자기 모래 속으로 오그라 들어가기 때문에 캘 수가 없기 때문이다.[155]

---

152) 영표록이(嶺表錄異) : 당나라 유순(劉恂)이 벼슬을 그만둔 후 남해(南海)로 내려가 살면서 그곳의 기후와 풍속, 지리, 교통 등에 대해 기록한 책. 3권.

153) 사저(沙箸) : 바다에서 생산되는 식물 이름. 산호충(珊瑚蟲) 류이다.

154) 산가지 : 수효를 셈할 때 쓰던 물건. 대나 뼈 따위로 젓가락처럼 만들었다.

155) 沙箸, 生**于**海岸沙中. 春吐苗, 其心若骨, **白**而且勁, **可**爲酒籌. 凡欲采者, 輕步向前, **及手**, **急挼之**. **不然**, 聞行**者**聲, 遽縮入沙中, **掘尋之**, **終**不可得**也**.(『嶺表錄異, 卷下』)→嶺表錄, 南海岸邊沙中, 生沙箸, 一名越王竹, 相傳越王棄餘算而生, 若細荻高尺餘, 春吐苗, 其心若骨, **青**而且勁, 南海人, 愛其色, **以**爲酒籌, 凡欲採者, **須**輕步向前**拔之**, 聞行聲, 遽縮入沙中, 不可得.(『康熙字典, 箸』)→嶺表錄**曰**, 南海岸邊沙中,

지봉 이수광이 "용편(龍鞭)은 함경도의 바다에서 난다. 대개 나무 종류이지만 돌처럼 흰색이다. 젓가락처럼 단단하며 곧아서 붓의 대롱을 만들기에 적합하다"[156]라고 하였다.

독두나무
獨梪

『유양잡조(酉陽雜組)』에서 말하였다.

독두나무는 돈구(頓丘) 남쪽 응족산(應足山)에서 난다. 높이는 십여 길이고 껍질은 푸르고 매끄러워 유벽(流碧) 같다. 가지와 줄기는 위로 솟았고 씨앗은 오색의 주머니 같으며 잎은 망자경(亡子鏡) 같다.[157]

자작나무 · 고나무
樺楉

운서(韻書)에서 "화(樺)의 껍질은 활을 붙일 수 있다"[158]라고 하였다. 또 "화성(火城)[159]은 화(樺)나무로 만든 횃불의 긴 행렬을 이른다"[160]라

生沙箸, 一名越王竹, 相傳越王棄餘算而生, 若細荻高尺餘, 春吐苗, 其心若骨, 青而且勁, 南海人, 愛其色, 以爲酒籌, 凡欲採者, 須輕步向前拔之, 聞行聲, 遽縮入沙中, 不可得.(『松南雜識』)

156) **今我國用龍鞭爲筆管**, 龍鞭産**咸鏡道海內**, 蓋木類而似石色白, 堅直如筯, (『芝峯類說, 卷十九, 服用部, 器用』) → 龍鞭, **産於北道海中**, 盖木類而似石白色, 堅直如筯, **宜筆管**.(『松南雜識』)

157) 獨梪樹, 頓邱南應足山有之, **山上有一樹**, 高十餘丈, 皮青滑似流碧, 枝幹上聳, 子若五綵囊, 葉如亡子鏡, **世名之仙人獨梪樹**.(『酉陽雜組續集, 卷九, 支植上』) → 獨梪樹, 頓丘應足山有之, 高十餘丈, 皮青活似流碧, 枝幹上聳, 子若五彩囊, 葉如亡子鎭.(『松南雜識』)

158) **華**, **卽今之**樺皮, 貼弓**者**.(『古今韻會擧要, 樺』) → 樺皮, **可**貼弓.(『松南雜識』)

고 한 말이 이것이다.

『한서(漢書)』의 주석에서 "읍루(挹婁) 사람들이 고목(楛木)을 이용하여 화살을 만든다. 그 나무의 잎은 느릅나무(楡) 같으니 바로 '숙신씨(肅愼氏)가 고(楛)나무로 만든 화살과 돌화살촉'이다"[161]라고 하였다. 지금 북도(北道)에 그것이 있다.

벵골보리수 · 오리나무
榕榿

유종원(柳宗元)의 시에서 "벵골보리수(榕) 잎이 뜰에 가득한데 꾀꼬리 시끄러이 우네[榕葉滿庭鶯亂啼]"[162]라고 하였는데, 주석에서 "벵골보리수는 처음에는 칡덩굴(葛藟)처럼 나무를 따라 올라갔다가 뒤에야 나무가 된다"[163]라고 하였다. 남방에서 나며 가지가 땅에 붙으면 바로 뿌리가 난다. 돌돌 말리고 굽었으며 냄새가 고약해서 재목으로는 쓸 수 없다고 한다.[164] 지금 귀롱나무[鬼弄木]의 종류인 듯하다.

---

159) 화성(火城) : 고대의 조회할 때 사용하던 횃불 의장(儀仗). 당나라 이조(李肇)의 『당국사보(唐國史補)』에서 "정월초하루와 동지에 의장을 세우는데 대관(大官)은 모두 가산(珂傘)을 갖추고 오륙백 자루의 횃불을 줄지어 세우니 그것을 '화성(火城)'이라고 한다. 재상의 화성이 이르면 여러 하급 관원들은 횃불을 끄고 피한다"라고 하였다.

160) 每元日冬至, 立仗, 大官皆備珂傘列燭, 有至五六百炬者, 謂之火城.(『唐國史補, 卷下』) → 火城樺燭.(『松南雜識』)

161) 於是肅愼氏貢楛矢石砮, …… 挹婁一名肅愼氏. 說文曰, 楛木也, 今遼左有楛木, 狀如荊葉如楡也.(『後漢書, 卷一百, 孔融傳』의 주석) → 挹婁人, 用楛木作矢, 其葉如楡, 卽肅愼氏楛失石砮也.(『松南雜識』)

162) 「유주이월용엽락진우제(柳州二月榕葉落盡偶題)」.

163) 初**生**如葛藟緣木, 後乃成樹.(『柳河東集注, 卷四十二, 柳州二月榕葉落盡偶題』) → 初如葛藟緣木, 後乃成樹.(『韻府羣玉, 榕』) → **榕木**, 初如葛藟緣木, 後乃成樹.(『松南雜識』)

164) **木名**, 初如葛藟緣木, 後乃成樹, 生南方, 枝著地卽生根, 卷曲臭惡, 不可爲材, …… **又**柳**宗元**詩, 榕葉滿庭鶯亂啼.(『韻府羣玉, 榕』) → 柳**子厚**詩, 榕葉滿庭鶯亂啼, **註**, **榕木**, 初如葛藟緣木, 後乃成樹, 生南方, 枝着地卽生根, 卷曲臭惡, 不可爲材云.(『松南

두보(杜甫)의 시에서 "오리나무 숲의 해를 가려 바람을 노래하는 잎[榿林礙日吟風葉]"[165]이라고 하였는데 그 주석에서 "촉(蜀) 땅의 사람들은 오리나무를 심은 지 삼년 뒤에 땔감으로 쓴다"[166]라고 하였다.

낙상
雒常

『진서(晉書), 동이전(東夷傳)』에서 "숙신씨국(肅愼氏國)에 낙상(雒常)이라는 나무가 있다. 중국에 성제(聖帝)가 출현하면 이 나무가 난다. 이 나무의 껍질로는 옷을 해 입을 수 있으니, 주나라 무왕(武王)과 성왕(成王) 때 사신을 파견하여 조공으로 바쳤다"[167]라고 하였다.

화평나무
華平

『송서(宋書), 부서지(符瑞志)』에서 "화평나무(華平)는 그 가지가 바르고 평평하다. 왕이 덕이 있으면 자라는데, 덕이 강하면 위로 뻗고 덕이 약하면 아래로 쳐진다"[168]라고 하였다.

「동경부(東京賦)」[169]에서 "봄 동산에 화평나무를 심었네.(植華平於春

雜識』)

165) 「당성(堂成)」.

166) 蜀以榿爲薪, 則三年可燒.(『九家集注杜詩, 卷二十二, 憑河十一少府邕覓榿木栽』) → 榿林礙日吟風葉, 註, 蜀人種榿三年爲薪.(『松南雜識』)

167) 肅愼氏 …… 有樹名雒常, 若中國有聖帝代立, 則其木生, 皮可衣. …… 周武王時, **獻其楛矢石砮**, **逮于周公輔成王**, **復**遣使入貢.(『晉書, 卷九十七, 列傳, 東夷, 肅愼氏』) → 肅愼氏**國**, 有樹名雒常, 若中國有聖帝代立, 則其木生. 皮可衣. 周武王**成王時**, 遣使入貢.(『松南雜識』)

168) 華平, 其枝正平, 王者有德則生, 德剛則仰, 德弱則**低**.(『宋書, 卷二十九, 志, 第十九, 符瑞, 下』) → 華平, 其枝正平, 王者有德則生, 德剛則仰, 德弱則俯.(『松南雜識』)

圃)”라고 하였는데, 그 주석에서 “화평나무는 상서로운 나무이다. 천하가 태평하면 그 꽃이 똑바로 피고, 평화롭지 못한 곳이 있으면 꽃이 그 방향으로 기운다고 한다”[170]라고 하였다.[171]

대개 굴질(屈軼) 지녕(指佞)[172]의 종류이며 또한 초목 중의 특이한 것인 듯하다.

영목

影木

『화목록(花木錄)』[173]에서 말하였다.

영주(瀛洲)에 영목(影木)이 있다. 한낮에 그것을 보면 잎 하나에 그림자가 무수히 많고 밤에는 꽃이 흩뿌려진 별과 같다. 만 년에 한번 참외 같은 열매를 맺는다.[174]

---

169) 한(漢)나라 장형(張衡)의 작품.

170) **植猶種也**, **華平**瑞木也, 天下平, 其華則平, 有不平處, 其華**則**向其方傾.(『文選, 卷三, 東京賦』)→瑞木也, 天下平, 其華**亦**平, 有不平處, 其華向其方傾**云**.(『松南雜識』)

171) 宋書符瑞志, 華平, 其枝正平, 王者有德則生, 德剛則仰, 德弱則俯, **張衡**, 東京賦, 植華平於春圃, 註, 天下平其華則平.(『康熙字典, 平』)→宋書符瑞志云, 華平, 其枝正平, 王者有德則生, 德剛則仰, 德弱則俯. 東京賦, 植華平於春圃. 註, 瑞木也, 天下平, 其華**亦**平, **有不平處**, **其華向其方傾云**.(『松南雜識』)

172) 굴질(屈軼) 지녕(指佞) : 상서로운 풀이름. 굴질(屈軼)의 다른 이름이 지녕(指佞)이다. 요(堯)임금 때 돋아서 간사한 사람이 조정에 들어오면 구부려서 가리켰다고 한다.

173) 화목록(花木錄) : 송나라의 장종회(張宗誨)가 지은 책. 총 7권

174) 瀛州有影木, 日中視之, **則**一葉百影, 花**有實**, **夜**如列星, 萬年一實, **其大**如瓜.(『類說, 卷十三, 花木錄, 一葉百影』)→瀛州有影木, 日中視之, 一葉百影, 花如列星, 萬年一實如瓜.(『松南雜識』)

염부수
閻浮樹

『유양잡조(酉陽雜俎)』에서 말하였다.

불경(佛經)에서 "수미산(須彌山)[175] 남쪽에 염부수(閻浮樹)가 있는데 달이 나무를 지나가면 그림자가 달 속으로 들어간다"라고 하였다.[176]

닐
樠

『장자(莊子)』에서 "춘나무(椿)는 팔천 년씩을 봄과 가을로 삼는다. 또 초나라 남쪽에 있는 명령(冥靈)은 오백 년씩을 봄과 가을로 삼는다"[177] 라고 하였다.

『한무제내전(漢武帝內傳)』[178]에서 "요지(瑤池)[179]의 복숭아나무는 삼천 년 만에 꽃이 피고 삼천년 만에 열매를 맺는다"[180]라고 하였다.

『신이경(神異經)』에서 "남방(南方) 대황(大荒) 지역에서 '사가닐(柤稼樠)'

---

175) 수미산(須彌山) : 범어(梵語)로 'sumeru'라고 하며 수미루(修迷樓)·소미로(蘇迷盧)라고도 한다. 또 한역하여 묘고산(妙高山)이라고도 한다. 불경(佛經)에서는 사대주(四大洲)의 중심에 수미산이 있는데 큰 바다가 가운데 위치해 있으며 높이가 수백만 리(里)나 되고 그 꼭대기에 제석천(帝釋天)이 있다고 한다.

176) 釋氏書言, 須彌山南面, 有閻扶樹, 月過樹, 影入月中.(『酉陽雜俎, 卷一, 天咫』)

177) 楚之南有冥靈者, 以五百歲爲春, 五百歲爲秋. 上古有大椿者, 以八千歲爲春, 八千歲爲秋, (『莊子, 逍遙遊』)→椿以八千歲, 爲春爲秋. 又楚南冥靈之樹, 以五百歲, 爲春爲秋.(『松南雜識』)

178) 한무제내전(漢武帝內傳) : 한나라 반고(班固)가 편찬한 책.
*『松南雜識』에는 '漢武帝外傳'으로 오기되어 있음.

179) 요지(瑤池) : 선계(仙界)의 하나. 고목천자(古穆天子)가 서왕모(西王母)와 술을 마신 곳이다.

180) 此桃三千年一生實, 中夏地薄, 種之不生.(『漢武帝內傳』)→瑤池桃三千年開花, 三千年結子.(『松南雜識』)

이라고 하는 나무가 있는데, 삼천년 만에 꽃이 피고 구천년 만에 열매를 맺으며 키는 백 길이다”[181]라고 하였다.

부목
廚木

『집운(集韻)』에서 “사조국(斯條國)에 있다. 수지(樹脂)가 기름져서 떡을 지지는데 사용할 수 있다”[182]라고 하였다.

성풍목
聲風木

고가(古歌)에서 말하였다.

한(漢)나라 무제(武帝) 때 동방삭(東方朔)[183]이 서나국(西那國)에서 이것을 얻었는데 바람이 나뭇가지에 불면 옥 같은 소리가 난다. 황제가 이것을 신하들에게 하사하였는데 흉한 일이 생길 사람의 나무는 가지에서 땀이 나고 죽을 사람의 나무는 가지가 부러졌다. 그런 까닭에 속담에 “수명의 반도 채 못살았고 가지에 땀도 나지 않는다”라고 하였다.

『동명기(洞冥記)』[184]에서 “노담(老聃)[185]이 그것을 얻으니 나무가 칠백

---

181) 南方大荒之中, 有樹焉, 名曰柤稼櫃, **柤者柤梨也**, **稼者株稼也**, 櫃**親暱也**. 三千歲作花, 九千歲作實, **其華藥紫色**, **其實赤色**, 其高百丈, **或千丈也**.(『說郛, 卷六十六上, 神異經, 南荒經』) → 南方大荒之中, 有樹焉, 名曰柤稼櫃 , 三千歲作花, 九千歲作實, 其高百丈.(『松南雜識』)

182) 斯條國, 有**廚木**, 汁肥, 可用煮餠.(『集韻, 廚』) → 斯條國, 有之, 汁肥, 可用**之**, 煮餠.(『松南雜識』)

183) 동방삭(東方朔) : 전한의 문인. 해학과 변설(辯舌), 직간(直諫)으로 이름이 났다. 속설에 서왕모의 복숭아를 훔쳐 먹어 장수하였으므로 삼천갑자 동방삭이라고 이른다.

184) 동명기(洞冥記) : 후한의 곽헌(郭憲)이 편찬한 책. 총 4권. 일명 『한무동명기(漢武洞冥記)』·『별국동명기(別國洞冥記)』. 기록한 내용이 모두 허황하고 괴이하며 상고할

년 동안 땀을 흘리지 않았고 악전(偓佺)[186]이 그것을 얻자 나무가 삼천 년 동안 부러지지 않았다"라고 하였다.[187]

장경 · 간자
長卿簡子[188]

양(梁)나라 소자운(蕭子雲)[189]의 부(賦)에서,

장경(長卿)이 겨울에 푸르고	長卿寒翠

수 없는 것이어서 후한의 문체와 매우 다르다. 실제로는 육조(六朝) 시대 어떤 인물이 의탁하여 지은 것이라고도 한다.

185) 노담(老聃) : 성명은 이이(李耳). 자는 담(聃). 노담(老聃)이라고도 한다. 초나라 고현(苦縣) 녹읍현(鹿邑縣) 출신. 주나라의 수장실사(守藏室史 : 장서실 관리인)였다. 공자가 낙양(洛陽)으로 노자를 찾아가 예(禮)에 관한 가르침을 청한 것으로 알려졌다. 그가 주나라의 쇠퇴를 한탄하고 서방(西方)으로 떠나면서 관문지기의 요청으로 쓴 2편의 책이 『노자(老子)』 또는 『도덕경(道德經)』이다.

186) 악전(偓佺) : 요임금 때의 신선(神仙).

187) 大初二年, 東方朔從西那汗國歸, 得聲風木十枝, 獻帝. 長九尺, 大如指, 此木臨因桓之水, 則禹貢所謂因桓, 是也. 其源出瞎波, 樹上有紫燕黃鵠集其間, 實如油麻. 風吹枝如玊聲, 因以爲名. 帝以枝遍賜羣臣, 臣有凶者, 枝則汗, 臣有死者, 枝則折. 昔老聃在於周世年七百歲, 枝竟未汗. 偓佺生於堯, 時年三千歲, 枝竟未一折, 帝乃以枝問朔. 朔曰, 臣已見此枝, 三過枯死, 而復生, 豈汗折而已哉? 里語曰, 年未半枝不汗, 此木五千年一汗, 萬歲不枯.(『洞冥記, 卷二』) → 古歌云, 漢武帝時, 東方朔得於西那國, 而風吹聲如玉, 帝賜羣臣, 有凶者枝汗, 死者枝折故, 語曰, 年未半枝未汗. 洞冥記云, 老聃得之, 七百年不汗, 偓佺得之, 三千年不折.(『松南雜識』)

188) 간자등[簡子] : 등나무[藤] 종류의 식물 이름. 북위(北魏)의 가사협(賈思勰)의 『제민요술(齊民要術), 등(藤)』에 의하면 이것은 나무를 따라 자라나고 1월과 2월에 꽃이 피며 4 · 5월에 익는다. 열매는 배[梨] 같은데 수탉의 닭벼슬처럼 붉고 물고기 비늘 같은 씨가 있다. 먹으면 담박(淡泊)하고 달거나 쓰지는 않다. 교지(交阯)와 합포(合浦)에서 난다고 한다.

189) 소자운(蕭子雲) : 양(梁)나라 사람. 자는 경교(景喬). 자현(子顯)의 아우이며 제 고조(齊高祖)의 손자이다. 제(齊)의 건무(建武) 때 신포현후(新浦縣侯)에 봉해졌으며, 양나라로 들어가 국자좨주(國子祭酒)의 벼슬에까지 올랐다. 초서와 예서를 잘 썼으며, 저서로는 『진서(晉書)』 · 『동궁신기(東宮新記)』 등이 있다.

간자(簡子)는 가을에 붉도다　　　　　　　　　　　　簡子秋紅[190]

라고 하였는데, 그 주석에서 "장경(長卿)은 약의 이름이니 서장경(徐長卿)이다"라고 하였다.[191]

살펴보건대, 패사(稗史)에서 "간자등(簡子藤)의 열매는 푸른색으로 닭벼슬 같다"라고 하였다.

평중 · 고도
平仲古度

「오도부(吳都賦)」에서 "소나무 · 가래나무 · 고도나무[松梓古度]"[192]라고 하였는데, 그 주석에서 "고도(古度)는 나무이름이다"[193]라고 하였다.

「사마상여열전(司馬相如列傳)」의 "유(留)[194] · 낙(落)[195] · 서사(胥邪)[196]"[197]의 주석에서 "서사(胥邪)는 병려나무(幷閭)[198]이니 껍질은 노끈을 만들 수 있다"[199]라고 하였다.

또 "평중와 군천[平中桾櫏]"[200]의 주석에서 "평중(平仲)은 나무이름이

---

190) 長卿**寒**翠, 簡子秋紅.(『歷代賦彙, 卷一百六, 玄圃園講賦, 蕭子雲』)→長卿**晚**翠, 簡子秋紅.(『松南雜識』)

191) 長卿**草中**藥名, 徐長卿也.(『續編珠, 卷二, 長卿簡子』)→長卿藥名, 徐長卿也.(『松南雜識』)

192) 오도부(吳都賦) : 서진(西晉) 좌사(左思)의 작품.

193) 古度樹**也**.(『文選, 卷五, 吳都賦』)→古度, 樹**名**也.(『松南雜識』)

194) 유(留) : 나무이름. 유(留)는 유자(劉子) 즉 유익(劉杙)이며 산속에서 나는데 열매는 배[梨]와 비슷하다.

195) 낙(落) : 나무이름. 피나무[欂].

196) 서사(胥邪) : 나무이름. 서여(胥餘)라고도 함. 야자(椰子)의 별명.

197) 留落胥**餘**.(『史記, 卷一百十七, 司馬相如列傳』)→留落胥**邪**.(『松南雜識』)

198) 병려(幷閭) : 나무이름. 종려나무[椶櫚].

199) 胥**餘**似幷閭, **幷閭**, **椶也**. 皮可作索.(『史記, 卷一百十七, 司馬相如列傳』)→胥**邪**似幷閭, 皮可作索.(『松南雜識』)

200) 「오도부(吳都賦)」.

다. 군천(桾櫏)은 열매가 박 모양과 같으니 감나무의 종류이다"[201]라고 하였다.

고시(古詩)에서,

화창한 봄날에 평중나무 푸르고	芳春平仲綠
맑은 밤에 소쩍새 우네	淸夜子規啼[202]

라고 하였다.

야간
射干

『순자(荀子)』에서 "야간(射干)은 서방(西方)의 나무이름이다"[203]라고 하였다.

「자허부(子虛賦)」[204]의 주석에는 "풀이름이다"라고 하였으니, "혜초(蕙草) 밭의 두형(杜衡)·난초·백지(白芷)·두약(杜若)·야간(射干)"[205]이 이것이다. 지금 우리나라에서 '호선(虎扇)'이라고 하는 말이 이것이다.

또 야간(射干)[206]은 짐승이름이다. 여우같은데 나무에 잘 올라갈 수 있다.

바로,

---

201) 平仲**之**木, **實白如銀**. 君遷之樹, 子如瓠形.(『文選, 卷五, 吳都賦』) → 平仲, 木**名也**, 君遷之樹, 子如瓠形, **柹屬也**.(『松南雜識』)
202) 심전기(沈佺期)의 「야숙칠반령(夜宿七盤嶺)」.
203) 西方有木**焉**, 名**曰**, **射干**.(『荀子, 勸學篇』) → 西方木名也.(『松南雜識』)
204) 한나라 사마상여(司馬相如)의 작품.
205) **有**蕙圃蘅**蘭茝**若射干.(『文選, 卷七, 子虛賦』) → 蕙圃蘅**芷**若射干.(『松南雜識』)
206) 야간(射干) : 나쁜 짐승이름.

원추(鵷雛)[207] · 공작 · 난새 鵷雛孔鸞
등원(騰遠)[208] · 야간(射干) 騰遠射干[209]

라고 한 말이 이것이다.

이는 마치 소(蘇)자가 붙는 동식물이 있는 것과 같다. 예를 들면 나무 종류에는 부소(扶蘇)[210]가 있고, 풀 종류에는 자소(紫蘇)[211]가 있고, 물고기 종류에는 소어(蘇魚)[212]가 있는 따위이다.

오구

烏臼[213]

『강희자전(康熙字典)』에서 "오구(烏臼)는 구(桕)이다"[214]라고 하였다.

진장기(陳藏器)[215]가 "오구나무 잎으로는 검은색을 물들일 수 있다. 씨앗은 짜서 기름을 만들어 머리에 바르면 백발을 검게 할 수 있고, 등기름으로 쓰면 대단히 밝다. 본래는 '아구(鵶桕)'라고 쓰는데, 또 '아구(鵶舅)'라고도 한다"라고 하였다.

---

207) 원추(鵷雛) : 새이름. 봉황(鳳凰)의 종류. 원추(宛雛) 또는 원추(鵷鶵)라고도 한다.

208) 등원(騰遠) : 양장거(梁章鉅)는 『장자(莊子) · 산목(山木)』 및 장형(張衡)의 「남도부(南都賦)」의 등원(騰猿)이라고 생각했으며 왕선겸(王先謙)도 등원(騰猿)의 오기라고 하였다.

209) 「자허부(子虛賦)」.

210) 부소(扶蘇) : 나무의 이름. 『시경』의 「산유부소(山有扶蘇)」에 나온다.

211) 자소(紫蘇) : 소엽(蘇葉). 깻잎.

212) 소어(蘇魚) : 밴댕이.

213) 오구(烏臼) : 식물 이름. 오구(烏桕)라고도 쓴다. 대극과(大戟科)의 낙엽교목이다. 높이는 두 길[丈] 쯤이며 잎은 난형이며 뾰족하다. 여름에 꽃이 피는데 모양은 작과 색은 노랗다. 단성(單性)이며 꽃이 핀 후에 열매를 맺는다. 씨앗에 지방질이 많아서 납촉(蠟燭)이나 비조(肥皂)를 만들 수 있다.

214) **本草**, 烏臼**樹**.(『康熙字典, 桕』) → 烏臼, 桕**也**.(『松南雜識』)

215) 진장기(陳藏器) : 당나라의 학자. 은(鄞) 출신. 의술(醫術)에 정통하였다. 삼원현위(三原縣尉)를 지냈으며 『본초습유(本草拾遺)』를 지었다.

육구몽(陸龜蒙)의 시에서,

> 가다 쉴 때는 언제나 아구나무 그림자에 기대고　　行歇每依鴟舅影
> 심지를 자구 돋우며 때때로 모란꽃[216]의 심을 본다　　挑頻時見鼠姑心[217]

라고 하였다.[218]

고시(古詩)에서 "바람이 오구나무에 부네[風吹烏臼樹]"[219]라고 하였는데, 그 주석에서 "형주(荊州)에 이 나무가 있다"라고 하였다.

또 '오구(烏桕)'는 새의 이름이니 「독곡가(讀曲歌)」[220]에서 "쏘아서 오구(烏臼)[221]를 쫓아 보내네[彈去烏臼鳥]"[222]라고 한 말이 이것이다.

합포엽
合浦葉

지봉(芝峰) 이수광(李睟光)이 말하였다.

합포(合浦)에 삼나무(杉)가 있다. 잎이 떨어지면 바람을 따라 낙양(洛陽)에 들어간다. 한(漢)나라 때 상서로운 나무로 여겼기에 훌륭한 왕이 출

---

216) 모란꽃 : 서고(鼠姑)는 모란꽃의 별명.

217) 「우철야소기습미(偶輟野蔬寄襲美)」.

218) **柏**. **正字通**, **巨九切**, **音舅**, **烏柏**, **木名**, 本作烏桕. **唐本草**, **作**烏臼. 陳藏器云, 葉可染皁, 子壓爲油塗頭, 令白變黑, 爲燈極明. 又名鴟舅. **唐**陸龜蒙**掇野疏**詩, 行歇每依鴟舅影, 挑頻時見鼠姑心.(『康熙字典, 柏』) → 烏臼, 柏**也**. 陳藏器云, 葉可染皁, 子壓爲油塗頭, 令白變黑, 爲燈極明. 本作烏桕. 又名鴟舅. 陸龜蒙詩, 行歇每依鴟舅影, 挑頻時見鼠姑心.(『松南雜識』)

219) 『樂府詩集, 雜曲歌辭, 西洲曲』.

220) 독곡가(讀曲歌) : 악부(樂府) 오성가곡(吳聲歌曲)이다. 『악부시집(樂府詩集), 청상곡사(淸商曲辭), 독곡가(讀曲歌)』 조에 이에 관한 여러 가지 설명이 있다.

221) 오구(烏臼) : 급구(鵖鳩)라고도 한다. 작고 검은 새이며 머리 부분에 볏 같은 것이 있으며 닭보다 먼저 운다. 그 소리가 '가격가격(加格加格)'이라고 하여 까마귀 및 새매를 쫓을 수 있는 까닭에 오구(烏舅)라고도 한다.

222) 『古詩紀, 卷六十五, 讀曲歌 八十九首』.

현하면 사람을 보내어 그 나무를 찍어오게 할 것이라고 생각하였다.

강총(江總)[223]의 시에서,

전해 듣자하니, "합포의 낙엽이	傳聞合浦葉
멀리 낙양으로 날아간다"하더군	遠送洛陽飛

라고 하였다.[224]

자동
刺桐

운서(韻書)에서 "오동(梧桐)의 열매는 먹을 수 있지만 '청오동(青桐)'은 열매가 없다. '백오동(白桐)'의 꽃은 황자줏빛이며 거문고의 목재에 좋다. 천주(泉州)에 '자동(刺桐)'이 있는데 꽃이 먼저 피고 잎이 뒤에 나면 오곡이 익는다"라고 하였다.

팽강(彭綱)[225]의 시에,

무성한 잎에 바람 부니 푸른 빛 팔랑이고	風吹密葉翠翩翩

---

223) 강총(江總) : 남북조(南北朝) 시대의 노성(老城) 출신. 자는 총지(總持). 시문(詩文)에 뛰어났다. 양나라에서 태자사인을 역임하다 진(陳)나라의 태자첨사가 되었다. 후주(後主)가 즉위하자 복야상서령으로 발탁되었다. 그러나 후주를 따라 날마다 연회나 유희에 빠져 정사를 소홀히 하고 염시(艶詩)를 주로 지어 '압객(狎客)'으로 불렸다.

224) 江總詩, 傳聞合浦葉, 遠送洛陽飛. 皇甫冉詩, 心隨合浦葉, 命寄首陽薇. 按交州紀, 合浦有一杉樹, 葉落隨風入洛陽. 漢時有謂此休徵, 當出王者, 遣人伐樹云.(『芝峰類說, 卷十, 文章部三, 古詩』)→合浦有杉樹, 葉落隨風入洛陽. 漢時以爲瑞, 當出王者, 遣人伐樹. 江總詩云, 傳聞合浦葉, 遠送洛陽飛.(『松南雜識』)

225) 팽강(彭綱) : 명나라 사람. 청강(清江) 출신. 자는 성인(性仁). 성화(成化) 연간에 진사(進士)가 되어 원외랑(員外郎)을 역임하였다. 여주(汝州)를 다스릴 때 도랑을 파고 물을 끌어들여 수천 이랑의 논에 물을 대어 대대로 백성에게 이롭도록 하였다. 운남제학부사(雲南提學副使)로 있을 대는 공무에 밝다는 칭송을 받았다.

이슬 맺힌 몇 떨기 앵무화가 붉네　　　　露出幾隻紅鸚鵡

라고 하였는데, 그 주석에서 "'자동(刺桐)'의 꽃을 운남(雲南)에서 '앵가화(鸚哥花)'[226]라고 한다"[227]라고 하였다.

또 '해오(海梧)'는 임읍(林邑)에서 난다. 나무는 중국의 것과 같지만 열매는 훨씬 크고 살지고 달며 향기롭고 맛이 있어 제수(祭需) 중에 좋은 과일이다.[228]

지금 기름을 짜는 것을 '강동(岡桐)'[229]이라고 이름 하니, 아마 지금의 '소동(蘇桐)'인 듯하다. 또 서역(西域)의 '호동루(胡桐淚)'[230]를 칸(可汗)은 금은(金銀)으로 친다.

대개 오동은 습기를 제거하기 때문에 모직물을 궤에 넣어두면 몇 년 동안 두어도 손상되지 않는다고 한다.

단목
丹木

『산해경(山海經)』에 "밀산(峚山)에 단목(丹木)이 많다. 꽃은 노랗고 열매는 붉은데 이것을 먹으면 배가 고프지 않다"[231]라고 하였다.

---

226) 앵무화(鸚鵡花) : 앵가화(鸚哥花)라고도 한다.

227) **詠刺桐花**. **樹頭樹底花楚楚**, 風吹**密**葉翠翩翩, 露出幾**隻**紅鸚鵡. **楊用修云**, 刺桐花, 雲南名爲鸚哥花, **形酷似之**.(『明詩綜, 卷二十九, 彭綱, 詠刺桐花』)→彭綱詩, 風吹**綠**葉翠翩翩, 露出幾**枝**紅鸚鵡. **註**, 刺桐花, 雲南名爲鸚哥花.(『松南雜識』)

228) 海梧**子**樹與中國**松**同. 但結實絶大, **形如小栗三角**. 肥甘香味, 亦樽俎間佳果也. 出林邑.(『說郛, 卷一百四下, 海梧子』)→海梧, 出林邑, 樹與中國同. 但結實絶大, 肥甘香味, 亦樽俎間佳果也.(『松南雜識』)

229) 강동(岡桐) : 유동나무[油桐]이다. 이른 봄에 먼저 담홍색의 꽃이 핀다. 열매는 크고 둥글며 오동기름을 만들 수 있다.

230) 호동루(胡桐淚) : 서역(西域)의 거사국(車師國)에서 많이 나는데, 벌레가 이 호동의 수액을 먹고 흘린 진액이다. 다른 명칭은 호동감(胡桐鹼)이다. 호동율(胡桐律)이라고도 하지만 틀리다.

도잠(陶潛)의 시에서,

단목은 어디서 나는가	丹木生何許
바로 밀산 남쪽이라네	乃在峚山陽[232]

라고 하였다.

'峚'의 음은 '밀'이다.

또 "주목(朱木)은 개산국(蓋山國)에 있는 나무인데 껍질이 붉다"[233]라고 하였다.

동청
冬青

사조(謝眺)[234]의 시에서 "바람이 만년지(萬年枝)를 움직이네[風動萬年枝]"[235]라고 하였는데, 그 주석에서 "만년지는 동청(冬青)이니, 일명 여정(女貞)이다"라고 하였다.

임경희(林景熙)[236]의 시에 "해마다 두견새가 동청나무에서 우네[年年杜

---

231) 峚山, **其上**多丹木, **員葉而赤莖**, 黃華**而**赤實. **其味如飴**, 食之不飢.(『山海經, 卷二, 西山經』)→峚山, 多丹木, 黃華赤實. 食之不飢.(『松南雜識』)

232) 「독산해경시 십삼수(讀山海經詩十三首)」.

233) **有**盖山之國有樹, 赤皮**支幹**, **青葉**, **名曰**朱木, **或作朱威木也**.(『山海經, 卷十六, 大荒西經』)→朱木, 盖山之國有樹, 赤皮.(『松南雜識』)

234) 사조(謝眺) : 남제(南齊) 때의 시인. 자는 현휘(玄暉). 오언시(五言詩)를 잘 지었다. 선성 태수(宣城太守)를 지냈기 때문에 '사선성(謝宣城)'이라고도 한다. 저서에 『사선성집(謝宣城集)』이 있다.

235) 「직중서성(直中書省)」.

236) 임경희(林景熙) : 송나라 때 인물로, 자는 덕양(德陽), 호는 제산(霽山). 원나라가 송나라 수도를 침공하여 송나라의 여러 왕릉을 파헤치자, 정박옹(鄭樸翁) 등과 그 유해를 수습하고 그 위에 동청수(冬青樹)를 심어 보존하였다.

*『松南雜識』에는 '唐珏'으로 되어 있음.

宇泣冬青]"[237]라고 하였다.

장자(張鎡)[238]는 사(詞)에서 "산반(山礬)의 풍미(風味)와 목서(木犀)의 정신[山礬風味木犀魂]"[239]이라고 하였다.

또 뉴(杻)가 만세지(萬歲枝)이다.

작력
柞櫟

『장자(莊子)』에서 "장석(匠石)[240]이 역사수(櫟社樹)[241]를 보니, 그 크기는 천 마리의 소를 가릴 정도이고, 사람들이 몰려들어 구경하는 것이 흡사 장터와 같았다"[242]라고 하였다.

『회남자(淮南子)』에서 "관부(官府)의 감옥에 역(櫟)을 심는다"[243]라고 하였는데, 그 주석에서 "다른 나무는 불을 일으킬 수 없는데 오직 역나무 만이 불을 일으킬 수 있다"[244]라고 하였다.

진(秦)나라 사람들은 '작력(柞櫟)'이라고 부른다.

---

237) 年年杜宇**泣**冬青.(『霽山文集, 卷三, 夢中作四首』) → 年年杜宇**哭**冬青.(『松南雜識』)

238) 장자(張鎡) : 송나라의 사람. 서진(西秦) 출신. 자는 공보(功甫). 호는 역암(亦庵)・약재(約齋)・천세암(千歲庵)・장불매재(長不昧齋)이며, 서실의 이름은 구저정(鷗渚亭)이다. 벼슬은 봉의랑(奉議郎)・직비각(直閟閣)을 역임했다. 죽(竹)・석(石)・고목(古木)을 잘 그렸다. 저서에 『사학규범(仕學規範)』・『남호집(南湖集)』이 있다.

239) 「안아미(眼兒媚)」.

240) 장석(匠石) : 전국 시대 초(楚)나라의 유명한 목공(木工).

241) 역사수(櫟社樹) : 역(櫟)을 토지의 신으로 삼고 제사지내는 것을 이름.

242) 匠石**之齊**, **至於曲轅**, **見**櫟社樹, 其大蔽**數千**牛, **絜之百圍**. **其高臨山千仞**, **而後有枝**, **其可以爲舟者**, **旁十數**, 觀者如市.(『莊子, 人間世』) → 匠石, 見櫟社樹, 其大蔽牛, 觀者如市.(『松南雜識』)

243) 官獄其樹櫟.(『淮南子, 時則訓』)

244) **十二月歲盡刑斷故**, **獄官也**, **櫟可以爲車轂**, 木不**出**火, 惟櫟爲然, **亦應除氣也**.(『淮南鴻烈解, 卷五, 時則訓』) → 木不**生**火, 惟櫟爲然.(『松南雜識』)

가
迦

『집운(集韻)』에서 "가(迦)는 아목(枒木)이니, 납가새(蒺藜) 같고 키가 크다"라고 하였는데, 그 주석에서 '迦'의 음은 '가'이다"[245]라고 하였다.

저·칠
樗桼

『시경(詩經)』의 소(疏)[246]에 "민간에서는 참죽나무(櫄)·가죽나무(樗)·북나무(栲)·옻나무(桼)는 서로 비슷하여 한 가지 같다고 한다. 또 가죽나무(樗)는 '호목(虎目)'이라고도 한다"[247]라고 하였다.

『회남자(淮南子)』에서 "옻나무는 쓸모가 있지만 저절로 갈라지고 그 기름으로는 불을 밝힐 수 있지만 스스로 타버린다"라고 하였다.

『포박자(抱朴子)』에서 "아무것도 첨가하지 않은 순옻을 먹으면 신명과 통한다"[248]라고 하였다.

---

245) 枒木, 如蒺藜, 上下相距.(『集韻, 迦』) → 集韻, **居迓切**, 音駕. 迦, 枒木, 如蒺藜, 上下相距.(『康熙字典, 迦』) → 集韻曰, 迦, 枒木, 如蒺藜, 上下相距. 註, 迦音駕.(『松南雜識』)

246) 『詩經, 唐風, 山有樞』의 소(疏).

247) 俗語曰, 櫄·樗·栲·**漆**, 相似如一.…… 樗**木**, **葉似椿**, **江東呼**爲虎目.(『陸氏詩疏廣要, 卷上之下, 山有栲』) → 語曰, 櫄·樗·栲·**桼**, 相似如一. **又**樗爲虎目.(『松南雜識』)

248) **淳漆**不**沾**者, 服之則**令人**通神**長生**.(『抱朴子, 僊藥』) → **浮桼**不**黏**者, 服之通神.(『松南雜識』)

상 · 자
桑柘

『전술(典術)』에서 "뽕(桑)나무는 기성(箕星)의 정화(精華)이다"라고 하였다.[249)]

『고금주(古今注)』에서 "뽕나무 열매를 '오디(葚)'라고 하고 산뽕나무 열매를 '가(佳)'라고 한다"[250)]라고 하였다.

집에서 심는 뽕나무를 '상(桑)'이라하고 산뽕나무를 '자(柘)'[251)]라고 한다.

우리나라에서는 '구지(求只)'라고 한다. 우리나라는 부상(扶桑)의 경계이기 때문에 뽕나무와 산뽕나무가 자라기에 가장 좋으니, 명주실로 비단을 만든다. 어떤 사람은 "중국에서 해마다 뽕나무를 심는 것은 우리나라에서 면화를 심는 것과 같다"라고 하였다.

저 · 곡[252)]
楮穀

『산림경제(山林經濟)』[253)]에서 '닥나무 껍질'[254)]이라고 하였는데, 얼룩

249) 典術曰, 桑**木者**, 箕星之精.(『藝文類聚, 卷八十八, 桑』) → 典術曰, 桑, 箕星之精.(『松南雜識』)

250) 桑實**爲椹**. **楮實爲任**.(『古今注, 卷下』) → 古今註, 桑實曰葚, 柘實曰佳.(『康熙字典, 柘』) → 古今註**曰**, 桑實**曰蕽**. 柘實**曰佳**.(『松南雜識』)

251) 자(柘) : 『설문해자(說文解字)』에 원래 없던 글자를 단옥재(段玉裁)가 보충하여 넣었다. 이것은 누에가 나왔는데 뽕나무[桑]가 아직 자라지 않았을 때 대신하여 사용하는 것이다. 총생(叢生)하며 줄기는 성글고 잎은 많고 두꺼우며 둥글고 뾰족하다.

252) 곡나무[穀] : 상과(桑科)의 낙엽교목이다. 높이는 2~3길이며 어린 눈 · 줄기 · 잎에 모두 빳빳한 털 같은 것이 있다. 꽃은 단성(單性)이며 담녹색이다. 암꽃이 구형으로 모이는 것이 닥나무[楮]와 비슷하지만 닥나무의 꽃이 좀 더 크다. 열매가 익을 때는 붉은 색으로 변한다. 나무껍질이 섬유질이어서 종이를 만드는 원료가 되었다.

253) 산림경제(山林經濟) : 조선 숙종 때 실학자 유암(流巖) 홍만선(洪萬選)이 농업과 일상생활에 관한 광범위한 사항을 기술한 소백과사전적인 책이다.

무늬인 것이 저(楮)이고 흰 것이 곡(穀)이다.

『시경(詩經)』에서 "그 아래 닥나무가 있네.(其下維穀)"[255]라고 하였다.

「화식전(貨殖傳)」에서 "한 해를 위한 투자로는 닥나무를 심고, 십 년을 위한 투자로는 나무를 심는다"[256]라고 하였다.

운서(韻書)에서 "한(漢)나라의 채륜(蔡倫)이 닥나무 껍질로 종이를 만든 것이 종이의 시작이다"[257]라고 하였다.

반계(磻溪) 유형원(柳馨遠)이 말하였다.

> 우리나라의 닥나무는 종이를 만들기에 적당하다. 그러나 무겁고 보풀이 일어나서 왜(倭)의 닥나무가 가볍고 매끄러우며 정치(精緻)한 것만 못하다. 평시(平時)에 인쇄한 서책으로 지금까지 전해지는 것은 대부분 왜닥나무가 재질이니 보배로 여길 만하다. 일찍이 선왕(先王) 때 가서 그 씨앗을 가져다 광범위하게 심었다고 한다. 지금 남쪽 지방 바닷가에서 이따금 볼 수 있다.[258]

『채약록(採藥錄)』[259]의 동군(桐君)[260]의 선방(仙方)에 의하면, 닥나무 열

---

254) 楮皮.(『山林經濟, 卷二, 種樹, 種楮』)

255) 『詩經, 小雅, 鶴鳴』.

256) 居之一歲, 種之以穀, 十歲, 樹之以木.(『史記, 卷一百二十九, 貨殖列傳, 第六十九』)

257) 蔡倫用楮膚爲紙.(『韻府羣玉, 楮』)

258) 我國之楮, **亦**宜**於**造紙. **然**重且起毛, 不如倭楮之輕澤精緻. 平時所印書冊, **今或有遺傳者**, 多是**倭**楮**造紙**, **極是**可寶, 今漸絶無矣. 嘗聞祖宗朝**往**取**其**種, **欲使蕃**植, 今南方**海濱**往往有之.(『磻溪隨錄・田制後錄, 上, 栽植』)→我國之楮, 宜造紙**而**重且起毛, 不如倭楮之輕澤精緻. 平時所印書冊, 多是楮, 可寶也. 嘗聞祖宗朝取種**廣**植, 今南方往往有之.(『松南雜識』)

259) 채약록(採藥錄) : 명나라 이시진(李時珍)이 쓴 『본초강목(本草綱目)』의 기록에 의하면, 『채약록(採藥錄)』은 황제(黃帝) 때의 신하인 동군(桐君)이 쓴 책으로 2권이며 주로 꽃과 잎의 모양과 색 등을 기록하였다고 한다. 이시진 당시에 이미 책은 전하지 않는다고 하였다.

260) 동군(桐君) : 황제(黃帝)의 신하. 약초를 채집하고 도(道)를 추구하였다. 그가 지금의 절강성 동노현(東盧縣)에 있는 오동나무 아래에 이르렀을 때, 어떤 사람이 그의 성을 묻자 오동나무를 가리켰기 때문에 세상에서 그를 '동군(桐君)'이라고 하였다. 저서에 『

매가 붉을 때 그늘에서 말려 먹으면 다른 곡식을 먹지 않아도 배고프지 않으며 장수할 수 있다.[261]

또 껍질 사이의 흰 수액은 옴을 치료한다.[262]

닥나무 뿌리가 썩은 뒤에 자라는 버섯은 맛이 매우 좋다.

종등
鍾藤[263]

『이물지(異物志)』에서 "종등(鍾藤)이 나무를 휘감아 싸면 나무가 즉사한다. 등(藤)이 나무로 자란 것 가운데 큰 것은 열 아름이나 되며, 지팡이나 빗치개(篦)[264]를 만들 수 있는데 대나무보다 낫다고 한다"[265]라고 하였다.

또 자등(紫藤)[266]은 줄기가 대나무 뿌리 같고 겹겹의 껍질이 있다. 그것의 줄기를 잘라 연기 그을음 속에 두고 시간이 지나면 '자향(紫香)'이 된다. 이것으로 신(神)을 내려오게 할 수 있다고 한다. 또 '합등(榼藤)'·'상두(象豆)'[267]라고도 한다.[268]

약성(藥性)』 및 『채약록(採藥錄)』이 있다.

261) 採藥錄, 桐君仙方, 楮實赤時, 陰乾**用**之.(『韻府羣玉, 楮』) → 採藥錄**曰**, 桐君仙方, 楮實赤時, 陰乾餌之, **不飢延年**.(『松南雜識』)

262) 皮間白汁, **療**癬.(『證類本草, 卷十二』) → 皮間白汁, **治**癬.(『松南雜識』)

263) 종등(鍾藤) : 기생목(寄生木)의 일종.

264) 빗치개[篦] : 빗살 틈에 낀 때를 빼거나 가르마를 타는 데 쓰는 도구. 뿔, 뼈, 쇠붙이 따위로 만들며 한쪽 끝은 얇고 둥글고 다른 한쪽 끝은 가늘고 뾰족하다.
* 『松南雜識』에는 '篾'로 오기되어 있음.

265) **臨海**異物志曰, 鍾藤**附樹**, **作根軟弱**, **須緣樹而作上下條**. **此藤**纏裹**樹**, 樹死. **且有惡汁**, **尤令速朽也**. 藤**咸**樹成, **若木自然**, 大者**或至**十**五**圍. **異物志曰**, **藒藤圍數寸**, **重於竹**, 可**以**杖篾, **以縛船及以爲席**, 勝竹**也**.(『齊民要術, 卷十, 藤』) → 異物志曰, 鍾藤纏裹, 樹**卽**死. 藤成樹, 大者十圍, 可**爲**杖**爲**篾, 勝**於**竹**云**.(『松南雜識』)

266) 자등(紫藤) : 콩과의 식물. 만생(蔓生)의 낙엽목본(落葉木本)이다.

267) 『松南雜識』에는 '榼藤'이 '檣藤'으로, '象豆'가 '象立'으로 오기되어 있음.

268) 紫藤, **葉細長**, 莖如竹根, **極堅實**, 重重有皮, **花白子黑**, **置酒中**, **歷二三十年**, **亦不**

향산(香山) 백거이(白居易)의 시에,

처음은 부드럽지만 뒤엔 해가 되니 先柔後爲害
아첨꾼과 흡사하구나 有似諛佞徒[269]

라고 하였다.

또『시경(詩經), 규목(樛木)』의 주석에서 "덩굴풀(藟)은 칡(葛)과 같은 풀로 일명은 '거황(巨荒)'이다"[270]라고 하였다. 지금 푸르고 아름답던 꽃이 덩굴로 귀착되는 것과 같다.

이성목
二姓木[271]

지금 늙은 나뭇가지 썩은 곳에 다른 나무가 자생하는 것을 '이성목(二姓木)'이라고 한다. 민간에서는 벽력조(霹靂棗)와 같이 사악한 기운을 물리칠 수 있다고 한다. 오래된 무덤 위에 자생한다. 납가새와 등나무로 비녀를 만들면 꽂으면 요통이 없어진다고 한다.

腐敗, **其莖截置煙炱中**, 經時成紫**香**, 可以降神. **榼**藤, **依樹蔓生**, **如通草藤也**. **其子紫黑色**, **一名**象**豆**.(『南方草木狀, 卷中』) → 紫藤, 莖如竹根, 重重有皮, 經時成紫, 可以降神**云**. **又名櫙**藤, **又**象**立**.(『松南雜識』)

269)「자등(紫藤)」.

270) **南有**樛木, **葛藟纍之**. 〈疏. 藟**本亦作纍**, **力軌反**, 似葛之草**也**. **草木疏云**, 一名巨**苽**.〉(『毛詩注疏, 周南, 樛木』) → **詩**, 樛木, **註**, 藟似葛之草, 一名巨**荒**.(『松南雜識』)

271) 규장각본『松南雜識』에는 없는 내용임.

기생 · 송라
寄生松蘿[272]

『한서(漢書), 교사지(郊祀志)』에서 "나무에 네 마리 용이 붙다"[273]라고 하였는데, 그 주석에서 "나무에 용의 형상을 한 것이 붙어 자라나는 것이다"[274]라고 하였다.

『강희자전』에서 "목우(木偶)는 우(㝢)이다"[275]라고 하였다.

『본초강목(本草綱目)』에서 "기생목(寓木)은 대체로 뽕나무(桑) · 떡갈나무(槲) · 오동나무(桐) · 밤나무(栗) · 느티나무(欅) · 유(柳) · 양(楊) · 단풍나무(楓) 위에 모두 있다"[276]라고 하였다. 이는 식물이 조화의 기운에 절로 감응하여 생겨난 것으로, 또 다른 하나의 식물이다. 대개 이것은 풀도 아니고 나무도 아니면서 특이한 것으로 지금 우리나라 소나무 가운데 오직 금강산(金剛山)의 소나무에만 있으니, 지금 '승송락(僧松絡)'이 이것이다.

『시경(詩經)』에서,

칡과 여라(女蘿)가	蔦與女蘿
소나무 · 잣나무에 뻗어있다	施于松柏[277]

라고 하였는데, 그 주석에서 "칡은 기생한다. 잎은 당노(當盧)와 비슷하고 열매는 복분자(覆盆子)[278]와 같다. 흑적색이며 달고 맛이 있다. 여

---

272) 규장각본 『松南雜識』와 내용상의 차이가 있음.
273) 木寓龍一駟.(『前漢書, 卷二十五上, 郊祀志, 第五上』)
274) 寄生龍形於木也.(『前漢書, 卷二十五上, 郊祀志, 第五上』)
275) **卽**木偶, **一作寓**.(『康熙字典, 㝢』) → 㝢也.(『松南雜識』)
276) 寓木. 〈**此多**楓槲欅柳水楊等樹上.〉(『本草綱目, 卷三十七, 桑上寄生』) → 寓木. **凡**桑 · 槲 · 桐 · 栗 · 欅 · 柳 · 楊 · 楓等樹上, **皆有之**.(『松南雜識』)
277) 『詩經, 小雅, 頍弁』.
278) 복분자(覆盆子) : 식물이름. 장미과(薔薇果)의 초본(草本). 줄기는 넝쿨 형태로 땅위를 뻗어나간다. 잎은 복엽(複葉)이며 씨앗은 단지를 엎어놓은 모양과 같다. 5월에 씨앗

라(女蘿)·토사(免絲)[279]는 덩굴로 풀 위로 뻗어 가니 황금 같은 적황색이다"[280]라고 하였다.

『경전석문(經典釋文)』[281]에서 "풀 위 사는 것을 '토사(免絲)'라고 하고 나무 위에 사는 것을 송라(松蘿)라고 한다"[282]라고 하였다.

납가새

蒺藜[283]

『지낭(智囊)』[284]에서 "어떤 사람이 들에서 밭을 갈고 있었다. 그의 아내가 정오 무렵에 들밥을 가지고 왔는데, 밭갈이가 끝나지 않기에 밥과 생선국을 납가새(蒺藜) 무더기 그늘 아래 놓아두었다. 납가새 꽃이 국 속으로 가득 떨어졌는데 농부가 이것을 그대로 먹고 즉사하였다"라고 하였다.

우리나라에서는 '형화(荊花)'를 '대질려(大蒺藜)'라고 한다.

이 익는데 그 색깔이 오적색(烏赤色)이다.

279) 토사(免絲) : 풀이름. 토사(菟絲)와 같다. 『이아(爾雅)·석초(釋草)』에 의하면 여라(女蘿)·당몽(唐蒙)·토사(免絲)는 모두 같은 말이다.

280) **疏**. 葛, **一名**寄生, 葉似當盧, 子如覆盆, **子**赤黑**恬**美. **釋草云**, **唐蒙**·女蘿, **女蘿**·菟絲. **毛意以菟絲爲松蘿**, **故言松蘿也**. **陸璣疏云**, **今菟**絲, 蔓連草上, **生**黃赤如金.(『毛詩注疏, 卷二十一, 頍弁』)→**註**, 葛, 寄生**也**. 葉似當盧, 子如覆盆, 赤黑**甛**美. 女蘿, 菟絲**也**. 蔓連草上, 黃赤如金.(『松南雜識』)

281) 경전석문(經典釋文) : '석문(釋文)'이라고도 함. 전체 30권. 당나라 육덕명(陸德明)이 편찬했다. 역(易)·서(書)·시(詩)·효경(孝經)·노자(老子)·장자(莊子)·이아(爾雅) 등에 대해 육조 시대(六朝時代) 학자 200여인의 주석을 집성하였다.

282) 女蘿. **力多反**. 在草曰兎絲, 在木曰松蘿, **又唐蒙**.(『經典釋文, 卷六, 毛詩音義中, 女蘿』)→在草曰兎絲, 在木曰松蘿.(『松南雜識』)

283) 납가새[蒺藜] : 질려과(蒺藜科). 1년생 혹은 2년생 초본(草本). 줄기는 넝쿨처럼 땅에 뻗어 자라며 잎은 마주나기를 한다. 여름철에는 작고 누런 꽃이 핀다. 열매는 길이가 3~4푼쯤 되며 표면에 바늘모양의 돌기가 있다. 또한 가시나무[茨]라고도 한다.

284) 지낭(智囊) : 명나라 풍몽룡(馮夢龍)이 편찬했다. 고금의 현인이나 명사(名士)의 지술(智術)과 모계(謀計)의 일을 망라하여 상지(上智)·명지(明智)·찰지(察智)·담지(膽智)·잡지(雜智) 등의 10항으로 나누고 간간이 평어(評語)를 붙였다. 총 28권.

배형

拜荊[285]

연암(燕巖) 박지원(朴趾源)이 말하였다.

당나라 태종(太宗)이 풍윤현(豊潤縣)을 지날 때 동북쪽의 진왕산(秦王山)에 가시나무(荊)가 무더기로 나있었다. 전설에 의하면, 태종(太宗)이 진왕(秦王)이었을 때 이 산에 올라서 가시를 보고 놀라서 "이것은 마을의 스승께서 나에게 글을 가르치실 때 사용하시던 회초리로구나"라고 말하고는 말에서 내려 가시에 절하였다. 그러자 모든 가시나무의 가지가, 엎드려서 머리가 조아리는 형상으로, 땅을 향하였다. 지금까지도 그와 같은 모습을 하고 있기에 '형배(荊拜)'라고 한다.[286]

이는 진시황(秦始皇)이 포대(蒲臺)[287]를 지날 때 얽힌 부들풀이 말을 붙잡은 일이 있는데, 지금도 그 넝쿨이 살아서 휘감고 있는 것과 같으니[288] 일은 다르지만 모양은 같다.

도지죽

桃枝竹

『이아(爾雅)』에서 "대나무 이름이다. 네 치 되는 곳마다 마디가 있는 것

---

285) 『松南雜識』에는 '荊拜'로 오기되어 있음.

286) **余嘗**過豊潤縣, 其東北, 有秦王山, 惟荊叢生, 相傳, 唐太宗爲秦王時, 登此山, 見荊愕然曰, 此里師授吾句讀時, 所用朴也. 下馬拜之, 荊皆垂首嚮地, 如頫伏狀, 至今猶然.(『燕巖集, 卷十四, 熱河日記, 口外異聞, 拜荊』) → 唐太宗, 過豊潤縣, 其東北, 有秦王山, 惟荊叢生, 相傳, 太宗爲秦王時, 登此山, 見荊愕然曰, 此里師授吾句讀時, 所用朴也. 下馬拜之, 荊皆垂首嚮地, 如頫伏狀, 至今猶然.(『松南雜識』)

287) 포대(蒲臺) : 누대 이름. 산동성(山東省) 빈현(賓縣) 동쪽에 있다. 진대(秦臺)라고도 한다.

288) **東海上有蒲臺**. 秦始皇**至此**臺**下**, 縈蒲繫馬. **蒲**至今縈**紆**.(『述異記, 卷下』) → 秦始皇, **過**蒲臺, 縈蒲**以**繫馬. 至今生猶縈.(『松南雜識』)

이 도지죽(桃枝竹)이다"[289]라고 하였으니, 바로 '도지장(桃枝杖)'이다. 「귀거래사(歸去來辭)」[290]에서 "지팡이를 짚고 가다가 쉬다가 한다.(策扶老流憩)"라고 하였는데, 진(晉)나라 대개지(戴凱之)의 『죽보(竹譜)』에서 "공(筇)을 일명 '부로(扶老)'라고도 한다"[291]라고 하였다.

입죽
立竹[292]

지봉(芝峰) 이수광(李睟光)이 말하였다.

부남(扶南)[293]에서 나며, 이것의 한 마디만으로도 배를 만들 수 있으니 바로 '원구제죽(員丘帝竹)'이다. '백엽죽(百葉竹)'[294]은 일명 '방죽(篣竹)'[295]이라고도 하는데 남방 변경에서 난다. 이것으로 사람을 상해(傷害)하면 죽으니, 의원도 치료할 수 없다. 오랑캐들이 이것으로 호랑이나 표범을 찔러서 적중시키면 즉사한다.[296]

살펴보건대, 「남만전(南蠻傳)」에서 "진(秦)나라 소왕(昭王) 때 백호 한

---

289) **相去**四寸有節**者**, **名**桃枝竹.(『爾雅注疏, 卷八』) → 竹名也. 四寸有節.(『松南雜識』)
290) 진(晉)나라 도잠(陶潛)의 작품.
291) 筇竹, ……**又名**扶老.(『竹譜』) → **一曰**扶老.(『松南雜識』)
292) 입죽(立竹) : 해금줄을 얹는 손잡이. 주로 오반죽(烏斑竹)으로 만든다.
293) 부남(扶南) : 현재 중국 광서성(廣西省)의 현(縣)이름. 또는 옛날의 나라 이름으로 남해(南海) 대만(臺灣) 가운데 있다.
294) 백엽죽(百葉竹) : 대나무의 일종으로 한 가지에 100개의 잎이 난다.
295) 방죽(篣竹) : 독이 있는 대나무이다. 대개지(戴凱之)의 『죽보(竹譜)』에서 "百葉參差, 生於南垂, 傷人則死, 醫莫能治, 亦曰篣竹, 厥毒若斯"라고 하였다.
296) **立竹**出扶南, 一節爲船, **交廣有竹**, **節長二丈**, **圍一二丈者**. **竹譜曰**, 百葉竹, 一名篣竹, 生南垂, 傷人則死, 醫莫能治, 夷人以刺虎豹, 中之輒死.(『芝峯類說, 卷二十, 卉木部, 竹』) → 出扶南, 一節爲船, **卽員丘帝**竹**也**. 百葉竹, 一名篣竹, 生南垂, 傷人則死, 醫莫能治, 夷人以刺虎豹, 中之輒死.(『松南雜識』)

마리가 호랑이 무리를 거느리고 진나라를 돌아다니니, 이족(夷族) 사람이 '죽노(竹弩)'를 만들어서 백호를 쏘아 죽였다"[297]라고 하였다.

자죽
慈竹

『순보(筍譜)』에서 "자죽(慈竹)의 죽순은 사철 난다. 속이 차고 마디가 넓은 것을 '자죽(慈竹)'이라 하고, 뿌리로부터 두 마디 위에서 순이 나오는 것을 '자죽(雌竹)'이라고 한다"[298]라고 하였다.

우리나라 선암사(仙巖寺)[299]에 '관음죽(觀音竹)'이 있는데, 곧게 뻗어서 가지가 없고 끝에만 잎이 달려 있다.[300]

---

297) 秦昭**襄**王時, **有**一白虎, **常**從羣虎, **數**遊秦**蜀巴漢之境**, **傷害千餘人**. **昭王**, **乃重募國中有能殺虎者**, **賞邑萬家金百鎰**. **時有巴郡閬中**夷人, **能**作**白**竹**之**弩, **乃登樓**, 射殺白虎.(『後漢書, 卷一百十六, 南蠻西南夷傳, 第七十六』) → 秦昭王時, 一白虎從羣虎, 游秦**蜀巴漢之境**. **閬中**夷人, 作**白竹之弩**, **登樓上**, 射殺白虎. 後南蠻傳.(『韻府羣玉, 竹弩』) → 按南蠻傳, 秦昭王時, 一白虎從羣虎遊秦, 夷人作竹弩, 射殺白虎.(『松南雜識』)

298) **四月生**, **江南人多以灰煮食之**. **其爲竹也**, 內實而節疎.(『筍譜, 慈竹筍』) → 慈竹筍四時生, 其竹內實而節疎.(『施註蘇詩, 送運判朱朝奉入蜀』) → 譜曰, 筍四時生, 內實而節疎, 謂慈竹. 自根而上二節發, 謂雌竹.(『松南雜識』)

299) 선암사(仙巖寺) : 전남 순천시 승주읍(昇州邑) 조계산(曹溪山) 동쪽에 있는 사찰. 875년 도선국사(道詵國師)가 창건하고 신선이 내린 바위라 하여 '선암사(仙巖寺)'라고도 하였다. 이 절은 선종(禪宗) · 교종(敎宗) 양파의 대표적 가람으로 조계산을 사이에 두고 송광사(松廣寺)와 쌍벽을 이루었던 수련도량(修鍊道場)으로 유명하다.

300) 仙巖寺, **有樹曰北向花**, **其花紫色**, **開必向北故名**. 有竹曰觀音竹, 脩直無**旁**枝, 至末**始**有葉, **亦異矣**.(『芝峯類說, 卷二十, 卉木部, 竹』) → **我國**仙巖寺, 有竹曰觀音竹, 脩直無枝, 至末始有葉.(『松南雜識』)

소상반죽
瀟湘斑竹

『신이경(神異經)』에 "남방지역에 체죽(涕竹)이 있다"301)라고 하였다.

『박물지(博物志)』에 "순임금이 남쪽으로 창오(蒼梧)302) 지역을 순수하다가 죽자, 아황(蛾皇)과 여영(女英)이 동정호(洞庭湖)까지 따라왔다. 그들의 눈물이 떨어져 대나무를 적시니 바로 얼룩이 졌다"303)라고 하였다.

또 중국의 영남지역에 모죽(毛竹)이 있다.

또 반악(潘岳)304)의 「생부(笙賦)」에서,

고소(孤篠)엔 하나의 죽순만 난다	孤篠止生一笋
모죽(母竹)을 살려 두려면	欲存毋
순을 꺾어내야 하니	卽折之
죽순이 대나무가 되면	笋成竹
모죽이 말라 죽으리	則毋枯矣305)

라고 하였다.

---

301) 南方**荒中**, 有涕竹, **長數百丈**, **圍三丈五六尺**, **厚八九寸**, **可以爲船**, **其笋甘美**, **煮食之**, **可以止創癘**.(『神異經』) → 南方有涕竹.(『松南雜識』)

302) 창오(蒼梧) : 현재 중국 광서성(廣西省)에 있는 지명.

303) 堯之二女舜之二妃, 曰湘夫人. 舜崩, 二妃啼以涕揮竹, 竹盡斑.(『博物志, 卷八, 史補』) → 舜南巡不返, 葬於蒼梧之野, 堯二女, 娥皇女英, 追之不及, 至洞庭之山, 淚下染竹, 卽斑, 妃死爲湘水神. 博物志.(『古今事文類聚, 斑竹』) → 博物志曰, 舜南巡蒼梧, 娥星女英, 追至洞庭, 淚下染竹, 卽斑.(『松南雜識』)

304) 반악(潘岳) : 서진(西晉) 때의 시인·문인(247~300). 자는 안인(安仁). 육기(陸機)와 함께 서진(西晉) 문학의 대표적 작가로 병칭된다. 육기가 논리적 표현에 탁월한 데 비하여 반악은 정서적 표현에 뛰어났으며, 철저한 기교주의자로서 감각적인 애상(哀傷)의 시와 산수시(山水詩)의 걸작을 남겼다.

305) 鄒魯之珍, 有汶陽之孤篠焉.(『文選, 卷十八, 笙賦』) → 魯之珍, 有嶧峰之孤篠, 選笙賦, 此篠止生一笋, 欲存毋, 卽折之, 笋成竹, 則毋枯矣.(『韻府羣玉, 孤篠』) → 笙賦云, 孤篠止生一笋, 欲存母, 卽折之, 笋成竹, 則母枯矣.(『松南雜識』)
*「笙賦」의 내용이 상당한 정도로 변형되어 인용되었음.

지금의 금사오죽(金絲烏竹)과 더불어 모두 특이한 대나무다.

황정견(黃庭堅)이 "대나무는 진일(辰日)에 심어야 한다"[306]라고 하였다. 『구지필기(仇池筆記)』[307]에서 "오 월 십삼 일은 '죽취일(竹醉日)' 또는 '죽미일(竹迷日)'[308]이니, 바로 용(龍)의 생일이다"[309]라고 하였다.

임홍(林洪)이 "대나무를 심는데 일정한 때가 없다. 남쪽 가지를 알아서 취해야 하며, 본래 땅의 흙을 많이 붙여서 옮겨 심되 밟아서 다지지 않는다. 죽취일(竹醉日)에 심을 필요는 없다"[310]라고 하였다. 고양이의 머리를 파묻으면 반드시 대나무가 번성하기 때문에 시인들이 '묘두(猫頭)'라는 구절을 많이 사용한다.

군위(軍威)에 사는 서사달(徐思達)의 딸은 남편이 죽자 집 뒤의 대나무를 안고 통곡을 하였다. 그러던 어느 날, 하얀 대나무 세 떨기가 났다. 그리고 삼 년이 지나자 예닐곱 떨기가 되었다. 정통(正統)[311] 무오년(1438)에 세종이 흰 대나무를 그려서 진상하게 하고, 서씨의 노역을 면제해 주고 정려문을 세워 주었다.[312]

---

306) 根須辰日斸, 笋要上番成.(『山谷外集, 卷六, 和師厚栽竹』)→山谷**謂**, 竹須辰日種也.(『韻府羣玉, 醉竹』)→山谷**曰**, 竹須辰日種也.(『松南雜識』)

307) 구지필기(仇池筆記) : 원래는 송나라 소식(蘇軾)이 편찬하였고 후세 사람들이 다시 모아 만들었다. 2권.

308) 죽미일(竹迷日) : 음력 5월 13일. 일설에는 8월 8일. 대나무 심기에 좋은 날이다.

309) 種竹, 用辰日, 山谷謂, 竹須辰日種也, 五月十三, 竹醉日・迷日多茂, 種竹種雌, 自根而上二節發者爲雌竹. 仇池筆記.(『韻府羣玉, 醉竹』)

五月十三日, 謂之龍生日, 可種竹. 齊民要術所謂竹醉日也.(『說郛, 卷六十二下, 岳陽風土記』)

→山谷曰, 竹須辰日種也. 仇池筆記曰, 五月十三日, 是竹醉・竹迷, 卽龍生日也.(『松南雜識』)

310) 種竹無時, 認取南枝.…… **急移竹**多帶宿**土本者**, 種之勿蹈以足.(『說郛, 山家清事, 種竹法, 林洪』)→林洪曰, 無時, 認取南枝, 多帶舊土, 種之勿蹈.(『松南雜識』)

311) 정통(正統) : 명나라 영종(英宗)의 연호(1436~1449).

312) 徐氏, **故郎將徐**思達之女**也**. **嫁同縣人都雲峰**, 纔**一年而**夫死. **哀毁過禮**, **常就**堂後竹**林**, **抱竹**呼泣. **宣德癸丑春**, **忽**一日白竹三葉, 三年至七八叢, 正統戊午**春**, 世宗**大王**命圖白竹以進, 復戶旌門.(『新增東國輿地勝覽, 卷二十五, 慶尙道, 軍威縣』)→**軍威**徐**氏**思達之女, 夫死, 抱堂後竹呼泣. 一日, **生**白竹三葉, 三年至七八叢, 正統戊午, 世宗命圖白竹以進, 復戶旌門.(『松南雜識』)

부죽
符竹

『광동신어(廣東新語)』에서 말하였다.

쌍계봉(雙髻峯) 아래의 유선단(劉仙壇) 옆에 부죽(符竹)이 있다. 키는 그리 크지 않으며, 넓은 잎 위에 무늬가 있는데, 달팽이 침 같기도 하고 고대의 전주(篆籒) 문자 같기도 하다. 그것은 두 줄짜리도 있고 한 줄짜리도 있고 줄이 넓은 것도 있고, 빽빽한 것도 있다. 지금 무당들이 써 주는 죽엽부적(竹葉符籍)과 같다.[313]

노죽
籚竹

『설문해자(說文解字)』에서 "적죽(積竹)[314]으로 창자루를 만든다"[315]라고 하였다.

우리나라의 섬에 대나무는 없고 갈대는 있다. 대개 도(荼)는 민초(蔨草)이며 대나무와 비슷하다.[316] 우리나라에서는 '갈대(葛竹)'라고 한다.

또 '노(蘆)'와 '위(葦)'는 『시경』의 주석에서 "처음 난 것을 '가(葭)', 조금 자란 것을 '노(蘆)', 다 자란 것을 '위(葦)'라고 한다"[317]라고 하였다.

313) 廣東新語, 雙髻峰下**百十步**劉仙壇側**有符竹**. 竹不甚高大, **止數尺**. 葉上有文如蝸涎, 如古篆籒, 其行或複或單, 或踈或密, 葉葉不同, 若今巫覡所書符**者**.(『康熙字典, 符』) → 廣東新語, 雙**髻**峰下劉仙壇側, 竹不甚高大, 葉上有文, 如蝸涎, 如古篆籒, 其行, 或複或單, 或踈或密, 葉葉不同, 若今巫覡所書竹葉符.(『松南雜識』)

314) 적죽(積竹) : 대나무 속의 흰 부분은 깎아 버리고 푸른 부분만 취하여 합해서 강하게 만든 것.

315) 積竹, 矛戟**矜**也.(『說文解字, 籚』) → 積竹, 矛戟**柄**也.(『松南雜識』)

316) 蔨. 荼中. 〈蔨荼音閔徒〉(『爾雅, 釋草』) → 荼, 蔨草, 似竹者.(『松南雜識』)

317) **葦**, 初生名葭, 稍**大**爲蘆, 長成, **乃名**爲葦.(『詩經, 國風, 魏, 園有桃』의 주석) → 初生名葭, 稍**長**爲蘆, 長成爲葦.(『松南雜識』)

그 꽃은 바람이 불면 눈처럼 흩날리고 모이면 솜 같다. 지금은 또 '갈대(葭竹)'라고도 한다.

접붙이기

騸樹法

『월령광의(月令廣義)』[318]에 '선수법(騸樹法)'이 있는데, 그 주석에서 '나무 접붙이기'라고 하였다.[319]

『거가필용(居家必用)』에서 "나무에 암수가 있다. 수나무는 대부분 열매를 맺지 않기 때문에 나무에 사방 한 치 정도의 구멍을 뚫고 암나무를 가지고 구멍을 메워 놓아야 열매를 맺는다. 은행도 그렇게 한다"[320]라고 하였다.

또 "과수를 심을 때 반달이 되기 전에 심은 것은 열매가 많이 열리고, 반달이 지난 후에 심은 것은 열매가 적다"[321]라고 하였으니 유독 윤달에만 그럴 뿐만이 아니다.

『산림경제(山林經濟)』에 또 "가수법(嫁樹法)이 있으니 정월 보름날 밤에 나뭇가지 사이에 돌을 끼워두면 열매를 많이 맺는다"[322]라고 하였다.

또 과일을 오랫동안 저장하는 방법에 대해서 잡서(雜書)에서는 "선달

---

318) 월령광의(月令廣義) : 명나라의 인종(仁宗)이 풍응경(馮應京)과 대임(戴任)에게 편찬을 명하여 완성되었다. 25권.

319) 月令廣義, 有騸樹法. **崔寔月令**, **正月**接樹, **則古有之矣**.(『通雅, 卷十二』) → 月令廣義, 有騸樹法. **註**, 接樹.(『松南雜識』)

320) **凡**木, **皆**有雌雄, **而**雄**者**多不**結**實. **可**鑿木, 作方寸穴, 取雌木塡之, 乃實, **以**銀杏**雄樹試之**, **卽見**.(『居家必用, 竹木類, 栽揷木法』) → 木有雌雄, 雄多不實, 鑿木方寸穴, 取雌木塡之, 乃實, 銀杏**亦然**.(『松南雜識』)

321) **諸**果**木**, 月半前種者多**實**, 月半後種者實**少**.(『山林經濟, 卷二, 種樹, 種樹』) → **種**果, 月半前種者多**子**, 月半後種者**子**少.(『松南雜識』)

322) 嫁樹法. **元日日未出**, 以**磚**石**着**枝**間**, **謂之嫁樹**, 子**繁而實**, **十五日晦日同**.(『山林經濟, 卷二, 種樹』) → **又有**嫁樹法. **正月望夜**, 以石置樹**杈**, **則結**子**多云**.(『松南雜識』)

눈 속이 가장 좋다. 또 술지게미 속에 과일을 묻어두면 썩지 않으니, 외나 과일을 갈무리해 둘 수 있다"라고 하였다.

은행
銀杏

『패사(稗史)』에서 "압각수(鴨脚樹)[323]는 암나무와 수나무가 서로 바라보고 열매를 맺는다. 혹은 우물에 비추어서 꽃을 피운다. 그 꽃은 밤중에 피는데 부인이 따서 먹으면 귀한 아들을 낳게 되지만 곧 죽는다고 한다. 속칭은 '백과(白果)'인데 수컷은 모가 셋이고, 암컷은 모가 둘'이라고 한다"[324]라고 하였다.

성재(誠齋) 양만리(楊萬里)[325]는 시에서,

깊은 재 속 약한 불로 살짝 구우니	深灰淺火略相遭
조금 쓰고 약간 단 그 맛이 최고네	小苦微甘韻最高[326]

라고 하였다.

---

323) 압각수(鴨脚樹) : 은행나무의 별명. 은행나마의 잎이 오리의 발처럼 생겼다고 해서 붙은 이름.

324) 世謂鴨脚樹, 有雌雄故, 有結子者有否者. …… 按稗史, 銀杏雄者二稜, 雌者三稜, 須合種之, 或在池邊照影, 能結子云. 朱子所謂銀杏有雌雄, 是也.(『芝峯類說, 卷二十, 卉木部, 木』) → 稗史云, 鴨脚樹, 樹雌雄相望而結子, 或照井而成朶, 其花夜開, 婦人摘食, 生貴子卽死云. 俗謂白果, 雄者三稜, 雌者二稜.(『松南雜識』)

325) 양만리(楊萬里) : 남송의 학자·시인(1124~1206). 자는 정수(廷秀). 호는 성재(誠齋). 남송 사대가(四大家)의 한 사람으로 경쾌하고 자유롭고 활달한 시체(詩體)가 특징이다. 저서에 『강호집(江湖集)』·『퇴휴집(退休集)』·『성재역전(誠齋易傳)』이 있다.

326) 「은행(銀杏)」.

구장

蒟醬

『시경(詩經)』에서 “남산에 구(枸) 나무가 있고.(南山有枸)”[327]라고 하였는데, 그 소(疏)에서 “구나무는 크기가 백양목(白楊木)[328] 같고, 열매는 길이가 몇 치 쯤 되고, 먹으면 엿처럼 달고 맛있다”[329]라고 하였다. 촉(蜀)에서는 이것으로 장(醬)을 담으니, 또 ‘구(蒟)’라고도 쓴다.

『사기(史記)』의 주석에서 “구(枸)나무는 뽕나무와 같고, 그 오디의 길이는 두세 치이며 맛이 시다”[330]라고 하였다.

지봉 이수광이 말하였다.

중국에서는 구장(蒟醬)이 야랑(夜郎)[331]에서만 나는데, 『본초강목(本草綱目)』에서 “옥과(玉瓜)와 비슷하고, 넝쿨로 자라며, 열매는 오디와 같고, ‘부류(浮留)’라고 부르며 저장하였다가 먹는다”라고 하였다. 지금 갑산(甲山)[332]에 두체(杜棣)가 있으니, 우리나라에서는 ‘둘쭉(頭乙粥)’이라고 하는데, 복분자(覆盆子)와 비슷하고 꿀에 절여서 먹으니, 아마도 이것인 듯하다”[333]

327) 『詩經, 小雅, 南山有臺』.
328) 백양목(白楊木) : 황철나무. 버들과의 낙엽활엽 교목. 목재로 많이 쓰임. 사시나무.
329) **陸璣疏云**, 枸樹高大**似**白楊, **有子著枝端**, **大如指**, 長數寸, 噉之甘美如飴.(『毛詩注疏, 小雅, 南山有臺』)→疏, 枸樹高大**如**白楊, 子長數寸, 噉之甘美如飴.(『松南雜識』)
330) **枸**樹如桑, 其椹長二三寸, 味酢.(『史記, 西南夷列傳, 第五十六』)
331) 야랑(夜郎) : 지금의 중국 귀주성(貴州省) 서쪽 지역.
332) 갑산(甲山) : 함경남도 갑산군에 있는 면. 개마고원의 중심부.
333) **史記**蒟醬. **按**本草**曰**, 蔓生, 實如桑椹, 蜜藏食之, **夔州嶺南皆有云**. **然則蒟醬不獨出於西域矣**. 今**我國**甲山**地**, 有俗名頭乙粥, 如覆盆子, 漬蜜食之, 疑此**類也**.(『芝峯類說, 卷十九, 食物部, 果』)→**中國**蒟醬出**夜郎**, **而**本草**云**, **似玉瓜**, 蔓生, 實如桑椹, **名浮留**. 藏食之. 今甲山, 有**杜棣**, 俗名頭乙粥, 如覆盆子, 漬蜜食之, 疑此.(『松南雜識』)

오디
桑椹

『금루자(金樓子)』[334]에서 "진시황(秦始皇)이 서복(徐福)을 해외로 보내어 금 채소와 옥 채소, 한 치나 되는 오디를 구해오게 하였다"[335]라고 하였다.

지금 삼척(三陟)의 오디는 크기가 밤알만 하다. 맛도 달고 향기로운데 꿀에 절여서 먹는다. 진상품(進上品) 목록에 올라 있다.

산장
酸醬

『강희자전(康熙字典)』에서 "침(葴)은 바로 한 장(蘘蔣)인데, 산장(酸醬)으로 와전되었다"[336]라고 하였다.

당나라 시에 "월녀(越女)가 산장을 삼켰다.(越女嗚酸醬)"라고 하였으니, 아마도 목구멍을 치료하는 약으로 쓰였기에 삼킨듯하다.

속명은 '화란(花卵)' 또는 '등롱과(燈籠果)'[337]이니 우리나라 말로는 '승아(僧牙)'이다. 승암(升庵) 양신(楊愼)은 '홍고랑(紅姑娘)'[338]이라고 하였다.

---

334) 금루자(金樓子) : 양(梁)나라 효원황제(孝元皇帝)가 편찬한 책. 6권.

335) 秦始皇**聞鬼谷先生言**, **因**遣徐福入海求玉蔬・金菜幷一寸葚.(『金樓子, 卷一, 興王篇一』) → 秦始皇, 遣徐福入海, 求金菜・玉蔬幷一寸葚.(『松南雜識』)

336) **爾雅釋草**, 葴, **寒漿**. **註**, **今酸漿草**, **江東呼曰苦葴**.(『康熙字典, 葴』) → 葴, **卽蘘蔣**, **訛爲**酸醬.(『松南雜識』)

337) 『격치경원(格致鏡原)』에는 '燈籠草'로 되어 있음.

338) 徐一夔元故宮記云, 棕毛殿前, 有野果, 名紅姑娘.(『升菴集, 卷七十九, 紅姑娘』) → 楊升菴, 謂紅姑娘.(『松南雜識』)

명사
榠樝

『본초도경(本草圖經)』[339]에서 "나무 · 잎 · 꽃 · 열매는 모과(木瓜)와 거의 비슷하다. 젖꼭지 같은 겹 꼭지가 있는 것을 '모과(木瓜)'라고 하고, 없는 것을 '명사(榠樝)'라고 한다"[340]라고 하였다. 일명 '목리(木李)'라고도 한다.

『시경』에서 "나에게 모과(木瓜)[341]를 던져 주네"[342]라고 한 말이 이것이다.

『본초강목(本草綱目)』에서 "안남(安南) 지방에서 난다"라고 하였는데, 지금 청안(淸安)[343] 칠보산(七寶山)에도 있으니 대개 모과(木瓜)의 종류이다.

유익
劉杙

『이아(爾雅)』에서 "교지(交趾)에 유익(劉杙)이라는 과일이 있는데, 배처럼 달고 씨는 단단하다"[344]라고 하였다.

『영표록(嶺表錄)』에서 "오검자(五劍子)라는 과일이 있는데, 크기는 모과

---

339) 도경(圖經) : 송나라 때 소송(蘇頌) 등이 편찬한 『본초도경(本草圖經)』을 말함. 총 20권. 소송 등이 『신농본초(神農本草)』와 대교하여 가우(嘉祐) 2년(1057)에 지어 올렸다.

340) **蘇頌**圖經, **榠樝**, 木葉花實, 酷類木瓜, **欲辨之**, **蔕間別有**重蔕如乳者爲木瓜, 無者爲榠樝, **通志略**, **一名蠻樝**, 一名木李, **一名木梨**.(『康熙字典, 榠』) → 圖經**云**, 木葉花實, 酷類木瓜, 重蔕如乳者, 爲木瓜, 無者爲榠樝. 一名木李.(『松南雜識』)

341) 『松南雜識』에는 '木李'로 오기되어 있음.

342) 投**我**以木**瓜**.(『詩經, 衛風, 木瓜』) → 投以木**李**.(『松南雜識』)

343) 청안(淸安) : 충북 괴산군 서부에 있는 면. 동쪽은 문광면(文光面) · 청천면(靑川面), 서쪽은 증평읍, 남쪽은 청원군 미원면(米院面), 북쪽은 사리면(沙梨面) · 도안면(道安面)과 접한다.

344) **劉子生山中實**, 如**梨酢**甛核堅, **出交趾**.(『爾雅注疏, 卷九, 劉杙』) → **交趾果有劉杙**, 如梨甛核堅.(『松南雜識』)

만하고 알 마다 다섯모의 외씨가 있다"[345]라고 하였다.

『계해우형지(桂海虞衡志)』[346]에서 "특내자(特乃子)의 모양은 비자(榧子) 같은데, 그보다는 길고 고르게 생겼다"[347]라고 하였다.

비파

枇杷

사마상여(司馬相如)의 부(賦)에서 "비파 · 멧대추나무 · 감나무.(枇杷橪柹)"[348]라고 하였다.

주지(周祗)[349]의 「비파부(枇杷賦)」의 서(序)에서 "비파는 추위와 더위에 변함없으며, 눈을 뒤집어 쓰고도 꽃을 피운다"라고 하고 부(賦)에서,

이름은 악기(樂器)와 같으며[350]	名同音器
곧은 성질은 송죽과 같다네	質貞松竹[351]

라고 하였다.

---

345) 嶺表, 五劒子, 大如木瓜, 每顆有五稜瓣.(『韻府羣玉, 五劒』) → 嶺表**錄云**, **果有**五劒子, 大如木瓜, 每顆有五稜瓣.(『松南雜識』)

346) 계해우형지(桂海虞衡志) : 송나라 범성대(范成大)가 지은 책. 1권. 그가 촉(蜀) 땅으로 갈 때의 기억을 회상하여 지은 풍물기의 일종.

347) 特乃子, 狀似榧而**圓**長, 端正.(『桂海虞衡志, 志果』) → 特乃子, 狀似榧而長, 端正.(『松南雜識』)

348) 「상림부(上林賦)」.

349) 주지(周祗) : 송나라 사람. 진군(陳郡) 출신. 자는 영문(穎文). 국자박사(國子博士)를 지냈다.

350) '枇杷'와 '琵琶'의 음이 같음을 이른다.

351) **宋周祗枇杷賦曰**, …… 寒暑無變, 負雪揚華, **余植庭圃**, **遂賦之云**, 名同音器, 質貞松**竹**.(『藝文類聚, 卷八十七, 枇杷』) → 周祗賦, 寒暑無變, 負雪揚華. 名同音器, 質異**貞**松.(『松南雜識』)

「백량대시(柏梁臺詩)」[352]에서 "비파·귤나무·밤나무·복숭아나무·오얏나무·매화(枇杷橘栗桃李梅)"[353]라고 하였다.

소식(蘇軾)은 시에서,

위화(魏花)[354]는 노인의 짝이 아니고	魏花非老伴
노귤(盧橘)[355]은 촌사람이이로다	盧橘是鄕人[356]

라고 하였다.

비파(枇杷)는 우리나라에 없는 과일이다.

종려
棕櫚

운서(韻書)에서 말하였다.

종려(棕櫚)로 도롱이[357]를 만들 수 있다. 그 나무는 곁가지가 없고 잎은 수레 바퀴 모양인데, 모두 나무 가지 끝에 몰려서 난다. 그 아래로는 껍질이 겹겹으로 되어 있는데, 그 속의 껍질 한 바퀴가 한 마디에 해당한다. 꽃은 황백색이다. 열매는 방으로 만들어져 있는데 모양은 물고기 알 같다. 이 열매를 꿀에 볶고 식초에 절이면 천리 밖까지도 가져갈 수

---

352) 백량대시(栢梁臺詩) : 연구(聯句)로 된 시체의 하나. 한나라 무제(武帝)가 백량대(栢梁臺)를 짓고 신하들과 더불어 시를 한 구절씩 짓기로 하였다. 그래서 25명의 신하가 한 구절씩 25구절을 지었고, 여기에 무제가 한 구절을 지어서 모두 26구절로 되었다.

353) **漢孝武帝元封三年**, **作**栢梁臺, **詔羣臣**, …… **太官令曰**, 枇杷橘栗桃李梅.(『藝文類聚, 卷五十六, 雜文部二, 詩』) → 栢梁臺**詩**, 枇杷橘栗桃李梅.(『松南雜識』)

354) 위화(魏花) : 목단의 별명.

355) 노귤(盧橘) : 비파의 별명.

356) 『東坡全集, 卷十八, 眞覺院有洛花花時不暇往四月十八日與劉景文同往賞枇杷』.

357) 도롱이 : 풀 따위로 엮어 허리나 어깨에 걸쳐 두르는 비옷. 예전에 주로 농촌에서 일할 때 비가 오면 사용하던 것으로 안쪽은 엮고 겉은 줄거리로 드리워 끝이 너덜너덜하게 만든다.

있다.

강엄(江淹)[358]이 시에서,

기이한 나무가 자라나니	異木之生
대나무 같기도 하고 풀 같기도 하다	疑竹疑草[359]

라고 하였다.

소식(蘇軾)의 시에서,

그대에게 목어(木魚)[360] 삼백 미를 보내니	贈君木魚三百尾
그중에 오리알, 물고기알[魚子][361]도 있다네	中有鵝黃子魚子[362]

라고 한 말이 이것이다.[363]

지금 북경에서 물건을 포장할 때 대부분 종려나무 껍질을 사용한다고 한다. 또 초종려(草棕櫚)는 근래에 왜(倭)에서 들어왔다.

---

358) 강엄(江淹) : 남조(南朝) 양(梁)나라의 문인. 자는 문통(文通). 처음에는 송(宋)·제(齊)에서 벼슬했고, 양(梁)나라 천감(天監) 중에 금자광록대부로서 『제사십지(齊史十志)』를 지었다.

359) 「병려(栟櫚)」.

360) 목어(木魚) : 종려나무의 별명.

361) 어자(魚子) : 종려나무 순의 별칭.

362) 「종순(椶筍)」.

363) **說文**, **椶櫚也**. **從木嵏聲**, 可作萆. **張揖曰**, **木高一二丈**, 傍無枝, 葉如車輪, 皆萃於木杪, 其下有皮, **重疊裹之**. **每皮**一匝爲一節, 花黃白, 結實作房, 如魚子狀, 蜜煮醋浸, 可致千里. ……江淹, 異木之生, 疑竹疑草. **王璘**, **椶櫚葉散夜叉頭**. 坡, 贈君木魚三百尾, 中有鵝黃子魚子.(『韻府羣玉, 椶』) → 可作萆. **其**樹傍無枝, 葉如車輪, 萃於木杪, 其下有皮, 一匝爲一節, 花黃白, 結實作房, 如魚子狀, 蜜煮醋浸, 可致千里. 江淹**謂**, 異木之生, 疑竹疑草. 坡**詩**, 贈君木魚三百尾, 中有鵝黃子魚子.(『松南雜識』)

능금
林檎

홍염(洪炎)[364]이 "'내금(來禽)'[365]은 맛이 달아서 새들을 모여 들게 하기에 그와 같은 이름이 붙었다"라고 하였다. 단 종류는 일찍 익으며 과육이 풍부하고 맛이 좋다. 신 종류는 조금 뒤에라야 먹을 수 있다.[366]

빈과
蘋果

연암(燕巖) 박지원(朴趾源)이 말하였다.

우리나라에서는 '사과(沙果)'라고 한다. 중국에서 말하는 사과는 곧 우리나라의 능금(林檎)이다. 우리나라에는 옛날에 빈과(蘋果)가 없었는데, 동평위(東平尉) 정재륜(鄭載崙)[367]이 중국에 사신으로 갔다가 접붙인 가지를 얻어 온 후로 비로소 온 나라에 널리 퍼지게 되었으니 실제 이름이 와전되었다.[368]

---

364) 홍염(洪炎) : 송나라 사람. 자는 옥보(玉父).

365) 내금(來禽) : 능금의 별명.

366) 洪玉父**云**, 來禽以味甘, 來衆禽也. **本草圖經曰**, **木似柰**, **實比柰差圓**, **亦有甘酢二種**, 甘者早熟**而味**脆美, 酢者差晩, **須熟爛堪**噉.(『王氏農書, 卷九, 百穀譜七, 果屬柰林檎』) → 洪玉父**曰**, 來禽以味甘, 來衆禽也. 甘者早熟**肥**美, 酢者差晩**乃**噉.(『松南雜識』)

367) 정재륜(鄭載崙) : 조선 후기의 문신(1648~1723). 효종(孝宗)의 부마. 본관은 동래(東萊). 자는 수원(秀遠). 호는 죽헌(竹軒). 시호는 익효(翼孝). 영의정 태화(太和)의 아들로 좌의정 치화(致和)에게 입양되었다. 1656년 효종의 다섯째딸 숙정공주(淑靜公主)와 혼인하여 동평위(東平尉)가 되었다. 『열성지장통기(列聖誌狀通記)』를 간행하였고, 저서로 『공사견문록(公私見聞錄)』·『한거만록(閑居漫錄)』 등이 있다.
*『松南雜識』에는 '鄭載嵩'로 오기되어 있음.

368) **蘋果**, **卽**我國**所稱**沙果, 中國所稱沙果, 卽我國林檎, 我國古无蘋果, 東平尉鄭**國**載**崙**奉使**時**, 得接枝**東**還, **公**中始盛**而**名**則**訛**傳云**.(『燕巖集, 卷十四, 別集, 熱河日記,

포도

葡萄

『본초강목(本草綱目)』에서 "포도 중에 일명 마유포도(馬乳葡萄), 또는 수정포도(水晶葡萄)라는 품종이 있다. 장건(張騫)[369]이 서역(西域)으로 사신 갔다가 얻어 왔다. 포도즙으로 술을 빚을 수 있다"[370]라고 하였다.

"맹타(孟佗)[371]가 포도주 한 말로 양주(凉州)를 얻었다"라는 말이 이것이다.

당나라 중의 담소(曇霄)가 포도나무 줄기로 만든 마른 지팡이를 심었는데 마침내 살아나니, 초룡주장(草龍珠帳)[372]이라고 하였다.[373]

幻戲記』)→我國謂之沙果, 中國所稱沙果, 卽我國林檎也. 我國古無蘋果, 東平尉鄭載嵩奉使, 得接枝而還, 國中始盛, 實名訛.(『松南雜識』)

369) 장건(張騫) : 전한(前漢) 때의 외교가(?~B.C. 114). 자는 자문(子文). 인도 통로를 개척하고, 서역 정보를 가져와 동서의 교통과 문화 교류의 길을 열었다. 그의 여행으로 서역의 지리·민족·산물 등에 관한 지식이 중국으로 유입되어 동서간의 교역과 문화가 발전하게 되었다.

370) 時珍曰, 葡萄, 漢書作蒲桃, 可以造酒. 人酺飮之則醄然而醉. 故有是名. 其圓者名草龍珠, 長者名馬乳葡萄, 白者名水晶葡萄, 黑者名紫葡萄. 漢書言, 張騫使西域還, 始得此種. 而神農本草, 已有葡萄則漢前隴西舊有, 但未入關耳. …… 馬乳者, 有無核者, 皆七月八月熟, 取汁可釀酒. …… 宗奭曰, 段成式言, 葡萄有黃白黑三種. 唐書言, 波斯所出者, 大如雞卵, 此物最難乾.(『本草綱目, 卷三十三, 果之五, 葡萄』)→一名馬乳, 又水晶, 張騫使西域得來, 汁可釀酒.(『松南雜識』)

371) 맹타(孟佗) : 삼국 시대 위(魏)나라 사람. 자는 백랑(伯郎) 당시에 중상시(中常侍) 장양(張讓)이 정권을 독점하자 맹타가 포도주 1말을 바치고 양주자사(凉州刺史)가 되었다.(『三國志補注, 卷一, 魏書』)

372) 초룡주장(草龍珠帳) : 담소가 포도곡에서 옮겨 심었다는 포도의 이름. 천보(天寶) 연간에 담소가 여러 명산을 유람하다가 이 골짜기에 와서 포도를 따 먹었다. 또 마른 포도가지로 지팡이를 만들어 본사로 돌아와 심었는데, 살아났다고 한다. 키는 몇 길이 되고 땅을 덮은 것이 몇 장이나 되어 장막을 친 것 같았기 때문에 '초룡주장'이라고 이름하게 되었다고 한다.

373) 貝丘之南, 有蒲萄谷. 谷中蒲萄, 可就其所食之, 或有取歸者, 卽失道. 世言王母蒲萄也. 天寶中, 沙門曇霄, 因遊諸岳, 至此谷, 得蒲萄食之, 又見枯蔓堪爲杖, 大如指, 五尺餘. 持還本寺, 植之遂活, 長高數仞蔭地, 幅員十丈, 仰觀若帷蓋焉. 其房實磊落, 紫瑩如墜, 時人號爲草龍珠帳.(『酉陽雜俎, 卷十八』)→唐僧曇霄, 植枯杖, 遂活, 號草龍珠帳.(『松南雜識』)

『백공육첩(白孔六帖)』[374]에서 "마린노발살(磨隣老勃薩)이 해마다 계란만한 포도를 바쳤다"[375]라고 하였다.

지금 벽포도·청포도·자포도의 세 종이 있는데, 뿌리에 물을 주면 즉시 잎에 물방울을 맺으니 기이하다. 포도에서 생겨난 어떤 벌레가 있는데, 음식에 빠진 것을 사람이 먹으면 죽는다고 한다.

앵도

櫻桃

운서(韻書)에서 "앵도는 애밀(崖密)이다. 또 앵무새가 물고 있는 것 같다고 해서 함도(含桃)라고 한다. 매우 붉은 것은 주앵(朱櫻), 노란 것은 납앵(蠟櫻)이라고 한다"[376]라고 하였다.

『금성기(金城記)』에서 "배가 천거하여 등자(橙子)[377]를 앵도의 신하로 삼으려 하다가 시절을 같이 할 수 없음을 한스러워 하였다"[378]라고 하였다.

---

374) 『松南雜識』에는 '酉陽雜俎'로 오기되어 있음.

375) 磨鄰老勃薩, 歲獻**貴人**蒲桃大**者**如雞卵.(『白孔六帖, 卷一百, 蒲桃一, 雞卵』)→磨鄰老勃薩, 歲獻, 大如雞卵. **孔帖**.(『韻府羣玉, 卷五, 萄蒲萄』)→磨鄰老勃薩, 歲獻**蒲桃**大如雞卵.(『松南雜識』)

376) **櫻, 櫻桃, 果名, 一名**含桃. **爾雅, 楔荊桃, 今櫻桃. 鬼谷子云, 一名崖**蜜, **本草, 一名朱桃, 一名麥英**, 深紅者朱櫻, 黃者蠟櫻.(『古今韻會擧要, 卷八, 櫻』)→**說文**, 果名, 櫻桃**也**. **一名**含桃. …… **孫炎註, 最大而甘者, 謂之**崖蜜. **蘇軾橄欖詩, 待得餘甘回齒頰, 已輸崖蜜十分甛, 本草, 一名朱桃, 一名麥英**. 深紅者爲朱櫻, 黃者爲蠟櫻.(『康熙字典, 卷十四, 櫻』)→**厓**蜜, **又鶯鳥所含, 故謂**含桃. 深紅者朱櫻, 黃者蠟櫻.(『松南雜識』)

377) 등자(橙子) : 정자(棖子). 감귤(甘橘)과 비슷하게 생긴 과일 종류.

378) 金城記. 梨擧, 欲以棖子臣櫻桃, 但恨不同時耳. 棖子卽橙子也.(『別雅, 卷二, 棖子橙子也』)

梨常擧云, 欲令梅聘海棠, 橙子臣櫻桃. 及以芥嫁笋, 但恨時不同耳. …… 金城記.(『雲仙雜記, 卷三, 梅聘海棠橙子臣櫻桃』)

→梨擧, 欲以棖子臣櫻桃, 但恨不同時.(『松南雜識』)

민간에서는 "앵도는 옮겨 심는 것을 좋아하기 때문에 '이사수(移徙樹)'라고 부른다"라고 하였다.

속담에 "나무를 옮기는 것은 무시로 하되 나무가 알게 하지는 말라"라고 하였다.

왕유(王維)는 「하앵(賀櫻)」시에서,

실컷 먹고 속에 열이 날까 걱정하지 마소	飽食不須愁內熱
태관(太官)[379]에 시원한 사탕물이 있다오	太官還有蔗漿寒

라고 하였는데, 그 주석에서 말하였다.

『본초도경(本初圖經)』에서 "앵도를 먹으면 사람의 속에 열이 나게 만든다"라고 하였다.[380]

호도
胡桃

『명물지(名物志)』에 "강도(羌桃)라고 한다"[381]라고 하였다.

『본초강목(本草綱目)』에 "장건(張騫)이 서역에서 들여와 동쪽 땅에 심었기 때문에 이런 이름이 붙었다. 오직 진창(陳倉)과 평음(平陰) 두 품종만 열매가 크고 껍질이 연하다"[382]라고 하였다.

---

379) 태관(太官) : 음식에 대한 일을 관장하던 벼슬.

380) 本草**圖經**, 櫻**桃洛中南都者最勝**. 食之, **調中益氣**, **但發虛**熱**耳**.(『御選唐詩, 卷十七』) →本草云 , 櫻食之, 令人**內**熱.(『松南雜識』)

381) 名物志, 名羌桃.(『格致鏡原, 卷七十六, 胡桃』)→名物志**曰**, **謂**羌桃.(『松南雜識』)

382) **釋名**, **羗**桃. 〈名物志〉 **核桃**. 〈宋開寶頌曰, **此果本出羗胡**. **漢時**, 張騫**使**西域 **始得種**, 還植**之秦中**, **漸及**東土, 故名之. **時珍曰**, **此果外有靑皮肉包之**, **其形如桃**, **胡桃**, **乃其核也**.〉(『本草綱目, 卷三十, 果之二, 胡桃』)→張騫**自**西域, 還植東土, 故名之.(『松南雜識』)

반악(潘岳)의 「한거부(閒居賦)」에서 “삼도(三桃)와 표앵(表櫻)은 호도의 별종이다[三桃表櫻, 胡之別]”라고 하였다. 우리나라 영남지방에서는 ‘추자(楸子)’라고 한다.

대추
棗

『산림경제(山林經濟)』에서 “속을 보호하니 모든 약에 섞는다. 솔잎에 섞어 먹으면 곡식을 먹지 않을 수 있다”라고 하였다.

『이아(爾雅)』에 “대추(棗)는 구아(狗牙)·계심(鷄心)·우미(牛尾)·양각(羊角)·세요(細腰)·미후(獼猴)라고 한다. 또 열매의 몸통이 가는 것을 ‘녹로조(轆轤棗)’라 하고, 열매가 크면서 위가 뾰족한 것을 ‘호조(壺棗)’라고 한다”[383]라고 하였다. 또 ‘산조(酸棗)’라는 말의 주석에서 “이조(樲棗)[384]이다”[385]라고 하였다.

안기생(安期生)의 여과조(如瓜棗 : 외만 한 대추)[386]와 영락현(永樂縣)의 무핵조(無核棗 : 씨 없는 대추)[387]는 모두 선가(仙家)의 과일이다.

---

383) 棗者, …… 大而銳上曰壺, 細腰曰邊, 白熟曰樇, 樹小實酢曰樲, 實小而員紫黑色曰遵, 大如雞卵曰洗, 苦味曰蹶, …… 與夫雞心牛頭羊角獼猴細腰, 其名不可勝載.(『爾雅翼, 卷十, 棗』) → 爾雅 **棗**名狗牙雞心牛尾羊角細腰獼猴. 細腰者曰鹿盧**棗**, 大而銳上**者**曰壺棗.(『韻府羣玉, 卷十一, 棗』) → 爾雅**曰**, 名狗牙雞心牛尾羊角細腰獼猴, **又**細腰者曰, 鹿盧, 大而銳上曰, 壺棗.(『松南雜識』)

384) 이조(樲棗) : 멧대추나무. 일설에는, 멧대추나무와 가시나무. 인신하여, 가치가 없는 물건을 비유한다.

385) **樲**酸棗, 〈**今亦謂之**酸棗, **孟子所謂養其**樲棘.〉(『爾雅註, 卷下, 樲酸棗』) → 酸棗. 註, 樲棘.(『松南雜識』)

386) 여과조(如瓜棗) : 안기생은 진(秦)나라 낭야(瑯琊) 출신으로 하상장인(河上丈人)에게 수학하였다. 진시황제가 수만금을 주고 그를 붙잡으려 하였으나 떠나면서 ‘수십 년 후에 봉래산에서 나를 찾으라’고 하였다. 후에 한(漢)나라 무제 때 이소군(李小君)이 ‘신이 바닷가를 유람하다가 안기생이 오이만한 대추를 먹는 것을 보았습니다’라고 하였다.(『史記, 卷十二, 孝武本紀, 第十二』)

387) 無核, 神仙傳, 永樂縣有無核棗, 人不可得, 永樂道士侯道華, 竊食之.(『山堂肆考,

우리나라 편전(便殿) 앞에 대추나무가 한 그루 있었는데, 말 매는 말뚝으로 사용되니, 갑자기 말라 죽었다. 그러다가 마침 현종(顯宗)이후사를 걱정하자 대추나무가 갑자기 꽃을 피더니, 숙종(肅宗)이 탄생하였다.[388)]

월암(月巖) 남종현(南鍾鉉)의 시에서,

말을 매던 나무에 꽃이 피니	花開繫馬樹
이 달에 달이 다시 둥글어 졌네	是月月重輪

라고 하였다. 대개 평범한 초목도 상서로움에 감응함이 있으니, 당나라의 상서로운 버드나무(瑞柳)[389)]와 송나라의 뉴회(紐檜)[390)]에서 증명할 수 있다.

지봉 이수광이 말하였다.

내가 홍주(洪州)[391)] 목사로 있을 때, 관아의 문 밖에 흰 대추나무(白棗)가 났다. 키는 다섯 치이고, 줄기는 희고 깨끗하였으며, 가지와 잎은 옥을 깎은 듯이 영롱하였으니, 바로 무신년(1608) 선조의 국상 때였다.[392)]

卷二百六, 無核』) → 無核棗 永樂有無核棗, 道士侯道華, 獨得之. 神仙傳.(『韻府群玉, 卷十二』) → 永樂之無核棗.(『松南雜識』)

388) **繫馬樹**, **慶喜宮**, **卽元宗潛邸時**, **手植也**. 有時**繫**馬**故名**. **後**忽枯, 玄廟**辛丑重榮**. **是歲**肅廟誕降.(『林下筆記, 卷十三, 文獻指掌編, 繫馬樹』) → **我朝便殿前**, 有**一棗樹**, **爲**馬**柳**, 忽枯**死**. **適**顯廟, **以儲嗣爲憂**, **樹忽花生**, 肅廟誕降.(『松南雜識』)

389) 서류(瑞柳) : 여위(呂渭)가 예부시랑(禮部侍郎)이 되어 중서성(中書省)에 부임해 갔을 때, 오래 된 버드나무가 있었는데 건중(建中 : 780~783) 말기에 말라죽었다. 그런데 홍원(興元) 원년(元年 : 784)에 덕종(德宗)이 양(梁)에서 도성으로 돌아오자 다시 살아나 무성해지니, 사람들이 '상서로운 버드나무[瑞柳]'라고 하였다. 여위가 선비들에게 부(賦)를 지어 올리게 하자 황제가 듣고 기뻐하였다.(『舊唐書, 列傳, 呂渭』)

390) 뉴회(紐檜) : '회(檜)' 條 참조.

391) 홍주(洪州) : 충청남도 홍성지역의 옛 지명.

392) 余爲洪州**時**, 白棗生衙**舍席**門外 長**可四**五寸, 莖**條**潔白, 枝葉玲瓏如刻玉, **甚可珍玩**, 卽戊申**五月**宣**宗大王**國恤時也.(『芝峯類說, 卷一, 災異部, 物異』) → 余爲洪州, 白

그것은 소내(素奈)[393]의 종류인 듯하다. 삼가현(三嘉縣)의 효자 정옥량(鄭玉良)의 사당 곁에 몇 자쯤 되는 일곱 가지의 흰 대추가 났다.[394]

석류

石榴

육기(陸機)가 "장건(張騫)이 도림국(塗林國)과 안석국(安石國)으로 사신을 가서 석류를 얻어 왔기 때문에 '석류(石榴)' 또는 '안류(安榴)'라고 한다"라고 하였다.

「촉도부(蜀都賦)」[395]에서 "약류(若榴)가 다투어 벌어지네[若榴競裂]"라고 하였으니, 바로 석류의 일종으로 '보주류(寶珠榴)'라고 한다. 또 감류(甘榴)[396]는 시지 않고 단 맛이 나니 또한 별종이다.

신라에서 건너 온 것은 '해류(海榴)'라고 부르니 해외에서 왔기 때문이다.[397]

棗生衙門外 長五寸, 莖潔白, 枝葉玲瓏如刻玉, 卽戊申宣**廟**國恤時也.(『松南雜識』)

393) 소내(素柰) : 백내(白柰). 내(柰)는 임금(林檎) 또는 사과(沙果)이다. 세속에서는 화홍(花紅)이라고도 한다. 적색과 백색, 두 종류가 있다.

394) 三嘉縣**人**. **性至**孝, **仕爲河東縣監**, **退居鄕里**. **奉養其母**, **母歿**, **葬祭以禮**, **三年後朝夕上食**, **以終其身**, 祠堂傍, **忽生**白棗七條, 可數尺許, **人以爲孝感**, **凡六年而枯**.(『海東雜錄[五], 孝子, 鄭玉良』) → 三嘉孝子鄭玉良, 祠堂傍, 生白棗七條, 可數尺許.(『松南雜識』)

395) 촉도부(蜀都賦) : 진(晉)나라 좌사(左思)의 작품.

396) 감류(甘榴) : 『제민요술(齊民要術)』에 의하면 용강현(龍剛縣)에서 나는 석류로 맛이 달다고 한다.

397) 陸機**與弟書**, 張騫使塗林安石國, 得榴, 故名石榴安榴. **一云**, **來從海外**新羅國, **名**海榴, 榴一種, 名寶珠榴.(『韻府羣玉, 榴』) → 陸機**曰**, 張騫使塗林安石國, 得榴, 故名石榴安榴, **蜀都賦**, **若榴競裂**, **卽石**榴一種, 名寶珠榴. **又甘榴**, **不酢而甘**, **亦異種也**, 新羅國, **呼**海榴.(『松南雜識』)

이두

梨杜

『산림경제(山林經濟)』에서 "배나무가 늙어서 열매를 맺지 못하면 나무 둘레를 돌아가며 두터운 껍질을 벗겨서 골간이 드러나게 하면 열매가 많이 맺는다"[398]라고 하였다.

『이아주소(爾雅注疏)』에서 "산에 자생하는 것을 '돌배[樆]'라고 하고 사람이 심은 것을 '배[梨]'라고 한다"[399]라고 하였다.

『비아(埤雅)』에서 "배는 백 가지가 해롭고, 한 가지가 이로우며, 모과는 백 가지가 이롭고, 한 가지가 해롭다"[400]라고 하였다.

『역림(易林)』에서 "봄철의 밤과 여름철의 배는 희귀하기에 쌀 천석을 주더라도 매우 귀하여 구할 수가 없다"[401]라고 하였다.

또 암라(菴羅)[402]는 『본초강목』에 "배의 일종으로 색은 노랗고 아리(鵝梨)[403]와 같다"[404]라고 하였다.

『설문해자(說文解字)』에서 "숫나무를 '당(棠)'이라 하고, 암그루를 '두(杜)'라고 한다"[405]라고 하였다.

잡서(雜書)에서 "배 씨 열 개를 심으면 오직 두 개만 '리(梨)'가 되고, 나머지는 모두 '두(杜)'가 된다. 석류 씨 열 개를 심으면 오직 하나만 '류

398) **梨花**不結實, 剝**其**厚皮, 則**卽盛**多結.(『山林經濟, 卷二, 種樹, 種梨』) → **樹老**不結實, **當環樹身**, 剝**去**厚皮, **令露骨**則多結**子**.(『松南雜識』)

399) **卽今梨樹**, **言其**在山**之名則**曰樆, 人植**之**曰梨.(『爾雅注疏, 卷九, 梨山樆』) → 在山曰樆, 人植曰梨.(『松南雜識』)

400) **諺曰**, 梨百損一益, 楙百益一損.(『埤雅, 卷十三, 木瓜』) → 梨百損一益, 楙百益一損.(『松南雜識』)

401) 春栗夏梨, 少鮮希有, 斗**千**石, 萬貴不可求.(『焦氏易林, 漸』) → 春栗夏梨, 少鮮希有, 斗**阡**石, 萬貴不可求.(『松南雜識』)

402) 『松南雜識』에는 '黃羅'로 되어 있음.

403) 아리(鵝梨) : 배의 일종. 껍질이 얇고 즙이 많다.

404) **菴羅果**, **西洛甚多**, **亦**梨之類**也**. **其狀亦梨**, **先諸梨熟**. **七夕前後**, **已堪啗**. 色黃, 如鵝梨.(『本草綱目, 卷三十, 菴羅果』) → **黃**羅, **本草云**, 梨之類, 色黃如鵝梨.(『松南雜識』)

405) 牡曰棠, 牝曰杜.(『說文解字, 棠』)

(榴)'가 되고, 나머지는 모두 '류(柳)'가 되기 때문에 유(榴)자는 유(柳)자를 따른다"[406]라고 하였으니, "벼 심은 데서 콩 나지 않고, 오얏 심어도 복숭아 되지 않는다"라고 한 속담과는 다르다.

농리
醲梨

성호(星湖) 이익(李瀷)이 "신계(新溪)[407]와 곡산(谷山)[408]의 잘 익은 배(醲梨)가 유명하고, 문화(文化)[409]의 해송자(海松子)는 회양(淮陽)[410]의 해송자와 맞먹는다"[411]라고 하였다.

지봉 이수광이 "삭주(朔州)[412]의 술, 안변(安邊)[413]의 배, 충주(忠州)의 수박, 보은(報恩)의 대추, 거창(居昌)의 감이 가장 유명하다"[414]라고 하였다.

---

406) **齊民要術**, **凡**種梨十子, 唯二子生梨, 餘皆**生**杜.(『格致鏡原, 卷七十四, 果類, 梨』) →種梨十子, **惟**二子生梨, 餘皆杜.(『松南雜識』)

407) 신계(新溪) : 황해도 동부, 강원의 접경 지역에 있는 군. 동쪽으로 강원 이천군과 접경하고, 남쪽은 금천군, 서쪽은 서흥군과 평산군, 북쪽은 수안군과 곡산군에 각각 둘러싸인 내륙군이다.

408) 곡산(谷山) : 황해도 북동부에 있는 군. 북쪽은 평남 성천군·양덕군, 동쪽은 함남 문천군, 남쪽은 신계군과 강원의 이천군, 서쪽은 수안군과 접한다.

409) 문화(文化) : 황해도 신천군에 병합된 마을. 동쪽은 재령군, 남쪽은 벽성군, 서쪽은 송화군·은율군, 북쪽은 안악군에 접한다. 해송자(海松子)의 산지로 유명하다.

410) 회양(淮陽) : 강원 북단에 있는 군. 동쪽은 고성군, 서쪽은 평강군, 남쪽은 인제군·양구군·김화군, 북쪽은 통천군과 함남 안변군에 접한다. 토산물로 해송자(海松子), 자석(磁石)·옻[漆], 궁간상(弓軒桑) 등이 유명하다.

411) 新溪·谷山之**間**, **以**醲梨**名**, **早熟易醲**, **爲朝貢之所珍賞**, 文化**以**海松子**名**, 與**江原之**淮陽等.(『星湖僿說, 卷八, 人事門, 生財』) →新溪谷山之醲梨, 文化之海松子, 與淮陽等.(『松南雜識』)

412) 삭주(朔州) : 평안북도 군청 소재지. 압록강의 남쪽 지점에 위치한다.

413) 안변(安邊) : 함경남도 남쪽에 위치한 군. 북쪽은 문천군·원산시·동해, 서쪽은 강원 이천군, 남쪽은 강원 회양군과 평강군, 동쪽은 강원 통천군에 접한다.

414) **我國**居昌之柿, 報恩之棗, **密陽之栗**, 忠州之西瓜, **淮陽之海松子**, 安邊之梨, **最有名**, **猶史記所謂安邑之棗北地栗也**.(『芝峯類說, 卷十九, 食物部, 果』) → 朔州之酒, 安邊之梨, 忠州之西瓜, 報恩之棗, 居昌之柿.(『松南雜識』)

살펴보건대, '영(榠)'의 주석에서 "양시조(羊矢棗)"[415]라고 하였다. 우리나라에서는 '고욤[高梧音]'[416]이라고 한다. 이것은 증점(曾點)[417]이 좋아하던 것[418]으로, 『맹자(孟子)』의 주석에서 "열매는 작고 둥글며, 검붉은 색이다"[419]라고 하였다.

홍시
烘柿

『귀전록(歸田錄)』에서 "감이 처음 났을 때, 열매는 마치 돌처럼 단단하다. 천 개의 감 속에 명사나무[榠樝]를 넣어 두면 진흙처럼 붉게 익기 때문에 홍시(烘柿)라고 한다"[420]라고 하였다.

지금의 '조홍(早紅)'[421]은 칠팔 월에 때 이르게 익는 것인데, 감 꼭지를 조그만 벌레가 먹기 때문에 붉어진다.

---

415) 榠, **說文**, **棗也**, …… **今呼**羊矢棗.(『古今韻會擧要, 卷十五, 榠』) → 榠. **註**, 羊矢棗.(『松南雜識』)

416) 고욤[高梧音] : 감보다 작고 맛이 달면서 좀 떫다. ≒ 군천자(桾櫏子) · 소시(小柹) · 우내시(牛嬭柹) · 홍영조(紅榠棗).

417) 증점(曾點) : 춘추 시대 노(魯)나라 사람. 공자의 제자. 자는 자석(子晳).

418) 『맹자(孟子), 진심(盡心)』에서 "증석(曾晳)이 양조(羊棗)를 좋아했었는데, 증자께서 차마 양조(羊棗)를 먹지 못하셨다.[曾晳嗜羊棗, 而曾子不忍食羊棗.]"라고 하였다.

419) **羊棗**, 實小黑而圓, **足謂之羊矢棗**.(『孟子, 盡心上』) → 實小黑而圓, 紫黑色.(『松南雜識』)

420) **今唐鄧間多大**柹, **其**初生**澀**, 堅實如石, 凡百十柹以一榠樝置其中, 則紅熟爛如泥**而可食**, **土人**謂之烘柹**者**, **非用火**, **乃用此爾**.(『歸田錄, 卷下』) → 柹初生堅實如石, 凡百十柹, 以一榠樝置其中, 則紅熟如泥, 謂烘柹.(『松南雜識』)

421) 조홍(早紅) : 조홍시(早紅柹). 다른 감보다 일찍 익는 홍시 종류. 빛깔이 몹시 붉다.

시
柿

『유양잡조(酉陽雜俎)』에서 말하였다.

감에는 일곱 가지 뛰어난 점이 있다. 장수[壽], 그늘이 지는 것[多陰], 새집이 없는 것[無鳥巢], 좀벌레가 없는 것[無蟲蠹], 서리 맞아 볼 만한 단풍[霜葉可玩], 좋은 열매[嘉實], 두툼하고 큰 낙엽[落葉肥大]이 그것이다.[422]

한유의 시에서,

> 타는 구름 불붙은 나무에 불같은 열매 나란한데 然雲燒樹火實駢
> 금오(金烏)가 내려와서 붉은 용알을 쪼아 대는구나 金烏下啄赬虯卵[423]

라고 하였다.

우리나라 남방에 나는데, 만약에 옻나무로 접을 붙이면 열매 하나가 달리는 데 독이 있어서 사람을 죽일 수 있다고 한다.

『형주기(荊州記)』에서 "의도(宜都)에서 대비(大椑)가 난다. 열매가 감과 비슷하고 푸른 것을 오비팔릉(烏椑八稜)이라고 한다"[424]라고 하였다. 우리나라에는 없는 것이다.

---

422) 柿**俗謂柿樹**, **有**七絶, 一壽・二多陰・三無鳥巢・**四**無蟲・**五**霜葉可翫・**六**嘉實・**七**落葉肥大.(『酉陽雜俎, 卷十八, 廣動植之三, 木篇』)→柿七絶, 壽・多陰・無鳥巢・無虫**蠹**・霜葉可翫・嘉實・落葉肥大.(『松南雜識』)

423) 「유청룡사증최태보궐(遊淸龍寺贈崔太補闕)」.

424) **傳記**, **梁侯園**, **有**烏椑八稜, **大如酒盞**. 〈**地理志**〉 宜都**出**大椑. 〈荊州記〉(『記纂淵海, 卷九十二, 果食部, 果』)→荊州記, 宜都大椑, **實似柿而靑者**, **謂**烏椑八稜.(『松南雜識』)

밤

栗

고려 원종(元宗) 때 조량필(趙良弼)이 일본에 사신을 가서 밤열매를 얻어서 귀국하여 의안(義安), 즉 창원(昌原)에 심었다. 충렬왕(忠烈王) 때에는 원나라에 바쳤다.[425)]

『위지(魏志)』에서 "동이(東夷)의 한국(韓國)에 배만큼 큰 밤이 난다"[426)] 라고 하였다.

지금 양주(楊州)와 과천(果川)은 모두 밤의 산지인데, 과천은 과일이 자라기 적당한 곳이기에 '과(果)'자로 이름을 지었다고 한다.

세상에 전하는 말에 "한강(漢江) 상류지역은 밤이 자라기에 알맞으니, 서쪽이 트여 있기 때문인데, '栗(율)'자는 '西(서)'자와 '木(목)'자로 구성되어 있다. 금강(錦江) 상류 지역은 감이 자라기에 적당하니 북쪽이 가려져(蔽) 있기 때문인데, 시(柹)의 본음은 '폐(弊)'이다"라고 하였다.

『본초강목(本草綱目)』에서 "다리가 약한 사람은 밤을 몇 되만 먹으면 일어나 걸어 다닐 수 있다"[427)]라고 하였다.

소철(蘇轍)[428)]이 시에서,

> 늙어갈수록 허리와 다리에 병이 절로 더해지는데　老去日添腰脚病[429)]
> 산의 늙은이가 밤을 먹는 것은 오래된 비법이라네　山翁服栗舊傳方[430)]

---

425) **高**麗元宗時, 趙良弼, 使日本, 得栗實以還. **命**種于義安. 忠烈王時, **遣譯者**, 獻**其**栗于元.(『新增東國輿地勝覽, 卷三十二, 慶尙道, 昌原都護府』)→麗元宗時, 趙良弼, 使日本, 得栗實以還. 種于義安, **卽昌原**. 忠烈王時, 獻栗于元.(『松南雜識』)

426) 韓 …… 出大栗, **大**如梨.(『三國志, 魏志, 卷三十, 東夷』)→**東夷韓國**, 出大栗如梨.(『松南雜識』)

427) **弘景曰**, **相傳**, 有人**患腰**脚弱, **往**栗**樹下**, **食**數升, **便**能起行.(『本草綱目, 卷二十九, 果之一, 栗』)→人有脚弱, **啖**栗數升, **遂**能起行.(『松南雜識』)

428) 소철(蘇轍) : 북송의 문인(1039~1112). 자는 자유(子由), 호는 영빈유로(潁濱遺老)·난성(欒城). 당송 팔대가의 한 사람으로, 고문에 밝았다. 저서에 『시전(詩傳)』·『난성집(欒城集)』·『춘추전(春秋傳)』·『노자해(老子解)』 등이 있다.

429) 老去**日**添腰脚病.(『欒城第三集, 卷二, 服栗』)→老去**自**添腰脚病.(『松南雜識』)

라고 한 말이 이것이다.

『동국여지여람(東國輿地勝覽)』에서 "익산(益山)에 한 해에 세 번 열리는 밤나무가 있는데, 밤의 특이한 종자이다"라고 하였다.

또 씨 없는 감이 있는데, 감 중에서 특이한 것이다.

너도밤나무
櫧

『산해경(山海經)』에서 "전산(前山)의 나무 중에 너도밤나무[431]가 많다"라고 한 주석에 "상수리와 비슷하며 열매는 먹을 수 있다. 겨울과 여름에 자라며 집의 기둥을 만들 수 있는데 잘 썩지 않는다"라고 하였다.[432]

『본초강목(本草綱目)』에서 "쓴 것, 단 것 두 종류가 있다. 가루로 만들어서 떡을 해 먹을 수 있는데, 갈색이 매우 곱다"[433]라고 하였다.

상실
橡實

『설문해자(說文解字)』에서 "상실(橡實)은 허실(栩實) 또는 역실(櫟實)이다"라고 하였다.

『장자(莊子)』에 "서(芧)를 주었다[賦芧]"[434]라고 하였는데, 그 주석에

---

430) 「복률(服栗)」.

431) 너도밤나무 : 참나뭇과의 낙엽 활엽 교목. 높이는 20미터 정도이며, 잎은 달걀 모양이고 물결무늬 톱니가 있다. 6월에 단성화가 피고 열매는 견과(堅果)로 10월에 익는다. 건축재, 기구재, 땔감 따위로 쓴다. 울릉도 특산종으로 산허리에서 자란다.

432) **又東南二百里曰**前山, 其木多櫧.〈似柞子可食, 冬夏生, 作屋柱難腐〉(『山海經, 卷五, 中山經』) → 前山其木多櫧. **註**, 似柞子可食, 冬夏生, 作屋柱難腐.(『松南雜識』)

433) **櫧子**有苦甛二種, 治作粉食**餻食**, 褐色甚佳.(『本草綱目, 卷三十, 果之二, 櫧子』) → 有苦甛二種, 治作粉食, 褐色甚佳.(『松南雜識』)

"서(芧)는 상수리나무 열매이다"[435]라고 하였다.

『박아(博雅)』에서 "꼭지에 말[斗]처럼 생긴 뚜껑이 있으니 검은색 염료로 쓸 수 있다"라고 하였다.

『주례(周禮)』의 주석에서 "상두(橡斗)라고 하는데 열매를 먹을 수 있다"라고 하였다.

『설문해자』에서 "조두(皁斗)는 상수리나무 열매이니, 상두(橡斗)의 열매이다"라고 하였다.

두보(杜甫)의 시에 "동산에서 서율(芧栗)을 거둘 수 있으니 완전히 가난하지만은 않다네[園收芧栗未全貧]"라고 하였다.

지금은 '서(芧)'를 '우(芋)'라고 잘못 읽는데, 우(芋)는 토란이다. 지금 깊은 산골 북도(北道) 사람이 주워서 양식으로 삼으니, 또한 두보의 시에서 "해마다 도토리와 밤을 줍느라 저공(狙公)[436]을 따르네(歲拾橡栗隨狙公)'라고 한 말이 이것이다.

산각

酸角[437]

『정자통(正字通)』에서 말하였다.

운남(雲南)・임안(臨安) 등지(等地)에서 난다. 모양은 저아(豬牙)[438]・조협(皁莢)[439]과 같고 물에 담았다가 국에 섞으면 초처럼 신맛이 난다.[440]

---

434) 『莊子, 逍遙遊』.

435) 芧**音序**, 橡子也.(『莊子, 逍遙遊』) → 茅橡子也.(『松南雜識』)

436) 저공(狙公) : ①'원숭이'를 달리 이르는 말. ②예전에, 원숭이를 가지고 재주를 부리게 하여 돈벌이를 하던 사람.

437) 산각(酸角) : 과일 이름.

438) 저아(豬牙) : 풀 이름. 각호(角蒿). 저아채(豬牙菜). 자홍색 꽃이 핀다. 이것을 태운 재는 구창(口瘡)의 치료제로 쓰인다.

439) 조협(皁莢) : '조협'과의 상록교목. 열매는 식용하고 그 즙으로는 의복을 세탁한다.

440) 生雲南臨安諸處, 狀如豬牙皁莢, 浸水和羹, 酸美如醋.(『正字通』)

매실
梅實

『주례(周禮)』에서 "궤식(饋食)[441]하는 제기에 담는 열매는 마른 매실(乾橑)이다"[442]라고 하였는데, 그 주석에서 '료(橑)'는 매실이다"[443]라고 하였으니, 지금의 오매(烏梅)[444]이다.

산곡 황정견의 시에서,

북쪽 사람 먹어보지도 않고 눈살을 찌푸리고	北客未嘗眉目顰
남쪽 사람 떠벌리느라 침을 흘리네	南人夸說齒生津[445]
돈을 갈아 꿀에 섞은들 누가 인정하리	磨錢和蜜誰能許
꼭지를 떼고 소금 섞으면 먹을 만 하리	去蒂供鹽亦可人[446]

라고 하였다.

소식의 시 주석에 "양주(楊州)에서는 '양매(楊梅)'[447]를 '성승(聖僧)'이라 부른다"[448]라고 하였으니, 지금 복숭아 중에 승도(僧桃)가 있는 것과 같

441) 궤식(饋食) : 고대에 천자나 제후가 매월 초하루에 종묘에 지내는 제사의 일종으로, 익은 음식을 올린다.
442) 饋食之籩, **其實棗 · 㮚 · 桃** · 乾橑 · **榛實**.(『周禮, 卷二, 天官冢宰下, 籩人』) → 饋食之籩, 實乾橑.(『松南雜識』)
443) **乾**橑, **乾**梅也.(『周禮, 卷二, 天官冢宰下, 籩人』의 주석) → 橑, 梅也.(『松南雜識』)
444) 오매(烏梅) : 청매(青梅)의 껍질을 벗기고 씨를 빼어 짚불 연기를 쐬어서 말린 것. 해열(解熱) · 발한(發寒) · 건위제(健胃劑)로 쓰인다.
445) 南人誇說**齒**生津.(『山谷內集詩注, 卷十一, 戲答晁適道乞消梅二首)」 → 南人夸說**口**生津.(『松南雜識』)
446) 「희답조적도걸소매 이수(戲答晁適道乞消梅二首)」.
447) 양매(楊梅) : 양매과의 상록교목. 그 열매 모양은 수양자(水楊子)와 비슷하고 맛은 매실과 흡사하다.
448) **曾按杭州圖經云, 楊梅塢在南山近瑞峰, 楊尤盛, 有紅白二種. 今杭**人呼**白者**, 爲聖僧**梅**.(『東坡詩集註, 卷二十一, 聞辯才法師復歸上天竺以詩戲問』) → 楊州呼楊梅爲聖

은 듯하다.

살구
流杏

『백공육첩(白孔六帖)』에서 "제남(齊南) 분류산(分流山)에 살구가 있으니, 크기는 배만 하고 귤처럼 노란데 '한제행(漢帝杏)' 또는 '함행(含杏)'이라고 한다"[449]라고 하였다. 지금은 '유행(流杏)'이라 한다.

어떤 사람은 "이른 봄에 버들을 꺾어 땅에 꽂아 놓았다가 한식(寒食)에 살구나무에 접붙이기 때문에 '유행(柳杏)'이라 한다"라고 하였다.

『숭고산기(嵩高山記)』에서 "우산(牛山)의 살구는 크지는 않지만 백성이 굶주릴 때 따서 먹고 배를 채운다"[450]라고 하니, 지금의 밀행(蜜杏)과 비슷하다.

우리나라에서는 행(杏)을 살구(殺狗)라고 하는데 개고기에 체했을 때 복용한다.

자두
紫桃

우리나라에서는 오얏(李)을 '자두[紫桃]'라고 한다.

僧.(『松南雜識』)

449) **齊**南**郡之東南**, **有**分流山, **山土多**杏, 大如梨, 黃如橘, **土人**謂**之**漢帝杏, 亦曰**金**杏.(『白孔六帖, 卷九十九, 桃六, 漢帝杏』)→**濟**南分流山, 有杏, 大如梨, 黃如橘, 謂漢帝杏, 亦曰**含**杏.(『松南雜識』)

450) 嵩**高**山記**曰**, **嵩山東北有**牛山, **其山多**杏. **至五月**, **爛然黃茂**, **自中國喪亂**, **百姓饑饉**, **皆資此爲命**, **人人充**飽**而杏不盡**.(『藝文類聚, 卷八十七, 菓部下, 杏』)→嵩山記, 牛山杏**不大**, **民飢取**飽.(『松南雜識』)

『동명기(洞冥記)』[451]에서 "임국(琳國)[452]에 옥엽리(玉葉李)가 많은데, 수십 년에 한 번 익는다. 한종(韓終)[453]이 그것을 먹었기에 한종리(韓終李)라고 이름 했다"[454]라고 하였다.

『금장미사(琴莊美事)』에서 "최국봉(崔國奉)의 집 오얏은 과육이 두껍고 씨가 없었는데, 식자(識者)가 '천벌을 받은 괴룡(乖龍)이 귀가 베였는데, 그 피가 땅에 떨어져 이 오얏나무가 생겼다'라고 했다"[455]라고 하였으니, 후도화(侯道華)[456]가 영락도정원(永樂道淨院)에서 씨 없는 대추를 먹은 일과 매우 비슷하다.

오얏 열매 중에 사람 얼굴처럼 생긴 것이 있으니, 양만리(楊萬里)의 시에서,

기쁠 때 웃고 취했을 때 노래할 수 있고	喜時能笑醉能歌
눈썹에는 청산이 비치고 눈동자엔 물결이 비치네	眉映青山眼映波
옛날 아름다울 때는 반악(潘岳)[457] 같더니	舊日美如潘騎省
지금 초췌하기가 병든 유마(維摩)[458] 같네	只今瘦似病維摩[459]

---

451) 동명기(洞冥記) : 한나라의 곽헌(郭憲)이 편찬한 책.

452) 임국(琳國) : 장안(長安)에서 90리 거리에 있던 나라.

453) 한종(韓終) : 진시황(秦始皇)의 명을 받아 서복(徐福)과 함께 불사약을 찾아 떠났던 사람.

454) 琳國**去長安九千里**, **生**王**葉**李. **色如碧王**, **數十年**一熟, **味酸**. **昔**韓終, **常餌此李**, **因**名韓終李.(『洞冥記, 卷二』) → 洞冥記, 琳國多**生**玉華李, 五千歲一熟. **仙人**韓終, **嘗**食之, **亦**名韓終李.(『山堂肆考, 卷二百五, 果品, 韓終』) → 洞冥記**云**, 琳國多玉華李, 五千歲一熟. 韓終食之, 名韓終李.(『松南雜識』)

455) 琴莊**美事**, 崔奉國家**一種**李, 肉厚**而**無核. 識者曰, 天罰乖龍, **必**割其耳, 血墮地, 生此李**也**.(『山堂肆考, 卷二百五, 果品, 龍血』) → 琴莊**云**, 崔奉國家李, 肉厚無核. 識者曰, 天罰乖龍, 割其耳, 血墮地, 生此李.(『松南雜識』)

456) 후도화(侯道華) : 당나라의 도사. 병성(芮城) 출신. 하중(河中) 영락도정원(永樂道淨院)에서 도사 등태현(鄧太玄)과 함께 선약(仙藥)을 만들다가, 신선이 되어 올라갔다.

457) 반악(潘岳) : 서진(西晉)의 문인(247~300). 자는 안인(安仁). 미남으로 이름났다.

458) 유마(維摩) : 인도 비사리국의 장자(長者). 석가의 재가(在家) 제자로서 속가(俗家)에서 보살 행업(行業)을 닦았다. 대승 불교의 경전인 유마경의 주인공.

459) 「인면자(人面子)」.

라고 한 말이 이것이다.

울릉도
鬱陵桃

『춘추운두추(春秋運斗樞)』[460]에 "옥형성(玉衡星)[461]의 정기(精氣)가 흩어져 복숭아(桃)가 된다"[462]라고 하였다. 두보의 시에서 "앵무가 금도를 쪼네[鸚鵡啄金桃]"[463]라고 하였는데, 그 주석에서 "정관(貞觀) 연간에 헌상한 황도(黃桃)가 있었는데, 크기가 오리알 만하였으니, 금도(金桃)라고 하였다"[464]라고 하였다.

우리나라 울릉도의 복숭아씨는 반으로 쪼개어 술잔을 만들 수 있으니, 금도(金桃)보다 크다.

『이아(爾雅)』에서 "모도(秏桃)는 겨울에 익는다"[465]라고 하였다.

『본초강목(本草綱目)』에서 "도효(桃梟)[466]가 나무에 달려서 떨어지지 않은 것은 모든 귀신을 죽일 수 있다"[467]라고 하였다.

---

460) 춘추운두추(春秋運斗樞) : 운두(運斗), 운두추(運斗樞), 춘추운두(春秋運斗). 경의(經義)에 가탁하여 말한 위서(緯書) 중 『춘추위(春秋緯)』의 일부이다.

461) 옥형성(玉衡星) : 북두칠성의 다섯째 별. 혹은 다섯째에서 일곱째까지의 세 별을 지칭하기도 한다.

462) 春秋運斗**樞**, 玉衡星**之精**, 散爲桃.(『山堂肆考, 卷二百四, 果品, 五木之精』) → 春秋運斗曰, 玉衡星散爲桃.(『松南雜識』)

463) 「산사(山寺)」.

464) 貞觀間, **唐國**獻黃桃, 大如鵝卵, **其色如金**, **亦**呼爲金桃.(『補注杜詩, 卷二十, 山寺』의 주석) → 貞觀間, 有獻黃桃, 大如鵝卵, 呼爲金桃.(『松南雜識』)

465) 旄冬桃. 〈**今謂之旄**桃, 冬熟.〉(『爾雅注, 卷下, 釋木, 第十四』) → **爾雅釋木**, **旄**桃. **郭註**, **子**冬熟.(『康熙字典, 秏』) → **秏**桃**者**, 冬熟.(『松南雜識』)

466) 도효(桃梟) : 복숭아 열매가 말라서 나무 위에 붙은 채 겨울이 지나도록 떨어지지 않은 것으로 정월(正月) · 12월에 채취한다.
* 『松南雜識』에는 '梟桃'로 오기되어 있음.

467) **本草**, **桃之枝葉根核**桃梟**桃橛**, **皆辟**鬼**祟**.(『本草綱目, 卷二十九, 果之一, 桃』의 주석) → **本草經曰**, 桃梟, 在樹不落, 殺百鬼.(『齊民要術, 卷四, 種桃, 第三十四』) → 梟

『공자가어(孔子家語)』에서 말하였다.

공자가 애공(哀公)을 모시고 앉았는데, 애공이 그에게 복숭아와 기장을 주면서 먹으라고 청하였다. 공자는 기장을 먼저 먹고 복숭아를 뒤에 먹었다. 이 모습을 본 사람들이 입을 가리고 웃었다.

애공이 말하였다.

"기장은 복숭아를 닦는데 사용하는 것이니, 그것은 먹는 것이 아니오."

공자가 대답하였다.

"저도 잘 압니다. 그렇지만 기장은 오곡(五穀)의 우두머리이기에, 교례종묘(郊禮宗廟)에서 으뜸으로 칩니다. 반면 복숭아는 여섯 가지 과일 중 제일 아래 등급이기에 제사에서 사용하지 않습니다."[468]

우리나라에서는 무당이 불제(祓除[469])를 할 때 복숭아가 상서롭지 못하다고 생각하는 까닭에 꺼리니 가소롭다.

능금나무
柰

『본초강목(本草綱目)』에서 "일명 빈파(頻婆)이다"[470]라고 하였다. 연(燕)나라 지역에서 난다. 맛이 비록 평담(平淡)하지만 밤에 베개 곁에 두면 은은한 향기가 나니, 바로 불서(佛書)에 말한 '빈파(頻婆)'이다. 빈파는 중

桃, **在木**不落, 殺百鬼.(『松南雜識』)

468) 公曰, 黍者所以雪桃, 非爲食之也. 孔子對曰, 丘知之矣. 然夫黍者, 五穀之長, 郊禮宗廟以爲上盛, 果屬有六而桃爲下, 祭祀不用.(『孔子家語, 卷五, 子路初見, 第十九』) →不以黍雪桃, 桃於木最下, 黍爲五穀長, 故不祭用.(『松南雜識』)

469) 불제(祓除) : 재앙을 물리침.

470) **柰 〈別錄 下品〉 釋**名頻婆.(『本草綱目, 卷三十, 果之二, 柰』)→一名頻婆.(『松南雜識』)

국말로 '상사(相思)'이다.[471]

『광지(廣志)』에서 "푸른색, 붉은색, 흰색의 세 가지 품종이 있다. 장액(張掖)[472]에는 흰 능금이 있고 주천(酒泉)[473]에는 붉은 능금이 있다"[474]라고 하였다.

여감
餘甘

『임해이물지(臨海異物志)』에서 "북(梭)[475] 모양이다. 처음 입에 넣으면 혀가 떫은데, 물을 마셔야 달다. 또 크기는 매실만 하고 양 쪽 끝이 뾰족하다"[476]라고 하였다.

감람
橄欖

『동도사략(東都事略)』[477]에서 말하였다.

---

471) **採蘭雜志** 燕地有**頻婆**, 味雖平淡, 夜置枕邊, 微有香氣, 卽佛書所謂頻婆. 華言相思也.(『佩文齋廣羣芳譜, 卷五十七, 果譜, 柰』) → 燕地有**之**. 味雖平淡, 夜置枕邊, 微有香氣, 卽佛書所謂頻婆. 華言相思也.(『松南雜識』)

472) 장액(張掖) : 중국 감숙성(甘肅省)의 마을 이름.

473) 주천(酒泉) : 중국 감숙성(甘肅省)의 마을 이름. 이곳의 샘물은 맛이 술 같다고 함.

474) 廣志曰, **柰**有白青赤三種, 張掖有白柰, 酒泉有赤柰.(『淵鑑類函, 卷四百二, 果部四, 柰一』) → 廣志曰, 有青赤白三種, 張掖有白柰, 酒泉有赤柰.(『松南雜識』)

475) 북[梭] : 베틀에서, 날실의 틈으로 왔다 갔다 하면서 씨실을 푸는 기구. 베를 짜는 데 중요한 역할을 하며, 배 모양으로 생겼다.

476) **臨海**異物志曰, **餘甘子如**梭形, 初入口苦澀, **後**飮水**更**甘, **大**如梅實, **核**兩頭銳.(『齊民要術, 卷十, 五槃果蓏菜茹非中國物産者, 橄欖』) → 異物志曰, 梭形, 初入口舌澁, 飮水**乃**甘. **又**如梅實, 兩頭銳.(『松南雜識』)

477) 동도사략(東都事略) : 송나라 왕칭(王偁)이 북송의 역사를 기록한 책. 총 130권.

동북(東北)에 오얏 같은 과일이 있다. 매년 익지만 딸 새도 없이 바로 말라 버리기 때문에, 지역사람들이 따서 저장하는데, '지두간(枝頭乾)'이라고 한다.[478)]

운서(韻書)에서 말하였다.

감람은 일명 '간과(諫果)'[479)]라고도 한다. 나무가 높아 올라갈 수 없고, 다만 그 뿌리를 한 마디 쯤 파고 소금을 넣으면 하루 밤이 지나 열매가 떨어진다.

소식(蘇軾)의 시에서,

조금 단 맛이 입안에 돌기를 기다리게나	待得微甘回齒頰
이미 아주 단 석청(石淸)을 가져다 놓았다네	已輸崖蜜十分甛[480)]

라고 한 말이 이것이다.

그 나무로 노를 만들어 휘저으면 고기가 모두 떠오르니, 사물간에는 서로 두려워하는 것이 있다.[481)]

지금 상산(常山)의 나무를 가루로 만들어 물에 뿌리면 물고기가 죽는다. 또한 소식의 시에 "후두둑 푸른 열매가 붉은 소금 때문에 떨어지네

---

478) 東北**方**有果如李, 每熟不**待**摘, 輒**便**槁, **土**人因取**藏**之, **故**謂之枝頭乾.(『山堂肆考, 卷四十八, 北除平緩』) → **東都事略曰**, 東北有果如李, 每熟不**得**摘. 輒槁, 人因取之, 號枝頭乾.(『松南雜識』)

479) 간과(諫果) : 감람(橄欖)의 별명. 청과(青果), 충과(忠果)라고도 함.(『本草綱目』)

480) 「감람(橄欖)」.

481) 橄欖 韻書**云**, 用其木作檝撥**者**, 魚皆浮物有相畏**如此**. 樹峻不可梯, 但刻其根下方寸許, 納鹽, **其中**, 一夕子**皆**落. …… 待得微甘回齒頰, 已輸崖蜜十分甛, 坡詩.(『韻府群玉, 橄欖』) → 韻書**曰**, 橄欖**一名諫果**, 樹峻不可梯, 但刻其根寸許. 納塩, 一夕子落. 坡詩, 待得微甘回齒頰, 已輸崖蜜十分甛, **是也**. 用其木作檝撥**着**, 魚皆浮**出**, 物有相畏.(『松南雜識』)

[紛紛青子落紅鹽]”482)라는 구절이 있다.

암라
菴羅483)

『본초강목(本草綱目)』에 “암라(菴羅)의 다른 이름은 암마라가과(菴摩羅伽果)이다”484)라고 하였다.

사령운(謝靈運)485)의 「산거부(山居賦)」에서,

단단한 나무가 자라는 말쑥한 숲을 바라고	企堅固之貞林
암라가 자라는 향기로운 정원을 희망하노라	希菴羅之芳園

라고 한 말이 이것이다.

연정
櫞棖

『전목재집(錢牧齋集)』에서 “레몬과 귤이 향기롭네[櫞有芳兮橘有香]”라고 하였다.

---

482) 「감람(橄欖)」.
* 홍염(紅鹽)이 강남에서 나는데, 감람 나무가 높아서 올라갈 수 없기에, 이것을 감람(橄欖)에 발라두면 그 열매가 떨어진다고 한다[江南有紅鹽, 橄欖樹高, 以紅鹽塗其樹而子自落].(『東坡詩集註, 卷二十五, 橄欖』의 주석)

483) 암라(菴羅) : 인도에서 나는 과일 이름. 암마라(菴摩羅) 또는 무구청정(無垢淸淨)이라 번역하기도 한다고 함.

484) **菴羅果**. **釋名**. 菴摩羅**迦**果.(『本草綱目, 卷三十, 菴羅果』) → **又名**菴摩羅**伽**果.(『松南雜識』)

485) 사령운(謝靈運) : 남조 송나라의 문장가. 강락공(康樂公)에 봉해졌기에 사강락(謝康樂)으로 불림.

운서(韻書)에서 "레몬은 귤과 비슷한데, '구연(枸櫞)'이라고 부른다"[486] 라고 하였다.

『사문유취(事文類聚)』에서 "정자목(棖子木)은 유익하니 향기가 좋아서 소매를 향기롭게 할 수 있고 고기나 생선에 뿌려 신선하게 만들 수 있다. 꿀에 절일 수 있으니, 정말 좋은 과실이다"[487]라고 하였다.

목죽자
木竹子

『계해우형지(桂海虞衡志)』에서 "껍질 색과 모양이 큰 비파(枇杷)와 아주 흡사하다. 과육(果肉)은 달고 맛있으며 가을 겨울 사이에 열매가 맺는다"[488]라고 하였다.

송나라 역사에서 온성후(溫成后)[489]가 좋아하였다는 '죽자(竹子)'가 바로 이것이다.

죽실
竹實

지봉 이수광이 말하였다.

---

486) 櫞. 枸櫞, 樹皮可作粽. 埤蒼云, 果名, 似橘.(『五音集韻, 卷四, 櫞』)→櫞, 似橘, 謂枸櫞.(『松南雜識』)

487) **棖**, 棖子木, 有刺, 香氣馥馥, 可以**熏**袖, 可以芼鮮, 可以漬蜜, 眞佳實**也**.(『古今事文類聚後集, 卷二十七, 棖』)→棖子木, 有刺. 香氣馥馥, 可以**薰**袖, 可以芼鮮, 可以漬蜜, 眞佳實.(『松南雜識』)

488) 木竹子, 皮色形狀, 全似大枇杷, 肉甘美, 秋冬間實.(『桂海虞衡志, 木竹子』)

489) 온성후(溫成后) : 송나라 인종(仁宗)의 비(妃) 장씨(張氏)의 시호.

강수(江水)와 회수(淮水) 지역에서는 대쌀(竹米)이라 부르며, 이것이 열리면 흉년이 들 조짐이라고 한다. 조선의 태종 때에 태령산(太嶺山)의 대나무에 보리(眞麥)같은 열매가 달렸는데, 율무처럼 찰기 있고 맛은 옥수수 같았다. 사람들이 따다가 술과 밥을 만들었다. 대개 꽃이 피고 열매가 맺히면 대나무는 말라 죽는다고 한다.[490]

귤·등
橘橙

『춘추운두추(春秋運斗樞)』에서 "선추성(璇樞星)[491]이 흩어져 귤이 된다"[492]라고 하였다.

「고공기(考工記)」에서 "귤이 회수(淮水)를 건너면 탱자(枳)가 되는데, 땅의 기운이 그렇게 만드는 것이다"[493]라고 하였다.

『문선(文選)』에서,

남쪽에 있으면 감(柑)이지만	在南稱甘
북쪽으로 건너가면 등(橙)이라네	度北則橙[494]

490) 東閣雜記曰, 太宗朝, 江陵大嶺山竹結實如眞麥, 粘如薏苡, 味如唐黍, 村人摘取爲酒食云. 頃歲南方及智異山竹多結實, 其狀如雜記所言, 居人用以作飯. 然竹結實則死, 故今南方絶無大竹. 按李畋云, 舊稱竹實爲鳳凰食, 而今竹實如麥, 江淮號爲竹米, 以爲荒年之兆, 信非鳳凰之食也.(『芝峯類說, 卷二十, 卉木部, 竹』) → 江淮號爲竹米, 卽荒年之兆云. 我太宗朝, 太嶺山竹結如眞麥, 粘如薏苡, 味如唐黍, 人取爲酒食. 盖結花與實則枯云.(『松南雜識』)

491) 『松南雜識』에는 '旋星'으로 되어 있음.

492) **春秋**運斗樞曰, **璇**星散爲橘.(『爾雅翼, 卷十, 橘』) → 運樞曰, **旋**星散爲橘.(『松南雜識』)

493) 橘**踰**淮而**北**爲枳, **鸜鵒不踰濟**, **貉踰汶則死**, 此地氣然也.(『周禮注疏, 卷三十九, 冬官, 考工記, 第六』) → 橘渡淮而爲枳, 地氣然也.(『松南雜識』)

494) 반악(潘岳)의 「위가밀작증륙기(爲賈謐作贈陸機)」.
* 在南稱**甘**, **度**北則橙.(『文選, 卷二十四, 爲賈謐作贈陸機』) → 在南稱**柑**, **在**北則橙.(『松南雜識』)

라고 하였다.

산곡(山谷) 황정견(黃庭堅)의 「영해시(詠蟹詩)」[495]에서 "팔 다리가 찢어지는 형벌을 견디며 생강과 등(橙)을 보네.(忍堪支解見薑橙)"라는 구절이 있다.

대개 귤(橘)과 유자(柚)와 감(柑)과 등자(橙)는 하나의 종속(種屬)이다. 장독(瘴毒)을 물리치기 때문에 남방(南方)에서 생산된다. 등(橙)은 귤보다 크고 껍질이 두껍다. 동해 사람들은 '유자(柚子)'라고 하는데, 지금 왜 귤과 비슷하다. 또 귤 가운데 작은 것은 개암(榛)이라 한다.

사마상여(司馬相如)의 부(賦)에서 "노귤이 여름에 익었네.(盧橘夏熟)"[496]라고 하였는데, 그 주석에서 "껍질이 두터우며 크기는 감(柑) 만하다. 구월에 새빨간 열매가 맺혔다가 이듬 해 이 월에 다시 검푸른 색이 되니, 노(盧)는 검은색을 뜻한다"라고 하였다.[497]

『신선전(神仙傳)』[498]에서 "주(周)나라 목왕(穆王)이 요지(瑤池[499])에서 서왕모(西王母)와 만나서 푸른 연뿌리와 흰 귤을 먹었다"[500]라고 하였으니, 흰색은 또한 별종이다. 그러나 소순흠(蘇舜欽[501])의 시에서,

입택(笠澤)[502]에 농어 살찌니 옥 같은 회를 먹고	笠澤鱸肥人鱠玉
동정호에 귤이 익으니 나그네 금 같은 알을 나눈다	洞庭柑熟客分金[503]

495) 원제는 「秋冬之間鄂渚絶市無蟹今日偶得數枚吐沫相濡乃可憫笑戲成小詩三首」.

496) 「상림부(上林賦)」.

497) 盧橘夏熟, 相如賦. 皮厚大小如柑, 九月結實正赤, 明年二月更青黑.(『韻府群玉, 盧橘』) → 相如賦, 盧橘夏熟. 註, 皮厚大小如柑, 九月結實正赤, 明年二月更青黑.(『松南雜識』)

498) 『松南雜識』에는 '神仙傳'이 '列仙傳'으로 되어 있음.

499) 요지(瑤池) : 선경(仙境). 옛날에 목천자(穆天子)가 서왕모(西王母)에게 술잔을 주었던 곳.

500) **碧藕白橘** 周穆王會王母於瑤池, 食**素蓬 · 黑棗** · 碧藕 · 白橘.(『類說, 卷三, 神仙傳, 碧藕白橘』) → 周穆王會王母於瑤池, 食碧藕 · 白橘.(『松南雜識』)

501) 소순흠(蘇舜欽) : 송나라의 문학가. 자는 자미(子美). 당시 학자들이 모두 대우(對偶)를 좋아했으나, 소순흠은 그것을 병되게 여기고 고문(古文)을 숭상하였음.

502) 입택(笠澤) : 태호(太湖) · 진택(震澤) · 구구(具區)라고도 한다.

라는 구절이 있으니, 감(柑)은 원래 황색이다. 우리나라의 감재(柑製)[504]는 탐라에서 귤이 나는 것을 경하(慶賀)하기 위한 시험이다.

여지
荔支

고부(古賦)에서 "곁에서 용목(龍目)이 난다[旁挺龍目]"[505]라고 하였는데, 그 주석에서 "교지(郊趾)에 열매가 붉고 꽃이 파란 나무가 있는데, 그 열매의 크기는 계란만 하다"라고 하였다.

소식(蘇軾)의 시에서,

붉은 구름인양 불같은 열매 새빨간데　　炎雲駢火實[506]
감로(甘露)인양 천장(天漿)을 잔질하네　　瑞露酌天漿[507]

라고 하였다.

양귀비(楊貴妃)가 여지를 좋아하였다. 두목(杜牧)[508]의 시에서

양귀비가 말이 달려오는 먼지 보고 웃으니　　一騎紅塵妃子笑
아무도 여지가 오는 것인 줄 알지 못했네　　無人知是荔支來[509]

---

503) 笠澤鱸肥人膾玉, 洞庭柑熟客分金.(『蘇學士集, 卷七, 望太湖』) → 笠澤霜肥人鱠玉, 洞庭秋熟客分金.(『松南雜識』)

504) 감제(柑製) : 해마다 제주도에서 바치는 황감을 성균관의 유생에게 내리고 실시하던 과거(科擧).

505) 좌사(左思)의 「촉도부(蜀都賦)」.

506) 炎雲駢火實.(「食荔支二首」) → 炎雲騈火實.(『松南雜識』)

507) 「식여지 이수(食荔支二首)」.

508) 두목(杜牧) : 당나라 말기의 시인(803~852). 자는 목지(牧之). 호는 번천(樊川). 두보(杜甫)에 상대하여 소두(小杜)라 부르며, 시풍은 호방하면서도 청신(淸新)하며, 특히 칠언 절구에 뛰어났다. 작품에 「아방궁부(阿房宮賦)」·「산행(山行)」 등이 있다.

509) 「화청궁(華淸宮)」.

라고 한 말이 이것이다. 지금의 여지(荔支)는 비록 초본(草本) 여지(荔支)이지만 맛은 오히려 향기롭고 달다.

아가위 · 머루
鬱薁

『시경』에서 "아가위와 머루를 먹으며[食鬱及薁]"[510]라고 하였는데, 그 주석에서 "「진궁각명(晉宮閣銘)」에서 '화림원(華林園)[511]에 거하리(車下李)와 욱리(薁李)가 있다. 거하리(車下李)는 아가위[鬱]이고 욱리(薁李)가 바로 머루[薁]이다"[512]라고 하였다.

두 가지는 비슷하고 동시에 익는다.

미응
未應[513]

『풍토록(風土錄)』에서 "제주도에 미응(未應)이라는 산과일이 있다. 열매의 크기는 모과만 하고 껍질은 암흑색이다. 잘라보면 임하부인(林下夫人)[514]과 같은데, 검은 씨는 그보다 조금 크고 맛은 대단히 진하다"[515]

---

510) 『詩經, 豳風, 七月』.

511) 화림원(華林園) : 동한 시대에 세운 공원으로, 하남(河南) 낙양성(洛陽城)에 있다. 원래는 이름은 방림원(芳林園)이었는데, 삼국 시대 위(魏)나라 때 제왕(齊王)의 이름 방(芳)을 휘(諱)하여 화림원(華林園)으로 고쳐 불렀다.

512) 詩, **六月**食鬱及薁. **疏**, 晉宮閣銘云, 華林園**中**, 有車下李**三百一十四株**, 薁李**一株**. 車下李, **卽**鬱, 薁李卽薁.(『駢字類編, 卷八十二, 一株』) → 詩, 食鬱及薁. **註** 晉宮閣銘云, 華林園有車下李**及**薁李. 車下李鬱, 薁李卽薁.(『松南雜識』)

513) 『松南雜識』에는 '末應'로 오기되어 있음.

514) 임하부인(林下夫人) : 으름덩굴의 별명.

515) 濟州**地**有山果, 名曰未應, 實如木瓜, 皮丹黑, 剖之如林下夫人, 黑子差大, 味濃, **蓋林下夫人**之**種而大者耳**. 風土錄.(『海東雜錄, 權鼈, 本朝』) → 風土錄**曰**, 濟州有山果,

라고 하니 대개 연복자(燕覆子) 종류인 듯하다.

연복자
燕覆子[516]

우리나라에서는 으름[禦陰]이라 부른다. 세상에서 전하는 이야기로는 "박엽(朴燁)[517]이 이른바 송하동자(松下童子)·임하부인(林下夫人)이 이것이다"라고 한다.

산포도(山葡萄)는 바로 까마귀머루(蘡薁)인데, 미후도(獼猴桃)[518]·복분자(覆盆子) 등이 매우 많다.

복분자
覆盆子

『본초강목(本草綱目)』에서 "복분자(覆盆子)는 일명 필능가(畢楞伽)이다"[519]라고 하였다.

『이아(爾雅)』에서 "규(茥), 결분(蒛葐)이다"라고 했는데, 그 주석에서 "복분(覆葐)이다. 열매는 딸기(莓)와 비슷한데 그보다는 작고, 먹을 수 있다"[520]라고 하였다.

名曰未應, 實**大**如木瓜, 皮丹黑, 剖之, 如林下夫人, **而**黑子差大, 味盡濃, **盖燕覆子**之**類也**.(『松南雜識』)

516) 연복자(燕覆子) : 으름덩굴의 열매.

517) 박엽(朴燁) : 조선 중기의 문신(1570~1623). 본관은 반남(潘南). 자는 숙야(叔夜). 호는 약창(葯窓). 선조 30년(1597) 별시 문과에 병과로 급제, 1601년 정언이 되고, 이어 병조정랑·직강을 역임하고 해남 현감 등을 지냈다.

518) 미후도(獼猴桃) : 다래과에 속하는 낙엽만목(落葉蔓木). 열매는 먹을 수 있다.

519) **覆盆子〈別錄上品〉 校正〈自果部移入此〉 釋名, 茥〈爾雅, 音奎〉 缺盆〈爾雅〉 西國草〈圖經〉** 畢楞伽 **〈圖經〉** (『本草綱目, 卷十八上, 草之七, 覆盆子』)→**一名**畢楞伽.(『松南雜識』)

또 『설문해자(說文解字)』의 '말딸기(馬莓)'에 대한 주석에서 "복분초(覆盆草)이다"라고 하였고, 『본초강목(本草綱目)』에서 "사매(蛇莓) · 잠매(蠶莓) · 오렴매(烏蘞莓)가 있는데, '莓'의 음은 '매'이다"라고 하였다.[521]

불경(佛經)에서는 '복분자꽃(覆盆花)'를 '소밀나화(蘇蜜那花)'라고 한다.

임자

荏子

『산림경제(山林經濟)』에서 "지마(芝麻)는 검은색 · 노란색 · 흰색의 세 종류가 있는데, 흰 것은 기름이 많다. 또 수소마(水蘇麻)는 우리나라에서 수임(水荏)이라 부르는데 바로 법임(法荏)이다"[522]라고 하였다.

양웅(揚雄)의 『방언(方言)』에서 "관동(關東) · 관서(關西)에서는 '소(蘇)'라고 하는데, '임(荏)'이라 부르기도 한다"[523]라고 하였다.

『본초강목(本草綱目)』에서 "씨는 기름을 짤 수 있다"라고 하였다.

『방물기(方物記)』에서 "매년 깨[荏]가 익으려고 하면 깨참새[荏雀]가 떼로 몰려 그 열매를 먹는다"[524]라고 하였다.

---

520) 茥 · 葐蒕. 〈**注**. 覆**葐**也. 實似莓而小, **亦**可食.〉(『爾雅注疏, 卷八, 釋草』) → 茥 · 葐蒕 註 覆盆也. 實似莓而小, 可食.(『松南雜識』)

521) **集韻**, **母罪切**, 音浼. 說文, 馬莓**也**. **類篇**, **卽**覆盆草**也**. 本草, 有蛇莓 · 蠶莓 · 烏蘞莓. **又武道切**, 音**毛**, **義同**.(『康熙字典, 莓』) → 說文, 馬莓, **註**, 覆盆草. 本草, 有蛇莓 · 蠶莓 · 烏蘞莓. **莓**音浼.(『松南雜識』)

522) 水蘇麻, **鄉名**水荏, **或稱油麻**. 芝麻有黑白黃三種, 白者多油.(『山林經濟, 卷一, 治農』) → 芝麻有黑白黃三種, 白者多油. 水蘇麻, 鄉名水荏. **俗謂**水荏, **卽法荏**.(『松南雜識』)

523) 關**之**東西, **或**謂之蘇, 或謂之荏.(『方言, 卷三』) → 關東西, 謂之蘇, 或謂之荏.(『松南雜識』)

524) 每歲荏且熟, **鳥**則羣至, 食其實.(『說郛, 卷六十七下, 益部方物贊, 荏雀』) → 每歲荏且熟, 則**荏雀**羣至, 食其實.(『松南雜識』)

생강 · 마늘
薑蒜

『이아익(爾雅翼)』에서 "큰 마늘은 호(葫)이고 작은 마늘은 산(蒜)이다"[525]라고 하였다.

『고금주(古今註)』에서 "마늘[蒜]은 난산(卵蒜)이다"[526]라고 하였다.

『집운(集韻)』에 "작은 마늘의 뿌리를 난자(䕃子)라 한다"[527]라고 하였다. 지금은 난(䕃)이 와전되어 '마늘[漫卵]'이 되었다.

손면(孫緬)[528]이 "장건(張騫)이 서역(西域)에 사신 갔다가 큰 마늘인 호수(胡荽)를 가져왔다. 작은 마늘은 중국에도 예전부터 있었지만 큰 마늘은 호(胡) 땅에서 나왔기 때문에 호(胡)라는 이름이 붙었다"라고 하였다.

『본초강목(本草綱目)』에서 "마늘을 많이 먹으면 머리가 일찍 하얗게 된다"[529]라고 하였으니, 생강이 기운을 손상시키는 것과 같다.

우리나라에는 오로지 전주(全州) 봉서산(鳳棲山) 아래 봉상면(鳳翔面)에서만 생산되는데도, 이것으로 온 나라가 풍족하게 사용할 뿐만 아니라, 중국에도 수출한다.

세상에 다음과 같은 이야기가 전한다.

> 중국 사람이 봉서산(鳳棲山)을 보고는 절하면서 말하였다.
> "이 아래에 신령한 풀이 있어서 몇 만 명을 살릴 수 있습니다"

그 맛은 독하고 약으로 쓰면 민(閩) 지역의 생강보다도 효능이 있다고

525) 大蒜爲葫, 小蒜爲蒜.(『爾雅翼, 葫』)
526) 蒜, 卵蒜也.(『古今注, 卷下, 草木第六』)
527) 小蒜根曰䕃子.(『集韻, 䕃』)
528) 손면(孫愐) : 당나라 사람. 현종(玄宗) 때 『광운(廣韻)』을 간정(刊定)하여 「당운(唐韻)」이라 개명하였다.
529) 蒜**又**食多, 白髮早.(『證類本草, 卷二十九, 菜部下品, 食療』의 주석) → 多食蒜, 髮早白. **與薑損氣同**.(『松南雜識』)

한다. 밭 마다 생강 꽃이 있으면 향이 몇 리까지 퍼지는데, 생강 밭에 마늘을 심으면 마늘 맛이 달고 향도 나서 다른 곳에 심은 것과 다르다.

유자휘(劉子翬)는 「자강(子薑)」[530] 시에서,

새싹의 껍질 매끄러운데	新芽肌理膩
해 비치니 투명한 듯 깨끗하네	映日淨如空
고루 단장한 손가락처럼	恰似匀粧指
부드럽고 뾰족하며 연홍색을 띠네	柔尖帶淺紅[531]

라고 하였다.

머귀 · 산초
欓椒

『이아익(爾雅翼)』에 "세 가지 향초(香草)는 산초 · 머귀 · 생강이다"[532] 라고 하였다.

『오월춘추(吳越春秋)』에 "월(越)나라가 감밀(甘蜜) 아홉 당(欓)[533]으로 오나라가 거듭 봉토(封土)를 준 예(禮)에 보답했다"[534]라는 말이 이것이다. 고초(苦椒)' · '당초(欓椒)'라 하는 말이 바로 이것이다.

530) 자강(子薑) : 갓 움터 자란 생강을 말한다.

531) 新芽**肌**理膩, 暎日淨如空, 恰似匀粧指, 柔尖帶**淺**紅.(『屛山集, 卷十五, 子薑』) → 新芽**肥**理膩, 暎日淨如空, 恰似匀粧指, 柔尖帶**殘**紅.(『松南雜識』)

532) **風土記曰**, 三香, 椒欓薑.(『爾雅翼, 卷十一, 釋木, 欓』) → 三香, 椒欓薑**也**.(『松南雜識』)

533) 이때의 당(欓)은 물건을 담는 기구로서의 의미.

534) 越**王**, **乃使大夫種**, **索葛布十萬**, 甘蜜**九党**, 文笥七枚, 狐皮五雙, 晉竹十廋, 以復封禮. 吳王得之.(『吳越春秋, 卷五, 勾踐歸國外傳第八』) → 吳越春秋曰, 越以甘蜜**丸欓**, **執吳增**封**之**禮.(『爾雅翼, 卷十一, 釋木, 欓』) → 越以甘蜜**丸欓**, **報吳增**封**之**禮.(『松南雜識』)

후추

胡椒

『강희자전(康熙字典)』에서 말하였다.

호(胡)는 초(椒)이다. 성고산(成皐山)에 초(椒)가 있으니 '죽엽초(竹葉椒)'라고 한다. 동해(東海)의 여러 섬에도 있다. 씨앗은 길고 둥글지 않으며 맛은 귤껍질 같다. 섬의 노루가 이것을 먹으면 고기에서도 산초와 귤 향기가 난다. 또 『통지(通志)』에서 "광동(廣東)의 산초 가운데 덩굴로 자라는 것이 있다"라고 하였다. 『진랍국풍토기(眞臘國風土記)』에서는 "호초(胡椒)가 등나무에 얽혀 자라면 그 초목도 모두 후추로 사용할 수 있다"[535]라고 하였다.[536]

『어사본초(御史本草)』[537]에서 말하였다.

나무는 산수유 같은데, 열매는 맵고 향기는 독하다. 어사를 '합구초(合口椒)'[538]라고 하니 가장 독하기 때문이다. 전중(殿中)은 '나복(蘿葍)'[539]이라고 한다. 시어(侍御)를 '무른 배[脆梨]'라 하니, 먹을수록 맛있기 때문이다. 감찰(監察)을 '개구초(開口椒)'라 하니 독기가 덜하기

---

535) 胡椒**間**, **亦有之**, 纏藤而生, **纍纍如綠**草**子**, **其生而青者**, **更辣**.(『眞臘風土記, 出産』) →胡椒纏藤而生, **則**草**木可以皆用**.(『松南雜識』)

536) **胡**椒也. ……**今**成皐山**中**有椒, 謂之竹葉椒. 東海諸島, 亦有**椒樹**. 子長而不圓, 味似橘皮. 島上獐鹿食此, 肉作椒橘香. ……**按**通志, 廣東椒, 有蔓生者. 眞臘風土記, 胡椒纏藤而生, 則草木可以竝用.(『康熙字典, 𣚭』)→**𣚭**椒也. 成皐山有椒, 謂之竹葉椒. 東海諸島, 亦有**之**. 子長而不圓, 味似橘皮. 島上獐鹿食此, 肉作椒橘香. **又**通志, 廣東椒, 有蔓生者. 眞臘**國**風土記, 胡椒纏藤而生, 則草木可以**皆**用.(『松南雜識』)

537) 어사본초(御史本草) : 당나라 가충언(賈忠言)이 편찬한 책.

538) 합구초(合口椒) : 입이 벌어지지 않은 조피열매

539) 나복(蘿葍) : '무'를 말함.

*『松南雜識』에는 '生薑'으로 되어 있다.

때문이다.[540]

지금 왜인(倭人)들은 호초를 쪄내는데, 한 말마다 한 톨씩 날 것으로 남겨둔다고 한다. 어째서 목면(木棉)처럼 씨를 가져 오지 못하는가?

남만초
南蠻椒

지봉 이수광이 말하였다.

지금은 고추(苦椒)라고 한다. 또 번초(番椒)라고도 하는데, 맹독이 있다. 처음 일본에서 전래되었기 때문에 왜겨자(倭芥子)라고 하는데, 소주(燒酒)에 타서 먹고 죽은 자가 많다고 한다.[541]

볶아서 먹으면 회충(蛔蟲)과 혼담상충증(混痰上衝症)을 치료하는 훌륭한 약(藥)이 된다고 한다.

남령초
南靈草

『본초강목(本草綱目)』에는 없고 명나라 역사에서 처음으로 "차와 담배

---

540) **賈忠言撰御史**本草, **以裏行**爲合口椒, 最毒, 監察爲開口椒, 微毒, 殿中爲**蘿蔔**, 侍御爲脆梨, 言漸入佳味, 遷南省郎號甘草, 言可以久安矣.(『類說, 卷六, 御史本草』)→ 御史・**裏行及試員外**, 爲合口椒, 最毒, 殿中曰**生姜**, 侍御**爲**脆梨, 漸入佳**味**. 監察爲開口椒, 毒微歟.(『韻府群玉, 合口椒』)→**樹如茱萸**, **實辛香烈**, 御史爲合口椒, 最毒, 殿中曰**生薑**, 侍御**曰脆梨**, 漸入佳**境**. 監察爲開口椒, 毒微歟**也**.(『松南雜識』)

541) **南蠻椒**有大毒. 始自倭**國**來, 故**俗**謂倭芥子. **今往往種之酒家**, **利其猛烈**. **或**和燒酒**以市之**, 飮者多死.(『芝峯類說, 卷二十, 卉木部, 木』)→**今謂苦椒**, **又番椒**. 有大毒, 始自倭來, 故謂倭芥子. 和燒酒, 飮者多死云.(『松南雜識』)

두 가지에 세금을 물린다[茶烟兩稅]"라는 기록이 있는데, 여기에서의 '연(烟)'이 바로 '남령초(南靈草)'이다. 우리나라에는 임진왜란 이후에 일본에서 전래되었다.

다음과 같은 전설이 있다.

> 왜(倭)의 기생 담박고(淡珀姑)가 미색이 있어서 관백(關伯)으로부터 하예(下隷)에 이르기까지 사랑하고 소중히 여기지 않는 이가 없었다. 이 기생이 갑자기 병이 들어 전신에 악창(惡瘡)이 퍼졌는데, 천하의 어떤 의술이나 약도 효험이 없었다. 그녀가 죽을 때 "내 무덤 위에 풀이 자랄 것이니, 훗날 이런 병에 걸린 사람을 치료하세요"라고 말하였다. 과연 이상한 풀이 자생하였는데, 그 연기를 마시자 가래와 회충이 치료되고, 달여 먹으면 종기를 씻어낸 듯 고칠 수 있었다고 한다.

또 운남(雲南)에 담파고(淡巴姑)란 것이 있으니, 담증(痰症)으로 괴로울 때 연기를 마시면 효과가 있기 때문에 '담파고(痰破膏)'라는 이름이 붙었다.

우리나라 사람으로는 계곡(鷄谷) 장유(張維)[542]가 가장 먼저 담배를 즐겼는데 승정원에서 담배를 피운 일로 탄핵을 받았다. 그의 수필(隨筆)에서 말하였다.

> 우리나라 풍속에 존귀한 사람 앞에서 담배를 피우지 않는 것은 처음 전래될 때부터 금하였기 때문이다. 청나라 용골대(龍骨大)[543]가 담배 피

---

542) 장유(張維) : 조선 시대의 문신(1587~1638). 자는 지국(持國). 호는 계곡(谿谷). 시호는 문충(文忠). 인조반정 때 공을 세웠고 정묘호란 때 임금을 수행하여 우의정에 이르렀다. 특히 문장에 뛰어났으며, 저서에 『계곡집』·『계곡만필』·『음부경주해(陰符經註解)』 등이 있다.

543) 용골대(龍骨大) : 청나라의 장군. 본명은 영고이대(英固爾岱). 인조 4년(1636)에 사신으로 와서, 청나라 황제의 존호를 쓰고 군신의 의를 맺을 것을 요구하였으나 거절당하

우기를 더욱 좋아하였기 때문에, '골초[善吸者]'를 '용골대'라고 하는 말이 생겼다. 청나라 군대에서 일찍이 담배를 피우다가 실수로 불을 낸 일이 있었기 때문에 천자가 담배를 피우는 자와 담배를 매매하는 자는 모두 참수(斬首)하라고 명령을 내렸다. 그러나 군중(軍中)에서 여전히 담배 한 움큼을 천금(千金)에 사가는 자가 있었으니, 금지해도 어쩔 수 없음을 알 수 있다. 석숭(石崇)[544]은 측간에 '코 막는 대추[鼻塞棗]'를 두었지만, 담배가 나온 다음부터 코 막는 대추는 쓸모가 없어졌다. 소옹(邵雍)[545]이 "몇 백 년 뒤에는 천하에 화기(火氣)를 입에 머금은 모습이 있을 것이다"라고 하였는데, 지금 과연 그 말처럼 되었다.

무후채

武侯菜[546]

양웅(揚雄)의 『방언(方言)』에서 "진(陳)나라와 초(楚)나라에서는 '풍(蘴)', 제(齊)나라와 노(魯)나라에서는 '요(蕘)', 조(趙)나라와 위(魏)나라에서는 '대개(大芥)', 관서(關西) 지역에서는 '무청(蕪菁)'이라고 부른다"[547]라고 하였다.

『한서(漢書), 환제기(桓帝記)』에서 "무청(蕪菁)을 심어 양식에 보탠

자, 그해 12월 10만 대군을 거느리고 쳐들어와 병자호란을 일으켰다.

544) 석숭(石崇) : 진(晉)나라의 부호(富豪). 자는 계륜(季倫). 별명은 제노(齊奴). 호사로운 행각으로 유명하다.

545) 소옹(邵雍) : 송나라의 학자. 자는 요부(堯夫), 호는 강절(康節). 『주역』의 상수학(象數學)에 능통하였다. 벼슬에 나가지 않고 소문산(蘇門山) 백천(百泉)에서 독서하며 사는 집을 안락와(安樂窩)라 하고 자호를 안락선생(安樂先生)이라 하였다. 또한 낙양(洛陽)에 살 때에는 공중누각(空中樓閣)을 지어 자호를 무명공(無名公)이라고 하기도 하였다.

546) 무후채(武侯菜) : 채소의 한 가지인 무를 말한다. 『여유당전서(與猶堂全書), 아언각비(雅言覺非)』에 "무후채가 와전되어 무채가 되었다"라고 하였다.

547) 陳楚**之郊**, 謂之蘴, **魯齊之郊**, 謂之蕘, 關**之東**西, 謂之蕪菁, 趙魏**之郊**, 謂之大芥. (『揚子雲集, 卷三, 方言, 蘴』) → 陳楚謂之蘴, **齊魯**謂之蕘, 趙魏謂之大芥, 關西謂之蕪菁. (『松南雜識』)

다”[548]라고 하였다. 또 ‘나복(蘿蔔)’, 또 ‘만청(蔓菁)’이라고도 한다.

촉(蜀)나라 선주(先主) 유비(劉備)가 문을 닫고 채소로 심었고,[549] 또 무후(武侯) 제갈량(諸葛亮)이 그것을 심었던 까닭에 ‘제갈채(諸葛菜)’라고 한다. 우리나라에서는 ‘무후(武侯)’라고 하니 대개 ‘무(蕪)’와 ‘무(武)’의 음이 같기 때문인가 보다. 그대로 ‘무우(無憂)’라고도 하며 영남에서는 ‘무수(無愁)’라고 한다.

세상에 다음과 같은 이야기가 전한다.

> 우리나라 사람들이 쌀밥 먹는 것을 중국 사람이 보고 말하였다.
> “너희는 옥을 그리 많이 먹고도 체하지 않는가?”
> 그리고 밭두둑에 가득한 만청(蔓菁)을 보고 말하였다.
> “이것이 바로 너희 나라의 인삼인가? 필시 근심도 없고(無憂) 수심도 없겠구나[無愁]!”

유자휘(劉子輝[550])의 시(詩)에서,

어쩌면 그리도 바탕이 새하얀가	如何純白質
꼭지 근처는 연녹색 물이 들었네	近蔕染微青[551]

라고 한 말이 이것이다.

---

548) 種蕪菁, 以助人食.(『後漢書, 卷七, 桓帝紀, 第七, 永興二年春正月』)

549) 유비(劉備)가 하비(下邳)에 있을 때 조조(曹操)가 그에게 다른 뜻이 있는가를 의심하여 몰래 측근을 보내어 행동을 감시하자 유비가 문을 닫고 채소를 심는 척 하였다. 또 관우로 하여금 하비를 지키게 하고 자신은 장비 등과 함께 급히 소패(小沛)로 떠났다. (『三國志, 蜀志, 卷二, 先主 劉備』)

550) 유자휘(劉子輝) : 송나라 문인・학자(1101～1147). 자는 언충(彦沖). 호는 병산(屛山). 시호는 문정(文靖). 숭안인(崇安人). 문음(門蔭)으로 승무랑(承務郎)이 되었다. 병으로 벼슬을 사직하고 무이산(武夷山)으로 돌아와 강학에 전념하였으며 주희(朱熹)에게 수학하였다.

551) 「원소십영(園蔬十詠), 나복(蘿蔔)」.

지금은 '청근(菁根)'이라고 하니 '노복(蘆菔)'이라고도 한다.

소설(小說)[552]에서 말하였다.

보리밥에 체한 사람이 청근(菁根) 즙을 마시자 붉은 저고리를 입은 아가씨가 병자(病者)의 입에서 나와 시를 읊었다.

"한 덩어리 노복(蘆菔)이 내 궁궐을 태우네."[553]

의서(醫書)에 "무를 날로 먹으면 눈이 밝아지고, 말려서 태워 연기를 쐬면 눈이 멀게 된다"라고 하였으니, 제(齊)나라의 조정(祖珽)[554]이 그런 경우이다.

무의 종류 중에 '채비(釆葩)'가 있는데, 우리나라에서는 '대무수(大無愁)'라고 부른다. 또 당근(唐根)은 '호나복(胡蘿蔔)'이라 부른다.

『거가필용(居家必用)』에서 "말린 뱀장어로 즙을 내어서 무의 씨앗을 담가 두었다가 햇볕에 건조시켜 심으면 벌레 먹지 않는다"[555]라고 하였다.

---

552) 소설(小說) : 전희백(錢希白)이 당나라 이래의 기괴한 일을 기록한 『동미지(洞微志)』(10권)를 가리킨다.

553) 顯德中, 齊州有人病狂, …… 一丸蘿蔔火吾宮. 後遇一道士, 作法治之云. 每見一紅衣小女引入宮殿, 皆多紅, 名紫州. 小姑令道士曰, 此正犯天喪毒, 女郎心神, 小姑脾神也. 按醫經, 紅蘿蔔, 治麵毒, 故曰火吾宮, 卽以藥兼蘿蔔食之, 其疾遂愈.(『說郛, 卷三十九下, 洞微志』)→小說, 人有中麥毒者, 夢紅裳娘子, 悲歌有一丸蘆菔火吾宮之句.(『山堂肆考, 卷一百九十五, 百穀, 有中毒者』)→小說, 人有麥滯, 飮菁根汁, 有紅裳娘子, 自病口中出, 吟詩曰, 一丸蘆菔火吾宮.(『松南雜識』).

* 붉은 옷을 입은 낭자는 장기(臟器)의 신이고, 궁(宮)은 장기(臟器)를 의미한다.

554) 조정(祖珽) : 북제(北齊) 사람. 범양(范陽) 출신. 자는 효징(孝徵). 문장과 음률에 뛰어났고 음양·의약 등의 분야에도 뛰어난 조예가 있었다. 그러나 황제를 뜻에 거슬려 귀양을 갔다가 어느 날 밤 무씨를 태우다가 그 연기에 눈이 멀었다.(『北齊書, 列傳, 祖珽』)

555) 以乾鰻鱺魚汁, 浸之, 曝乾, 種之, 必無蟲.(『居家必用, 戊集, 種蕪菁』)

배추 숭
白菜菘

『비아(埤雅)』에서 "배추[菘][556]의 속성은 한겨울에도 시들지 않고 사철 늘 볼 수 있으므로 소나무 같은 지조가 있다. 그렇기 때문에 숭(菘)은 회의자(會意字)[557]이다"[558]라고 하였다.

한유(韓愈)의 시에서 "일찍 나온 배추 가늘게 써니 살진 우두일세[早菘細切肥牛肚]"[559]라고 하였는데, 그 주석에서 "우두(牛肚)[560]는 배추 이름이다"라고 하였다.[561]

또 자화배추[紫花菘][562], 구영배추[九英菘][563]가 있다.

옛날에 "봄배추[春菘]·가을아욱[秋葵]·자주색 가지[紫茄]·흰 비름[白莧]은 태관(太官)[564]에 없는 것이다"라고 한 말이 이것이다.

'白'을 우리나라에서는 '배'라 발음한다. 요즘 산골에서는 인분으로

---

556) 숭(菘) : 식물이름. 즉 배추. 두 품종이 있는데, 하나는 줄기가 둥글고 도톰하며 연한 청색을 띠므로 속칭 '청배추[青菜]'라 부르고, 하나는 줄기가 납작하고 얇으며 흰색을 띠므로 속칭 '배추[白菜]'라고 부른다.

557) 회의자(會意字) : 한자 육서(六書)의 하나. 둘 이상의 한자를 합하고 그 뜻도 합성하여 글자를 만드는 방법이다.

558) 菘性, 隆冬不彫, 四時長見, 有松之操故, 其字會意.(『埤雅, 卷十六, 釋草, 菘』)

559) 「조숭(早菘)」.

560) 우두(牛肚) : 우두숭(牛肚菘)으로 배추의 일종이다. 잎이 크고 맛이 좋다.

561) 菘 ……〈**時珍曰**, **按陸佃**埤雅**云**, 菘性**凌**冬**晚**凋, 四時**常**見, 有松之操, 故**曰菘**. ……〉 **集解** ……〈牛肚, 菘也.〉 (『本草綱目, 卷二十六, 菜之一, 菘』) → 埤雅, 菘性隆冬不彫, 四時長見, 有松之操, 故其字會意.(『康熙字典, 菘』) → 埤雅**曰**, 菘性**隆**冬**不**彫, 四時**長**見, 有松之操, 故其字會意. **註**, 牛肚, 菘**名**也.(『松南雜識』)

562) 자화숭(紫花菘) : 나복(蘿蔔), 즉 무의 다른 이름.

563) 구영숭(九英菘) : 무청(蕪菁), 즉 무의 다른 이름. 『본초강목, 무청(蕪菁)』에서 "무청(蕪菁)은 남북에서 모두 쓰는 말이다. 북쪽 변방 하서(河西) 지역의 종자에 구영만청(九英蔓菁)이란 것이 있는데, 구영숭(九英菘)이라고도 한다. 뿌리와 잎이 길고 맛이 대단히 좋다"라고 하였다.

564) 태관(太官) : 관직명. 진(秦)나라 때에 만들었는데, 한(漢)나라에서 인습하였다. 소부(少府)에 속하며, 궁중 반찬의 등급을 관장한다. 후대에도 계속 있다가 원(元)나라 때 폐지되었다.

거름을 주어 배추가 무성한데, 채소의 독 때문에 죽는 사람이 많다. 서울은 그렇지 않으니, 의원의 말로는 "서울 사람들은 소고기를 많이 먹기에 그 독을 제어할 수 있지만, 산골짜기 사람들은 채소만 먹기 때문에 그렇다. 검은 소의 똥과 검은 닭의 똥이 약이 된다"라고 한다.[565]

동규
冬葵

『산림경제(山林經濟)』에서 "동규(冬葵)[566]는 땅이 얼지 않았을 때 씨를 뿌리고 혹 정월 말에 발로 밟아주기도 하는데 땅이 풀리면 곧 움튼다"[567]라고 하였다. 또 "자른 뒤에는 먹을 수 없다"라고 하였다.

『거가필용(居家必用)』에서 "겨울에 씨를 수확하는 까닭에 동규(冬葵)라 이름 붙였다"[568]라고 하였다.

왕정(王禎[569])의 『농서(農書)』에서 "규(葵)는 양초(陽草[570])이다. 온갖 채소의 으뜸이며 사철의 반찬거리이다"[571]라고 하였다.

『이아익(爾雅翼)』에서 "하늘에 열 개의 해가 있는데 규(葵)가 종시(終始)

---

565) 『山林經濟, 卷三, 救急, 諸菜毒』에 '여러 채소를 먹고 중독이 되었을 때는 오계시(烏鷄屎 : 검은 닭의 똥)를 태워서 가루로 만들어 1전을 물에 타서 먹이라'는 말이 있다.

566) 동규(冬葵) : 아욱과의 일년초로 채소의 한 가지이다. 줄기가 60~90cm로 자라며, 잎은 손바닥 모양이고 잎꼭지가 길다. 여름에 연한 분홍색 꽃이 피며, 연한 줄기와 잎은 국거리로 쓰인다.

567) 十月末, **地將**凍, **散下**種**之**.〈正月末, **散子亦得**.〉 足踏之**乃佳**, 地**濕**卽生.(『山林經濟, 卷一, 治圃, 種冬葵』) → 十月末凍, **撒**種, 正月末, 足踏之, 地**釋**卽生.(『松南雜識』)

568) 盖經年收子, 謂之冬葵.(『居家必用, 戊集, 種葵』) → 居家必用曰, 收其種子於冬, 故名焉.(『松南雜識』)

569) 왕정(王禎) : 원나라 때 사람. 동평(東平) 출신. 자는 백선(伯善). 풍성 현윤(豊城縣尹)의 벼슬을 지냈다. 저서에 『농서(農書)』와 『농무집(農務集)』이 있다.

570) 양초(陽草) : 태양을 향하는 성질을 가진 풀.

571) 葵爲百菜之主, 備四時之饌.(『(王氏)農書, 卷八, 百穀譜四, 蔬屬, 葵』) → 葵, **陽草也**, 爲百菜之主, 備四時之饌.(『松南雜識』)

를 함께 한다"[572]라고 하였다.

『본초강목(本草綱目)』에서 "활규(滑葵)는 바로 곽(藿)이다"라고 하였다. 옛날에는 따서 말려 산곽(產藿)[573]을 만들었다. 그러다가 바다 미역이 나온 뒤로 이름을 빌려 감곽(甘藿)[574]이라 하였다.

규(葵)의 속명은 '파옥초(破屋草)'이다. 전설에 의하면, 음위증(陰痿症)[575]을 앓던 사람이 아욱국(葵羹)을 먹고 그날 밤 부부관계가 곱절로 좋아지자 이튿날 아침에 그의 처가 집을 허물고 그것을 심었기 때문에 그런 이름이 붙었다고 한다. 대개 규(葵)는 보혈(補血) 조양(助陽)의 효능이 있는 듯하다.

살펴보건대, 포규(蒲葵)[576]의 주석에서 "먹을 수 있으며, 잎은 부들과 비슷하다. 칠월에 규(葵)를 삶아 먹는다"라고 하였다. 사안(謝安)의 '포규선(蒲葵扇)'[577]이 이것이다. 아마도 지금의 대규(臺葵)인 듯하다.

---

572) **夫**天有十日, 葵與之終**始**.(『爾雅翼, 卷四, 釋草, 葵』) → 天有十日, 葵與之終.(『松南雜識』)

573) 산곽(產藿) : 산모가 해산 뒤에 먹는 미역.

574) 감곽(甘藿) : 미역.

575) 음위증(陰痿症) : 질병이나 정신적인 장애 등으로 남자의 생식기가 위축되어 성교를 할 수 없게 되는 상태.

576) 포규(蒲葵) : 식물 이름으로 종려(椶櫚) 나무과에 속한다. 종려와 비슷하게 생겼다. 큰 손바닥 모양의 잎이 나뉘어 찢어져 있고, 찢어진 잎은 매우 뾰족하다. 목재는 기구를 만들 수 있고, 잎은 도롱이나 삿갓, 부채를 만들 수 있다.

577) 포규선(蒲葵扇) : 포규(蒲葵)의 잎으로 만든 부채이다. 동진(東晉) 때의 유명한 재상 사안(謝安)에게, 어느 날 시골로 가려는 사람이 만나러 왔다. 사안이 그에게 돌아갈 노자가 있는지 묻자 "포규선(蒲葵扇) 5자루 밖에 없습니다"라고 대답했다. 사안이 그중에서 하나를 골라 쥐자 경향(京鄕)의 사서(士庶)들이 다투어 사서 값이 몇 배나 더 올라갔다고 한다.(『晉書, 謝安傳』)

미역
甘藿

의서(醫書)에서 "감곽(甘藿)은 해초이다. 즉 곤포(昆布)[578] · 해대(海帶)[579] · 자채(紫菜) · 해의(海衣)[580] 등의 종류이다"라고 하였다. 『본초강목(本草綱目)』에 실려 있지 않기 때문에, 미역에 체했을 때는 약도 없다. 오직 오동나무 그림자와 봄눈만이 미역 뿌리를 녹일 수 있으므로 오동나무 가지와 봄눈을 사용한다고 한다.

죽순채
竹筍菜

『광운(廣韻)』에서 "篃[581]의 음은 미(媚)이다. 순(笋)[582]은 겨울에 나는 죽순의 이름이다"[583]라고 하였다.

곽박(郭璞)이 "한중군(漢中郡)[584]에 미죽(篃竹)이 나는데, 속이 두텁고 마디가 길며, 뿌리는 깊고 죽순은 겨울에 땅속에서 자란다. 사람들이 캐서 먹는다"[585]라고 하였다.

지금 호남(湖南)의 죽순(竹筍)은 죽순이 자라는 땅에 그릇을 엎어 놓고 채취한다.

---

578) 곤포(昆布) : 다시마.
579) 해대(海帶) : 미역.
580) 해의(海衣) : 김.
581) 미(篃) : 대나무 이름. 마디가 길고 뿌리가 깊으며 이것의 순은 겨울에 자란다.
582) 『松南雜識』에는 '筍'으로 되어 있음.
583) **笋**, 冬生名.(『廣韻, 篃』) → 篃, **音媚也**. **筍**, 冬生名**也**.(『松南雜識』)
584) 한중군(漢中郡) : 현재 중국 섬서성 남부 지방.
585) **其狀如鼈**, **其音如羊**, **其陽多箭篃**.〈**今**漢中郡出篃竹, 厚裏而長節根深, 筍冬生地中. 人掘取食之. **篃音媚**.〉(『山海經, 卷二, 西山經』) → **郭璞曰**, 漢中郡出篃竹, 厚裏而長節根深, 筍冬生地中. 人掘取食之.(『松南雜識』)

단 냉이 · 쓴 씀바귀
甘薺苦荼

『시경(詩經)』에서,

누가 씀바귀가 쓰다고 했는가	誰謂荼苦
냉이처럼 달콤하구나	其甘如薺[586]

라고 하였다.

냉이가 황폐한 땅에서 자라는 까닭에 허혼(許渾)[587]이 시에서 "행전(行殿)은 터만 남아 황폐하니 냉이나 자라기 알맞겠네[行殿有基荒薺合]"[588] 라고 하였다.

「나부산기(羅浮山記)」에서 "평지의 나무를 바라보니 냉이 같네"라고 하였다. 그래서 대숭(戴嵩)[589]의 시에서 "장안(長安)의 나무가 냉이와 같네[長安樹如薺]"라고 하였다. 후대 사람들이 나무를 읊은 시에 "멀리 장안의 냉이를 바라보네[遙望長安薺]"라고 하였는데, 이것은 귀로 듣기만 하는 공부의 잘못이다.[590]

우리나라에서는 '나생(羅生)'이라고 한다.

---

586) 『詩經, 邶風, 谷風』.

587) 허혼(許渾) : 당나라 사람. 단양(丹陽) 출신. 자는 용회(用晦). 당나라 문종(文宗) 6년(832)에 진사에 급제하여 윤주 사마(潤州司馬)에 제수되었다가 승진하여 영주 자사(郢州刺史)가 되었다. 윤주(潤州) 정묘교(丁卯橋)에 있는 그의 별장 부근의 지명을 따서 문집의 이름을 『정묘시집(丁卯詩集)』으로 정하였다.

588) 「능효대(淩歊臺)」.

589) 대숭(戴嵩) : 당나라 때의 화가. 한황(韓滉)에게 그림을 배웠는데, 소 그림은 오히려 한황보다 훨씬 뛰어났다고 한다.

590) 羅浮山記云, 望平地樹如薺. 故戴暠詩云, 長安樹如薺. **又鄴下有**一人詠樹詩云, 遙望長安薺. **又嘗見謂矜誕**爲**誇毗, 呼高年爲富有春秋, 皆**耳學之**過**也.(『顔氏家訓, 勉學篇』) → 羅浮山記云, 望平地樹如薺故, 戴暠詩, 長安樹如薺. **後**人咏樹詩, 遙望長安薺, **此**耳學之**誤**也.(『松南雜識』)

운서(韻書)에서 "바곳[堇]과 씀바귀[荼]는 뿌리가 냉이 같고 잎은 가는 버들잎과 비슷한데, 쪄서 먹으면 달다"[591]라고 하였다.

『시경』에 "오두(烏頭)와 씀바귀가 엿처럼 달콤하네[堇荼如飴]"[592]라고 하였다.

엄찬(嚴粲)[593]은 "근(堇)이 오두(烏頭)이다"라고 하였다. 또 '여희(驪姬)가 고기에 근(堇)을 넣은 일'[594]을 인용하여 주장하는 설에 대하여, "이 경우는 독이 있는 식물로 시경에서 말한 근(堇)과는 다르다"[595]라고 풀이하였다.

『예기, 내칙(內則)』에서 "근(堇)은 환(荁)이다. 분(枌)은 유(楡)이다"[596]라고 하였다.

산곡(山谷) 황정견(黃庭堅)이 시에서 "느릅나무와 씀바귀가 별미가 되었네[異味及枌堇]"[597]라고 하였다. 진(晉)나라 유은(劉殷)[598]의 효성에 감복되어 바곳[堇]이 자라났다[599]는 말이 이것이다.

유자휘(劉子翬)는 「고채시(苦菜詩)」[600]에서,

---

591) **几隱切. 說文艸也**. 根如薺, 葉如細柳, 蒸食之甘.(『集韻, 堇』) → **荼**, 根如薺, 葉如細柳, 蒸食之甘.(『松南雜識』)

592) 『詩經, 大雅, 緜』.

593) 엄찬(嚴粲) : 송나라의 학자. 화곡(華谷) 엄씨(嚴氏). 『시집(詩緝)』을 저술하였다.

594) 춘추 시대 진(晉)나라 헌공(獻公)의 계비(繼妃)인 여희(驪姬)가 태자 생(申生)을 참소하기 위해 헌공에게 바칠 술에 짐새의 독을 타고 고기에 근(堇)을 넣었다.

595) 嚴氏**曰**, **詩註**, **孔氏謂**堇卽烏頭, **且**引驪姬置堇於肉. **蓋以堇爲爾雅芨堇之堇也**. **如此則與鴆毒同**, **與堇荼可食之物**, **非其類矣**.(『延祐四明志, 卷一, 沿革攷』) → 嚴氏**解**. **爲**堇卽烏頭·引驪姬置堇於肉**爲說**, **此則毒物**, **與此異也**.(『松南雜識』)

596) 荁, 堇**類也**. **冬用堇**, **夏用荁**. 楡**白曰**枌.(『禮記注疏, 卷二十七, 內則』) → 堇, 荁. 枌, 楡.(『松南雜識』)

597) 「차운손자실기소유(次韻孫子實寄少游)」.

598) 유은(劉殷) : 진(晉)나라의 효자. 자는 장성(長盛). 신흥(新興) 출신.

599) 曾祖母王氏, 盛冬思堇而不言, 食不飽者一旬矣. 殷怪而問之, 王言其故, 殷時年九歲, 乃於澤中慟哭, 曰殷罪釁深重, 幼丁艱罰, 王母在堂, 無旬月之養. 殷爲人子, 而所思無獲, 皇天后土, 願垂哀愍. 聲不絶者半日. 於是忽若有人云, 止, 止聲. 殷收淚視地, 便有堇生焉. 因得斛餘而歸, 食而不減, 至時堇生乃盡.(『晉書, 卷八十八, 列傳, 第五十八, 孝友, 劉殷』) → 晉劉殷**祖母王氏盛冬思堇**, **殷慟哭**, **澤中忽有**堇生, **得斛**. **餘史**.(『韻府群玉, 孝感生堇』) → 晉劉殷, **孝感**生堇, **是也**.(『松南雜識』)

비록 입맛에 맞지는 않지만	雖無適口味
몸을 덥혀주는 공은 비할 바가 없네	暖益功稀比
쓴 나물이기에 밥상에 오르지 못하니	茶者不登盤
충언(忠言)은 귀에 대부분 거슬린다네	言忠多逆耳

라고 하였다.

산약
山藥[601]

주자(朱子)가 시에서,

괴이하구나, 썩은 흙에서 옥덩이가 빛나다니	怪來朽壤耀瓊英
조금만 캐도 바구니에 가득하니 농사를 대신할 만하네	小斸傾筐可代耕[602]
사람에게는 환표(豢豹)[603]와 조금도 진배가 없으니	豢豹於人儘無分
준치(蹲鴟)[604]가 이로부터 자라지 않는구나	蹲鴟從此不須生[605]

라고 한 말이 이것이다. 우리나라에서는 마(麻)라고 한다.

600) 유자휘(劉子翬)의 문집인 『병산집(屛山集)』에는 제목이 '고익(苦益)'으로 되어 있음.
601) 산약(山藥) : 참마의 별명. 서예(薯蕷), 서여(薯籅), 산아(山芋), 산서(山薯)라고도 한다. 당나라 대종(代宗)의 이름인 '예(預)'를 기휘하여 서약(薯藥)이라 고쳐 썼고 또, 송나라 영종(英宗)의 이름인 '서(薯)'를 기휘하여 '산약(山藥)'이라 하게 되었다. 참마는 마과의 덩굴성 다년초로 산과 들에 흔히 나며 심기도 하는데, 뿌리는 원주형이고 살이 많다. 잎은 끝이 뾰족한 둥근 모양이며 마주난다. 뿌리는 먹거나 한방에서 강장제・설사약으로 쓰인다.
602) 小斸**頃**筐可代耕.(『晦庵集, 卷三, 山藥』) → 小斸**傾**筐可代耕.(『松南雜識』)
603) 환표(豢豹) : 표범의 태(胎)로, 진귀한 음식이다.
604) 준치(蹲鴟) : 산약을 비유하는 말. 그 모양이 웅크린 올빼미 같은 데서 유래한 이름.
605) 「산약(山藥)」.

목숙
苜蓿

운서(韻書)에서 "목숙(苜蓿)[606]은 대완(大宛)[607]의 말이 잘 먹는 풀이다. 장건(張騫)이 이 풀을 캐 와서 심었다. 지금 '학정초(鶴頂草)'[608]라고 하니 가을이 지나야 열매를 맺는데, 검은빛 씨방이 겹겹으로 되어 있다. 속칭 '목속미(木粟米)'라고도 하는데, 밥을 지을 수도 있고 술을 빚을 수도 있다. 또 나물의 이름이다.

옛 시에서,

밥상에 무엇이 있는가	盤中何所有
목숙의 긴 난간이로다[609]	苜蓿長闌干[610]

라고 하였다.[611]

지금 '아경채(鵝頸菜)'라는 나물이 이것이다. 또 의서(醫書)에서 "귀전우(鬼篩羽)는 민간에서 혼(梧)이라고 하니 초봄에 잎을 딴다"라고 하였다.

---

606) 목숙(苜蓿) : 식물 이름. 콩과의 이년생초로 평지에서 자란다. 이 식물은 채소로 사용되어 사람들이 먹기도 하며, 사료나 비료 등으로 쓰이기도 한다. 속칭 금화채(金花菜), 초두(草頭)라고도 한다.

607) 대완(大宛) : 고대 서역의 나라이름으로 수도는 귀산성(貴山城)에 있었다.

608) 학정초(鶴頂草) : 풀이름. 명아주[藜]의 별명.

609) 밥상이 나물 투성이라는 말.

610) 당나라 설령지(薛令之)의 「자도(自悼)」.

611) **蓿. 草名**, 大宛**國**馬所嗜. 張騫採歸種之, 今謂**之**鶴頂草, 秋後結實, 黑房**纍纍**. 俗謂木粟米, 可爲飯, **亦可**釀酒. 又菜名, 古詩, 盤中何所有, 苜蓿長闌干.(『韻府群玉, 蓿』) →**韻府群玉曰, 苜蓿草名**. 大宛馬所嗜. 張騫採歸種之, 秋後結實, 黑房纍纍, 俗謂木粟米, 可作酒飯. 又菜名, 古詩盤中何所有, 苜蓿長闌干.(『芝峯類說, 卷二十, 卉木部, 草』) →大宛馬所嗜. 張騫采歸種之. 今謂鶴頂草, 秋後結實, 黑房**累累**. 俗謂木粟米, 可爲飯釀酒. 又菜名, 古詩, 盤中何所有, 苜蓿長闌干.(『松南雜識』)

사호

邪蒿[612]

『정자통(正字通)』에서 "과호(萪蒿)이니, 잎의 무늬는 모두 비스듬한 까닭에 그렇게 이름을 붙였다"[613]라고 하였다.

『북제서(北齊書)』에서 형치(邢峙)[614]가 태자의 반찬 가운데 '사호(邪蒿)'가 있는 것을 보고 물리게 하면서, "이 채소는 바르지 못한 이름을 가지고 있으니 드셔서는 안됩니다"[615]라고 말하였다는 기록이 이것이다.

『설문해자(說文解字)』에서 "호(蒿)는 쑥이다"[616]라고 하였다.

번(蘩)·소(蕭)·울(蔚)·아(莪)·봉(蓬)·애(艾)·평(苹)·뇌(藾)·누(蔞)·나(蘿)·인(茵)·진(蔯) 등, 명칭도 많은데 곡우(穀雨)[617] 전에 캐어 먹는다.

목명채

目明菜

목명채(目明菜)는 도라지(桔梗)[618]이다. 대개 사삼(沙蔘)·만삼(蔓蔘)의

---

612) 사호(邪蒿) : 식물이름. 미나리과에 속하며 산이나 들에서 난다. 잎은 깃 모양으로 마주 나는데, 홍당무 잎과 비슷하나 그보다 가늘고 작다. 여름에 흰색 작은 꽃이 우산모양처럼 핀다. 열매는 작고, 짧은 털이 나있다.

613) 萪蒿葉紋皆斜, 故名之.(『正字通』)

614) 형치(邢峙) : 북제(北齊)의 문신. 자는 사준(士峻). 어려서부터 배우기를 즐겨 분전(墳典)을 탐구하였다. 연(燕)나라와 조(趙)나라에 유학하여 삼례(三禮)·좌씨춘추(左氏春秋) 등에 달통하였다. 천보(天保) 초에 고을에서 효렴(孝廉)으로 천거되어 사문박사(四門博士)가 제수되었으며 국자조교(國子助教)·국자박사(國子博士) 등을 역임했다. 황건(皇建) 초에 청하태수(淸河太守)로 부임하여 선정을 베풀었다.

615) 峙**方正純厚**, **有儒者之風**. **廚宰進**太子食, **有菜曰**邪蒿, **峙命去之**曰, **此**菜有不正之名, **非殿下所宜食**.(『北齊書, 卷四十四, 列傳, 第三十六, 儒林, 邢峙』) → **邢峙却**太子食邪蒿曰, 菜**有**不正**之名者**.(『松南雜識』)

616) 蒿, 菣也.(『說文解字, 蒿』)

617) 곡우(穀雨) : 24절기의 하나. 청명(淸明)과 입하(立夏) 사이에 들며, 봄비가 내려서 온갖 곡식이 윤택하여진다는 뜻이다. 4월 20일 경이다.

618) 길경(桔梗) : 도라지. 초롱꽃과의 다년초로 산이나 들에 절로 난다. 줄기는 40~100cm.

종류로 중들이 그것을 많이 먹기 때문에 장수하고 눈도 밝다. 그래서 '목명채(目明菜)'라는 이름이 붙었다고 한다.

고비 · 고사리
薇蕨

『시경(詩經)』에서 "고비(薇)와 고사리(蕨)를 뜯네"[619]라고 하였는데, 그 주석에서 "미(薇)는 미궐(迷蕨)[620]이다. 『장자(莊子)』에서 이른바 '미양(迷陽)'[621]이다"라고 하였다.[622]

항안세(項安世)[623]가 "지금의 들완두[野豌豆]인데, 촉나라 사람들은 그것을 '소채(巢菜)'[624]라고 부른다"[625]라고 한 말이 이것이다.

'미(薇)'를 우리나라에서는 '고비'라고 부른다.

『이아(爾雅), 석초(釋草)』에서 "궐(蕨)은 별(虌)이다"라고 하였는데, 그 소(疏)에서 "주(周)나라와 진(秦)나라에서는 '궐(蕨)'이라 하고, 제(齊)나라와

잎은 긴 달걀 모양이며, 여름에 종 모양의 푸른 자줏빛 꽃이 핀다. 뿌리는 식용하며, 약재로 쓴다.

619) 『松南雜識』에는 『시경, 주남(周南), 초충(草蟲)』 2章의 두 번째 구절 '言采其蕨'과 3章의 두 번째 구절 '言采其薇'를 축약 인용하였다.

620) 미궐(迷蕨) : 고사리의 일종. 『본초강목(本草綱目), 궐(蕨)』에 "자기(紫萁)의 일종으로 고사리와 비슷하고 꽃이 피며 맛은 쓰다. 미궐(迷蕨)이라 부른다"라고 하였다. 주자의 『시경집전』에 "미(薇)는 궐(蕨)과 비슷한데 조금 크고 가시가 있으며 맛이 쓰다. 산간 사람들이 이것을 먹으며, 미궐(迷蕨)이라 부른다"라고 하였다.

621) 『莊子, 人間世』.

622) **言采**其蕨. …… **言采**其薇. 〈薇, **似蕨而差大**, **有芒而味苦**, **山間人食之**, **謂之**迷蕨. **胡氏曰**, **疑卽**莊子所謂, 迷陽者.〉(『詩集傳, 周南, 草蟲』) → 言采其薇, 其蕨. **註**, **薇迷蕨也**. 莊子 所謂迷陽.(『松南雜識』)

623) 항안세(項安世) : 송나라 문신. 자는 평보(平父). 호는 평암(平庵). 비서정자(祕書正字), 교서랑(校書郎)을 지냈다. 주자와 교분이 있다.

624) 소채(巢菜) : 식물 이름. 큰 것과 작은 것 두 가지 종자가 있는데, 그중에서 큰 것이 곧 미(薇)다.

625) 項**安世**曰, 今**之**野豌豆**也**. 蜀人謂**之小**巢菜.(『通雅, 卷四十四』) → 項**氏**曰, 今野豌豆, 蜀人謂巢菜.(『松南雜識』)

노(魯)나라에서는 '별(鼈)'이라고 부르니, 갓 났을 때 자라다리와 비슷하게 생겼기 때문이다"[626]라고 하였다.

황정견(黃庭堅)의 문집[627]에서 "고사리 싹이 벌써 어린 아이 주먹만해졌네[蕨芽已作小兒拳]"[628]라고 한 말이 이것이다. 우리나라에서는 '고사리'라고 부른다.

대개 산나물의 종류 중에는 창출(蒼朮)[629]의 싹과 두릅나물[木頭菜]이 가장 맛있다.

한채

焊菜[630]

『본초강목』에서 "한채(蔊菜)는 줄기가 부드럽고 잎이 가늘며, 2월 사이에 노란색 꽃이 핀다. 작은 꼬투리가 맺히는데, 꼬투리 안에 가는 씨가 들어있다. 뿌리와 잎 모두 먹을 수 있다. 속칭 '날미채(辣米菜)'라고 한다"[631]라고 하였다.

회암(晦庵) 주희(朱熹)는 먹어본 뒤에 바로 한채(焊菜)를 채소 품목으로 올렸다.

---

626) **蕨. 生如小兒拳, 紫色而肥. 詩及**爾雅**說文皆云**. 蕨鼈**也**. …… **疏**云, 周秦曰蕨, 齊魯曰鼈, **俗云, 其**初生似鼈脚, **因以名焉**.(『爾雅翼, 卷四, 釋草, 蕨』) → 爾雅**釋曰**, 蕨鼈. **釋文**云, 周秦曰蕨, 齊魯曰鼈, 初生似鼈脚**也**.(『松南雜識』)

627) 『산곡집(山谷外集)』을 이름.

628) 「관화 십오수(觀化十五首)」.

629) 창출(蒼朮) : 삽주. 국화과의 다년초로 산지의 건조한 곳에 나는데, 줄기 높이는 30~100cm이다. 잎은 길둥글고 가장 자리에 톱니가 있다. 7~10월에 줄기 끝에 흰 꽃이 핀다. 덩이뿌리는 백출(白朮)이라 하고, 덩이뿌리가 아닌 것을 창출(蒼朮)이라고 한다.

630) 『松南雜識』에는 '草菜'로 되어 있음.

631) **菜 …… 集解〈時珍曰, 蔊菜**, …… 柔梗細葉, 二月開**細**花, 黃色, 結細角, **長一二分**, 角內有細子, **野人連**根葉**拔而**食**之**, **味極辛辣**, 呼**爲**辣米菜.〉(『本草綱目, 卷二十六, 菜之一, 菜』) → 柔莖細葉, 三月**間**開花黃色, 結細角, 角內有細子, 根葉**皆**可食. 俗呼辣米菜.(『松南雜識』)

청옥채
青玉菜[632]

내포(內浦)에 청옥채(青玉菜) · 자옥채(紫玉菜)[633]가 나는데, 노인네 이로 씹어도 걸리지 않는다 한다.

주촌(舟村) 신만(申曼)[634]이 "꿀은 화영유(花英油)이니 벌레를 죽인다. 꿀을 섞어서 약밥을 만드는데, 그 체증에 대해서는 의서(醫書)에 처방이 실려 있지 않지만, 오로지 이 청옥채(青玉菜)를 고사리와 함께 달여서 먹으면 된다고 한다"라고 하였다.

해모
海毛

의서(醫書)에서 "해모(海毛)는 해맥(海脉)이니 바다풀이다. 지금 여름철에 고약으로 만든다. 청포(青泡)와 비슷한데, 그것을 먹으면 더위를 물리칠 수 있다"라고 하였다. 우리나라 말로는 '우무(憂無)'[635]라고 부른다.

또 바다풀을 우리나라에서는 '말' 또는 '해옹(海蓊)'이라고 하니, 바로 바닷물이 드나드는 곳에서 자라는 것으로 캐서 말려 먹는다.

---

632) 청옥채(青玉菜) : 산나물의 한 가지. 전라남도 장성군(長成郡) 백양산(白羊山)에서 난다.

633) 자옥채(紫玉菜) : 산나물의 한 가지. 청옥채(青玉菜)와 같이 전라남도 장성군 백양산에서 난다. 청옥채, 자옥채란 이름이 붙은 것은 그 싹이 옥과 같기 때문이다.

634) 신만(申曼) : 조선 중기의 학자(1620~1669). 자는 만정(曼倩), 호는 주촌(舟村). 본관은 평산(平山). 영의정 신흠(申欽)의 증손. 송시열(宋時烈)의 문인. 벽촌의 빈민들이 쉽게 구할 수 있는 약재로 급질(急疾)을 치료할 수 있도록 『주촌신방(舟村新方)』이라는 의서를 편찬하여 보급하였다. 시호는 효의(孝義).

635) 우무 : 우뭇가사리를 끓여서 식혀 만든 끈끈한 물질. 음식이나 약 또는 공업용으로 쓴다. ≒ 우무묵.

고채
菰菜

운서(韻書)에서 말하였다.

고(菰)[636]는 또 '고(苽)'로도 쓴다. 또 '장(蔣)', '교(茭)'라고도 한다. 흰 잎은 부들이나 갈대 같고, 중심에서 어린 아이 팔뚝 같은 흰 꽃대가 자라나니 '고채(菰菜)'[637]라고 한다. 꽃대 안에는 검은 가루가 있는데 '오울(烏鬱)'이라고 한다. 습지에서 나는 것을 '고봉(菰葑)'이라 하고, 싹의 줄기가 단단한 것을 '고장(菰蔣)'이라고 한다. 가을에 열매를 맺으니, 바로 '조호미(雕胡米)'이다. 『장자(莊子)』에서 "공자가 초(楚)나라에 갔을 때, 의구산(蟻丘山)의 장(蔣)[638]에서 잤다"[639]라고 하였다.[640]

두보(杜甫)가 시에서 "물결에 떠다니는 고미, 검은 구름 속에 잠겼네[波漂菰米沈雲黑]"[641]라고 한 말이 이것이다.

또 『예기(禮記)』에서 "어류는 고(苽)와 잘 어울린다"[642]라고 하였다.

『진서(晉書)』에서 "장한(張翰)[643]은 가을바람이 불면 오(吳)나라의 고채

---

636) 고(菰) : 고(苽) · 장(蔣) · 교(茭) 모두 같은 뜻이다. 우리나라에서는 '줄'이라고 부른다. 벼과의 다년생초로 연못이나 냇가에 절로 나는데, 키는 1~2m정도이다. 잎은 무더기로 나고 8~9월에 꽃이 피며, 가을에 열매를 맺는데 '고미(菰米)' 또는 '조호미(雕胡米)'라고 한다. 구워서 먹을 수 있다. 줄기는 돗자리를 만드는 데에 쓰인다.

637) 고채(菰菜) : 죽순처럼 연약한 '고(菰)'의 싹을 가리킨다. 먹을 수 있다. 일명 '교맥(茭白)' · '교순(茭筍)' · '고순(菰筍)'이라고도 한다.

638) 장(蔣) : 고장(菰蔣)으로 지붕을 덮은 여관.

639) 孔子之楚, 舍於蟻丘之**漿**.(『莊子, 則陽』) → 孔子之楚, 舍於蟻丘之**蔣**.(『松南雜識』)

640) **本**作苽, **又**曰蔣, **又**曰茭**也**. 葉如蒲葦, 中心生白臺如小兒臂, 謂菰. **宋**臺中有黑者, 爲烏鬱. 下澤處曰菰葑, 苗莖**便**者曰菰蔣, 秋實乃彫胡米. 莊子**曰**, 孔子之楚, 舍於蟻丘之蔣.(『韻府群玉, 菰』) → **亦**作苽, 又蔣, 又茭. **白**葉如蒲葦, 中心生白臺如小兒臂, 謂菰**菜**. 臺中有黑者, 爲烏鬱. 下澤處曰菰葑, 苗莖**硬**者曰菰蔣, 秋實乃彫胡米. 莊子**云**, 孔子之楚, 舍於蟻丘之蔣.(『松南雜識』)

641) 「추흥 팔수(秋興八首)」.

642) 魚宜**苽**.(『禮記注疏, 卷二十七, 內則』) → 魚宜**菰**.(『松南雜識』)

(菰菜)와 순나물국, 농어회를 그리워하였다"[644]라고 한 말이 이것이다.

순채

蓴菜

『시경(詩經)』에서 "들쭉날쭉한 마름나물(參差荇菜)"[645]이라고 하였는데, 그 주석에서 말하였다.

> 행(荇)은 접여(接余)이다. 뿌리는 물밑에서 자라고, 줄기는 비녀다리 같으며, 위는 푸르고 아래는 희다. 잎은 붉은 자주색이고, 원지름은 한 치 남짓이다. 수면에 떠 있다. 육기(陸璣)[646]는 "그 줄기를 삶아서 쓴술에 담가 두면 부드럽고 맛이 좋아져서 안주로 삼을 수 있다"[647]라고 하였다. 죽(鬻)은 삶는다는 뜻이다. 이저(李樗)[648]가 "이것은 물에서 난다. 노란 색 꽃이 피고 잎은 순채(蓴菜)와 비슷한데, 절여서 먹을 수 있다"라고 하였다.[649]

---

643) 장한(張翰) : 오나라 사람. 자는 계응(季鷹). 글을 잘 지었으며, 성격이 분방하여, 사람들이 강동(江東)의 보병(步兵 : 죽림칠현 중의 한 사람으로, 보병교위를 지낸 완적(阮籍)을 가리킴)이라 불렀다. 낙양 땅에서 대사마동조연(大司馬東曹掾)이란 벼슬을 하고 있던 중, 가을바람이 이는 것을 보고 고향인 오나라의 음식이 생각 나서, 모든 것을 내던지고 수레를 돌려 고향으로 돌아갔다고 한다.

644) 張翰 …… 因**見**秋風起, **乃**思吳中菰菜蓴羹鱸魚膾.(『晉書, 卷九十二, 列傳, 第六十二, 張翰』) → 張翰, 因秋風起, 思吳中菰菜蓴羹鱸魚膾.(『松南雜識』)

645) 『시경(詩經, 관저(關雎)』

646) 육기(陸璣) : 삼국 시대 오(吳)나라의 학자. 자는 원각(元恪).

647) 鬻其白莖, 以苦酒浸之, 脆美, 可案酒.(『毛詩草木鳥獸蟲魚疏, 卷上, 參差荇菜』)

648) 이저(李樗) : 송나라의 학자. 자는 우중(迂仲).

649) 參差荇菜. 〈**興也 參差長短不齊之貌 荇**, 接余也. 根生水底, **莖**如釵股, 上青下白, 葉紫赤, 圓徑寸餘, 浮在水面. 陸氏曰, 鬻其**白**莖, 以苦酒浸之, 脆美, 可**按**酒. 鬻, **卽**煮. 三**小**李氏曰, **荇菜**, 是水有之黃花, 葉似蓴, 可爲菹.〉(『詩傳大全, 國風, 周南, 關雎』) → 註, 接余也. 根生水底, 如釵股, 上青下白, 葉紫赤, 圓徑寸餘, 浮在水面. 陸氏曰, 鬻其莖, 以苦酒浸之, 脆美, 可**案**酒. 鬻, 煮**也**. 李氏曰, 是水有之黃花, 葉似蓴, 可

운서(韻書)에서 "순(蓴)은 수규(水葵)이다"[650]라고 하였다. 팽연재(彭淵材)[651]가 순채(蓴菜)의 성질이 찬 것을 한스러워한 일이 이것이다.[652] 우리나라 의림지(義林池)에도 있으니 바로 부규(鳧葵)이다

미나리

水芹[653]

운서(韻書)에서 "수근(水芹)은 물에서 자라는 채소이니 바로 초규(楚葵) 또는 수영(水英) 또는 적근(荻芹)이라고 하며 뿌리를 먹는다. 적근(赤芹)은 줄기를 먹는다. 또 마근(馬芹)[654]의 속명은 호근(胡芹)[655]이니 씨앗은 음식을 조미할 수 있다"[656]라고 하였다. 즉 『열자(列子)』에 이른바 "송나라의 농부가 등에 햇볕 쪼이는 것을 기뻐하고 미나리를 맛있다고 여기지만, 마을의 부호(富豪)가 미나리를 먹어보니 그것이 입을 쏘고 배를 아프게 하였다"[657]라고 한 말이 그것이다.

爲菹.(『松南雜識』)

650) 蓴. **字本作蒓**, 水葵也.(『韻府群玉, 蓴』) → 蓴, 水葵也.(『松南雜識』)

651) 팽연재(彭淵材) : 송나라 때의 학자. 석 혜홍(釋惠洪)의 숙부. 평생 경사(京師) 귀인의 집안을 출입하여 노닐었다. 당시에 홍각범(洪覺范)은 시에 뛰어나고 정원좌(鄭元佐)는 명(命)에 뛰어나며 팽연재는 음악에 뛰어나다 하여 '신창삼기(新昌三奇)'라고 하였다.

652) 淵材**嘗曰**, **平生所恨者五事耳**, …… 三恨**蓴菜**性冷.(『類說, 卷四十八, 平生恨五事』) →彭淵村, 恨性冷, 是也.(『松南雜識』)

653) 수근(水芹) : 미나리. 습한 땅에 절로 나기도 하고, 심기도 한다. 줄기는 30cm가량 자라고, 잎은 깃 모양의 겹잎이며, 여름에 희고 작은 꽃이 모여 핀다. 독특한 향기가 나며, 잎과 줄기는 먹을 수 있다.

654) 마근(馬芹) : 풀이름.

655) 호근(胡芹) : 채소 이름.

656) 水菜, 卽楚葵, **一名**水英, 又荻芹, 取根. 赤芹, 取莖. 又馬芹, 俗謂胡芹, 子可**調**飮食, **卽野人美芹子者**.(『韻府群玉, 芹』) → 水菜, 卽楚葵. **又**水英, 又荻芹, 取根. 赤芹, 取莖. 又馬芹, 俗謂胡芹, 子可飮食.(『松南雜識』)

657) 昔者, 宋國有田夫, 常衣縕黂, 僅以過冬. 暨春東作, 自曝於日, 不知天下之有廣廈隩室綿纊狐貉, 顧謂其妻曰, 負日之暄, 人莫知者, 以獻吾君, 將有重賞. 里之富室告, 之曰, 昔人有美戎菽, 甘枲莖芹萍子者, 對鄉豪稱之. 鄉豪, 取而嘗之, 蜇於口, 慘於

우리나라 말로 '근(芹)'을 '미나리(美羅里)'라고 부르는데, 회덕(懷德)의 소제지(蘇堤池)에서 미나리가 자생한다. 우리나라 말로 '가나리(假羅里)'라고 하는 것은 대개 근(芹)의 종류에 속하지만, 줄기는 목적(木賊)[658]과 비슷하고 맛은 조금 쓰며 냄새가 난다. 우리나라에서는 오직 회덕에만 있으니, 우암(尤庵) 송시열(宋時烈)이 효종에게 바친 미나리가 바로 이것이다.

감저
甘藷

『산림경제(山林經濟)』에서 말하였다.

왜국에서 전래되었으니, 일명 주저(朱諸)라고 한다. 또 번저(蕃藷)·주서(朱薯)·홍산약(紅山藥)이라고도 한다. 지금은 또 적우(赤芋)·유구우(琉球芋)·장기우(長崎芋)라고 하니 유구국(琉球國)에서 번여(蕃茹)라고 부른다. 이것은 홍수·가뭄·풍해·황충에도 피해를 받지 않는 구황 식물이다.

『박아(博雅)』에서 "저여(藷萸)[659]는 서예(署預)이다"[660]라고 하였다. 『산

腹, 衆哂而怨之, 其人大慚. 子此類也.(『列子, 楊朱』) → 宋野人, 快曝背美芹子者, 鄕豪嘗之, 螫於口慘於腹者.(『松南雜識』)

658) 목적(木賊) : 속새. 속새과의 상록 다년초. 산이나 들의 습지에 나는데, 줄기는 30~60cm이며 속이 비고 마디가 뚜렷하다. 비늘같이 생긴 잎은 마디에 돌려나서 마치 잎집 같은 모양을 이룬다. 한방에서 온 포기를 약재로 쓴다.

659) 저여(藷萸) : 채소 이름. 서여(薯蕷) 혹은 산약(山藥), 산우(山芋)라고도 한다. 마과의 다년생 만초로 산지에 절로 나기도 하고 밭에 재배하기도 한다. 줄기는 덩굴져 뻗고, 여름에 푸르스름한 꽃이 핀다. 덩이뿌리는 먹을 수 있으며, 약재로 쓰인다.
*『松南雜識』에는 '諸'로 되어 있음.

660) **藷與**, 署預也. **或作**藷薯.(『集韻, 藷藷薯』) → 諸**萸**, 署預也.(『松南雜識』)

해경(山海經)』에서 "경산(景山) 정상에는 저여(藷薁)가 많다"[661]라고 하였다.[662]

의서(醫書)에서 "저여(藷薁)는 남저여(南藷薁)와 북저여(北藷薁) 두 종류가 있다. 섬에 사는 사람들은 오곡(五穀)을 먹지 않고 오직 이것만 먹기 때문에 장수하는 이들이 많다"라고 하였다.

참봉(參奉) 이광려(李匡呂)[663]가 저(藷)에 대하여 쓴 글[664]이 있는데 대개 서여(薯蕷) 류에 대한 이야기이다. 서여(薯蕷)는 곧 산약(山藥)이다.

기근에 양식의 용도로 많이 충당되었기에 농가에서 한 해라도 심지 않을 수 없으며 기근을 구제할 최고의 식물이니 참으로 백성의 기특한 재산이며 천하의 기이한 물건이다. 날것으로도 먹을 수 있으며 구울 수도 있고 죽·밥·떡·면으로도 만들 수 있다. 다만 식초와 같이 먹는 것은 좋지 못하다.

토란
土蓮

운서(韻書)에서 "우(芌)는 즉 우(芋)이니 '여(蕷)'라고도 쓴다"고 하였다.

『본초강목(本草綱目)』에서 "잎은 연(蓮)과 비슷하지만 둥글지 않다. 군

---

661) **又南三百里曰**景山, **南望鹽販之澤, 北望少澤**, 其上多**草**藷薁.(『山海經, 卷三, 北山經』) → 景山, 其上多藷薁.(『松南雜識』)

662) 博雅, 藷薁署預也. 山海經, 景山其上, 多藷薁.(『康熙字典, 藷』) → 博雅**曰**, 藷薁署預也. 山海經**曰**, 景山其上, 多藷薁.(『松南雜識』)

663) 이광려(李匡呂) : 조선 후기의 학자(1720~1783). 본관은 전주(全州). 자는 성재(聖載). 호는 월암(月巖)·칠탄(七灘). 학행으로 천거되어 참봉에 임명된 적이 있을 뿐 관직에 나아가지 않았다. 그의 학문은 양명학(陽明學)을 바탕으로 하였고 시문 역시 명분이나 격식에 구애되지 않고 성령(性靈)을 발현하는 방향으로 큰 성과를 거두었다.

664) 성해응(成海應)의 기록에 의하면 그의 선친인 성대중(成大中)이 일본에 사신 갈 때 이광려가 종저법(種藷法)을 써서 맡겼다고 하였다[英廟癸未, 先君子入日本, 李七灘匡呂書托種藷法. 至對馬島佐須浦始得之, 卽所稱孝子芋也].(『研經齋全集, 卷之十四, 藷說』)

자우(君子芋)[665]는 크기가 두괴(斗魁)만 하고, 선인우(善人芋)는 크기가 병(甁)만 하다. 또 토지(土芝)[666]라고도 한다"[667]라고 하였다. 「화식전(貨殖傳)」에서 "민산(汶山) 아래에 준치(蹲鴟)가 난다"[668]라고 하였는데, 그 주석에서 "준치는 토란(芋)이다"라고 하였다. 우리나라에서는 토란(土蓮)[669]이라고 부른다.

소식(蘇軾)의 시에서,

향은 용연(龍涎)[670] 같지만 그보다 더 깨끗하고	香似龍涎仍釅白
맛은 우유 같지만 그보다 한층 더 맑네	味如牛乳更全淸
북해(南海)의 금제옥회(金虀玉膾)[671]를 가지고	莫將北海金虀膾[672]
나의 옥삼갱(玉糝羹)[673]을 경솔히 비교하지 말게나	輕比東坡玉糝羹[674]

라고 하였다.[675]

---

665) 군자우(君子芋) : 대우(大芋)를 말한다.

666) 토지(土芝) : 우(芋)의 별명. 일명 '준치(蹲鴟)'라고도 한다.

667) **芋**, **釋名**, 土芝.(『本草綱目, 卷二十七, 菜之二, 芋』) → **似荷而不員**. **君子芋**, **大如斗魁**. **善人芋**, **大如甁**. **又曰**, 土芝.(『松南雜識』)

668) **汶**山之下**沃野下**有蹲鴟.(『史記, 卷一百二十九, 貨殖列傳』) → **岷**山之下, 有蹲鴟.(『松南雜識』)

669) 토련(土蓮) : 토란. 천남성과의 다년초. 높이는 80~120cm쯤 이다. 땅속에 감자 모양의 구경(球莖)이 있는데, 잎 · 꼭지와 함께 요리에 쓰인다. 우자(芋子)라고도 한다.

670) 용연(龍涎) : 향유고래에서 채취하는 송진 비슷한 향료. 사향과 같은 향기가 있다. ≒ 용연향(龍涎香).

671) 금제옥회(金虀玉膾) : 생선회요리. 중국의 오중(吳中) 지역에서 생선으로 회를 치고 과채(瓜菜)로 국을 끓여 곁들여 먹는데, 생선이 옥같이 희고 나물은 금같이 노란빛이 난다고 한다.

672) 莫將**北**海金**虀鱠**.(『東坡全集, 卷二十九, 絶天上酥陀則不可知人間決無此味也』) → 莫將**南**海金**薤膾**.(『松南雜識』)

673) 옥삼갱(玉糝羹) : 산우(山芋)와 쌀가루를 함께 끓인 국이다.

674) 『東坡全集, 過子忽出新意, 以山芋作玉糝羹, 色香味皆奇絶, 天上酥陀, 則不可知人間決無此味也』.

675) 芌, **說文**, **大葉實根**, **或作**芋, 亦作蕷, 葉似荷而不員. 君子芌, 大如斗魁. 善**芌**, 大如甁. 本草曰, 土芝. **方朔傳**, **關中宜薑**芌. **食貨志**, 岷山之下**沃野**, 有蹲鴟, 芋**也**. **蜀賦**, **瓜疇芋區**, **吟咏芋美**. **詩**. 香**以**龍涎仍釅白, 味如牛乳更全淸, 莫將南海金**虀**膾, 輕

유자휘(劉子翬)의 시에서,

새벽에 옥삼죽을 쑤어서	曉炊黏玉糝
오목한 주발에 담아 먹네	深椀啖糢糊[676]

라고 한 말이 이것이다.

『본초강목(本草綱目)』에서 "황독(黃獨)[677]은 '자괴(赭魁)'[678]가 아니다. 토란과 비슷하지만 먹을 수 없다. 토우(土芋) 역시 '토란(土卵)'이다"[679]라고 하였다.

두보(杜甫)가 시에서 "황독(黃獨)은 싹이 돋지 않았는데 산은 눈 천지라네[黃獨無苗山雪盛]"[680]라고 한 말이 이것이다.

此東坡玉糝美**坡**.(『韻府群玉, 芌』) → 芌**卽**芋, 亦作蕷. 本草曰, 葉似荷而不員. 君子**芋**, 大如斗魁. 善**人芋**, 大如瓶, **又曰**土芝. **貨殖傳**, 岷山之下, 有蹲鴟. **註**, 芋**俗謂土蓮**. **坡詩**, 香**似**龍涎仍釅白, 味如牛乳更全淸, 莫將南海金**薤**膾, 輕**比**東坡玉糝羹.(『松南雜識』)

676) 「우(芋)」.

677) 황독(黃獨) : 식물 이름. 서여(薯蕷)과의 다년생초. 줄기가 가늘고 길며 다른 사물을 감고 올라간다. 『본초강목(本草綱目), 토우(土芋)』에서 "토란(土卵) · 황독(黃獨) · 토두(土豆)라고도 한다. 소우(小芋)와 비슷하며 육질은 흰데 껍질은 노란색이어서 한(漢)나라 사람들이 황독(黃獨)이라 이름 붙였다"라고 하였다.

678) 자괴(赭魁) : 풀이름. 그 뿌리가 토란의 어미줄기 같고 즙이 붉은 색이므로 '자괴(赭魁)'라고 이름 붙였다.

679) 黃獨**非**赭魁**也**. **禹餘糧**, **乃今之土茯苓**, **可食**. **故得糧名**. 赭魁**不**可食, **豈得稱糧耶**. 土卵卽土芋也.(『本草綱目, 卷十八下, 赭魁』) → 黃獨**卽**赭魁, **似芋可食**. **亦曰**土卵.(『松南雜識』)

*『본초강목』과 『松南雜識』의 내용이 정반대임.

680) 「동곡현가(同谷縣歌)」.

왕과

王瓜[681]

운서(韻書)에서 "왕과(王瓜)는 하눌타리[萯]이다"라고 하였다. 우리나라에서는 '적전과(籍田瓜)'라고 한다. 「월령(月令)」에서 "2월에 왕과(王瓜)가 나면 왕에게 바친다"라고 하였기에 그렇게 이름 붙였다.

아마 지금의 '지과(地瓜)'인 듯하다. 지과의 잎으로 메주 구더기를 덮어두면 구더기가 절로 붙어서 나오고, 또 구더기가 생기지도 않으니 또한 기이하다.

상아

桑鵝[682]

『이아(爾雅)』에서 "중규(中馗)[683]는 버섯이다"라고 하였는데, 그 주석에서 "중규(中馗)는 토균(土菌)이다"[684]라고 하였다.

운서(韻書)에서 "고목에 나는 버섯을 연(萮)이라고 한다"[685]라고 하였으니, 바로 상아(桑鵝)·저계(楮鷄[686])이다.

---

681) 왕과(王瓜) : 하눌타리. 박과의 다년생 만초. 산이나 들에 절로 나는데, 뿌리는 고구마처럼 굵고, 잎은 손바닥처럼 갈라진 모양이다. 여름에 노란 꽃이 피고 둥근 열매가 오렌지색으로 익는다. 씨와 뿌리를 약재로 쓴다. 토과(土瓜)·노아과(老鴉瓜)·공공수(公公鬚)라고도 한다.

682) 상아(桑鵝) : 뽕나무에 핀 버섯의 일종. 『청이록(淸異錄)』에 "북방지역의 뽕나무에 흰 버섯이 피는데, 그것을 상아(桑鵝)라 부른다"라고 하였다.

683) 중규(中馗) : 큰 버섯을 말한다. 땅에 무리지어 나는데, 우산모양 같다.

684) **中**馗, 菌. 注, **地蕈也**, **似蓋今江東名爲**土菌.(『爾雅注疏, 卷八, 釋草』) → 馗, 菌. 註, 土菌**也**.(『松南雜識』)

685) 萮. 而兖切. 木耳, 生枯木也.(『玉篇, 萮』) → 枯木生耳, 謂萮也.(『松南雜識』)

686) 저계(楮鷄) : 목이버섯의 일종으로 닥나무에 핀 버섯을 말한다. 『본초강목(本草綱目), 목이(木耳)』의 기록에 의하면, 목이(木耳)는 썩은 나무 위에서 자라며 가지와 잎이 없다. 습하고 열기가 많은 곳에서 자란다. 그 모양을 형용해서 '이(耳)'나 '아(蛾)'라는 말을 붙이고, 습한 곳에서 잘 자라기 때문에 '연(檽)'이란 말을 붙이기도 하며, 맛을 형용

당시(唐詩)에서 "하물며 상아(桑鵝)와 저계(櫧鷄)[687]에 있어서랴[況乃桑鵝與櫧鷄]"[688]라고 하였으니, 당나라 역사에는 '말린 수계[乾樹鷄]'[689]라고 하였다.

한유(韓愈)는 시에서 "바로 괴룡(乖龍)의 왼쪽 귀를 베어왔다[直割乖龍左耳來]"[690]라고 한 말이 이것이다.

산곡(山谷) 황정견(黃庭堅)의 시에서,

가화(嘉禾)의 영윤(令尹)은 얼음처럼 맑은데	嘉禾令尹清如冰[691]
나에게 남산 바위위의 석이를 부쳐 주었네	寄我南山石上耳[692]

라고 하였으니, 지금의 석이(石耳)[693]이다.

소식(蘇軾)의 시에서,

부질없이 어찌 감히 옥술잔에 술을 따르랴	空虛豈敢酬瓊玉
마르고 썩었어도 오히려 버섯이 나게 할 수 있다네	枯朽猶能出菌芝[694]

하여 '계(鷄)'등을 붙인다고 한다.

687) 『松南雜識』에는 '수계(樹鷄)'로 되어 있음.

688) 況乃桑鵝與**櫧**鷄.(『山谷集, 答永新宗令寄石耳.』) → 況乃桑鵝與**樹**鷄.(『松南雜識』)

689) 帝在彭原廨舍隘狹. 帝與張良娣博打子, 聲聞於外. 李泌言諸軍奏報停壅, 帝乃潛令刻乾樹雞爲子, 不欲有聲, 良娣以是怨泌.(『唐鑑, 卷十一, 肅宗』)

690) 「답도사기수계시(答道士寄樹鷄詩)」.

유종원(柳宗元)의 「용성지(龍城志)」에서 "모산도사(茅山道士) 오작(吳綽)이 화양동(華陽洞) 어구에서 약초를 캐고 있을 때 어떤 어린 아이 하나가 구슬 세 개를 가지고 소나무 아래에서 놀고 있는 모습을 보았다. 오작이 아이를 좇아갔더니 아이는 달아나 용이 되고 구슬을 왼쪽 귀 속에 집어넣어 버렸다. 오작이 그 왼쪽 귀를 잘라 왔는데 잃어버렸다고 한다. 또 풍지(馮贄)의 『운선록(雲仙錄)』에서 괴룡(乖龍)에게 천벌을 내릴 때는 반드시 그 왼쪽 귀를 자른다고 하였다.

691) 嘉禾令**尹**淸如**冰**.(『山谷集答, 永新宗令寄石耳』) → 嘉禾令**君**淸如**水**.(『松南雜識』)

692) 「영신종령기석이(永新宗令寄石耳)」.

693) 석이(石耳) : 석이버섯. 석이과에 딸린 버섯. 흔히 깊은 산의 바위 위에서 난다. 몸은 편평한 엽상체(葉狀體)로서, 가운데는 검은빛이고 거칠며 가장자리는 회색으로 번들거린다. 향기와 풍미가 있다.

694) 「차운여양중둔전(次韻呂梁仲屯田)」.

라고 하였다.

대개 송이(松栮)·웅이(熊栮)·표고·지지(地脂) 등 종류도 많다.

상추
萵苣

『속박물지(續博物志)』에서 “상추[萵菜][695]는 와국(萵國)에서 난다. 독이 있어서 모든 벌레가 감히 접근을 못한다”[696]라고 하였다. 지금은 뱀에 물린 상처에 그것을 붙인다.

두보(杜甫)의 시에서 “상추는 채소 중에서 항상된 것[苣兮蔬之常]”[697]이라고 하였다.

지금 ‘상소(常蔬)’라고 부르는 것은 ‘웅소(熊蔬)’[698]와 구별되기 때문이다. 그 줄기는 상춧대(萵苣臺)라고 한다.

군달채
莙薘菜

『이아(爾雅)』에서 말하였다.

---

695) 상추[萵苣]: 식물이름. 국과(菊科). 2월에 파종하는데 비옥한 토양에 알맞다. 잎은 백거(白苣) 같으며 광택이 있다. 색은 조금 푸르며 이것을 꺾으면 흰 즙이 나와 손을 적신다. 4월쯤이면 키가 3~4자 쯤 되며 껍질을 벗겨 생식할 수 있다. 맛이 과(瓜)와 비슷한 까닭에 거친 밥에도 잘 어울린다. 또한 독이 있어서 여러 벌레들이 가까이하지 못한다.

696) 萵菜出萵國. 有毒, 百蟲不敢近.(『續博物志, 卷七』)

697) 「종와거(種萵苣)」.

698) 웅소(熊蔬): 곰달배[熊月背]와 같으니 곰달래, 곰취를 말한다. 산위의 습한 땅에 자라는 풀의 한 가지이다.

군(莙)은 우조(牛藻)[699]이다. 강동(江東) 지역에서는 '마조(馬藻)'라고 부르는데, 바닷말 중에서 잎이 큰 것이다.[700] 육기(陸璣)[701]는 "취조(聚藻)[702]가 물속에 있네"라고 하였다.[703]

지금의 군달채(莙薘菜)[704]와 다르다. 우리나라에서는 군달채(莙薘菜)가 '근대(芹臺)'[705]로 와전되었다.

겨자

芥

『속박물지(續博物志)』에서 "겨자[芥]를 먹으면 눈물이 흐른다"[706]라고 하였다.

유자휘(劉子翬)의 시에서,

잎과 열매의 성질은 향기롭고도 매워 　　葉實抱芳辛

---

699) 우조(牛藻) : 식물 이름으로 물풀의 일종이다. 일명 '취조(聚藻)'라고도 한다.

700) 『이아(爾雅), 석초(釋草)』의 "군(莙)은 우조(牛藻)이다"라고 한 주석에 "似藻葉大, 江東呼爲馬藻"라고 하였다.

701) 『松南雜識』에는 '陸機'로 오기되어 있음.

702) 취조(聚藻) : 수조(水藻) 이름. 일명 수온(水蘊), 혹은 금어조(金魚藻)라고도 한다.

703) 莙, 牛**藻**. **注**, **似藻**葉大, 江東呼爲馬**藻**.……〈陸璣**云**, 藻, 水**草也**. **生水底有二種**.〉(『爾雅注疏, 卷八, 釋草』) → 莙, 牛**藻也**. 江東呼爲馬**藻**, **藻之**葉大**者也**. 陸璣**所謂聚藻水中有之**.(『松南雜識』)

704) 군달채(莙達菜) : 풀이름. '첨채(菾菜)'·'첨채(甛菜)'·'감채(甘菜)' 즉 사탕무를 말한다. 명아주과의 일년초 또는 이년초이다. 잎은 근대의 잎과 비슷하고 초여름에 담녹색의 잔꽃이 핀다. 뿌리는 무처럼 생겼는데 살이 많고 맛이 달아 그 즙을 고아서 사탕을 만든다.

705) 근대(芹臺) : 명아주과의 2년초. 밭에 심는 채소로 줄기 높이는 1m 가량이다. 뿌리에서 나오는 잎은 두껍고 연하다. 초여름에 황록색의 잔꽃이 핀다. 잎과 줄기는 국을 끓이거나 나물로 먹는다. 군달(莙薘)·부단초(不斷草)·첨채(菾菜).

706) 食芥墮淚.(『續博物志, 卷十』)

도한 기운이 번뇌와 답답함을 없앤다 氣烈消煩滯[707]
도마에서 요리할 때 조금은 힘이 들고 登俎效微勞
먹자마자 놀라고 연거푸 재채기 하네 乍食驚頻嚔[708]

라고 한 말이 이것이다.

배추[菘] 같고 만청(蔓菁) 같은데, 대가 있어서 상추[萵苣]와도 비슷하다. 『천자문(千字文)』에서 "채소 가운데 겨자와 생강이 중요하다[菜重芥薑]"라고 한 말이 이것이다.

바닷가 사람들은 겨자를 심어서 회(膾)의 독(毒)을 없앤다. 육회(肉膾) 역시 초(醋)를 곁들이면 맛이 좋아진다.

파 · 부추
葱韭

『이아(爾雅)』에서 "각(茖)[709]은 산파(山葱)이다"라고 하였는데, 그 소(疏)에서 "산중에서 나는 파를 각(茖)이라 한다"[710]라고 하였다. 또 들파(野葱)는 지금의 달래[達乃]와 비슷하다.

『의례(儀禮)』에서 "밤에 시간을 묻고, 훈채(葷菜)를 드시게 한다"[711]라고 하였는데, 그 주석에서 "훈(葷)은 파와 부추의 종류이니 이것을 먹으면 잠을 자게 한다"[712]라고 하였다.

---

707) 氣烈**消**煩滯.(『屛山集, 芥』) → 氣烈**銷**煩滯.(『松南雜識』)

708) 「개(芥)」.

709) 각(茖) : 백합과(白合科). 다년생 초본(草本). 잎은 두 조각으로 길게 드리워진 난형(卵形) 혹은 진원추형이다. 여름에 잎 가운데 한 줄기가 나는데 높이는 한자쯤이며 흰색 혹은 담자색의 꽃이 핀다.

710) **藿**, **山韭**. 茖, 山蔥. …… 疏〈蔥, **說文云**, **菜名**, 生山中者, 名茖.〉(『爾雅注疏, 卷八, 釋草, 藿』) → 茖, 山葱. 疏, 葱生山中者, 名茖.(『松南雜識』)

711) **問**夜, **膳**葷.(『儀禮注疏, 卷三, 士相見禮, 第三』) → 夜擠葷.(『松南雜識』)

712) **夜侍坐**, **問**夜, **膳**葷, **請退可也**. 注. **問夜**, **問其時數也**. **膳葷**, **謂食之葷辛物**, 葱**薤**

주자(朱子)의 시에서 "파로 단전(丹田)을 따뜻하게 하고 보리로 요기를 한다[葱煖丹田麥療飢]"[713]라고 하였다.

『설문해자(說文解字)』에서 "동총(東葱)과 한총(漢葱)을 식용한다"라고 하였다. 그러므로 지금 파로 생선과 고기를 조미하는 것은 오래 되었다.

부추는 『예기(禮記)』에서 '풍본(豊本)'[714]이라고 하였고, 『본초강목(本草綱目)』에는 '초종유(草鍾乳)'[715]라고 하였다.

「화식전(貨殖傳)」에서 "천 묘(畝)의 생강과 부추를 가지는 것은 천 호(戶)의 식읍을 가진 제후와 같다"[716]라고 하였다.

유자휘(劉子翬)의 시에서,

밭두둑에 봄비 흠뻑 내리니	一畦春雨足
푸른 줄기가 잘라도 또 자라는구나	翠髮剪還生[717]

라고 하였다.

소식(蘇軾)의 시에서,

부추의 싹 흙을 이고 고사리처럼 말려서	韭芽戴土拳如蕨
서리 맞은 잎과 이슬 맺힌 싹이 추워도 자라네	霜葉露芽寒更茁[718]

라고 한 말이 이것이다.

之屬, **食**之**以**止臥.(『儀禮注疏, 卷三, 士相見禮, 第三』) → 夜**揺**葦. 註 葱**韭**之屬, **服**之止臥.(『松南雜識』)

713) 蔥**煖**丹田麥**療**飢.(『宋詩紀事, 卷四十八, 德興縣葉元愷家題』) → 蔥**養**丹田麥**饒**飢.(『松南雜識』)

714) 韭曰, 豊本.(『禮記注疏, 卷五, 曲禮下』)

715) 韭, 釋名, 草鍾乳.(『本草綱目, 卷二十六, 菜之一, 韭』)

716) **若**千畝**巵茜**, **千畦**薑韭, **此其人**, **皆**與千戶侯等.(『前漢書, 卷九十一, 貨殖傳, 第六十一』) → 千畝薑韭, 與千戶侯等.(『松南雜識』)

717) 「구(韭)」.

718) 霜葉露芽寒更**茁**.(『東坡全集, 春菜』) → 霜葉露芽寒更**出**.(『松南雜識』)

오매
烏昧

『강희자전(康熙字典)』에서 말하였다.

양신(楊愼)은 '맥(麥)'자에는 매(昧)라는 음이 있다고 하면서 범중엄(范仲淹)이 오매초(烏昧草)를 연맥(燕麥)이라고 한 말을 인용하였으니, 연맥(燕麥)은 바로 야직(野稷)인지 모른 것이다. 대개 오매초(烏昧草)는 사실 궐(蕨)인 듯하다.[719)]

지금 우리나라에서는 이것을 무릇[物尤][720)]이라고 하니 산에서 난다. 반하(半夏)[721)]와 비슷하며 구근(球根)이 있다. 흉년에 캐어서 볶아 먹으면 배를 채운다. 그러나 독이 있어서 먹고 부황(浮黃)이 든 사람이 많다.

산곡(山谷) 황정견(黃庭堅)이 「진채도(盡菜圖)」[722)]에서,

사대부로 하여금 이런 맛을 알지 못하게 해서는 안 되고	不可使士大夫不知此味
백성들로 하여금 이런 부황 든 낯빛이 있게 해서는 안 된다	不可使天下之民有此色

719) 楊愼謂麥有昧音. 引范**文正公安撫江淮**, **進民閒所食**烏昧草, 謂**卽今**燕麥**也**. **淮南謂麥爲昧**, **故史從音爲文**, 殊不知燕麥卽野稷也. **升庵失考**, **乃引范文正所進烏昧草當之**, 蓋烏昧草, 實蕨也.(『康熙字典, 麥』)→楊愼謂麥有昧音. 引范**仲淹**烏昧草謂燕麥. 殊不知燕麥卽野稷也. 盖烏昧草, 實蕨也.(『松南雜識』)

720) 무릇 : 백합과의 여러해살이풀. 파, 마늘과 비슷한데 봄에 비늘줄기에서 마늘잎 모양의 잎이 두세 개가 난다. 어린잎과 비늘줄기는 식용한다. 밭과 들에 저절로 나는데, 구황 식물로 아시아 동북부의 온대에서 아열대까지 널리 분포한다. ≒야자고(野茨菰)·흥거(興渠).

721) 반하(半夏) : 약초이름. 천남성과(天南星科). 다년생 초본(草本). 땅 속에 둥근 구형의 덩이줄기가 있다. 5월에 싹이 난다. 맵고 성질은 따뜻하고 독이 있으며, 비장과 위와 폐에 작용한다.

722) 원제는 「제화채(題畫菜)」.

라고 하였다.

사과
沙瓜

한언직(韓彦直)[723]의 『귤록(橘錄)』[724]에서 말하였다.

'사귤(沙橘)'은 작으면서도 감미롭다는 의미를 취한 것이다. 어떤 이는 "사주(沙州) 가에 심은 까닭에 그 맛이 특히 좋다"라고 말을 한다. 그러나 나라 사람들은 사물 가운데 작으면서도 달고 맛있는 것에는 반드시 '사(沙)'자를 붙이니, 사과(沙瓜)·사밀(沙蜜)[725]·사탕(沙糖) 따위이다. 그러니 다만 방언일 뿐이다.[726]

지금 첨과(甛瓜)[727] 가운데 작으면서 달고 맛있는 것을 '사과(沙瓜)'라고 하니 또한 그 종자가 따로 있다.

---

723) 한언직(韓彦直): 송나라 사람. 자는 자온(子溫). 소흥(紹興) 연간에 진사(進士)가 되었고 광록대부(光祿大夫)로 벼슬을 마쳤다. 저서로 『수심경(水心境)』과 『귤록(橘錄)』이 있다.

724) 귤록(橘錄): 송나라의 한언직(韓彦直)이 편찬한 책. 상·중·하의 3권으로 나뉜 책에 감(柑)·등(橙)·귤(橘) 등의 품종들과 씨앗을 심는 방법을 수록하였다.(『영가귤록(永嘉橘錄)』)

725) 사밀(沙蜜): 감밀(甘蜜)이다.

726) 沙橘, 取細而甘美**之稱**. 或曰, 種之沙洲之上, **地虛而宜於橘**, 故其味特珍. 然邦人稱物之小而甘美者, 必曰沙, 如沙瓜·沙蜜·沙糖之類, 特方言耳.(『橘錄, 卷中, 沙橘』) → 沙橘, 取**其**細而甘美. 或曰, 種之沙**州**之上, 故其味特珍. 然邦人稱物之小而甘美者, 必曰沙, 如沙瓜·沙蜜·沙糖之類, 特方言耳.(『松南雜識』)

727) 첨과(甛瓜): 식물이름. 호로과(葫蘆科). 일년생 만초(蔓草). 채소밭에서 재배하는데 줄기는 가늘고 길며 말린 수염 같은 것이 나서 다른 식물 위에서 자란다. 잎은 손바닥이 갈라지고 찢어진 모양이다. 여름철에 꽃이 핀다. 과실은 호과(瓠果)인데 타원형(橢圓形)이며 황백색 혹은 청백색이며 향기가 있다. 맛은 달고 종류는 매우 많다. 속칭은 향과(香瓜), 황금과(黃金瓜)라고 한다. 지금의 호박과 과일인 멜론 등의 종류이다.

외

瓜[728]

『산림경제(山林經濟)』에서 말하였다.

외(瓜)는 진일(辰日)에 심는 까닭에 '진과(辰瓜)'라고 한다. 또 호과(胡瓜)라고 하니, 영남에서는 '물외(水瓜)'[729]라고 한다. 우리나라에서는 '원두(園頭)'라고 하는데, 도선대사(道詵大師)의 어머니가 큰 오이를 먹고 도선대사를 낳은 까닭에 '선물(詵物)'이라고 한다. 또 첨과(甛瓜)는 우리나라에서 '참외[眞瓜]'라고 한다.

『광아(廣雅)』에서 "용제(龍蹄)·호장(虎掌)[730]·양박(羊駮)·토두(兎頭)·괘수(掛髓)·밀통(密筩)·대반(大班)[731]·소청(小青)은 모두 외(瓜)의 이름이다"[732]라고 하였다.

용간과(龍肝瓜)[733]는 길이가 한 자이며 수석(水石) 사이에서 나니 외의 별종이다.[734]

소평(邵平)의 동릉(東陵)[735]에서 나는 오색과(五色瓜)[736]는 지금도 있다.

---

728) 규장각본 『松南雜識』에는 '詵物'로 되어 있음.

729) 물외[水瓜]: '참외'에 대하여 '오이'를 구별하여 이르는 말.

730) 『松南雜識』에는 '獸掌'으로 되어 있음.

731) 『松南雜識』에는 '六斑'으로 되어 있음.

732) 龍蹏·**虎**掌·羊骹·兎頭·**桂支**·蜜筩.(『廣雅, 卷十, 釋草』)→龍蹄·**獸**掌·羊駮·兎頭·挂髓·蜜筩·大班·小青, 皆瓜名.(『韻府群玉, 瓜』)→龍蹄·**獸**掌·羊駮·兎頭·挂髓·蜜筩·大班·小青, 皆瓜名.(『松南雜識』)

733) 용간과(龍肝瓜): 외[瓜]의 일종. 길이는 한 자. 꽃은 붉고 잎은 희다. 빙곡(冰谷)에서 난다.

734) 龍肝瓜, 長一尺, 生於水石.(『韻府群玉, 龍肝』)→龍肝瓜, 長一尺, 生於水石, **是瓜之異者**.(『松南雜識』)

735) **召**平**者**, **故秦東陵侯**, **秦破**, **爲布衣貧**, **種瓜於長安城東**, **瓜美故**, **世俗謂之**東陵瓜. **從召平以爲名也**.(『史記, 卷五十三, 蕭相國世家, 第二十三』)→**邵**平, 東陵**五色瓜**.(『松南雜識』)

736) 오색과(五色瓜): 동릉과(東陵瓜)를 가리킨다. 진(秦)나라의 동릉후(東陵侯) 소평(召

대개 온난한 곳에 심으면 겨울이라도 익는다.

진(秦)나라 역사에 말한 '형곡(硎谷)의 황과(黃瓜)'[737]과 왕건(王建)[738]의 시에서,

내원에서 따뜻한 물을 나누었고 　　內園分得溫湯水
이 월 중순에 이미 외를 올렸네 　　二月中旬已進瓜[739]

라고 한 말이 이것이다.

당나라의 「황대사(黃臺詞)」[740]에서,

한 번 따내면 외를 좋게 만들고 　　一摘使瓜好
두 번 따내면 외를 성글게 만들고 　　再摘使瓜稀
세 번 따내도 이적저럭 괜찮지만 　　三摘猶自可
모두 따내면 넝쿨만 안고 간다네 　　摘絶抱蔓歸[741]

라고 하였다.

옛 시에서 "외를 물에 띄우고 붉은 오얏을 물에 가라 앉힌다[浮瓜沈朱

平)이 진나라가 멸망하고 한(漢)나라가 일어난 뒤에는 평민이 되어 장안성(長安城) 동쪽 청문 밖에 오색과(五色瓜)를 심어 가꾸면서 숨어 살았다고 한다.

737) 진시황이 몰래 사람을 시켜 여산(驪山) 형곡(硎谷)에 외를 심게 하고, 외자 익자 겨울에도 외가 열렸다고 상소하게 한 일이 있다.
* 秦始皇, 密令人, 種瓜驪山硎谷中, 實成, 使人上書曰, 瓜冬有實, 詔諸生往視, 因坑之. 然則溫湯, 冬已瓜矣. 何待二月耶. 〈全唐詩話〉(『陝西通志, 卷九十九, 拾遺第二, 軼事』)

738) 왕건(王建) : 당나라의 시인. 영천(穎川) 출신. 자는 중초(仲初). 대력(大曆) 연간에 진사(進士)가 되어 위남위(渭南尉)·협주사마(陝州司馬)가 되었다. 악부(樂府)를 잘 지었는데, 그가 지은 궁사(宮詞) 100수가 인구에 회자된다. 저서에 『왕사마집(王司馬集)』이 있다.

739) 「궁전조춘(宮前早春)」.

740) 황대사(黃臺詞) : 황대과사(黃臺瓜辭). 당나라 장회태자(章懷太子) 이현(李賢)이 지었다.

741) 一摘使瓜好, 再摘使瓜稀, 三摘猶自可, 摘絶抱蔓歸.(『全唐詩, 卷六, 章懷太子, 黃臺瓜辭』) → 一摘使瓜好, 再摘使瓜稀, 三摘猶可爲, 四摘抱蔓歸.(『松南雜識』)

李]"[742]라고 하였다.

살펴보건대, 『본초강목(本草綱目)』에서 "물에 가라앉는 과(瓜)를 먹으면 사람이 죽는다"[743]라고 하고 또 "물에 가라앉지 않는 오얏에는 독(毒)이 있다"[744]라고 하였다.[745]

의서(醫書)에서 "수세미외[絲瓜][746]는 과(瓜)의 이종(異種)으로 천연두와 홍역의 치료제이다"라고 하였다.

수박

西瓜

장건(張騫)이 돈황(燉煌)에 사신 갔을 때 얻어 온 까닭에 '서과(西瓜)'라고 한다. 우리나라에서는 '수박(水朴)'이라고 한다. 또 세상에 전하기를 크고 작은 것 할 것 없이 그 씨앗은 삼백 육십 한 개이니 우리나라의 고을 수와 맞는 것이라고 한다.

또 동과(冬瓜)[747]가 있으니 심으면 반드시 동쪽으로 향한다고 한다.

---

742) 『古樂苑, 卷二十三, 子夜四時歌, 七十五首, 夏歌 二十首』.
* '침리(沈李)'와 '부과(浮瓜)'는 삼국 시대 위(魏)나라 조비(曹丕)가 「여조가령오질서(與朝歌令吳質書)」에서 "찬 샘물에 단 외를 띄우고 차가운 물에 붉은 오얏을 가라앉힌다[浮甘瓜於清泉, 沈朱李於寒水]"라고 한 것에서 유래하였다. 이로부터 '침리(沈李)'와 '부과(浮瓜)'는 여름 더위를 식혀주는 과일이라는 의미로 사용되는 말이다.

743) 瓜沉水者殺人.(『證類本草, 卷二十七, 菜部上品總三十種』) → 瓜沉水者殺人.(『松南雜識』)

744) 李**味甘酸**, **其苦澁者**, **不可食**. 不沉水者, 有毒**不可食**.(『本草綱目, 卷二十九, 李』) → 李不沉水者, 有毒.(『松南雜識』)

745) 古**樂府云**, 浮瓜沈朱李. 按本草**曰**, 瓜沈水者殺人. 又延壽書曰, 李不沈水者毒.(『芝峯類說, 卷十, 文章部三, 古樂府』) → 古**詩**, 浮瓜沉朱李. 按本草**云**, 瓜沉水者殺人. 李不沈水者毒.(『松南雜識』)

746) 수세미외[絲瓜] : 박과에 속한 일년생 덩굴식물인 수세미오이의 성숙한 과실. 다른 이름으로 사과락(絲瓜絡)·사과망(絲瓜網)·사과각(絲瓜殼), 과락(瓜絡) 이라고도 한다. 맛은 달고 성질은 어느 한 쪽으로 치우지지 않고 평(平)하다. 폐와 위, 간에 작용한다.

747) 동과(冬瓜) : 박과에 속한 동아의 여문 씨를 말린 것. 편평한 원형이며 외표면은 황백

호박
胡朴

세상에 전하는 말에 의하면, 어떤 사람이 남해를 표류하다 씨앗을 얻어 온 까닭에 '남과(南瓜)'[748]라는 이름이 붙었다고 한다. 혹은 왜(倭)에서 온 까닭에 '왜과(倭瓜)'라고 부른다고도 한다. 이것을 먹으면 요기(療飢)할 수 있다.

지금도 제사에는 쓰지 않는데 영조가 처음 반찬으로 쓰면서 귀인들이 먹게 되었다.

우리나라 사람들은 지혜의 구멍이 대부분 호박(胡朴)에 의해 막힌다고 생각한다. 대개 호박(胡朴)이 우리나라에 나기 전에는 인재가 성한 시대였고 호박이 난 뒤로는 인재가 쇠한 때인 듯한데, 재주와 지혜를 연마할 생각은 하지 않고 오직 호박(胡朴) 만을 탓하니 호박(胡朴) 노릇하기도 난처하겠구나!

단박 · 쓴박
瓠甘匏苦

운서(韻書)에서 말하였다.

포(匏)가 대복호(大腹瓠[749])이니 그 맛이 쓰다. 『시경(詩經)』에서 "박

색이다. 달리 동과자(東瓜子) · 동과인 · 동아씨 · 백과자(白瓜子) · 백동과자(白東瓜子) 등으로도 부른다. 맛은 달고 성질은 차다.

748) 남과(南瓜) : 호박. 호로과(葫蘆科). 일년생 초. 줄기에 말린 수염이 있다. 3월에 파종하는데 모래땅으로 기름진 곳에서 잘 자란다. 한 줄기가 십여 장이나 뻗어나갈 수 있다. 마디마디에 뿌리가 있고 땅 가까운 곳에 붙어 자란다. 8 · 9월에 누런 꽃이 피고, 한 뿌리에 수십 개의 과(瓜)가 열린다.

749) 匏, 大腹瓠也.(『本草綱目, 卷二十八, 菜之三』의 주석)

에 쓴 잎이 달렸네[瓠有苦葉]"[750]라고 한 말이 이것이다. 지금은 한 말 들이가 '박(朴)'이다. 『진서(晉書), 악지(樂志)』에서 "간음(艮音)[751]이니 생우(笙竽)는 박 안에 관을 늘여 세우고 관(管)의 끝에 황(簧)을 붙인다.[752]

호(瓠)에 대해서 유빈(柳玭)[753]은 바로 "돌아가신 아버지께서는 저녁에 무(葍)와 박나물(瓠)만을 드셨다"라고 하였다.[754]

유자휘(劉子翬)는 시에서,

구슬 같은 박이 한 줄로 쪼개지니	一線解瓊瑤
속엔 미인의 이처럼 흰 것이 있네	中有佳人齒[755]

라고 하였다. 한연수(韓延壽)[756]가 호(瓠)를 깎아서 제기(祭器)를 만들었다는 말이 이것이다.

---

750) 『詩經, 國風, 北阝, 匏有苦葉』.

751) 간음(艮音) : 옛 사람들은 팔괘(八卦)를 가지고 팔음(八音 : 여덟 유형의 악기)을 짝을 맞추었는데, 관악기(管樂器)가 간음(艮音)에 해당한다.

752) 大腹瓠**也**. **瓠甘**, **匏**苦. 詩, 匏有苦葉. **語**, **吾豈匏瓜**. 晉樂志, 良**之**音. 笙竽, **皆**列管匏內, 施簧管端.(『韻府群玉, 匏』) → **匏**, 大腹瓠, **其味**苦, 詩**之**匏有苦葉, **是也**. **今斗容朴**. 晉樂志**曰**, 艮音**也**. 笙竽, 列管匏內, 施簧管端**也**.(『松南雜識』)

753) 유빈(柳玭) : 당나라 사람. 중영(仲郢)의 아들. 문덕(文德) 초에 이부시랑(吏部侍郎) 찬수국사(撰修國史)가 되어 어사대부(御史大夫)를 역임하였다. 소종(昭宗)이 재상으로 삼고자 하였지만 환관의 참소로 이루어지지 않았다. 저서로 자손을 훈계하는 내용을 담은 『유씨가훈(柳氏家訓)』이 전한다.

754) **余舊府高公**先君**兄弟三人**, **俱居清列**, **非速客不二羹胾**, 夕食齕葍瓠**而已**, **皆保重名於世**.(『唐書, 卷一百六十三, 列傳, 第八十八, 孔穆崔柳楊馬』) → **柳**玭**云**, 先君夕齕葍瓠.(『松南雜識』)

755) 「호(瓠)」.

756) 한연수(韓延壽) : 한(漢)나라 사람. 연(燕)출신. 자는 장공(長公). 소제(昭帝) 때 위나라의 재상 의상(宜賞)에 의해 간대부(諫大夫)로 발탁되었다가 회양태수(淮陽太守)·이상예의(吏尚禮義)를 역임하였다. 교화력이 뛰어나서 이르는 곳마다 현사를 초빙하여 예(禮)로써 대우하고 등용하였다.

지금 단박[甘朴], 쓴박[苦朴]이라는 말이 있다.

『세설신어(世說新語)』에서 "세요(細腰)는 바로 선가(仙家)의 호리병박[葫蘆]이다"라고 하였다.

가지
茄子

『지전록(芝田錄)』에 "가자(茄子)[757]는 낙수(落酥)이다. 수(隋)나라 양제(煬帝)가 가지[茄子]의 이름을 곤륜자과(崑崙紫瓜)로 바꾸었다"[758]라고 하였다.

장순민(張舜民)[759]은 송(頌)에서,

몸에는 백 개의 혹이 달려 있고	身累百贅
목에는 천 개의 혹이 붙어있다	頸附千疣[760]

라고 하였다.

『물류상감지(物類相感志)』[761]에서 말하였다.

---

757) 가지[茄子] : 일명 낙소(落蘇)라고 함. 꽃과 열매는 모두 자주색이다. 북방에는 둥근 것이 많고 남방에는 난형(卵形) 혹은 길고 둥근 것이 많다. 가지의 익은 열매는 장과 위를 튼튼하게 한다. 뿌리는 조루(竈瘻)를 치료할 수 있다.

758) **茄子一名**落**蘇**, 隋煬帝, 改**茄子**, 爲崑崙瓜.(『農書, 卷八, 百穀譜三, 蓏屬, 茄子』) 芝田錄, 隋煬帝, 改**名茄子**, 爲崑崙紫瓜.(『山堂肆考, 卷一百九十六, 蔬菜, 改名』) → 芝田錄**曰**, **落酥也**. 隋煬帝, 改爲崑崙紫瓜.(『松南雜識』)

759) 장순민(張舜民) : 송나라 사람. 분주(分州) 출신. 자는 운수(芸叟). 자호는 부휴거사(浮休居士)·정재(丁齊). 시호는 문충(文忠). 송나라 인종(仁宗) 경우(景佑) 연간에 진사에 급제하여 양숭령(讓崇令)이 되었다. 사마광(司馬光)이 그의 빼어난 재주와 강직한 성격을 보고 감찰어사(監察御史)로 발탁하였고 이부시랑(吏部侍郎)을 역임했다. 원우(元佑)의 당으로 연좌되어 귀양을 갔다가 소성(紹聖) 연간에 사면되어 조봉랑(朝奉郎) 등을 역임했다.

760) 「가자(茄子)」.

761) 물류상감지(物類相感志) : 송나라의 소식(蘇軾)이 편찬한 책. 사물이 서로 감응하여 변화하는 것을 나열하였다. 『설부(說郛)』 등의 내용과 비교한 내용을 수록한 것도 있다.

가지나무[茄樹]에 꽃이 피면 잎을 따서 길에 뿌리고 재로 둘러싸 놓으면 열매가 많이 달리니 '가지 시집보내기[嫁茄]'라고 한다. 가지 중에서 큰 것은 '곡자가(縠子茄)'라고 하고 옮겨 심는 것을 '피가(披茄)'라고 한다. 또 청색과 백색의 두 종류가 있다.

'수가(水茄)'라고 하는 것은 황정견(黃庭堅)의 「은가시(銀茄詩)」[762]에서,

그대 집의 백은색 수가(水茄)는	君家水茄白銀色
동산에서 자줏빛으로 불룩하니 자못 아름답네	殊勝園裏紫彭亨[763]

라고 한 말이 이것이다.

날로 먹으면 풍담(風痰)[764]을 치료하고 숙취로 인한 갈증을 풀어준다고 한다. 진랍국(眞臘國)의 가지나무는 집보다 높다.

파릉채

菠薐菜

유우석(劉禹錫)이 "파릉채(菠薐菜)[765]는 씨앗이 서쪽 나라에서 전래되었으니 어떤 중이 그 씨앗을 가지고 왔다고 한다. 이것이 파릉국(頗陵國)의 씨앗인데 파릉(菠薐)으로 와전되었을 뿐이다"[766]라고 하였다.

---

762) 원제목은 「사양리도송은가 사수지이(謝楊履道送銀茄四首之二)」.

763) 殊勝**園裏**紫彭亨.(『山谷內集, 謝楊履道送銀茄四首之二』)→殊勝**墳裡**紫彭亨.(『松南雜識』)

764) 풍담(風痰) : 풍증을 일으키는 담병. 또는 풍으로 생기는 담병.

765) 파릉채(菠薐菜) : 식물이름. 본래는 파릉채(菠稜菜)라고 쓰는데, 또는 파채(菠菜)라고도 한다. 일년생 혹은 월년생(越年生) 초본. 뿌리 부분은 홍색을 띠고 있으며 줄기의 길이는 2자 쯤 이다.

766) **菜之菠稜**, **本**西國**中**有僧將其子來. **如苜蓿蒲萄**, **因張騫而至也**. **絢曰**, **豈非**頗稜國**將來而**語訛爲菠稜**耶**.(『劉賓客嘉話錄』)→劉禹錫**曰**, 種自西國, 有僧將其子來云. 是頗陵國之種, 語訛爲菠薐耳.(『松南雜識』)

이시진(李時珍)이 "당나라 태종 때 니파유국(尼波維國)에서 이 나물을 바쳤는데 홍람(紅藍)[767]과 비슷하다"[768]라고 한 말이 이것이다.

청상자
青葙子[769]

위지(魏志)[770]에 "청우선생(青牛先生)[771]이란 자가 있었다. 재상(三輔)의 식객이 되어 항상 청상(青葙)[772]과 완화(芫華)[773]를 먹어서 나이가 오륙십 된 자와 흡사하였다"[774]라고 하였다. 또 상(葙)의 뿌리로는 김치를 담는데 향이 맵다.[775] 지금 우리나라에서는 '강남속(江南粟)'이라고 한다.

또 강낭콩(江南豆)은 바로 완두(豌豆)이니 백편두(白扁豆)과 같은 것이다.

---

767) 홍람(紅藍) : 홍화(紅花)·자홍화(刺紅花)·초홍화(草紅花)·홍란(紅蘭)·홍람화(紅藍花)·황람(黃藍)·잇꽃 이라고도 함. 국화과에 속하는 한해살이풀인 잇꽃의 꽃을 말린 것. 야생 엉겅퀴와 비슷하다. 초봄에 파종하여 7월이면 노란색으로 꽃이 피어 차츰 붉은색으로 변하다가 검붉은 빛깔로 진다.

768) 李時珍曰, **按**唐**會要云**, 太宗時, 尼波維國, 獻**菠薐**菜, 類紅藍, **卽此**也.(『本草綱目, 卷二十七, 菜之二, 菠薐』) → 李時珍曰, 唐太宗時, 尼波維國, 獻**此**菜, 類紅藍. **是**也.(『松南雜識』)

769) 청상자(青葙子) : 비름과에 속하는 일년생 초본인 개맨드라미의 성숙한 종자. 편원형이나 둥근 콩모양의 것도 있다. 지름은 1~1.5mm. 표면은 흑색이거나 홍흑색으로 광택이 있고 중간부분이 약간 돌기되어 있다. 종피는 얇고 잘 부서진다. 달리 초결명(草決明)·우미화자(牛尾花子) 라고도 함. 맛은 쓰고 성질은 약간 차갑다.

770) 『삼국지(三國志), 위지(魏志), 관녕전(管寧傳)』.

771) 청우선생(青牛先生) : 황련(黃連)과 수은(水銀)을 복용하였다고 한다.

772) 청상(青葙) : 일년생 초본 식물. 들판에서 주로 난다. 줄기의 길이는 한자쯤이며 잎은 호생(互生)이다. 꽃은 계관화(鷄冠花) 비슷하며 색깔은 담홍색이다.

773) 원화(芫華) : 낙엽 관목. 잎은 소타원형(小橢圓形). 꽃은 작고 자색이다.

774) 有青牛先生, **字正方**, 客三輔. **曉知星歷·風角·鳥情**, 常食青葙**芫華**, 年似如五**六**十者.(『三國志, 魏志, 卷十一, 管寧傳』의 주석) → 有青牛先生者, 客三輔, 常食青葙**莞花**, 年似如五十者.(『松南雜識』)

775) 葙根以爲菹, 香辛.〈廣志〉(『天中記, 卷四十六』) → 葙根以爲菹, 香辛.(『松南雜識』)

풀가사리
蕁

『이아(爾雅)』에서 "풀가사리[蕁]는 침번(莐藩)이다"776)라고 하였는데, 그 주석에서 "산 위에서 나는데 잎은 부추[韭] 같다. 일명 '제모(蝭母)'라고 한다"777)라고 하였다. 또 '해조(海藻)'의 주석에서 "일명 '해라(海蘿)'이니 날리는 머리털 같고 바다 속에서 자란다"778)라고 하였다.

『회남자(淮南子)』에서 "불은 위로 올라가고 물은 아래로 흐른다"779)라고 한 말이 이것이다.

'蕁'의 음은 담이다.

창포
菖蒲

『본초강목(本草綱目)』에서 "창포(菖蒲)는 물풀이니 자리를 만들기도 한다"라고 하였다.

『전술(典術)』에서 말하였다.

요(堯)임금 때 하늘이 뜰에 정기(精氣)를 내려 부추가 되고 온갖 음기(陰氣)에 감응하여 창포(菖蒲)가 되었다. 그러므로 '요구(堯韭)'780)라고 한다"781)

---

776) 薚, **莐藩**.(『爾雅注疏, 卷八, 釋草, 第十三』) → **蕁**, **芜藻**.(『松南雜識』)

777) 生山上, 葉如韭, 一曰蝭母.(『爾雅注疏, 卷八, 釋草, 第十三』)

778) 薚, 又**名**海**藻**. 〈**郭云**, **藥草也**. 一名海蘿, 如**亂**髮, 生海中〉.(『爾雅注疏, 卷八, 釋草, 第十三』) → 又海**藻**. **註**, 一名海蘿, 如**飛**髮, 生海中.(『松南雜識』)

779) 火上蕁, 水下流.(『淮南子, 天文訓』)

780) 요구(堯韭) : 풀이름. 창포(菖蒲)의 다른 이름.

781) 典術**云**, 堯時, 天降精**于庭**, 爲韭, 感百陰**之氣**, 爲菖蒲. 故**曰**堯韭.(『本草綱目, 卷十九, 草之八, 菖蒲』의 주석) → 典術**曰**, 堯時, 天降精爲韭, 感百陰爲菖蒲. 故**名**堯韭.(『松

『신선전(神仙傳)』에서 "안기생(安期生)[782]이 창포를 먹고 숭산(崇山) 바위 위에 신발만 남기고 신선이 되어 갔다. 아홉 마디 창포를 캐어 먹으면 불로장생한다"[783]라고 한 말이 이것이다.

문왕(文王)의 창포김치(昌歜),[784] 한유(韓愈)의 창양(昌陽),[785] 양(梁)나라 무제(武帝)의 어머니 장씨(張氏)가 창포꽃을 보고 그것을 삼키고는 "마땅히 부귀한 아들을 낳으리라"라고 한 말이 이것이다.

유협(劉勰)의 『신론(新論)』에서 "창포(菖蒲)로 이와 서캐를 없애고 그리마를 오게 하였다"[786]라고 하였다.

『춘추좌씨전(春秋左氏傳)』에 "동택(董澤[787])의 창포"[788]라는 말이 있는데, 그 주석에서 "포(蒲)는 버드나무[柳]의 일종으로 껍질이 붉은 것은 살대를 만들 수 있다"라고 하였다.

南雜識』)

782) 안기생(安期生) : 진(秦)나라 때의 은사(隱士). 하상장인(河上丈人)에게 선술(仙術)을 배워 당시 사람들이 천세옹(千歲翁)이라고 칭호하였다. 진시황(秦始皇)이 동방으로 유람할 때에 초청하여 3일을 함께 담론하고 수만금을 주었으나 버리고 갔다고 한다.

783) 神仙傳云, 咸陽王典, 食菖蒲, 得長生. 安期生采一寸九節菖蒲, 服仙去.〉(『本草綱目, 卷十九, 草之八, 菖蒲』의 주석) → **蒲澗**, **相傳**, 安期生**得道處也**. **在白雲山下**, **出石菖蒲**, 多九節**者**. **道經云**, **餌之**, **可以**長生.(『嶺南風物記』) → **神仙傳**, **安期生食之**. **留舃崇山**石上, 九節採之, 長生.(『松南雜識』)

784) 原左傳曰, 王使周公閱來聘, 饗有昌歜.(『淵鑑類函, 卷三百九十七, 菖蒲二』) → 文王之昌歜.(『松南雜識』)

785) 訾醫師以昌陽引年, 欲進其豨苓也.(『昌黎先生文集, 卷十二, 進學解』) → 韓文公之昌陽.(『松南雜識』)

* 한유(韓愈)가 「진학해(進學解)」에서 자신의 역량을 망각하고 전인(前人)을 비판하는 짓은 의사가 창양(昌陽) 같은 약재로 수명 연장 시키는 것을 꾸짖고 희령(豨苓) 처럼 보잘 것 없는 약재를 올리게 하는 것과 같다고 하였다.

786) 菖蒲 〈**香草**〉 去蚤虱而來蚰蜒. 〈**百足蟲也**〉(『劉子, 卷九, 利害, 第四十七』) → **劉勰新論曰**, 菖蒲, 去蚤虱, 而來蚰蜒.(『松南雜識』)

* 작은 해를 없애자 큰 해가 닥침을 비유한 표현.

787) 동택(董澤) : 지명. 산서성(山西省) 문희현(聞喜縣) 동북쪽에 있다. 옛날의 권룡씨(豢龍氏)인 동보(董父)가 거처하였기에 그 이름을 따랐다.

788) 廚武子曰, 董澤之蒲, 可勝旣乎.(『春秋左氏傳, 宣公十三年』)

곤포

昆布[789]

『본초강목집해(本草綱目集解)』에서 "또 '윤포(綸布)'라고 한다. 남해에서 난다. 잎은 손처럼 생겼고 크기는 얇은 부들[葦]과 비슷하며 자적색(紫赤色)이다"[790]라고 하였다.

부평

浮萍[791]

「주덕송(酒德頌)」[792]에서 "어지러운 만물을 굽어보니 강한(江漢)의 부평초(浮萍草)와 같도다"[793]라고 하였는데, 그 주석에서 "버들개지[楊花]가 물에 들어가 변하여 평(萍)이 되었다. 뿌리 내리지 않고 떠다니며 사는 까닭에 이런 이름이 붙었다"라고 하였다.

또 "요(堯) 임금 때 큰 나무등걸이 서해를 떠왔는데 뗏목 위에 달과 별 같은 광채가 있었다. 나무등걸이 사해(四海)를 떠다니며 12년 만에 천하를 일주하니 관월사(貫月查)[794]라고 하는데 우선(羽仙)이 그 위에 산다"라고 하였으니, 바로 『습유기(拾遺記)』의 말이다.[795]

---

789) 곤포(昆布) : 다시마과에 속하는 두해살이 바다나물인 다시마의 엽상체를 말린 것. 몸은 넓은 띠 모양이며, 바탕은 두껍고 표면이 미끄러우며 가장자리에 물결무늬가 있다. 달리 해곤포(海昆布)·윤포(綸布)·다시마라고도 한다.

790) 集解 〈**藏器**, **昆**布, 生南海, 葉如手, 大似薄葦, 紫赤色.〉(『本草綱目, 卷十九, 草之八, 昆布』) → **又藥名**, 本草集鮮, **昆布**亦名綸布, 生南海, 葉如手, 大似薄葦, 紫赤色.(『康熙字典, 布』) → **亦名綸**布, 生南海, 葉如手, 大似薄葦, 紫赤色.(『松南雜識』)

791) 부평(浮萍) : 부평과에 속하는 다년생 표부식물인 개구리밥과 청평(靑萍)의 전초. 평(萍)·수평(水萍)·수백(水白)·수소(水蘇)·소평자(小萍子)·부평초(浮萍草)·개구리밥이라고도 한다.

792) 주덕송(酒德頌) : 진(晉)나라 유령(劉伶)의 작품. 술의 미덕을 칭송하였다.

793) **俯觀**萬物擾擾焉, 如江漢之**載**浮萍.(『文選, 酒德頌』) → 萬物擾擾焉, 如江漢之浮萍.(『松南雜識』)

794) 관월사(貫月查) : 사문차(查問槎). 바다를 떠 다니는 나무이다.

청태
靑苔

『남사(南史)』에서 "대성(臺城)이 포위되었을 때, 부엌에는 건태(乾苔)[796]가 있었다"[797]라고 하니 지금의 청태(靑苔)[798]이다. 또 녹각채(鹿角菜)[799]를 의서(醫書)에서 청각(靑角)이라고 하였다.

청태 · 자소
苔蘇

운서(韻書)에서 "담에 있는 것을 원의(垣衣),[800] 집에 있는 것을 '석사(昔邪)[801]라고 한다"[802]라고 하였다.

『광아(廣雅)』에서 "수의(水衣)[803]를 '석발(石髮)'이라고 한다"[804]라고 하였다.

795) 堯**登位三十年**, 有巨**查**, 浮**於**西海. 查上有光, **夜明晝滅**. **海人望其光**, **乍大乍小**, 若星月**之出入矣**. 查**常**浮**繞**四海, 十二年一周天, **周而復始**, 名**曰**貫月查, **亦謂挂星查**. 羽**人**棲息其上, **羣仙含露以漱日月之光**, **則如暝矣**.(『拾遺記, 卷一』) → **又**堯**時**, 有巨**槎**, 浮**子**西海. 查上有光, 若星月. 查浮四海, 十二年周天, 名貫月查. 羽**仙**棲息其上, **卽拾遺記云**.(『松南雜識』)

796) 건태(乾苔) : 식물이름. 일명 해태(海苔)라고 함.

797) 是時, 城中圍逼旣久, …… 御甘露廚有乾苔.(『南史, 卷八十, 列傳, 賊臣, 侯景』) → 梁史, 臺城之圍也, 御廚乾苔.(『松南雜識』)
* 후경(侯景)이 양(梁)나라 대성(臺城)을 포위하자 양나라 무제가 굶어 죽었다.(『梁書, 卷三, 武帝本紀下』)

798) 청태(靑苔) : 물이끼[水垢] 같은 것이다. 창태(蒼苔) · 벽태(碧苔)라고도 한다.

799) 녹각채(鹿角菜) : 식물이름. 바닷말[藻]류로 주로 바위 위에서 난다. 뿌리는 대략 둥근 쟁반 비슷하고 잎은 비녀처럼 갈라졌다. 길이는 한 치[寸]에서 서너 치[寸] 쯤이다.

800) 원의(垣衣) : 담장 위에 자라난 이끼.

801) 석사(昔邪) : 이끼의 일종으로 옥상에서 자란다. 일명 오비(烏菲)라고도 한다.

802) 在屋曰昔邪, 在牆曰垣衣.(『佩文韻府, 箕瓦』)

803) 수의(水衣) : 청태(靑苔)를 말함. 청록색이며 종이를 만들 수 있다. 또 식용(食用)도 가능하다.

804) 石髮, **石衣也**.(『廣雅, 卷十, 釋草』) → **水衣**, **名**石髮.(『松南雜識』)

또 '중전(重錢)'[805]을 『이아(爾雅)』에서는 '택규(澤葵)'[806]라고 하였다.

또는 "척리(陟釐)[807]는 장화(張華)[808]의 측리지(側理紙)[809]인데 '측리(側理)'로 와전되었다"[810]라는 말이 이것이다.

장태화(張太和)의 시에서,

푸른 빛이 싫어 돋는 죽순도 꺾어 버리고	綠嫌新筍破
붉은 색이 좋아 떨어진 꽃도 주워 둔다네	紅愛落花收[811]

라고 하였다.

『습유기(拾遺期)』에서 "진(晉)나라 원제(元帝) 때 외국에서 만금태(蔓金苔)를 바쳤다. 또 야명태(夜明苔)[812]는 빛이 온 방안을 비추었다"[813]라고 하니 대개 이끼(苔)의 별종이다.

또 담(藫)은 석의(石衣)이다.

---

805) 중전(重錢) : 이끼의 별명.

806) 爾雅, **莓苔**曰澤葵.(『山堂肆考, 卷二百三, 草卉, 澤葵』) → **重錢**, 爾雅曰澤葵.(『松南雜識』)

807) 척리(陟釐) : 물이끼[水苔]의 이름. 수면(水綿)이라고도 함.

808) 장화(張華) : 진(晉)나라의 문신·학자. 방성(方城) 출신. 자는 무선(茂先). 학식이 뛰어나서 도(圖)·위(緯)·방기(方技)의 분야에 통달하여 당시 사람들이 자산(子産)에 비교하였다. 중서령(中書令)에 배임되었고 오나라를 정벌한 뒤, 광무후(廣武侯)가 되었다. 혜제(惠帝)가 즉위한 뒤, 태자소부(太子少傳)·우광록대부(右光錄大夫)가 되었으나 조륜(趙倫)의 참소를 받았다. 저서에 『박물지(博物志)』가 있다.

809) 측리지(側理紙) : 남월(南越) 지방에서는 김을 '지(紙)'라고 한다. 측리(側理)란 결이 옆으로 났다는 의미이다. 진(晉)나라 무제(武帝)가 장화(張華)에게 김을 하사한 일이 있다.

810) 陟釐, 一作側理·陟俚, 苔紙也. 晉武賜張華側理紙. 南越以海苔爲紙, 其理側, 故名王子年. 拾遺記云, 本陟釐紙, 漢人語訛爾.(『通雅, 卷三十二』) → 張華紙, 訛爲側理.(『松南雜識』)

811) 「순파화장(笋破花粧)」.

812) 야명태(夜明苔) : 이끼의 일종으로 황금색이다.

813) 晉**祖**, **梁國獻**蔓金苔, **色如黃金**, **若螢火之聚**, **大如雞卵**, **投於水中**, **蔓延於波瀾之上**, **光出照日**, **皆如火生水上也**. …… **宮人有幸者**, **以金苔賜之**, **置漆盤中**, **照耀滿室**, 名**曰**夜明苔.(『拾遺記, 卷九』) → 晉**元帝時**, **外國貢**蔓金苔. **又**名夜明苔, **光照一室**.

거승

苣藤

『옥편(玉篇)』에서 "거승(苣藤)은 호마(胡麻)[814]이다"[815]라고 하였다.

조당(曹唐)[816]의 「소유선시(小遊仙詩)」[817]에서 "시냇가의 거등꽃을 다 먹네[喫盡溪頭巨勝花]"[818]라고 하니 지금의 흑임(黑荏)[819]이다.

죽청

竹青

『영가군기(永嘉郡記)』[820]에서 "청전현(青田縣)에 어떤 풀이 있는데, 잎은 대나무 같이 생겼으며 푸른색을 물들일 수 있기에 '죽청(竹青)'이라고 한다"[821]라고 하였다.

완릉(宛陵) 사경초(謝景初)[822]가 지은 시의 주석에 "금죽(金竹)[823]은 풀

---

814) 호마(胡麻): 참깨과에 속하는 참깨의 건조한 흑색 종자. 흑지마(黑芝麻)·흑지마(黑脂麻)·오마(烏麻), 참깨라고도 함.

815) 苣藤, 胡麻也.(『玉篇, 苣』)

816) 조당(曹唐): 당나라의 시인. 자는 요빈(堯賓). 계주(桂州) 출신. 도사(道士)로 지내다가 나중에 진사 시험에 응시했지만 합격하지 못하고 함통(咸通) 연간에 사부종사(使府從事)가 되었다. 조당(曹唐)은 특히 유선시(游仙詩)로 명성을 얻었는데, 「유신완조유천태(劉晨阮肇游天台)」·「직녀회견우(織女懷牽牛)」·「소사휴롱옥상승(蕭史携弄玉上升)」 등 17수가 세상에서 '대유선시(大游仙詩)'로 불린다. 저서로 『조종사시집(曹從事詩集)』 1권이 있다.

817) 「소유선시(小遊仙詩)」.
*『松南雜識』에는 '遊仙詩'로 되어 있음.

818) 喫盡溪頭**巨勝**花.(『全唐詩, 小遊仙』) → 喫盡溪頭**苣藤**花.(『松南雜識』)

819) 흑임(黑荏): 검은깨를 이르는 말.

820) 영가군기(永嘉郡記): 남조 송나라의 정집지(鄭緝之)가 지은 책.
*『松南雜識』에는 '永嘉郡志'로 되어 있음.

821) 青田縣, 有草, 葉似竹, 可染碧, 名爲竹青.(『說郛, 卷六十一下, 永嘉郡記, 竹青』)

822) 사경초(謝景初): 송나라 사람. 자는 사후(師厚). 호는 완릉(宛陵). 정치적 업적이 있어서 둔전랑(屯田郎)으로 치사하였다. 박학하고 글을 잘 지었다. 특히 시에 뛰어났다. 황정견(黃庭堅)이 그의 사위이다.

이름이니 대나무 같고 얼룩무늬가 있다"[824]라고 하였다.

벽려
薜荔

유종원(柳宗元)이 시에서, "세찬 빗줄기 담장의 벽려(薜荔[825])에 비스듬히 떨어지네[密雨斜侵薜荔墻]"[826]이라고 하니 지금의 장의(墻衣[827])이다.

당시(唐詩)에서 "눈물 젖은 벽라의[淚濕薜蘿衣]"[828]라고 하니 지금의 청미라(青蘼蘿)이다. 또 낙석(絡石[829])은 암석을 휘감기 때문에 이런 이름이 붙었다. 의서(醫書)에서 묵은 체증에 달여서 복용한다고 한다.

계장초
鷄腸草[830]

『이아(爾雅)』에서 '오(蘋)',[831] 『집운(集韻)』에서 '계장채(鷄腸菜)'[832]라고 한 풀이 이것이다.

---

823) 금죽(金竹) : 대의 줄기가 황색인 것으로 주로 광동성(廣東省)에서 많이 난다.

824) **此草也**, 似竹而斑.(『宛陵集, 卷一, 錦竹』의 주석) → **錦竹**草**名**, 似竹而斑.(『松南雜識』)

825) 벽려(薜荔) : 뽕나무과의 식물이름. 상록관목(常綠灌木)으로 만생(蔓生)이다. 잎은 난형(卵形)이며 꽃은 작다. 모양은 무화과 비슷하다. 목련(木蓮)이라고도 한다.

826) 『柳河東集, 登柳州城樓寄漳汀封連四州』.

827) 장의(牆衣) : 담장 위의 푸른 이끼.

828) 맹호연(孟浩然)의 「송우인지경(送友人之京)」.

829) 낙석(絡石) : 협죽도과에 속한 식물. 원주형으로 많은 가지가 있고 길이가 일정하지 않다. 달리 낙석등(絡石藤)·약석(略石)·내동(耐冬)·털마삭줄·마삭줄이라고도 한다.

830) 규장각본 『松南雜識』에는 없는 내용임.

831) 蘋, 蔆蘿. 〈**注**, **今蘩蔞也**, **或曰雞腸草**.〉(『爾雅注疏, 卷八, 釋草, 第十三』) → 蘋**也**.(『松南雜識』)

832) 藹, 雞藹菜也.(『集韻, 藹』)

강초

菵草[833]

『산해경(山海經)』에서 "강초(菵草)의 잎은 해바라기 같고 줄기는 붉고 꽃은 희다. 열매는 영욱(蘡薁)[834] 같은데 이것을 먹으면 더 지혜롭게 된다"[835]라고 하였다.

망초

莽草[836]

『습유기(拾遺記)』에서 "어떤 풀이 있는데, 이름은 망황(莽煌)이다. 십 보 떨어진 곳에서도 사람의 옷을 태울 수 있고, 이것을 베어 자리를 만들면 한겨울에 더욱 따뜻하며, 나뭇가지를 비비면 불이 난다"[837]라고 하였다.

---

833) 망초(菵草) : 논에서 자라며 밥을 지어 먹을 수 있다. 싹은 소맥(小麥) 같으며 더 작다. 4월에 익는다. 『이아(爾雅)』에 이른바 '황수전(皇守田)'이다.

834) 영욱(蘡薁) : 까마귀 머루. 포도과의 식물이다. 잎은 심장모양처럼 생겼고 줄기는 나무를 타고 넝쿨지며 올라간다. 색은 담갈색이다.

835) **東四十里曰少陘之山, 有草焉, 名曰菵草**. 葉**狀**如葵**而**赤莖白華, 實如蘡薁, 食之不愚. 〈**言益人智**〉(『山海經, 卷五, 中山經』) → 葉如葵, 赤莖白華, 實如蘡薁, 食之不愚. (『松南雜識』)

836) 망초(莽草) : 약초 이름. 일명 망초(芒草)라고도 함. 물고기의 독을 치료할 수 있다.

837) 有草名莽煌. **葉圓如荷**, **去之十步**, 炙人衣則**燋**. 刈之爲席, 方冬彌溫, 以枝相摩則火出**矣**.(『拾遺記, 卷十』) → 有草名莽煌, 炙人衣則**焦**. 刈之爲席, 方冬彌溫, 以枝相摩則火出.(『松南雜識』)

석구초
蓆具草

『술이기(述異記)』에서 말하였다.

석구초(蓆具草)는 일명 새로(塞路)이니 북방에서 난다. 옛 시에서 "천리의 석구초[千里蓆具草]"[838]라고 하였다.

또 석기(蓆萁)라고도 한다.
『운회(韻會)』에서 말하였다.

석구초의 모양은 물억새(荻) 같고 말먹이이다. 일명 '한로(寒蘆)'이니 북쪽 오랑캐 지역에서 난다. 왕건(王建)의 「석기렴(蓆萁簾)」 시에서,

선우(單于)가 남쪽을 향해 말을 먹이지 않으니	單于不向南牧馬
석기(蓆萁)가 천산 아래에 가득 덮혔네	蓆萁遍滿天山下[839]

라고 하였다.

또한 팔준마(八駿馬)[840]가 먹는 용추(龍芻)[841]인 듯하다.

838) **蓆具草**, 一名塞路, 生北方**胡地**. 古詩**云**, 千里蓆具草.(『述異記, 卷下』) → 一名塞路, 生北方, 古詩, 千里蓆具草.(『松南雜識』)

839) 又韻會**云**, **萁**草如荻, **則**馬所食.(『韻府群玉, 萁』)
一名塞蘆, 生北胡. 王建席萁簾詩, 單于不向南牧馬, 席萁遍滿天山下.(『韻府群玉, 席萁』)
→ 又**席萁**, 韻會**曰** 草如荻, 馬所食, 一名塞蘆, 生北胡**也**. 王建席萁簾詩, 單于不向南牧馬, 席萁遍滿天山下.(『松南雜識』)

840) 팔준마(八駿馬) : 주(周)나라 목왕(穆王)이 소유했던 뛰어난 여덟 필의 말. 즉 적기(赤驥)·도려(盜驪)·백의(白義)·거황(渠黃)·화류(華騮)·유윤(踰輪)·녹이(綠耳)·산자(山子).

841) 용추(龍芻) : 용수초(龍鬚草)의 별명.

『유편(類篇)』에서 "기초(蘎草)[842]를 말에게 먹이면 쉽게 길들여진다"[843]라고 하였다.

언산
焉酸

『산해경(山海經)』에서 "고종산(鼓鍾山)에 언산(焉酸)이라는 풀이 있는데, 줄기는 방형(方形)이고 꽃은 노랗다. 잎은 둥글고 세 겹이다"[844]라고 하였다.

수초
睡草

『동명기(洞冥記)』[845]에서 "말다국(末多國)에 오미초(五味草)가 있다. 그것을 먹으면 사람이 잠들지 못한다고 하여 '각수초(却睡草)'라고도 한다"[846]라고 하였다.

또 『신이경(神異經)』에 "계림(桂林)에 수초(睡草)가 있다. 사람이 이 풀을 보면 잠이 온다. 또 나부잠(懶婦箴)이라고도 한다. 또 취초(醉草)가 있으니 또한 대나무 이름이다"[847]라고 하였다.

---

842) 기초(蘎 草) : 기초(芑草).

843) 蘎 〈**口己切**. **艸名**. 馬**噉**之則馴.〉(『類篇, 卷三』) → 蘎**草**, 馬**啖**之則馴.(『松南雜識』)

844) **東三百里曰**, 鼓鍾之山, …… 有草焉, 方莖而黃**華**, 員葉而三成. 〈**葉三重也**〉(『山海經, 卷五, 中山經』) → 鼓鍾之山, 有草焉, 方莖而黃**花**, 員葉而三成.(『松南雜識』)

845) 동명기(洞冥記) : 후한의 곽헌(郭憲)이 찬집한 책. 5권. 한무동명기(漢武洞冥記) 혹은 별국동명기(別國洞冥記)라고도 한다.

846) 有五味草. **初生味甘**, **花時味酸**. 食之, 使人不眠, 名**曰**却睡草. 末多國, **獻此草**.(『洞冥記, 卷三』) → 末多國, 有五味草. 食之, 使人不眠, 名却睡草.(『松南雜識』)

847) 桂林, 有睡草, 見之則令人睡, **一名**醉草, 亦呼爲懶婦箴.(『述異記, 卷下』) → **又神異經曰**, 桂林, 有睡草, 見之則令人睡, 亦呼爲懶婦箴. **又**醉草, **又竹名**.(『松南雜識』)

호승

胡繩[848]

『이소(離騷)』에서 "호승(胡繩)으로 새끼 꼬아 늘어뜨리네[索胡繩纚纚]"[849] 라고 하였는데, 그 주석서에 "호승(胡繩)은 향초(香草) 이름이다. 잎은 노끈을 만들 수 있다"라고 하였다. 지금의 길리량(吉里良)과 흡사하다.

『시경(詩經)』에서,

비록 사마(絲麻)가 있지만	雖有絲麻
관괴(菅蒯)를 버리지 않네	無棄菅蒯[850]

라고 하였다.

또 물풀 가운데 배알(拜謁)이 있다. 뿌리에 구근이 있으며, 잎이 질겨서 신발장식으로 쓴다.

어떤 아낙이 혈괴(血塊)[851]를 낳았는데, 호사가(好事家)가 이것을 말려서 칼자루를 만들어보니 오색무늬가 있고 쇠처럼 단단하였다. 호사가가 이 칼을 차고 외출을 하였는데 짚신을 만드는 곳에 이르니, 짚신을 만드는 사람이 칼로 줄을 끊어달라고 부탁하였다. 그래서 우연히 배알초(拜謁草) 단 속에 칼을 놔두었는데, 다시 보니 칼자루는 녹아 없어지고 칼만 남아 있었다. 그러므로 지금 배알초(拜謁草)는 혈괴(血塊)의 치료제로 쓴다고 한다.

---

848) 호승(胡繩) : 향초 이름.(『楚辭, 離騷』)

849) 『楚辭章句, 卷一, 離騷經章句, 第一』.

850) 詩**曰**, 雖有絲麻, 無棄菅蒯.(『春秋左傳注疏, 成公, 九年』) → 詩, 雖有絲麻, 無棄菅蒯**也**.(『松南雜識』)

851) 혈괴(血塊) : ① 혈가. ② 몸 안에서 피가 혈관 밖으로 나와서 응고된 덩어리.

지부초

地膚草[852]

『이아(爾雅), 석초(釋草)』에서 "지부초(地膚草)는 전왕수(蔛王蔧)이다"[853]라고 하였는데, 그 주석에 "왕추(王帚)는 명아주(藜)와 비슷하다. 그 나무로 빗자루를 만들 수 있다. 강동(江東)에서는 '낙추(落帚)[854]'라고 부른다"[855]라고 하였다.

의서(醫書)에서 "지부자초(地膚子草)는 지금의 마당빗자루(場蔧)이니 우리나라에서는 '빈궁초(貧窮草)'라고 하여 문밖에 심기를 꺼린다. 우리나라에서는 '댑싸리(笞沙里)'[856]라고 한다"라고 하였다.

영아초

鈴兒草[857]

『정자통(正字通)』에서 "영아초(鈴兒草)는 바로 사삼(沙蔘)이니 방울 같은 꽃의 모양으로 이름을 붙인 것이다"[858]라고 하였다.

---

852) 지부초(地膚草) : 식물이름. 지부(地膚)라고도 쓴다. 일년생 초목으로 줄기의 길이는 4~5자이며 가지가 매우 많다. 잎은 좁고 길며 바늘이 펼쳐진 모양이다. 여름철에 잎 사이에 담록색의 작은 꽃이 피고 꽃잎은 없다. 잎과 과일은 식용할 수 있다. 줄기는 빗자루로 만든다.

853) 『爾雅注疏, 釋草』.

854) 낙추(落帚) : 지부초(地膚草)의 이칭.

855) 王帚**也**, 似藜其樹, 可**以**爲掃彗. 江東呼**之曰**落帚.(『爾雅注疏, 釋草』의 주석) → 王帚, 似藜其樹, 可爲掃彗, 江東呼**爲**落帚.(『松南雜識』)

856) 『松南雜識』에는 '笞汝里'로 오기되어 있음.

857) 영아초(鈴兒草) : 풀이름. 사삼(沙蔘)의 별명. 삼지모(蔘知母), 양유(羊乳), 호수(虎鬚), 고심(苦心)이라고도 한다.

858) 沙蔆, 象花形者.(『正字通, 蔆』)

속새풀

木蕆草

『당운(唐韻)』에서 “목적초(木蕆草)는 풀이름이다”라고 하였다. 지금 속새(速莎)[859]이다.

낭초

蓈草

『산해경(山海經)』에서 “대귀산(大騩山)[860]에 ‘낭(蓈)’이라는 풀이 있다. 먹으면 요절하지 않고 배앓이도 치료할 수 있다”[861]라고 하였다.

곡정초

穀精草

『본초강목(本草綱目)』에서 “대성초(戴星草) · 유성초(流星草) · 문성초(文星草)는 모두 곡정초(穀精草)의 별명이다”[862]라고 하였는데, 그 주석에서 ‘곡식을 심은 밭에서 난다. 줄기 끝에 작고 흰 꽃이 어지러운 별들처럼 점점이 핀다”[863]라고 하였다.

---

859) 『松南雜識』에는 ‘速莏’로 오기되어 있음.

860) 대귀산(大騩山) : 산 이름. 하남성(河南省) 신정현(新鄭縣) 서남쪽에 있다.

861) **東三十里曰**, 大騩之山. **其陰多鐵美玉青堊**, 有草焉. **其狀如蓍而毛**, **青華而白實**, **其**名曰蓈, 服之不夭, 可以**爲**腹病.(『山海經, 卷五, 中山經』) → 大騩之山, 有草焉, 名曰蓈. 服之不夭, 可以**療**腹病.(『松南雜識』)

862) **穀精草**. **釋名**. 戴星草 · 文星草 · 流星草.(『本草綱目, 卷十六, 草之五, 穀精草』) → 戴星草 · 流星草 · 文星草, **皆穀精草別名**.(『松南雜識』)

863) **頌曰**, **處處有之春**, 生**於**穀田中, …… **莖高四五寸**, 莖頭有小白花, 點點如亂星.(『本草綱目, 卷十六, 草之五, 穀精草』의 주석) → 生穀田中, 莖頭小白花, 點點如亂星.(『松南雜識』)

황수전
皇守田

『이아(爾雅)』에서 "연맥자(燕麥子)[864] 같기도 하고 조호미(雕胡米)[865] 같기도 한데 먹을 수 있다. 묵정밭에서 나니, 일명 '수기(守氣)'라고도 한다"[866]라고 하였다.

휘형
徽蘅

『태평환우기(太平寰宇記)』에서 "균주(均州)의 천심산(天心山)에 많이 난다. 이 풀은 바람이 불어도 쓰러지지 않고, 바람이 없어도 홀로 흔들린다"[867]라고 하였다.

서대초
書帶草

『삼제기(三齊記)』[868]에 "정현(鄭玄)이 산 속에서 학생을 가르칠 때, 염교 잎 같은 풀이 났기 때문에 서대초(書帶草)라고 이름을 붙였다"[869]라

864) 연맥자(燕麥子) : 식물 이름. 다년생 초목. 줄기에서 가지가 갈라지며, 열매를 맺는데 먹을 수 있다.

865) 조호미(雕胡米) : 줄풀의 열매. 고대 육곡(六穀)의 하나.

866) **皇守田**. 〈**注**, 似燕麥子, 如彫胡米, 可食. 生廢田中, 一名守氣.〉(『爾雅注疏, 卷八, 釋草, 第十三, 皇守田』) → 似燕麥子, 如彫胡米, 可食. 生廢田中, 一名守氣.(『松南雜識』)

867) **錫義山**, **一名**天心山. …… 多生**薇蕨**, 其草有風不偃, 無風**獨**搖**也**.(『太平寰宇記, 卷一百四十三, 山南東道二, 』) → **均州**天心山, 多生**之**. 其草有風不偃, 無風**自**搖.(『松南雜識』)

868) 삼제기(三齊記) : 당나라 이비(李朏)가 편찬한 책.

869) 三齊記**云**, 鄭玄教授**此**山, **草生**如䪥, **長尺餘**, **堅靭異常**, **號康成**書帶.(『齊乘, 卷一』)

고 하였다.

첨초
詹草

『박물지(博物志)』에서 “우첨산초(右詹山草)는 황제의 딸이 첨초(詹草)로 변한 것이다. 그 잎은 울창하고, 그 꽃은 노랗고 열매는 콩 같다. 그것을 먹은 사람은 다른 사람에게 사랑받는다”[870]라고 하였다.

발심초
拔心草

옛 시에 “그윽한 길에 도리어 발심초(拔心草)가 자라네[幽徑還生拔心草]”[871]라고 하였으니, 바로 『시경(詩經)』에서 말한 ‘도꼬마리[卷耳]’이다.

또 『시경(詩經)』에서 “소르쟁이 나물을 뜯노라[言采其蓫]”[872]라고 하였는데, 그 주석에서 “마미초(馬尾草)이다”[873]라고 하였다.

우리나라에서는 ‘화의쟁이[華衣長里]’라고 한다.

한유(韓愈)의 글에 “강아지풀을 김매지 않네[稂莠不薅]”[874]라고 하였으니, 바로 강아지풀(莠)이 구미초(狗尾草)이다.

→鄭玄教授山, **山下**生草如薤葉, **土人**名**作康成**書帶草. 三齊要記.(『全芳備祖, 後集卷十, 卉部, 草, 紀要』)→齊**要**記**曰**, 鄭玄教授山**中**, **生草**如䪥**葉**, **因名**書帶**草**.(『松南雜識』)

870) 右詹山**草**, 帝女**所**化. 其葉鬱茂, 其華黃, 實如豆, 服者, 媚于人.(『博物志, 卷三』)→右詹山, 帝女化**爲詹草**, 其葉鬱茂, 其華黃, 實如豆, 服者媚于人.(『松南雜識』)

871) 당나라 낙빈왕(駱賓王)의 「염정대곽씨답노조린(豔情代郭氏答盧照隣)」.

872) 『詩經, 小雅, 我行其野』.

873) 馬尾草, 詩, 言采其蓫.(『韻府群玉, 蓫』)→**詩云**, 言采其蓫. **註**. 馬尾草.(『松南雜識』)

874) 稂莠不**薅**.(『五百家注昌黎文集, 卷三十, 誌銘碑, 平淮西碑奉敕撰』)→稂莠不**鋤**.(『松南雜識』)

오행초

五行草[875)]

지금의 오색비단비름[五色錦莧]이다. 말비름(馬齒莧)이 바로 인행(莕荇)이다. 안래홍(雁來紅)[876)]은 바로 홍비름[紅莧]이다.

봉

蓬

촉공(蜀公) 범진(范鎭)[877)]의 『동재기(東齋記)』[878)]에서 "가시나무는 서리를 피할 수 있고, 쑥은 모래를 부술 수 있다"라고 하였는데, 그 주석에서 "쑥이 나는 곳에는 모래가 모이지 않는다"[879)]라고 하였다.

대개 지금 밭 속에 모래가 들어 있어도 쑥이 삼 년간 나면 이 밭을 경작하여 먹을 수 있는 이유는 이때문이다.

---

875) 오행초(五行草) : 쇠비름 · 마치채(馬齒菜) · 산산채(酸酸菜) · 장명채(長命菜) · 돼지풀 · 도둑풀 · 말비름이라고도 한다. 밭 근처에서 자라는 잡초이다.

876) 안래홍(雁來紅) : 비름과의 일년초. 줄기는 2, 3자 정도 되고, 잎은 길고 원형이다. 끝이 뾰족하고 황색과 홍색 두 종류가 있다. 가을이 되면 매우 붉어서 꽃처럼 보이기 때문에 이름 붙였다고 한다.

877) 범진(范鎭) : 송나라 사람. 자는 경인(景仁). 한림학사를 지내고, 왕안석(王安石)과 신법(新法) 때문에 사이가 좋지 않아 벼슬을 그만두었다. 촉군공(蜀郡公)에 봉해졌다.

878) 동재기(東齋記) : 범진(范鎭) 이 편찬한 책. 총 6권. 주로 촉의 일을 많이 기록하였고, 조정의 아름다운 일을 서술하였는데, 그 가운데에는 기이한 이야기도 들어 있다.

879) **世傳**, 棘能辟霜, 蓬能碎**砂**, **物理相感也**. **有**蓬生處**則**砂不聚.(『東齋記事補遺』) → 棘能辟霜, 蓬能碎**沙**. **註** 蓬生處, 砂不聚.(『松南雜識』)

청려
靑藜

『설문해자(說文解字)』에서 "청려(靑藜)는 풀이다"라고 하였다. 지금의 낙추(落帚), 또는 낙려(落藜)이다. 갓 난 것은 먹을 수 있고, 자라면 나무가 되니, 이것으로 지팡이를 만든다. 『시경(詩經)』에서 "북산에 명아주가 있네[北山有萊]"880)라고 한 말이 이것이다.881)

우리나라에서는 '명아자(蓂芽子)'라고 한다.

장량(張良)의 전기에 나오는 '단려장(丹藜杖)'882)과 유향(劉向)의 전기에 나오는 '청려장(靑藜杖)'883)은 모두 신선이 짚고 다니는 지팡이이다.

헌우
軒芋

『이아(爾雅)』에서 "암려(菴閭)는 헌우(軒于)이다"884)라고 하였다.

『요사(遼史)』에서 "헌우(薛于)는 패수(浿水)가에서 난다"885)라고 하였다.

---

880) 『詩經, 小雅, 南山有臺』.

881) 說文, 草也. 今落帚, 亦曰落藜. 初生可食, 大則爲**樹**, **可爲**杖. 詩, 北山有萊.〈注, 藜也.〉(『韻府群玉, 藜』) → 說文**曰**, 草也. 今落帚, **又**落藜. 初生可食, 大則爲杖. 詩**云**, 北山有萊.(『松南雜識』)

882) 장량(張良)에게 『태공병법(太公兵法)』을 전해주었다는 황석공(黃石公)이 짚고 있었다는 지팡이가 바로 단려장(丹藜杖)이다[黃石公, 鬚眉皆白狀, 杖丹藜, 履赤舄].(『史記, 卷五十五考證, 留侯世家』)

883) 한(漢)나라의 유향(劉向)이 천록각(天祿閣)에서 서책을 교정하던 어느 날 밤에 한 노인이 청려장(靑藜杖)을 짚고 들어와, 지팡이에 불을 붙여 유향을 비춰보고는 천문지리서를 전해 주었다는 고사가 있다.(拾遺記, 劉向, 字更生. 校書天祿閣, 夜有老人著黃衣, 植靑藜杖, 杖端出火以照向云, 我是太乙之精, 聞卯金之子, 有博學者, 下而觀焉. 出懷中玉牒授向, 乃天文地理之書. 『山堂肆考, 卷四十一, 帝屬, 宗室, 劉向博學』)

884) 菴閭, **子虛賦注**, **蒿也**. **子可醫疾菴**. **音淹**.(『爾雅翼, 卷四』) → **菴閭**, **草名**. **司馬相如子虛賦**, 菴閭, 軒于. **註**, **菴閭**, **蒿也**.(『康熙字典, 菴』) → 菴閭, 軒于.(『松南雜識』)

885) **渾河**, …… **入于海**, **有蒲河 · 淸河** · 浿水, **亦曰泥河**. **又曰**, 薛芋**濼水多**.(『遼史, 卷三十八, 志第八, 地理志二, 東京道』) → 薛于, 生浿水上.(『松南雜識』)

그래서 유득공(柳得恭)[886]의 「서경(西京)」[887]에서

패수 넘실넘실 밤낮으로 흐르고 　 浿水湯湯流日夕
헌우의 풀빛 사람을 근심케 하네 　 藖芋艸色使人愁[888]

라고 하였다. 주석에서 "일명 유(蕕), 만우(蔓于)이니 물에서 난다"[889]라고 하였다.

왕골
完骨

『산해경(山海經)』에서 "가초산(賈超山)에 용수(龍脩)가 많다"[890]라고 하였는데, 그 주석에서 "용수(龍須)이다. 왕골[莞]과 비슷하게 생겼지만, 그보다는 더 가늘고, 바위 구멍에서 난다"[891]라고 하였다.

또 "조수(洮水)에서부터 강남산(彊南山)[892]에 이르기까지 삼백 리 안의 땅에 나는 풀은 모두 용수(龍鬚)여서 땔감(椎柴)이 없다"[893]라고 하였다.

---

886) 유득공(柳得恭) : 조선 후기의 문신 · 학자(1749～1807). 자는 혜풍(惠風) · 혜보(惠甫). 호는 영재(冷齋) · 영암(冷菴) · 가상루(歌商樓) · 고운당(古芸堂) · 고운거사(古芸居士) · 은휘당(恩暉堂). 정조 때의 북학파(北學派)의 한 사람.

887) 원제는 「서경잡절 십오수(西京雜絶十五首)」.

888) 浿水湯湯流日**夕**, **藖芋**艸色使人愁.(『冷齋集, 卷一, 古今體詩 一百九十九首, 西京雜絶十五首』) → 浿水湯湯流日**夜**, **軒于**艸色使人愁.(『松南雜識』)

889) 蕕, 蔓于. **注**, **多**生水中, **一名軒于**. **江東呼蕕**. …… **疏**〈蕕, **水草也**, 一名蔓于. **郭云**, **一名軒于**, **江東呼蕕**.〉(『爾雅注疏, 卷八, 蕕』) → **註**, **一名**蕕 · 蔓于, 生水中.(『松南雜識』)

890) **東一百七十里曰**賈超之山 …… 其中多龍脩.(『山海經, 卷五, 中山經』) → 賈超之山, 其中多龍脩.(『松南雜識』)

891) 龍須也. 似莞而細, 生山**石**穴中.(『山海經, 卷五, 中山經』의 주석) → 龍須也, 似莞而細, 生山**岩**穴中.(『松南雜識』)

892) 『松南雜識』에는 '山强'으로 되어 있음.

893) 自洮**彊南北**三百里**中**地, 草**徧是**龍鬚, **而**無樵柴.(『水經注, 卷二, 河水』) → 自洮, **至山强**三百里地, 草**皆**龍鬚, 無椎柴.(『松南雜識』)

또 『옥편(玉篇)』에서 "선(莶)은 왕골과 비슷하다"[894]라고 하였다. 『수서(隋書)』에서 "지금 남교(南郊)[895]의 신좌(神座)에는 선석(莶席)[896]을 깐다"[897]라고 하였다. 피일휴(皮日休)[898]의 시에서 "좋은 곳 골라 선석(莶席)을 펼쳤네[選勝鋪莶席]"[899]라고 하였다.

지금 왕골(完骨)은 바로 자리를 짜는 풀이다. 우리나라에서 '골(骨)'이라고 하는 것은 줄기에 뼈[骨] 있는 것을 의미한다. 그렇지만 심이 있다고 해서 모두가 완전(完全)한 것은 아니다. 오로지 인초(茵草)라야 심[骨]이 완전하고 실하기 때문에 그런 이름이 붙었다고 한다.

잠
蕁

『묵장만록(墨莊漫錄)』[900]에서 말하였다.

> 내와 골짜기 사이에 일종의 악초(惡草)가 들판에서 두루 나니 원주민들은 '잠마(蕁麻)'라고 한다. 그 가지와 잎이 사람의 피부를 스치기만 해도 바로 부스럼과 수포가 생기고 점점 스며들어 살이 문드러지게 되는데 오래되어도 치유되지 않는다.[901]

---

894) 莶, **音仙**, **草名**, 似莞.(『玉篇, 莶』) → 莶, 似莞.(『松南雜識』)

895) 남교(南郊) : 고대에 천자가 서울의 남쪽지역에 둥글게 언덕을 쌓아서 하늘에 제사를 드리던 곳.

896) 선석(莶席) : 가는 왕골로 짠 자리.

897) **今**南郊神座, **皆**用莶席.(『隋書, 卷十一, 志第六, 禮儀六』) → 南郊神座, 用莶席.(『松南雜識』)

898) 피일휴(皮日休) : 당나라 때의 시인. 자는 습미(襲美)·일소(逸少). 호는 취음선생(醉吟先生)·간기포의(間氣布衣). 만당(晩唐)의 시인으로 육구몽과 함께 피육(皮陸) 2대 시인이라고 불렸다. 저서에 『피자문수(皮子文藪)』가 있다.

899) 「북선원피서 연구(北禪院避暑聯句)」.

900) 묵장만록(墨莊漫錄) : 송나라 장방기(張邦基)가 편찬한 책. 총 10권.

901) 川峽間, 有一種惡草, 羅生於野. …… 土人呼爲蕁麻, 其枝葉拂人肌肉, 卽成瘡疱,

백거이(白居易)의 시에서

폭풍에 천리 어두워도　　颶風千里黑
잠초는 사철 푸르다네　　蕁草四時青[902]

라고 한 말이 이것이다. '蕁'자의 음은 '잠(潛)'이다.

백초
白草

『서역전(西域傳)』에서 "선선국(鄯善國)에 백초(白草)가 많이 난다"[903]라고 하였다.

속칭 '호초(胡草)'라고 하니, 흰 바탕에 푸른 선이 있다.

『운부군옥(韻府群玉)』에서 "안문초(雁門草)는 모두 자색(紫色)이기 때문에 '자새(紫塞)'라고 한다"[904]라고 하였다.

그것은 『이아(爾雅)』에서 "관(綸)[905]은 줄[綸] 같고, 조(組)[906]는 끈[組] 같은데, 동해에서 난다. 백(帛)[907]은 비단[帛] 같고, 포(布)[908]는 베[布] 같으니, 화산(華山)에서 난다"[909]라고 한 따위인 듯하다.

浸淫潰爛, 久不能愈.(『墨莊漫錄, 卷七』) → 川峽間, 有一種惡草, 羅生于野, 土人呼爲蕁麻. 其枝葉拂人肌肉, 卽成瘡疱, 浸淫潰爛, 久不能愈.(『松南雜識』)

902) 「송객남천(送客南遷)」.

903) 鄯善國 …… **國出玉**, 多**葭葦 · 檉柳 · 胡桐** · 白草.(『前漢書, 卷九十六上, 西域傳, 第六十六上, 鄯善國』) → 鄯善國, 多白草.(『松南雜識』)

904) **秦築長城**, **土色紫**, **漢塞亦然**. **古今註**, **一云**鴈門草, 皆紫色, 故**名**紫塞.(『韻府群玉, 紫塞』) → 鴈門草, 皆紫色. 故**謂**紫塞.(『松南雜識』)

905) 관(綸) : 다시마. 음은 관이다.

906) 조(組) : 해초(海草) 이름.

907) 백(帛) : 해초(海草) 이름.

908) 포(布) : 해초(海草) 이름.

909) 綸似綸, 組似組, 東海有之. 〈**注**, **綸今有秩 · 嗇夫所帶糾青絲綸**. **組**, **綬也**, **海中草**

대개 아주(雅州)의 무초(舞草),[910] 계림(桂林)의 수초(睡草),[911] 흥경지(興慶池)의 성취초(醒醉草),[912] 이보국(李輔國)의 영량초(迎凉草)[913] 등도 역시 기이하면서 다양하다.

계

薊

운서(韻書)에서 "계(薊)는 삽주[朮]이다"라고 하였다. 의원들은 이 풀의 속명이 '엉겅퀴'라고 한다.

도꼬마리

蒘

『시경(詩經)』에서 "캐고 캐네, 도꼬마리[采采卷耳]"[914]라고 하였다.

生, **彩理有象之者, 因以名云.**〉帛似帛, 布似布, 華山有之. 〈**注, 草葉有象布帛者, 因以名云. 生華山中.**〉(『爾雅注疏, 卷八, 釋草, 第十三』) → 綸似綸, 組似組, 東海有之. 帛似帛, 布似布, 華山有之**之類耶**.(『松南雜識』)

910) 중국의 아주(雅州) 명산현(名山縣)에서 나는 우미인초(虞美人草)는 우미인곡(虞美人曲)을 노래하면 박자에 맞춰 춤을 추기에 '무초(舞草)'라고 한다[益州草木記云, 雅州名山縣出虞美人草, 唱虞美人曲, 應拍而舞. 酉陽雜俎云, 舞草出雅州].(『升菴集, 虞美人草』)

911) 중국 계림(桂林)에는 수초(睡草)가 있는데 이 풀을 보면 사람으로 하여금 잠이 오게 하기에 취초(醉草) 또는 나부잠(懶婦箴)이라고 한다[桂林有睡草, 見之, 令人睡, 一名醉草, 又名懶婦箴].『山堂肆考, 卷二百二, 草卉, 睡草』)

912) 『개원천보유사(開元天寶遺事), 성취초(醒醉草)』의 기록에 의하면, 당나라 태종 때 흥경지(興慶池)의 남쪽 언덕에 풀 몇 포기가 났는데, 자줏빛 잎에 향내가 맑았다. 한 사람이 술에 취하여 그 옆을 지나다가 술이 저절로 깨어 버린 일이 있은 뒤로, 취한 사람들이 그 풀잎을 따서 향내를 맡으면 즉시 깨어났기 때문에 '성취초'라고 이름을 붙였다고 한다.

913) 영량초(迎凉草)는 한여름에 그것을 창문에 걸어두면 저절로 서늘한 기운이 생긴다는 풀인데, 이보국(李輔國)이 한여름에 당(堂) 가운데 이것을 펼쳐 두었다고 한다.

운서(韻書)에서 "모(蓩)이니 바로 도꼬마리[蒼耳]이다"라고 하였다.

이백(李白)의 시 제목에서 "범거사(范居士)를 찾아가다가 길을 잃고 도꼬마리 숲에 쳐졌는데, 범거사(范居士)가 술을 마련해 놓고 도꼬마리 따는 것을 보고 시를 짓다"[915]라고 말이 이것이다. 소식(蘇軾)이 시에서 "도꼬마리 숲을 이태백이 지나갔네[蒼耳林中太白過]"[916]라고 하였다.

우리나라에서의 이름은 '도꼬마리[獨孤馬里]'이다.

---

914) 『詩經, 周南, 卷耳』.

915) **尋魯城北范居士**, 失道落蒼耳**中**, **見范置酒**摘蒼耳作.(『李太白集注, 卷二十, 古近體詩共六十首』) → 失道落蒼耳林, 作摘蒼耳.(『松南雜識』)

916) 『東坡全集, 卷二十四, 詩六十八首, 海南人不作寒食, 而以上巳上冢. 予攜一瓢酒, 尋諸生, 皆出矣. 獨老符秀才在, 因與飮至醉. 符盖儋人之安貧守靜者也』.

薊

韻書曰术也醫者言 俗名엉겅퀴

蓩

詩云采、卷耳韻書曰蓩也即蒼耳李白失道落蒼耳林作摘

蒼耳詩是也坡詩云蒼耳林中太白過俗名獨孤馬里

隋書南郊神座用莞席皮日休詩云選勝鋪莞席今完骨即織席之草俗謂骨言莖有骨然皆不完惟莞則骨完實故名焉云

蕁

墨莊漫錄曰川峽間有一種惡草羅生于野土人呼為蕁麻其枝葉拂人肌肉即成瘡疱浸淫潰爛久不能愈香山詩題風千里黑蕁草四時青是也蕁音潛

白草

西域傳曰鄯善國多白草俗謂胡草白質青線韻玉曰鴈門草皆紫色故謂紫塞其爾雅所云綸似綸組似組東海有之帛似帛布似布華山有之之類耶蓋雍州之舞草桂林之睡草與夔池之醒醉草李輔國之迎涼草之類亦異而多矣

蜀公東齋記曰棘能辟霜蓬能碎沙註蓬生處沙不聚盖今田
有狀沙而蓬生三年可耕食者以此也

青藜

說文曰草也今落帚又落藜初生可食大則為杖詩云北山有
萊是也俗謂黃芥子張良傳丹藜杖劉向傳青藜皆仙人所杖

蘄芋

爾雅曰菴閭軒于遼史云蘄于生湏水上故柳惠風西京詩湏
水湯、流日夜軒于草色使人愁註一名蕕蔓于生水中

完骨

山海經曰賈超之山其中多龍脩註龍須也似莞而細生岩穴
中又自洮至山強三百里地草皆龍鬚無雜紫又玉篇菰似莞

書帶草
齊要記曰鄭玄教授山中生草如薤葉因名書帶草
詹草
博物志曰右詹山帝女化為詹草其葉鬱茂其華黃實如豆服者媚于人
拔心草
古詩云逃徑還生拔心草即詩所謂卷耳也又詩云言采其遂註馬尾草俗謂卒衣長里韓文稂莠不鋤即莠是狗尾草
五行草
今五色錦莧也馬齒莧即莧菜也鴈来紅即紅莧也
蓬

木藏草
唐韻曰草名也今速海
蒗草
山海經曰大騩之山有草焉名曰蒗服之不夭可以療腹病
穀精草
本草曰戴星草流星草文星草皆穀精草別名註生穀田中莖
頭小白花點點如亂星
皇守田
爾雅曰似燕麥子如雕胡米可食生廢田中一名守氣
微銜
寰宇記曰均州天心山多生之其草有風不偃無風自搖

胡繩

騷云索胡繩之纚、註香草葉可爲索似今吉里良即詩維有絲麻無棄菅蒯也又水草有拜謁者根有卯葉荊爲鞾飾也有婦人産血塊好事者乾爲刀柄其文五色其堅如金佩而出行至作芒鞋所而鞋者請刀斷索偶置拜謁草束中更着則柄散惟刀在故今爲血塊之藥云

地膚草

爾雅釋曰葥王篲註王帚似藜其樹可爲掃篲江東呼爲落帚醫書曰地膚子草今墳簒俗謂貧窮草忌種門外俗名苔汝里

鈴兜草

正字通曰沙蔘象花形者

相摩則火出

　蓆萁草

述異記曰一名塞路生北方古詩千里蓆萁草是也又蓆萁韻會曰草如荻馬所食一名塞蘆生北胡地王建蓆萁篇詩單于不向南牧馬蓆萁遍滿天山下亦似八駿所食龍芻耶類篇曰萁草馬喫之則馴

　焉酸

山海經曰鼓鐘之山有草焉方莖而黃花員葉而三成

　睡草

洞冥記曰東方國有五味草食之使人不眠名却睡草又神異經曰桂林有睡草見之則令人睡亦呼為懶婦箴又醉草又竹石

永嘉郡志曰青田縣有草葉似竹可染碧名為竹青宛陵詩註
錦竹草名似竹而斑

薜荔

柳宗元詩密雨斜侵薜荔墻今墻衣也唐詩淚濕薜蘿衣今青
藤蘿又絡石以絡岩石而名者醫書云宿滯煎服云

鵝腸草

爾雅曰蔜也集韻曰鵝膓菜是也

蕑草

山海經曰葉如葵赤莖白華實如蘡薁食之不愚

莽草

拾遺記曰有草名莽煌炙人衣則焦刈之為席方冬彌溫以枝

浮四海十二年周天石貫月查羽仙棲息其上即拾遺記云

青苔

梁史臺城之園也御厨乾苔今青苔也又鹿角菜醫書云青角

苔蘚

韻書曰在墻曰垣衣在屋曰昔耶廣雅曰水衣石髮又重錢爾雅曰澤葵又陟釐張華紙記爲側理是也張太和詩綠嫌新筍破紅愛落花收拾遺記晉元帝時外國貢蔓金苔又名夜明苔光照一室蓋苔之異者又藫石衣也

菅藤

玉篇曰胡麻也曹唐遊仙詩云喫盡溪頭菅藤花今黑在

竹青

菖蒲

本草曰水草或作席典術曰堯時天降精爲韭感百陰爲菖蒲故名堯韭神仙傳安期生食之留舄嵩山石上九節採之長生是也文王之昌歜韓文之昌陽梁武帝母張氏見花吞之曰當生富貴子是也劉勰新論曰菖蒲去蚤虱而來蚰蜒左傳董澤之蒲註蒲柳一種皮紅者爲箭簳矣

昆布

本草集解亦名綸布生南海葉如手大似薄葦紫赤色

浮萍

酒德頌萬物擾擾焉如江漢之浮萍註楊花入水化爲萍無根着浮生故名爲又堯時有巨槎浮于西海查上有光若星月查

水茄黃魯直銀茄詩君家水茄白銀色殊勝埧裡紫彭亨是也
生食之治風癆解酒渴云眞臘國茄樹高過屋

菠薐菜

劉禹錫曰種自西國有僧將其子來云是頗陵國之種語訛爲
菠薐耳李時珍曰唐太宗時尼波羅國獻此菜類紅藍是也

靑葙子

魏志曰有靑牛先生者容三輔常食靑葙芫花年似五十者又
葙根爲菹香辛今俗謂江南栗又江南豆卽豌豆也白扁豆者

蕁

爾雅蕁芜藻註生山上葉如韭一曰蝭毋又海藻註一名海蘿
如亂髮生海中淮南子所謂火上蕁水下流是也蕁音譚

人智寖多爲胡朴所塞云盖胡朴出前人才之盛時也胡朴出
後人才之衰時也不備其才智惟胡朴是咎爲胡朴亦難矣哉

瓠甘匏苦

韻書曰匏大腹瓠其味苦詩之匏有苦葉是也今斗容朴晉樂
志曰艮音也笙竽列管匏内施簧管端也瓠即柳玭云先君夕
鼔蜀瓠劉彦冲詩一線解瓔瑤中有佳人齒韓延壽剛瓠爲俎
豆是也今有甘朴苦朴之説也新語云細腰即仙家葫蘆

茄子

芝田録曰落酥也隋煬帝改爲崑崙紫瓜張滂休頌云身累百
贅頸附于疣物類相感志曰茄樹開花摘葉布路以灰圍之結
子多謂嫁茄、之大者謂轂子茄移種謂披茄又有青白二種謂

蹄鼓亭羊駮兔頭桂髓蜜筩大斑小青皆瓜名也龍肝瓜長一
尺生於水石是瓜之異者仰平東陵五色瓜今亦有之盖種之
溫處雖冬亦熟秦史硎谷黄瓜及王建詩內園分得溫湯水二
月中旬已進瓜是也唐黃臺詞曰一摘使瓜好再摘使瓜稀三
摘猶可爲四摘抱蔓歸古詩浮瓜沉朱李按本草云瓜沉水者
殺人李不沉水者有毒醫書云絲瓜々種之異者乃痘疹藥

西瓜 [illegible]其絲三百六十一以應我國邑數也

張騫使燉煌得來故謂西瓜俗謂水朴又有東瓜種必東向云

胡朴

諺傳有人漂南海得種来故謂南瓜或云自倭来故謂倭瓜食
之可療飢至今不除用而 英廟始爲饌於是乎貴人食之我國

字典曰楊慎謂麥有昧音引范仲淹烏昧草謂燕麥殊不知燕麥即野稷也蓋烏昧草實蕨也今俗謂物在生於山似半夏而有卵飢歲採而煎食之充腹然有毒多浮黄者山谷盡菜圖云不可使士大夫不知此味不可使天下之民有此色

沙瓜

韓彥直橘錄曰沙橘取其細而甘美或曰種之沙州之上故其味特珍然邦人稱物之小而甘美者必曰沙如沙瓜沙家沙糖之類特方言耳今甜瓜之小而甘美者謂沙瓜亦別有其種

瓜

山林經濟曰辰日種之故謂辰瓜又胡瓜嶺南謂水瓜俗謂頭道諺毋食大瓜生諺故謂諺物又甜瓜俗謂眞瓜廣雅一

芥

續博物志曰食芥薑瘕劉彦冲詩云葉實抱芳辛氣烈銷煩滯登俎欲微勞作食饕頻嚏是也如菘似蔓菁有莖似萵苣千字文所謂菜重芥薑是也海人種之以制鱠毒也肉膾亦優於醋

葱韭

爾雅曰茖山葱疏葱生山中者名茖又野葱似今達乃儀禮夜楮華註葱韭之屬服之止臥朱詩葱養丹田麥饒飢說文食用東葱漢葱故今魚餉助味古矣韭者記曰豐本丶草謂草鍾乳貨殖傳曰千畦薑韭與千戶侯等劉彦冲詩一畦春雨足翠髮剪還生坡詩韭芽戴土拳如蕨霜葉露芽寒更茁是也

烏昧

桑鵝

爾雅曰遁菌註土菌也韻書曰枯木生耳謂蕈也即桑鵝楮雞唐詩況乃桑鵝與樹雞唐史乾樹雞韓詩直割乖龍左耳來是也山谷詩嘉禾令君清如水寄我南山石上耳今石耳坡詩空盧豈敢辭瓊玉枯栝猶能出菌芝蓋松茸熊茸蘂菇地脂亦多

葛苣

續博物志曰葛菜出葛國有毒百蟲不敢近令蛇傷傳之杜詩苣苦蔬之常今謂常蘇者以別熊蔬也其莖曰葛苣莖

莙蓮菜

爾雅曰莙牛藻也江東呼為馬藻々之葉大者也陸機所謂聚藻水中有之與今莙蓮菜異矣俗訛謂芹臺

蕷類也薯蕷即山藥也 飢饉多充粮用衆家不可一歲不種救荒第一則誠生民之寶 產天下之異物也可生食可煨可粥可飯餅酒但已與稻同倉

土蓮

韻書曰芌即芋亦作蕷本草曰葉似荷而不員君子芋大如斗魁善人芋大如瓶又曰土芝貨殖傳岷山之下有蹲鴟註芋俗謂土蓮坡詩香似龍涎仍釅白味如牛乳更全淸莫將南海金虀膾輕比東坡玉糝羹劉彥冲詩曉炊爨玉糝深椀啖糢糊是也本草云黃獨即藷魁似芋可食亦曰土卵杜詩黃獨無苗山雪盛是也

王瓜

韻書曰蕢俗謂藉田瓜月令所謂二月王瓜生以薦于王故名之疑今地瓜、．葉覆鼓蛆則蛆自付出又不生蛆亦異矣

煮也李氏曰是水有之黃花葉似蓴可爲菹韻書曰蓴水葵也彭湖村根性冷是也我國義林池有之卽鳧葵

水芹

韻書曰水菜卽楚葵又水英又荻芹取根赤芹取莖又馬芹俗謂胡芹子可飲食卽列子所謂宋野人快曝背美芹子者鄉豪嘗之螫於口慘於腹者是也我國方言謂芹爲美羅里而懷德蘇堤池有芹自生俗謂假羅里蓋芹類而莖似木賊味少苦而臭香我東惟此處有之 孝廟世尤庵之獻卽此也

甘藷 山林經濟曰自倭國傳來一名朱諸又蕃藷又朱薯又[illegible]芋又琉球芋又長崎芋琉球國稱爲甘藷卽此物水旱風蝗不受其災[illegible]

博雅曰諸藇署預也山海經曰景山其上多諸藇醫書曰有南北二種海中之人不食五穀惟食此多壽李參奉有藷說蓋西

醫書曰海脉也海中草今暑節作膏似青泡食之作暑俗呼憂無又海藻俗謂末又海茘即海潮往来地生者採乾食之

菰菜

韻書亦作苽又蔣又茭白葉如蒲葦中心生白臺如小兒臂謂菰菜莖中有黑者爲烏鬱下澤虞曰菰蔣苗莖硬者曰菰蔣秋實乃彫胡米莊子云孔子之楚舍於蟻丘之蔣杜詩波漂菰米沉雲黑是也亦禮記魚宜菰晋史張翰因秋風起思吳中菰菜蓴羹鱸魚鱠是也

蓴菜

詩參差荇菜註接余也根生水底如釵股上青下白葉紫赤圓徑寸餘浮在水面陸氏曰鬻其莖以苦酒浸之脆美可案酒鬻

詩言采其薇其蕨註薇迷蕨也莊子所謂迷陽項氏曰今野豌豆蜀人謂巢菜是也俗謂枯菲也爾雅釋曰蕨虌釋文云周秦曰蕨齊魯曰虌初生似虌脚也黄氏集云蕨芽已作小兒拳是也俗謂枯莎里盖山菜之屬蒼朮芽木頭菜最佳

草菜

本草曰柔莖細葉三月間開花黄色結細角〻内有細子根葉皆可食俗呼辣米菜晦庵飲後輒以草菜供蔬品

青玉菜

内浦有青玉菜紫玉菜雖老齒嚼之不掛云舟村曰恐是花炎油乃殺虫合爲藥飯故其滞醫書不載惟此菜及蕨煎服云

海毛

苜蓿

韻書曰大宛馬所嗜張騫采歸種之今謂鶴頂草秋後結實黑房纍纍俗謂木粟米可爲飯釀酒又菜名古詩盤中何所有苜蓿長闌干今謂鵝頸菜是也又醫書曰鬼箭羽俗楢葉春初採

邪蒿

正字通曰斜蒿葉紋皆斜故名之北齊史邢峙却太子食邪蒿曰菜有不正之名者是也說文蒿菣也蘩蕭蔚莪蓬又草蕕蕘蘿茵蔯之名亦多穀雨前採食之

目明菜

即桔梗益沙參萎蕤之類山人多食故壽而目明仍爲菜名云

薇蕨

甘薺苦荼

詩云誰謂荼苦其甘如薺、生荒墟故許渾詩行殿有基荒薺合羅浮山記云望平地樹如薺故戴嵩詩長安樹如薺後人詠樹詩遙望長安薺此耳學之誤也俗謂羅生韻書曰堇荼根如薺葉如細柳蒸食之甘詩云堇荼如飴嚴氏解謂堇卽烏頭引驪姬置堇於肉爲說此則無物與此異也內則云堇荁枌榆山谷詩異味及枌堇晉劉殷孝感生堇是也劉彥冲苦菜詩雖無適口味暖益功稀比菜若不登盤言忠多進耳

山藥

朱子詩恠来朽壤擢瓊英小斸傾筐可代耕荼約於人偏無分蹲鴟從此不須生是也俗名麻

百菜之主備四時之饌爾雅翼曰天有十日葵與之終本草曰滑葵即藿也古者収乾爲産藿矣海菜出後假名爲甘藿俗謂葵爲破屋草者諺傳有陰痿人食葵義其庭敦倫倍勝厭朝妻毁屋而種之故也蓋補血助陽者歟蒲葵註可食葉似蒲者七月烹葵謝安蒲葵扇是也疑今莖葵

甘藿

醫書曰海菜也即昆布海帶紫菜海衣之類也本草所無故其滯無藥惟梧桐影及春雪消甘藿根故用桐枝春雪云

竹筍菜

廣韻䈟音媚也筍冬生名也郭璞曰漢中郡出䈟竹厚裏而長節根深筍冬生地中人掘取食之今湖南竹筍器覆筍地取

蘆菔火吾宮醫書云生食之眼明乾薰之眼盲薛祖班是也其種有采葩俗謂大無愁又唐根謂胡蘿蔔居家必用曰以乾鰻鱺煮汁浸其子曝乾種之無蟲

白菜菘

埤雅曰菘性隆冬不彫四時長見有松之操故其字會意韓詩云旱菘細切肥牛肚註牛肚菘名也又有紫花菘九英菘古所謂春菘秋葵紫茄白莧太官所無者此也白俗音拜近山峽以人糞壤之菘茂而多以菜毒死者京都則否醫者言京都多食牛肉制其毒峽人惟食菜故然也黑牛糞烏鷄屎爲藥云

冬葵 不可合食 山林經濟曰十月未凍撒種或正月末足濕之地撒即生又以五月後

居家必用曰收其種子於冬故名焉王禎農書曰葵陽草也居

天子下令吸者與賣買者皆斬然軍中尙有一握買千金者則禁之不得可知矣石崇厠置曼塞棗自烟出而棗廢矣康節有言幾百年後天下有含火氣像今果驗

武侯菜

揚雄方言曰陳楚謂之蘴齊魯謂之蕘趙魏謂之大芥關西謂之蕪菁漢桓帝紀種蕪菁以助人食又蘿蔔又蔓菁蜀先主閉門種菜又諸葛武侯種之故謂諸葛菜俗謂武侯蓋蕪與武音同也仍謂無憂嶺南謂無愁諺傳華人見我人飯稱謂多喫玉食能無滯乎及見蔓菁滿畦曰此乃沙國之蔘也必無憂無愁劉彥冲詩如何純白質近識染微青是也今謂菁根或蘆菔小說人有蔘滞飮菁根汁有紅裳娘子自病口中出吟詩曰一九

南蠻椒

芝峯曰今謂苦椒又番椒有大毒始自倭來故謂倭芥子和燒酒飮者多死云煎服爲治蛔及濕痰上衝症聖藥云

南靈草

本草所無而明史始有茶烟兩稅之文烟是南靈草也我國壬亂後自倭來俗傳倭妓淡珀姑有美色自閨伯至下隷無不淺重忽病萬身瘡天下醫藥無效臨死曰吾墳上有草治後有此病者果墓自生吸則治痰蛔煎則洗瘡瘇云又云南有淡巴姑者若痰症吸烟而效故名痰破膏我人張谿谷最先嗜有政院橫竹之辭其隨筆曰我俗尊所不吸者以初來有禁故也胡人龍骨大尤嗜故善吸者有龍骨大之語矣汗庫宗以烟失大

理膩映日淨如空恰似匀粧指柔尖帶殘紅

欓椒

爾雅翼曰三香椒欓薑也吳越春秋云越以甘蜜丸欓報吳增封之禮是也今俗謂苦猛者謂苦椒欓椒即此也

胡椒

字典曰楜椒也戍阜山有椒謂之竹葉椒東海諸島亦有之子長而不圓味似橘皮島上獐鹿食此肉作椒橘香又通志廣東椒有蔓生者眞臘國風土記胡椒纏藤而生則草木可以皆用本草曰樹如茱萸實辛香烈御史為合口椒最毒殿中曰生薑侍御曰脆梨漸入佳境監察爲開口椒毒微歇也今倭人蒸出而每斗有一生者云何不取種似木棉耶

荏子 山林經濟曰芝麻有黑白黃三種白者多油又水蘇麻俗謂水荏[illegible]誤者

揚子方言曰關東西謂之蘇或謂之荏本草曰子可壓油方物記曰每歲荏且熟則荏雀羣至食其實

薑蒜

爾雅翼曰大蒜爲葫小蒜爲蒜古今注蒜卯蒜也亦顏小蒜根曰䔉子今訛䔉爲漫卯孫緬曰張騫使西域得大蒜胡荽則小蒜中土舊有而大蒜出胡也故有胡名焉本草曰多食蒜髮早白與薑損氣同我國獨産全州鳳棲山下鳳翔而雨一國足用且波及中國矣諺傳唐人見鳳棲山而拜曰此下有靈草活人幾萬云其味酷用藥優於閩薑云無畦有薑玉花香聞數里而薑畦種蒜、味甘香與他地種異矣劉彥沖子翬詩云新芽肥

欝薁李即薁二者相類而同時熟

朱應

風土錄曰濟州有山果名曰朱應實大如木瓜皮丹黑剖之如
林下夫人而黑子差大味盡濃蓋燕覆子之類也

燕覆子

俗謂禦陰諺傳朴燁所謂松下童子林下夫人者此也山葡萄
即蘡薁而獮猴桃覆盆子之類甚多

覆盆子

本草曰一名畢楞伽爾雅堇蒛葐註覆盆也實似莓而小可食
又說文馬莓註覆盆草本草有蛇莓蠶莓烏蘞莓々音浼枕
書謂覆盆花曰蘇蜜那花

人謂柚子似今倭橘又橘之小者謂棲相如賦盧橘夏熟註皮厚大小如柑九月結實正赤明年二月更青黑則盧者黑也列仙傳周穆王會王母於瑤池食碧藕白橘則白亦異品也然蘇舜欽詩笠澤霜肥人膾玉洞庭秋熟客分金則本色黃也我國柑製衣以慶耽羅也

荔支

古賦旁挺龍目註交趾有樹朱實青華大如鷄子坡詩炎雲駢火實瑞露酌天漿楊貴妃嗜故杜牧詩一騎紅塵妃子笑無人知是荔支來是也今荔支雖箄中之荔支味尚香甘

欝薁

詩食欝及薁註晉宮閣銘云華林園有車下李及薁李車下李

棖子木有刺香氣馥〻可以薰衣可以芼鮮可以漬蜜眞佳實

木竹子

虞衡志曰皮色形狀全似大枇杷肉甘美秋冬閒實宋史溫成后所嗜竹子卽此也

竹實

芝峯曰江淮號爲竹米以荒年之兆云我 太宗朝太嶺山竹結如眞麥粘如薏苡味如唐黍人取爲酒食蓋結花與實則枯云

橘橙

運斗曰璇樞星散爲橘考工記曰橘渡淮而爲枳地氣然也文選曰在南稱柑在北則橙山谷詠蟹詩忍堪支解見葷橙蓋橘柚柑橙之屬一也辟齊故南方生之橙者大於橘而皮厚東海

橄欖

東都事略曰東北有果如李每熟不得摘輒槁人因取之號枝頭乾韻書曰橄欖一名諫果樹峻不可梯但刻其根寸許納鹽一夕子落坡詩待得微甘回齒頰已輸崖蜜十分甜是也用其木作楫撥着魚皆浮出物亦相畏今以常山木屑撒水魚亦死亦蘇詩云紛紛青子落紅鹽也

菴羅

本草曰又名菴摩羅伽果謝靈運山居賦云企堅固之貞林念菴羅之芳園是也

櫞棖

錢牧齋集曰櫞有芳兮橘有香韻書曰櫞似橘謂枸櫞聿頗曰

春秋運斗曰玉衡星散爲桃杜詩鸚鵡啄金桃註貞觀間有獻黃桃大如鵝卵呼爲金桃我國欝陵島桃核剖半爲酒盃則大於金桃矣爾雅曰枆桃者冬熟本草曰梟桃在木不落殺百鬼家語不以黍雪桃々於木最下黍爲五穀長故不登用俗以巫者祓除不祥故忌之可笑

柰

本草曰一名櫇婆燕地有之味雖平淡夜置枕邊微有香氣卽佛書所謂頻婆菓言相思也廣志曰有青赤白三種張掖有白柰酒泉有赤柰

餘甘

異物志曰梭形初入口舌澁飲水乃甘又如梅實兩頭銳

流杏

孔氏六帖曰濟南分流山有杏大如梨黃如橘謂漢帝杏亦曰金杏今謂流杏或曰開春折柳棉地寒食接杏故謂柳杏嵩山記牛山杏不大民飢取飽似今蜜杏、俗謂殺狗、肉滯用之

紫桃

俗謂李爲紫桃洞冥記云琳國多玉華李五千歲一熟韓終食之名韓終李琴莊云崔國奉家李肉厚無核識者曰天罰乖龍劓其耳血墮地生此李與侯道華所食永樂無核棗正相似也李賓有人面子者楊廷秀詩喜時能笑醉能歌眉映青山眼映波舊日美如潘騎省只今瘦似病維摩是也

鬱陵桃

橡實

說文曰栩實也又櫟實莊子云賦芧註芧橡子也博雅云蒂有斗可染皂周禮註謂之橡斗實可食說文早斗櫟實也橡斗子也杜詩園收芧粟未全貧今訛讀芧爲芋丶土蓮也今深峽北適人拾爲粮亦杜詩歲拾橡栗隨狙公是也

酸角

正字通曰生雲南臨安諸處狀如豬牙皂莢浸水和羹酸味如醋

梅實

周禮饋食之籩實乾藤註梅也今烏梅山谷詩云北客未嘗眉目顰南人誇說口生津磨錢和蜜誰能許去蒂供鹽亦可人坡詩註楊州呼楊梅爲聖僧似今桃之有僧桃類耶

而若接以漆樹有一實有毒殺人云荊州記宜都大椑實似柿而青者謂烏椑八棱我國所無者

栗 (麗元宗時趙良弼使日本得栗實以還種于義安郎昌原忠烈王時獻其子云)

魏志曰東夷韓國出大栗如梨今楊州栗川皆栗鄉而栗川以栗宜土故名以果云俗傳漢江上流宜栗以西斯也栗序從西從木也錦江上流宜柿以北蔽也柿本音蔽也本草云人有脚弱唉栗數升遂能起行蘇轍詩老去自添腰脚病山翁服栗舊傳方是也輿覽曰益山有一年三熟之栗栗之異者又有無核之柿柿之異者

櫧

山海經曰前山其木多櫧註似柞子可食冬夏生作屋柱難腐本草有苦甜二種治作粉食褐色甚佳

柳與談所云種禾不生豆種李不成桃者異矣

醲梨

星湖曰新溪谷山之醲梨文化之海松子與淮陽等芝峯曰朔州之酒安邊之梨忠州之西瓜報恩之棗居昌之柿按樗註羊矢棗俗謂高梧音曾點所嗜者鄭經註實小而形員紫黑色

烘柿

歸田錄曰柿初生堅實如石凡百十柿以榠樝置其中則紅熟如泥謂烘柿今早紅者七八月先熟而其蒂有小蟲食之故紅

柿

雜俎曰柿七絶壽多陰無鳥巢無蟲蠹霜葉可玩嘉實落葉肥大韓詩云燃雲燒樹大實騈金烏下啄赬虬卵我國南方所産

曰余爲洪州白棗生衙門外長五寸瑩潔白核葉玲瓏如刻玉即戊申 宣廟國恤時也其素奈之類耶 三嘉李子卿玉良相當生白棗七然可數天

石榴

陸機曰張騫使塗林安石國得榴故名石榴安榴蜀都賦若榴饒裂即石榴一種名寶珠榴又甘榴不酢而甘亦異種也新羅國呼海榴言從海外來也

梨杜 山林經濟曰梨花不結實環掘則裂去浮根令霜露則自結

爾雅疏在山曰樆人植曰梨埤雅曰梨百損一益楙百益一損易林曰春栗夏梨少鮮希有斗千石萬貴不可求又荷羅本草云梨之類色黃如鵝梨說文曰牡曰棠牝曰杜雜書曰種梨十子惟二子生梨餘皆杜種榴十子惟一爲榴皆爲柳故榴所從

移徙樹諺云移樹無時莫教樹知王維賀櫻詩飲食不須愁內熱太官還有蔗漿寒註本草云櫻食之令人內熱

胡桃

名物志曰謂羌桃本草曰張騫自西域還植東土故名之惟陳倉平陰二種大而皮脆閒居賦三桃表櫻胡之別嶺南謂榧子

棗 山林經濟曰補中益氣棗和松葉食辟穀

爾雅曰名狗牙雞心牛尾羊角細腰獼猴又細腰者曰鹿盧大而銳上曰壺棗又酸棗註樲棘也安期之如瓜棗永樂之無核棗皆仙家之果也我朝便殿前有一棗樹爲馬柳忽枯死適顯廟以儲嗣爲憂樹忽花生肅廟誕降月巖詩花開繫馬樹是月、重輪蓋尋常草木有應禎祥唐璐柳來紐檜可驗芝峯

蘋果

燕岩曰我國謂之沙果也中國所稱沙果即我國林檎也我國古無蘋果東平尉鄭載嵩奉使得接枝而還國中始盛實名訛

葡萄

本草云一名馬乳又水晶張騫使西域得來汴可釀酒伯郎一斗博涼州是也唐僧曇霄植枯杖遂活號草龍珠帳雜俎云磨鄰老勑薩嵗獻大如鷄卵今有黎青紫三種灌於根即時葉水滴異矣有蟲生之溺於飲食人輒死云

櫻桃

韻書曰崖蜜又鸎鳥所含故謂含桃深紅者朱櫻黃者蠟櫻金城記云黎舉欲以橙子臣櫻桃恨不同時俗以櫻喜移徙故名

枇杷

相如賦枇杷橪柿周祗賦寒暑無變負雪揚花名同音器質異

貞松柏梁臺詩枇杷橘栗桃李梅坡詩魏花非老伴盧橘是鄉

人我國所無之果也

棕櫚

韻書曰可作箒其樹無枝葉如車輪萃於木杪其下有皮一

匝爲一節花黃白結實作房如魚子狀蜜煮醋浸可致千里江

淹謂異木之生疑竹疑草坡詩贈君木魚三百尾中有鵠黃子

魚子是也今此京畧物多棕櫚皮云又草棕櫚近自倭來

林檎

洪玉父曰來禽以味甘來衆禽也甘者早熟肥美酥者差晚乃啖

桑葚大如栗子味又甘香蜜漬食之載在貢案

酸醬

字典曰葴即黃蒢訛爲酸醬唐詩越女鳴酸醬匙以咽喉藥故鳴之也俗名花卵又燈籠果譯言僧牙楊升庵謂紅姑娘

榠楂

圖經云木葉花實酷類木瓜重蒂如乳者爲木瓜無者爲榠樝一名木李詩之報以木李是也本草云出安南而今清安七寶山有之蓋木瓜類也

劉杙

爾雅曰交趾果有劉杙如梨甜核堅嶺表錄曰果有五斂子亦如木瓜每顆有五稜瓣虞衡志云特乃子狀似梴而長端正

銀杏

稗史云鴨脚樹、雌雄相望而結子或照井而成孕其花夜開婦人摘食生貴子即死云俗謂白果雄者三稜雌者二棱誠齋詩云深灰殘火略相遭小苦微甘韻最高

蒟醬

詩南山有枸疏枸樹高大如白楊子長數寸噉之甘美如飴劉以爲醬亦當作蒟史記註樹如桑其椹長二三寸味酢芝峯曰中國蒟醬出夜郎而本草云似王瓜蔓生實如桑椹名浮留藤食之今甲山有杜棣俗名頭乙粥如覆盆子漬蜜食之疑此

桑椹

金椹子曰秦始皇遣徐福入海求金菜玉蔬並一寸椹今三陟

如蝸涎如古篆籒具行或複或單或疎或密若今巫覡所言竹葉符

簹竹

說文曰積竹矛戟柄也我國島中無竹有簹盖荅簡草似竹者俗謂葛竹又蘆葦詩註初生名葭稍長爲蘆長成爲葦其花遇風揚如雪聚如絮今亦謂葭竹

騸樹法

月令廣義有騸樹法註接樹居家必用曰木有雌雄、多不實鑿木方寸穴取雌木填之刀齊銀杏亦然又種果月半前種者多子月半後種者子少不獨閩也山林經濟又有嫁樹法正月望夜以石置樹杈財結子多云又果齊淹藏法雜志曰欄雪最良又酒糟藏物不敗有海苽果云

譜曰筍四時生內實而節疎謂慈竹自根而上二節發謂雌竹

我國仙巖寺有竹曰觀音竹脩直無枝至末有葉

瀟湘斑竹 軍威徐氏忠達之女夫死抱堂後竹呼泣一日生白竹三叢三年至七八叢正統戊午世宗命圖白竹以進復戶旌門

神異經曰南方有涕竹博物志曰舜南巡蒼梧娥皇女英追至洞庭淚下染竹即斑又嶺南有毛竹又笙賦云孤篠止生一筍欲存母即折之筍成竹則母枯矣與今金絲烏竹皆竹之異者

山谷曰竹須辰日種仇池筆記曰五月十三日是竹醉竹迷即龍生日也林洪曰無時認取南枝多帶舊土種之勿踏不必竹醉日也埋猫頭則必盛故詩人多用猫頭句

符竹

廣東新語曰雙髻峰下劉仙壇側有符竹不甚高大葉上有文

蔥岩曰唐太宗過豐潤縣其東北有秦王山惟荊叢生相傳太宗爲秦王時登此山見荊愕然曰此里師授吾句讀時所用朴也下馬拜之荊皆首嚮地如頓伏狀至今猶然謂之荊拜若秦始皇過蒲臺縈蒲以繫馬至今生猶縈者事異而形同也

桃枝竹

爾雅曰竹名也四寸有節即桃竹杖 野志桑雜云象杖[illegible]按[illegible]之竹 說云節一曰扶老

立竹

芝峯曰出扶南一節爲船師員丘帝竹也百葉竹一名篣竹生南垂傷人則死醫莫能治夷人以刺虎豹中之輒死按南蠻傳秦昭王時一白虎從羣虎遊秦夷人作竹弩射殺白虎

慈竹

寄生松蘿 二姓木 [illegible]

漢郊祀志曰木寓龍一駟註寄生龍形于木也字典曰榪也本草曰寓木凡桑槲桐栗櫟柳楊楓等樹上皆有之此物自感造化之氣而生別是一物也蓋非草非木而異者我國松惟金剛山有之今僧松絡是也詩云蔦與女蘿施于松柏註蔦寄生也葉似當盧子如覆盆赤黑甜美女蘿兔絲也蔓延草上黃赤如金釋文曰在草曰兔絲在木曰松蘿

蒺藜

智囊曰有人耕野其妻午時往饁而耕未終畔置飯與魚羹於蒺藜叢陰花落滿羹因食之即死俗謂荊花爲大蒺藜

荊拜

楮穀 山林經濟曰楮皮斑者是楮白者是穀

詩云其下維穀貨殖傳曰居之一歲種之以穀十歲種之以木韻書曰漢蔡倫用楮膚爲紙、之始也磻溪曰我國之楮宜造紙而重且起毛不如倭楮之輕澤精緻平時所印書冊多是楮可寶也嘗聞祖宗朝取種廣植今南方往、有之採藥錄曰桐君仙方楮實赤時陰乾餌之不飢延年 又皮間白汁治癬○楮根腐後生菌味甚佳

鍾藤

異物志曰鍾藤纏裹樹即死藤成樹大者十圍可爲杖爲筏藤於竹云又紫藤莖如竹根重、有皮經時成紫可以降神云又名檣藤又象立香山詩先柔後爲剛有似諛佞徒又詩標木註蔦似葛之草一名巨荒似令綠芳歸蔦也

莊子曰匠石見櫟社樹其大蔽牛觀者如市淮南子曰宮獄其樹櫟註木不生火惟櫟爲然秦人謂柞櫟

迦

集韻曰迦桁木如蒺藜上下相距註迦音駕

樗漆

詩疏云語曰櫄樗栲漆相似如一又樗爲虎目淮南子曰漆有用而自割膏以明而自煎抱朴子曰浮漆不黏者服之通神

桑柘

典術曰桑箕星之精古今注曰桑實曰葚柘實曰佳家種曰桑山桑曰柘、俗謂求只我國以扶桑界故最宜桑柘以綿紬爲帛或言中國年、種桑着我國之種綿云

鸚鵡註刺桐花雲南名鸚哥花又海梧出林邑樹與中國同但
結實絶大肥甘有香味亦樽俎間佳果也今壓油者名岡桐疑
今蘇桐又西域胡桐淚可汗金銀云蓋梧桐去濕故凡藏毛物
屢年不傷云

丹木

山海經曰峚山多丹木黃華赤實食之不飢陶詩丹木生何許
乃在峚山陽是也峚音密又朱木蓋山之國有樹赤皮

冬青

謝玄暉詩風動萬年枝註冬青也一名女貞宋唐珏詩年〻杜
宇哭冬青張約齋詞云山礬風味木犀魂又稱為萬歲枝

柞櫟

烏臼

字典曰桕也陳藏器云葉可染皂子壓爲油塗頭令白變黑爲
燈極明本作烏楷又名鵶舅陸龜蒙詩行歇每依鵶舅影挑頻
時見鼠姑心古詩風吹烏臼樹註荊州有此樹又烏名如讀曲
歌彈去烏臼鳥是也

合浦葉

述異曰合浦有杉樹葉落隨風入洛陽漢時以爲瑞當出王者
遣人伐樹江總詩云傳聞合浦葉遠送洛陽飛

刺桐

韻書曰梧桐子可食青桐無子白桐花黃紫宜琴瑟材泉州有
刺桐花先葉後則五穀熟彭綱詩風吹綠葉翠翩翩露出紫枝紅

古歌云漢武帝時東方朔得於西那國而風吹聲如玉帝賜羣
臣有凶者枝汗死者枝折故語曰年未半枝未汗洞冥記云老
聃得之七百年不汗偓佺得之三千年不折
平仲古度 長卿薊子 蒸荊子雲賦長卿腹薊子秋紅註長卿草名徑見卿也 長卿延薊子蘇蘆青如鶴尉云
吳都賦松梓古度註古度樹名也相如傳留落胥邪註胥邪似
并閭皮可作索又平仲椐櫃註平仲木名也君遷之樹子如瓠
形柹屬也古詩芳春平仲綠清夜子規啼
射干
荀子曰西方木名也子虛賦草名也蕙圃蘅芷若射干今俗謂
虎扇是也又獸名也似狐能緣木者即鵷雛孔鸞騰遠射干是
也其猶蘇之木有扶蘇草有紫蘇魚有蘇魚之類也

實如瓜

閻浮樹

雜俎釋氏書曰須彌山南面有閻浮樹月過樹影入月中

櫃

莊子曰椿以八千歲爲春爲秋又楚南冥靈之樹以五百歲爲春爲秋漢武外傳瑤池桃三千年開花三千年結子神異經曰南方大荒之中有樹焉名曰相椽櫃三千歲作花九千歲作實其高百丈

廚木

集韻曰撕條國有之沐肥可用之煮餅

聲風木

生南方枝着地即生根卷曲臭惡不可為材云似今思弄木之類耶杜詩榿林礙日吟風葉註蜀人種榿三年為薪

雒常

晉東夷傳曰肅慎氏國有樹名雒常若中國有聖帝代立則其木生皮可衣周武王成王時遣使入貢

華平

宋書符瑞志云華平其枝正平王者有德則生德剛則仰德弱則俯東京賦植華平於春圃註瑞木也天下平其華亦平有不平處其華向其方傾云蓋屈軼指佞之類亦草木之異者

影木

花木錄曰瀛洲有影木日中視之一葉百影花如列星萬年一

其色以爲酒壽凡欲採者須輕步向前拔之聞行聲遽縮入沙
中不可得芝峯曰龍鬚産於北道海中蓋木類而似石白色堅
直如筋宜筆管

獨梪

酉陽曰獨梪樹頓丘南應足山有之高十餘丈皮青滑似流碧
枝幹上聳子如五彩囊葉如亡子鏡

樺楛

韻書曰樺皮可貼弓又大城樺燭是也漢書註挹婁人用楛木
作矢其葉如榆即肅慎氏楛矢石砮也今北道有之

榕樹

柳子厚詩榕葉滿庭鶯亂啼註榕木初如葛藟緣木後可成樹

槐櫰

韻書槐音灰冬取火木虛星精可染黃古詩槐花黃舉子忙是也爾雅曰守宮槐葉晝聶宵炕註槐葉晝日聶合而夜炕布者名爲守宮又櫰音懷槐之別名唐詩古槐疎冷夕陽多是也實二木而今讀音誤换呼也博物志曰槐葉生五日兎目十日曰鼠耳天玄主物簿曰鸛啄槐實結玉於腦謂之鸛玉俗傳摘槐全樹實置一器必有鳴者日、分器減數乃知鳴者人呑之聰明而在木鵲先食之云方書鼠亦虛精故夜視人服鳴槐亦然、

龍鞭

嶺表錄曰南海崖邊沙中生沙箸一名越王竹相傳越王棄餘箸而生若細荻高尺餘春吐苗其心若骨青而且勁南海人從

羅當奈何 又云其雨淫淫 河大水深 日出當心 遂夫妻自死 兩塚有梓木 根交于下 枝連其上 有鴛鴦棲其樹 人謂夫婦精魂 唐詩云 在地願爲連理枝 今尚有連理枝 兩枝相交絕而長

淫樹

採蘭雜志曰 遜頓國有淫樹

空青林

庾信詞曰 空青爲一林 註 雲笈七籤 玉清天中有樹似松 名曰空青之林 廣韻曰 男青女青 皆羅浮山木名也

水青木

本草謂秦皮 江南謂樊鷄木 即梣 又梣乃麗朝水青木 公事是也 唐侯思止決囚大杖爲孟青 朵魏翻大枷謂彌尾青之類也

樫其椐註椐一名靈壽其節擁膧多瘇髮而扶老故謂靈壽杖
若老可操之為木名也

垂楊

戰國策曰楊易生之物橫樹之生倒樹之生折而樹之生今言
倒樹之為垂楊橫樹之為臥柳直樹之為直柳云陶朱公云髡
柳足柴剛斬之亦茂也

相楒木

吳都賦楠榴之木相思之樹註相楒木也其實如珊瑚歷年不
變本草曰紅豆一名相思子出嶺南樹高丈餘唐詩江頭學種
相思樹即南爛樹也戰國時韓憑為宋康王舍人其妻何氏美
王築青陵臺欲取之何氏歌曰南山有烏北山張羅烏自高飛

却倒縮去是也

生金樹

洞冥記曰影娥池北有生金樹破之皮間有屑如金而色青亦名青金樹

蘇鐵木

芝峯曰在倭國幹直無旁枝葉生於顚四散如傘拔之枯焦曝三四日遍身加釘還植地即蘇故名焉 又作春云有鐵樹六十一年乃開花

樫 椐

爾雅翼曰天將雨樫先起氣應之故名謂雨師江海頌曰木貴冬榮樫實寒色詳能負霜雪大寒不彫今渭城柳枝垂細緑其色深緑唐詩渭城朝雨浥輕塵客舍青〃柳色新是也詩云其

韻書曰蘓樧也字典曰方枋也俗謂丹木出南海用爲染色今柴東謂蘓木借用南海以此木爲柴若黎洞人以香代爨也今秤錢一分重換丹木一分重唐人指清州北藪亦々云

楓人

山海經曰黃帝殺蚩尤棄桎梏於宋山之上化爲楓林今人謂其瘤爲攝，遇風雨則長故從木從風其脂可爲香入地千年爲虎魄或化爲羽人故曰楓人譚景升化書云老楓化爲羽人無情而之有情也漢宮殿多植之謂楓宸

黃楊

坡詩云園中草木春無數只有黃楊厄閏年俗說歲長一寸五月例退閏則退二寸今五月黃楊木之語即佛經參黃楊木禪

無患云其實如珠故謂無患珠

欅

說文曰黃木陶弘景曰子欅樹小狀似石榴皮黃而苦可染者

無灰木

寰宇記曰不灰木俗為鋌子燒之成炭而不灰輿覽曰濟州海中有之柔脆隨波上下出水乃堅硬以燒之無灰故名之即甘蓬根也

色綾木

古今注交州有翳木亦謂烏文木雜俎曰臺山有色綾木理如綾文可作枕呼為色綾枕今訛為登木

蘇方木

爾雅柀樧註似松生江南可以為船作柱埋之不腐跡柀一名
煔俗作杉

油杉

家禮云棺材油杉為上或云蓋佳木莊子曰宋有荊氏者宜楸
栢桑求樿旁者斬註樿旁棺木穆義櫝櫬墨氏桐棺則古人壽
器不必擇木而黃腸題湊朱壽衽器以木理言不獨海松杏板

無患木

酉陽曰一名桓廣韻曰無槵木燒之極香辟惡氣古今注昔有
有神巫寶眊得鬼以此棒殺之世人以此木為衆鬼所畏故名
無患可去垢核黑如鷖正字通曰可為念珠引佛經云當貫木
槵子一百八個常自隨身芝峯曰木在濟州世人競為器用號

說文曰梓楸也一名漆章郎生七年而知者古今注梓為木王木莫良於梓俗謂綿木詩之椅桐梓漆楚之杞梓皮韋是也今玄宮謂梓宮匠工謂梓人楠俗謂彭木杜詩蒼柟行是也述異記曰楠作椎黃金山椎木每一年東榮西枯西榮東枯其木直上柯葉不相妨謂交讓木蜀賦交讓所植註兩樹對生一樹枯則一樹生出泯山

模楷

異證曰淮南子云模周公墓木春青夏赤秋白冬黑以色取其質也孔子墓木楷其枝條無屈曲取其正也若喬梓之俯仰趍今凡模楷者出此皇覽曰孔子冢有兔檀之樹

[illegible]

抱朴子曰太谷倒生之栢與天齊其長地等其久玉篇曰木皆屬陽而栢獨向陰指西云羅孝成王潛邸與信忠碁栢樹下謂曰他日我不忘汝、亦不敢負操所有負者如此栢及即位錄功而遺信忠、作歌貼之栢、忽枯王悟得歌大驚曰幾忘乎角弓兮賜爵栢乃蘇又孔明廟栢唐末枯宋初生及皇祐生枝

檜

爾雅曰樅也松葉栢身註今太廟梁材用此說文曰圓栢也太淸記云左紐檜李唐之歲一枝再生宋興復有此異乎泉莊廊趣檜珠子栢亦樹木之珍者詩云檜楫松舟今楫必檜者以其直也今幾內則不種自茂他道則否未可知也盖側栢類也

梓楠

青羊又沈連源以家威滿及子涵爲宰相不許兼輅軒矣温私
集之連源怨鑄溫並輅懸之庭松至今謂之懸輅松

老松

西京記曰松有五鬣七鬣之名似今老松也杜註羊元偃卧者
山曰此翠屏柳文青山爲屏風也今盤結老松爲翠屏者訛也

松風石

杜陽編曰唐武宗時夫餘國貢松風石方一丈中有枯松盛夏
颯颯涼飈生其間云

玉角

清異錄曰新羅國松子有數等惟玉角香最奇

栢刀穪

草木類

松

稗史云松栢以葉庇根故刈之則不復條肄云慶州栢栗寺松木斬之復生抑何理歟秋江集鉢淵寺傍有二松五百年枯且無皮問之山人四十年前亦具膚津〻有生氣云俗謂青松地松斬之生筍故邑以名焉

豐沛六松

野史曰我 太祖潛邸時手種六松於豐沛樓前遂號松軒至壬辰倭亂前四株自枯二株至今青〻云

蟠松

熊天使化詩云始信青牛亦有才雜書千年松栢爲青牛成

千步香

述異記曰南海山出千步香佩之香聞千步今海嶼有千步草是其種也雜貢籍曰南郡貢千步香

䕸齊香

段成式曰䕸齊出波斯諸國名頂勃梨佗頂〃音奪樹長丈餘皮色青薄葉似阿魏生枝端一枝三葉八月伐之臘月復抽新條七月斷其枝有黃汁如蜜微香入藥療病本草䕸齊別

香譜曰出占城樹老而仆埋於地而腐外黑內黃赤者氣類麝

水麝香

香譜曰天寶中獵人獲水麝臍香皆麝也以針刺之香倍肉麝

鷓鴣斑

倭遊錄曰出高竇等州刀斫香木成坎經年得雨然取其香結爲斑點故名鷓鴣斑亦曰生結香

螺甲香

本草曰甲香海螺之掩可聚香獨燒則臭山谷詩螺甲香割崑崙耳註取大甲香如崑崙耳者酒煮蜜熬入諸香用

婆律香

坡詩旃檀婆律海外芬註婆律國樹脂曰婆律膏諸香之冠

香譜曰出占城國以腦麝諸香擣和而成又亞濕香亦出占城

搗十種香而成

欝金香

俗謂深黃記所謂欝合鬯蕭合黍稷是耶

楓香

南方草木狀云楓香樹子大如鴨卵曝乾可燒惟九眞郡有之

麝香

韻書曰西北之麝噬蛇食栢故香結形如小麋人逐則自投高岩擧爪剔出臍香就縶左傳所謂噬臍是也俗謂當門又麝香鼠〻之別種也蓋象齒犀角麝臍退皆藏覆自珍也

木麝香

香譜曰出渤泥三佛齊乃深山老杉腦也成片者謂梅花腦其次速腦又米腦又篤耨香出真臘國亦樹脂也樹如松杉今所謂茄蘆瓢是也又蘇合香油出大食國氣味大抵類篤耨

薔薇水

香譜曰大食國花露也今則採茉莉取其液以代焉用琉璃盛之翻搖數四其泡周上下者爲真也又蓬萊香出海南山西其初連木則狀如栗棘房謂刺香削木出其香

澤蘭香

樂府曰氍毹毾㲪五木香迷迭艾納及都梁唐志曰都梁香出交廣迷迭香出西域魏文有迷迭賦註五木即青木都梁澤蘭塗肥拂手香

鬼懼神散 其實曰五倍子有蚊蟲其中故名蚊蛤謂北木即千金木也

荃蕪香

拾遺記曰出波弋國浸地則土石皆香以燻枯骨則肥肉皆生

零陵香

聞見錄曰楚人曰蕙者今零陵香博物志曰東方君子國有薰草朝〻生華即零陵香是也

猩〻香

本草所無而今黃海道有之似玄蔘而皮裏白析之中心玄其香酷烈有醫以此治百病皆效云

腦子

白檀香

佛經曰白旃檀塗身自能除一切熱惱涅槃經曰婆羅林中有
一樹近百年其枝葉脫落惟皮膚眞實在芝峯曰順天松廣寺
有枯木而枝幹皆完色白如鐵有香臭甚烈擇里志曰昔普照
國師臨化時曰此樹我去後亦枯若更枝葉生則我再生今千
年而不生枝葉人以刀剖皮津津有生氣

安息香

香譜曰出三佛齊國乃樹之脂也其形色類胡桃穰而不宜於
燒然能發衆香故人取之以和香焉唐史補曰蚊子樹實類枇
杷熟則自裂蚊盡而空殼矣芝峯曰中國所無我國所有者能
辟邪今俗截爲佩碍瘟其諧曰安息香醫書曰其色黃黑燒之

香譜曰雞舌香一名丁子香其大者今謂丁香毋也日華子云治口氣我國有之謂百結花其香味勝於唐品而必求於唐用之唐詩芭蕉未展丁香結同向春風各自愁其産於此而求於彼亦愁耶

芸香

唐秘書監亦曰芸臺杜陽編曰元載造芸暉堂註用芸暉草塗壁蓋芸香辟止魚蠧

紫檀香

譜曰出三佛齊國皮木而色黃者謂之黃檀皮腐而色紫者謂之紫檀蔡訣曰閩中貴家以紫檀心爲茶子蓋至寶而我國亦、有之又以鬱陵之産爲美香又伐樹取香謂生速木腐香存謂熟速唐宗楚客屬沉香泥壁香氣蓬勃俗謂老檬木沉水而成云面陽曰一木四香根曰旃檀節曰沉香花曰鷄舌膠曰薰陸

鷄舌香

本草曰出崑崙國交廣等地松皮上蘚衣合諸香其烟團聚青可愛又寶雲溪僧舍盛冬爇燎香滿室如春

薰陸香

香譜曰即乳香出大食國其樹類松以斤斫之脂溢于外結而成香俗謂滴乳收時置瓶謂瓶乳又乳塌又黑塌又水濕又碎者曰斫削爲塵曰纏末

丁香

龍涎

香譜曰出大石國其龍多蟠於洋中之大石卧而吐涎衆魚聚而嗜之土人見則没而取焉然涎無香其氣近於臊能發衆香故用以和香焉又金顔香出大食國今龍涎軟香佩帶者用之

龍腦

外傳云交趾進龍腦香如蟬蠶老龍樹節方有之楊妃私發明駞使持三枚遺祿山明駞者眼下有毛夜明日行五百里云今龍木其香甚酷又龍腦香出婆利國云

沉香

南越志曰交州有榕香樹欲取先斷其根經年後外皮朽爛木心與節堅黑沉水者爲沉香浮水面平者爲鷄骨最麤者爲棧

無藥無病

傳燈錄曰道吾和尚一鉢歌云無可離無可着何處更求無病藥、是病、是藥到頭兩事須拈却亦無藥亦無病正是真如靈覺性坡詩相逢更何言無病亦無藥是也唐李百藥幼多疾故以藥名焉宋雲李勣病不飲藥我國徐有大亦言人豈食根腐草固快活矣然東方朔言節食服藥差可少病耳

蘼蕪

韻玉曰卽蘪乃蘼今白芷騷云豈惟紉夫蕙茝芝峯曰古詩上山採蘼蕪蓋用爲衣香不生蟫則芳蘼葉也與芷名異而香同耶相如賦庵閭軒于爾雅所謂蔓于皆香草也禮書以側載臭茝所以養鼻也

醫書曰糖根之出地初節倒垂未及地者採取作末好酒調服其功反勝於鹿茸是謂糖茸又野茸其根之已入地者不用云

服藥

謝自然曰服藥便可絶粒大都栢葉茯苓胡麻枸杞俱能久視云嵇康養生論曰麝食栢而香虱處頭而黑豆令人重榆令人滑萱草忘憂合歡蠲忿頸處險而癭齒居晉而黃醫書嗜棗者齒黃以臨晉多棗猶食檳榔齒赤也胡麻即苣藤今黑荏子

藍藥藺藥

葛洪肘後方云中飲食毒急含白銀一宿銀色變青是藍藥黃赤色是藺藥取白花藤同乾藍實煮水服之毒即解令銀匙筯驗飲食置毒是也

嚼豆葉傳之又雉及秀魚被銃鈞傷皆傳以松脂矣正月上亥日所壓生真油為蛇咬傷妙藥也本草曰蕪菁即蔓菁俗說大

鹿茸

山谷詩云槲葉風微鹿養茸星湖曰海邊鹿多魚所化故不及北茸燕岩曰月令云夏至鹿角解在易為姤一陰生為補陰之劑冬至麋角解在易為復一陽生為補陽之劑矣乾隆令天下生致麋鹿有角者養之海子中區而別之不相亂倫及夏至麋鹿角俱解乃冬至解者麈角麕遂改十一月令麋角解曰麈角解我國閑北所出鹿茸未必是鹿茸而國中日貴可歎問麈形則前鹿後馬云

糖茸

鴉片烟

古無此藥西洋人以罌粟角和人精製之吸似烟茶而前生事盡記憶又聰明氣力倍湧然三年不吸則死云

猪尾膏

醫書曰起死回生治痘之聖藥也割生猪尾沉冷水和龍腦用之自聖痘歌救活甚衆

熊膽

芝峯曰家有小兒不可無熊膽也用草莖點入水轉急者良也雜病皆可用又爲眼疾藥故倭人偏苦眼多貿去我國極貴云蓋藥也獸亦知之虎中藥丸食青泥而解野猪逐薺苨而食雉被鷹傷嚼地黄葉貼之鼠中毒如醉取泥汁飲雛爲蛇傷母鼠

俗謂假芎藭魏文帝所謂桐似亂真者蛇牀似蘼蕪杜衡亂細辛是也蓋犂牛似虎珷玞似玉稂稗似禾稂莠似粟矣株尊者言我國所産草材三百餘種楓嶽山所採七十餘種云

肉芝

抱朴子曰山中有小人乘車馬長七八寸者肉芝也服之即仙又感遇記曰蕭靜之掘得一物類人手肥潤烹食之逾月齒髮再生道士曰肉芝也宛委餘編曰肉芝即萬歲蟾蜍千歲蝙蝠靈龜風生獸千歲燕之類服之令人長生云

玉芝

本草云鬼舊歲生一日如黃精可辟穀東坡所寄胡道士玉芝一名瓊田草俗號唐婆鏡是也

瑣言曰鏡照雄鷄即淫發失溺以和藥可治聾

咋答

本草曰鮓荅李時珍曰生走獸及牛馬諸畜肝膽有肉囊裹之多至升許色白狀如鷄子非骨非石打破層疊蘇岩曰駝卵大如數斗瓠子形似鵝卵即名咋答能治難醫奇疾今狗砂治膈噎

紫河車

陰眞君金液丹歌云北方正氣名河車是取水一斗鎔中以大鹹之致聖石九兩其中初成姹女後成紫色名紫河車白色曰白河車青色曰青河車赤色曰赤河車亦名黃芽又黃河水逆流蓋腎運法也今以人胎爲紫河車

蛇牀

古今注曰蠱名也蝱種有五物五曰班茅成蟲解之
淫羊藿 醫鑑曰羊本陽気不足食此藿葉後交故名淫羊藿
膃肭臍
臨海志曰豽狀鹿形頭似狗出東海中寇宗奭曰出登萊狀非狗非獸非魚前脚似獸尾即魚身有短青白毛、有黑點或曰膃肭臍即豽外腎也本草曰新羅海狗外腎今出平海郡芝峯曰我國初不知所用及壬亂天將來多求之至今貽弊甚矣其真本則埋於豆使女人越之自起立云即趙飛燕傳倚怡膠唐明皇助情花之類然諺云雖有神藥不如少年樊噲所謂憶在江都時李姑畜鬪鴨池上若獺嚙鴨有萬姥者求捕獺狸獸于姑曰是狸不他食當飯以鴨是也彭祖云服藥百裹不如獨卧
黿溺

木瓜
爾雅曰楙也詩人所謂投之以木瓜是也丙亂我軍渴甚一傑
過曰有咲木瓜者不似曹操指梅林也楞嚴經曰譬言如人說酢
梅口中水出思蹋懸崖足心澁而蓋心之所思其理自然

龍塩
丹鉛錄曰即吉弔也龍雌雄交而精水謂吉弔流而着樹為
鹽者用陰虛為妙

虎骨
全體入藥丸孕婦服之生雄勇壯士故安南國人最為寶故今
藥行有貨之人中國藥舖則為無價寶云

班茅

芝峯曰薤露雖辛而不葷五臟故道家餌之今謂厄羔

薏苡

抱朴子曰菊甘薏苦物性不同俗謂草珠米馬援明珠薏苡是也居家必用曰雞舂者薏苡易舂者贛米廣韻曰簳即薏苡子芝峯曰其末糊窓紙雖風濤耐久其勝癉去濕可知其種又有僧念珠

馬價木

五季齊史裴叔謙母病風疾屢年叔謙祈禱聞空中語云丁公藤爲酒便差訪醫及本草皆無識者至宜都山中有老人曰此是也俗謂馬價木以與馬同價也手掌皮燥脫腰痛杖之有效而擊狂狗則死云

迺魂樹
地輿志曰西海聚窟洲有大樹與楓木相似其香聞數百里名
曰迺魂樹盖人死置此木於門魂卽迺
榧子
韻會曰出東陽諸郡去三蟲坡詩驅除三彭虫已我心腹疾是
也今濟州之產
胡荽
爾雅翼曰道家以韭蒜芸薹胡荽薤爲五葷荀子曰志不在於
葷註葱薤及薑辛菜醫書云胡荽生於園圃爲瘧疾聖藥註大
蒜俗謂高斜瘧忌帝而獨荽爲藥何耶或云江華有之
薤露

烏荅以此草根故名之今江原黃海等地有之俗謂蘆朴根

不死草

十洲記曰東海祖洲地方五百里上有不死草生瓊田中長三尺許人已死者以草覆之即活劉孟會云一株可活一人

不死藥

山海經曰不死之國阿姓甘木是食註甘木即不死樹郭璞贊曰萬物暫見人生如寄不死之樹壽蔽天地又瓊樹生昆侖西沙濱大三百圍高萬仞食之長生又流沙之東黑水之間有不死山芝峯曰倭國有富士山譯以漢音則乃不死山或有不死藥耶戰國策荊人有獻不死藥于王者士奪而食之王怒將殺之士曰臣食之而王殺之是死藥也始皇遣徐市求之其有所

合歡

韻書曰棔也樹之堦庭令人不忿夜合故名合昏花古今注蠲忿則贈以青裳即合歡也筍譜有合歡竹廣輿記有合歡橘番禺國有合歡菜皆連理木之類也

帝休

古詩云田塈指帝休山海經曰少室山有帝休木黃花黑實服之不愁亦猶列子所謂吳楚之櫾木食其皮汁已憤厥之疾也

松肪

道家有服松肪法坡詩云爲採松肪寄一車

何首烏

醫書有白首髮犬採食之髮還黑顏如少年人怪問之曰何首

正字通曰一名山慈姑醫方取此合爲九名玉樞丹

百合

類篇曰蒜也譚子化書曰山蚯化爲百合草

車前子

詩云采、芣苢唐韻曰蔦也俗傳有人幼失母朝夕悲泣願見母像有告曰車前草有一本三莖者濡香油陰乾及母祭時燃之果見母形云其草之潛英石耶又多食其葉目明云

菥蓂子

舟村曰大薺俗名鸛薺取實餌之能累年目翳頓除云 貢齊附

預知子

日華志曰取綴衣領上遇有蠱毒則聞其聲

天灸

本草曰天灸白灸毛茛草別名山人截瘧采莨葉挼貼寸口一夜作泡如火燎故名焉今老姑草

常山

本草云是草是木生於常山故名之木是粟飯木有赤白花赤者爲藥草則粟飯草一莖直上端有黃花者今誤爲通用云

九節草

本草不載近世始出每九月九日前三後三採之謂九節草、似艾有香無毒或生於山而生水邊者佳今原州江淮有之其性治痰補血若益母草故於婦人不孕有效云

金燈草

患即瘥除須豫備人乳浸之候乳色略綠即洗清水以乃後用若浸乳稍遲無靈云今諸色毒蛇尾用治瘰癧之類也

烏白蛇

東醫寶鑑曰烏蛇惟我東豊川地椒島有之白蛇在々有之醫皆曰東夷之病莫如蛇今白花蛇皆唐材也

黏石膠

燕岩曰滇黔中有續石藤名羊桃藤取汁膠石如鋼絲膠極黏人呼黏石膠今榛木脂謂白蠟補碑字點缺無痕之類也

爛石草

博雅曰猫蓀即地榆草莫如水朴燒其根灰能爛石遼主拮帳而石曰此石爛若未知此也

密陀僧

本草曰一名沒多僧出波斯國形似黃龍齒而堅重

補骨脂

芝峯曰即胡韭子生波斯國訛爲破古紙今歙谷等地有之

生骨石

物理論曰土精爲石、氣之核也氣之生石猶人筋絡之生爪牙也醫書有續骨之膠今石有生骨人或折傷呑之即續若無病而食之則有一骨云今茂湖等地有之

吸毒石

蘇若曰石如棗子大青黑色西洋一種毒蛇頭裏生之能治蛇蜈咬傷及癰疽惡瘡也將石置傷處石自緊粘吸毒盡後自離

石磠

玉篇曰出蜀中本草云石中有汁如膪汁酸辛氣寒治諸痲石

淋目痛

石鍾乳

本草曰鍾乳有三種石乳竹乳茅山乳且滴且凝紋如蟬翼者

勝覽曰石乳產於濟州明月浦財岩穴人以炬入小夾財亦然

竹乳

開寶本草曰山洞徧生小竹以竹津相滋乳其性平今所源

海石

抱朴子曰燒泥爲瓦燔木爲炭蜂窠爲蠟水沫爲石皆其柔脆

變爲堅剛者今醫家以海水泡爲海石

六乙泥

歲時記曰五月五日午時於北睢面東不語取蚯蚓乾收之謂

六乙泥爲魚鯁者女許捺咽外卽消

八瓊丹

黃庭經九轉八瓊註朱砂雄黃空青硫黃雲母戎塩硝石雌黃

空青

字典曰硿碃山海經曰青丘之山出金雘今之空青杜詩石壁

斷空青醫書云峡岩裏穴屬千年自貯水亦曰空青本草曰空

青腹中空破之有漿治眼疾一名楊梅青又向青色深者爲石

青淡者爲碧青畢萬術云白青得鐵卽化爲銅又曾青綠青扁

青綠膚青

本草言葉左三右四故名之一說本名山柰

人言

本草曰砒出信州故隱信字爲人言益蝎蠆着石〻爛爲硍嚼

今煮石爲信石云北道遠商或冬節和酒飲而禦寒

葛解蝎毒

韻書曰葛有名黃斤綌蒻鹿藿者今之食葛非絺綌者其花藤

可醒酒博物志云葛能解蝎毒故曹操習啖野葛一尺是也南

方草木狀云蕹葉如落葵而小治葛毒註蕹音雍

青黏散

華陀傳授樊阿以漆葉青黏散漆葉屑一兩青黏十四兩以是

爲率仙方也今青黏米人蔘同煎爲粟米飲者解蔘毒也

俗傳牛食山蔘葉而有黃或大如鵝卵小如粟米隨月晦朔而聚散云濟州爲所產者山多靈蔘耶人亦有黃而狗砂即狗黃

石雄黃

太玄經蟏黃疑金註蟏黃石屬光瑩似金即今雄黃也原化記曰劉無名常食雄黃後見鬼使曰我泰山直符來攝君見君頂上黃光數尺不可近得非雄黃之功乎蓋石有雌雄黃而雌者惟彩用雄則蛇所避之夏際磐石上蛇不臥處有之

青皮

漢拏山上白鹿潭邊一木兩結爲一國所用波及上國云橘之熟而青者近年未老結亦不多、剖乾橘未熟者爲青云

三七

俗謂生薑樹煎服味與真薑無辨其生薑樹上生耶志林曰唐人煎茶用薑信佳也今茶必用薑亦效唐也

僊掌茶

茶譜曰荊州玉泉寺有乳窟玉泉交流中有白蝙蝠大如鴉飲乳而長生水邊茗草名僊掌大如手掌亦茶之異者盧仝詩手閱月團三百片今謂片茶兩午時茶近自中原來擅名焉

雀舌茶

杜牧詩云揀芽名雀舌賜茗出龍團今雀舌茶是也蓋火前者言採造於禁火前蘄門團黄有一旗二槍之號言一葉二芽也於早採爲茶晚採爲茗又王荊公謂酪奴杜牧謂瑞草魁牛黄

茶

茶經曰茶者南方嘉木自一尺二尺至數十尺川峽有兩人抱者伐而掇之樹如瓜蘆葉如梔子白如薔薇實如栟櫚蒂如丁香根如胡桃其名一曰茶二曰檟三曰蔎四曰茗五曰荈國史補曰釰南有蒙頂石花湖州有顧渚紫筍峽州有碧澗明月謝宗論茶云候蟹背之芳香觀蝦目之沸湧坡詩蟹眼已過魚眼生颼、欲作松風鳴博物志曰飲真茶令人少眠

黃茶

羅史興德王時宰相大廉得種於唐種智異山香味優於唐云又海南古有黃茶世無知者惟丁若鏞知之故名丁茶又南茶

黃梔茶

白芷

臞仙神隱書曰種白芷能辟蛇俗呼雌九里莖

黃精

本草曰太陽之草餌之長生 杜詩云掃除白髮黃精在然香山

詩云萬病皆可治惟無治老藥今南水北流之山谷有之

茯苓

九州要記曰墨子居墨山採茯苓餌之五百歲不死坡詩松下

龜蛇縁骨輕註松脂入地千歲爲茯苓如龜蛇

柳

唐韻音邦土精如手在地食之無病白澤圖曰物如小兒手無

指名封食之多力

人面以酒飮之則赤食物與之張口歷試諸藥至貝母則面蹙口閉因決口灌之而愈云

地黃

韻書曰苄也爾雅翼曰生者以水試之浮者名天黃半沉半浮者人黃沉者地黃故苄字從下亦趍下之義今讀苄諸韻皆無

附子

韻書曰堇也一歲萴子二歲烏喙三歲附子四歲烏頭五歲天雄蘇秦曰飢人不食烏喙焉其充腹而與餓死同患也今大臣黟藥附子一兩重云

蒼朮

南方草木狀曰西域謂之乞力伽

俗謂豆芽長淵鳴沙中自生者爲清心丸第一材料天下所無

肉桂

爾雅曰梫木桂樹一名木犀葉似枇杷而小花淡白其淡紅者謂之丹桂即陝詩桂樹花不實是也黃花者能着子叢生岩嶺間枝葉冬夏常青本草曰菌桂花白蘂黃香木也燕岩曰中國絶眞至乾隆時已二十年云近潞州生之

螵蛸

爾雅翼曰以桑上者爲佳本草謂之桑螵蛸又烏賊魚背如擣擣形者亦謂海螵蛸

貝母

詩云言采其蝱註貝母也治心氣鬱類說曰有人臍上生瘡如

沙濱大三百圍高萬仞華蕪也食之長生

芝栭

內則謂無華葉而生者蓋芝屬也

芝草

芝峯曰俗謂紫芝也仙方所稱五色芝乃別種也抱朴子曰有石芝木芝草芝肉芝菌芝

龍鳳芝

杜陽編曰唐元和中張維則自新羅回遇仙、曰授皇帝金龜印篆曰鳳芝龍术受命無疆後殿前連理樹生芝如龍鳳形宋史仁宗生時母李宸妃榻下產靈芝四十二葉享國之數愜焉

大臣黃卷

未老可採也坡賦云杞為粮菊為糗春食苗夏食葉秋食實冬食根續仙傳朱孺子汲於溪見二花犬逐之入枸叢掘之根形如犬烹食之身輕飛於峯上

祝餘

山海經曰招搖山有草如韭青花名祝餘食之不飢

墨應耳

芝峯曰春川麒麟面墨應耳山有草根色如蒜食之令人數日不飢蓋仙卉也仍山名、焉壬亂多採食江陵及長安寺有之

瓊樹

玉篇曰積石為樹名曰瓊枝其高百二十仞大三十圍以琅玕為之實司馬相如傳咀噍芝英兮嘰瓊華註瓊樹生昆侖西流

山海經曰姑媱山在帝臺東帝女死化爲䔄草服之媚于人唐韻䔄音瑤兎絲也漢四郡獨以玄菟名者今歟與其所産耶

五加皮

本草序例目辟眼睉有五花而自正註五加皮三葉爲雄五葉爲雌取五葉者酒浸飲之其目睉者自正

五味子

爾雅菋荎藸註五味子抱朴子曰五味者五行之精其子有五味又博雅牛荎卽牛膝也

枸杞

本草曰名青精子却老枝地骨皮仙人杖去家千里勿食蘿摩枸杞言陰盛也陸龜蒙賦云爾杞未棘爾菊未莎其如予何哉

神異經曰禹治水棄其所餘糧于江中生爲藥草也博物志曰海上有草焉名篩其實食之如大麥七月稔俗名自然穀或曰禹餘糧

阿魏

正字通曰阿魏分草木二種草者出西域木者出南番本草畫一木又畫一人騎驢挾矢傍蓋樹臭毒人有觸之卽死故健驪疾矢射木成瘡掩鼻取其脂卽還云

檳榔

韻書曰無柯實生莖端作房一房數百實味苦澁得扶留藤與瓦屋子灰嚼之則甘滑向陽者檳榔向陰者大腹子食之齒赤

免絲

云生紫蘇葉煉爲露置(即蘇合油也)酒中飮之寒氣頓除故以蘇爲名云

人蔘

本草曰人蓡元蓡沙蓡丹蓡苦蓡共爲五蓡而人蓡一名人銜
根如人形云柳子厚書云高歸似馬尾蔘形似人脚唐書營州
土貢人蓡貂鼠皮骨骴註骴音窟坡詩云玄泉傾海腴我國以
江界蔘爲寶謂江蔘近來家種如菜北沙蔘蔓蔘無異云中國
蒸除其毒爲紅蔘擇里志曰倭一國皆瘡泉多土疾以蔘椄水
盃則瘡濁澌化故最重之是以我國蔘翔貴云

寶豆

安南國樹名也其實如大蒜兵乾者虫蛇毒之妙藥本草所無

無餘糧

甘蔗何也曰凡草種之則正生蔗獨庶出故字從草從庶唐僧鄒和尚跨白驢登繖山蓋茅菜薪書寸紙繫錢緡遣驢至市人以平直付驢歸一日驢犯黃氏蔗苗請償於鄒、曰汝未知因蔗糖爲霜利十倍自是其法行今沙糖是也沙是蔗與霜之訛也余見蘇州漂商蔗莖似今皮麻莖枯者食之即糖味也

女貞實

蘇頌曰女貞負霜蔥翠故貞女慕其名一名冬青俗謂鼠矢亦廣古賦櫟樟女貞是也今齊州海邑多處最佳用[illegible]陰虛等症奇效作宗和酒云

蘇合丸

史曰棄蘇合之丸取蜣螂之轉註始出大秦國合百花爲之或

爾雅釋曰萎繞棘菀註今遠志孫盛雜錄曰姜維詣孔明得母書令求當歸維曰但有遠志不在當歸、·俗謂辛甘菜又名文無東請文無草未長是也

苷

字典曰甘草曰苷牛膝曰芇通草曰蓪貝母曰莔遠志曰蒬知母曰茹宜男曰萱萬門冬曰門荅馬藍曰蓋伏令曰茯苓商陸曰蔏薩

蔗糖

異物志曰甘蔗交趾所生者圍數寸長丈餘楚辭曰胹鱉炮羔有柘漿漢郊祀歌曰百味旨酒布蘭生泰尊柘漿析朝醒今醉壽用甘露水是也宋野史神宗問呂惠卿曰何草不庶出獨於

痰燥熱症作酒用之醫者言僧花行世已久有萬病草出又從雉脚草有綠陰芳草出云五臺山有白蓮草爲頭瘡皮膚之神藥云

芍藥

本草曰黑牽夷廣雅曰名天下推廣陵紅葉黃腰號金帶圍無種有時出則城中有宰相韓魏公王岐公皆然叢話云資福寺白花正圓名玉盤盂楊州朱氏園錦亭蔡繁卿蕎花會是也古今注曰一名將離故相別以贈詩云士與女芍贈之以芍藥南都賦歸雁鳴鵽黃稻鮮魚以爲芍藥叢語曰以魚肉等物爲醢食也韓詩五昌謂芍藥註根主和臟又辟毒氣故合於蘭桂以助諸食芝峯曰制食之毒故獨得藥之名耳

遠志窩縣

劉功甫詠金鳳花云鳳德何其衰驚飛下幽草吾將鳳仙亦云東詩詠婦人對鏡染指畫眉云火星流夜月紅雨過春山

楝花

唐詩二十四番花信風楝花其終也今着楝亦曰金鈴子鵷雛食其實齊諧記所謂區回見屈原語若蛟龍竊筒米以楝葉塞筒絲線纏之二物龍所畏者爲桃李冬花及金石上生花皆曰狂花坡說亦云唐史季秋梨花杜景儉曰陰陽瀆則爲災

那伽

酉陽曰花狀如三脊無葉花色白心黃六瓣出舶上

僧花

本草無有而今巖石向北之處生之花如僧弁淡紅色陰陽風

者百合即白辛夷今瘽藥也黃辛夷花四出似薝蔔類耶本皆

木筆花韻書筆硯之筆從竹

暎山紅

譜曰杜鵑花石榴山躑躅通謂暎山紅而與灘皆異又倭躑躅亦異矣正字通曰黃杜鵑註毒草也又白杜鵑花若紅碧桃花丶之異者韓愈詩躑躅成山開不算我東趙貞喆巡到庭豈有詩云山丶丶躑躅水丶丶丹花土人笑謂山躑水丹本一花云

百日紅

我翼廟詩曰知有人間春九十如何添得一句紅又草百日紅俗謂麵鷄冠花即楓窓小牘曰鷄冠花汴人謂之洗手花

鳳仙花

嶺南異錄曰似朱槿花莖葉如桑故名焉自二月花至冬至城詩類、燒空紅佛桑是也

凌霄花

六乙詩集云枯樹借凌霄註蔓生纏木居家忌用曰婦人聞其氣不孕又山海經曰嶓冢之山有草焉名曰蓇蓉黑華而不實故玉篇曰不實草食之使人無子者今有草生莖[illegible]亂有蝗[illegible] [illegible]

蓼花

香山詩云水蓼冷花紅簇簇、冷蓼花

辛夷花

譜曰即山茶花南蜀嘉樹坡詩葉厚有棱犀角健花深少態鶴頭丹誠齋詩非將金粟銀絲繪簇釘朱紅菜垸心今謂紅辛夷

宋史元嘉間天泉池三蓮同幹泰始中鯉淵雙蓮合跗即雙頭蓮也兩蓮駢生雙房分體是也江湖記聞云宋時有男女自以相私者爲父母所阻俱投水死水中遂開并蔕荷花人以爲情感唐詩并花憐共蔕是也

栘花

爾雅曰棠棣似白楊江東呼夫栘陸佃曰其花反而後合詩云偏其反而凡木之華先合後開獨此花先開後合

款冬花

董仲舒曰葶藶死於盛夏款冬華於嚴寒註款冬即款東亦曰款凍以其凌寒叩氷而生故爲此名

佛桑

聞令尹喜家陸地生蓮爲道家異瑞今延豐上庵有之又旱蓮
種之瓷盆以花爾殖味甚香烈唐史姜撫云服終南旱藕長生

金蓮

維摩經曰高原陸地不生蓮華卑濕淤泥乃生之湖州法華山
得青蓮一枝掘地有石匣藏一童子舌根不壞花自舌出是人
誦法華致此因名其山拾遺記云有睡蓮晩起朝日夜低入水
又漢柳池紫芙蓉大如斗葉甘可食香如珠又滄洲金蓮花研
之如泥緣繪與真金無異又麻姑壇蓮紅變碧今又白矣杜陽
編曰北堤山湖有黃蓮云俗傳沉葛於池蓮々根自消云蓮藥
爲瘡疹藥又延安南池官税蓮于李德懋詩池蓮適用還徵税

并蒂花

兒頭角嶄然也不爭饌言曰芡南楚謂鷄頭北燕謂葰徐泗謂
芡孫公談為水硫黃本草云鴈頭莊子鷄雍與藕子合為散延
年聖俞詩吳鷄閑罷絺幘磯海蚌扶出真珠明韓詩剖蚌煮鴻頭

芙蓉花

李白詩云昔日芙蓉花今成斷腸草按斷腸草其花甚好名芙
蓉其根不可食食之斷腸

木芙蓉

本草曰一名杹、音化楚詞云搴芙蓉於木末是水物不可木
求也然有木芙蓉焉唐詩木末芙蓉花山中發紅萼香山詩水
蓮開盡木蓮開是也
陸蓮

北向花

仙巖寺有樹曰北向花其花紫色開必北向按大唐新語曰玄宗裝法師往西域取經師手摩靈岩寺松曰吾西去爾可西長若歸即東向及去其枝西向忽東嚮弟子曰吾師歸矣號摩頂松

青氷菱

洞冥記曰靈池有浮根菱根出水上葉沉在下

菱芡

芝峯曰皆水物而菱花背日故寒芡花向日故暖說文云菱即芰屈到所嗜韻會云決明菜蘇菁以為蔬爾雅翼曰餌饑可斷穀龔遂勸渤海民畜菱芡備凶荒是也武陵記曰四角三角曰芰兩角曰菱花紫晝合宵炕隨月轉移誠齋詩雞頭吾弟藕吾孟

修真記云漢道士自外國將貝多子於嵩山下種之一年三花白色香美那似道詩頭巾早掛三花樹西域經多以貝葉書之雜俎曰出摩伽佗國經冬不彫取其葉寫書又名思惟樹育人坐禎多樹下思惟因以名焉又南印建那補羅北有多羅樹株三十餘里其葉長闊其色光潤諸國書寫采用之

仙飛花樹 之川道昌寺有大樹洪武戊辰盡枯至辛未壬申年復條達敷榮此正與漢佛所卓土同符時人以為本朝開國之兆

擇里志曰僧義相植所持枯杖於浮石寺守下乾御西去曰若我死此木不生其年生葉不長不大四時長春有花如南靈草花退溪詩云擢玉亭亭倚寺門僧言卓錫化靈根杖頭自有曹溪水不借乾坤雨露恩光海時鄭造以嶺伯到此欲為杖居僧恳乞造曰仙人所杖吾亦杖之即時莖生如故造見罪誅

因名睡香四方奇之謂乃花中祥瑞遂以瑞易睡顧言同華花
數種枇杷葉者錯于黃紫二色曾端伯呼爲殊友是也宋初始
出於廬山雪叢開花樹高三四尺花葉香烈宋詩森〻千萬葉
旋〻兩三花又釀後春前別二般梅花枯淡水寒

麗春

游默齋云即金陵春罌粟別種也紅紫白黃皆有之江浙獨金陵
春者異云今錦城草以自錦城來故名耶

亮功花

唐宋際有人種亮功花〻忽枯死其人遠謫花忽復開蒙赦放
令撫還謂亮功復紅云

三七叶

茉莉花
玉篇曰茉莉與素馨皆胡人自西國移植南海陸賈記曰南越五穀無味百花不香惟此二花不隨水土而變東坡謫儋耳見黎女競簪之戲詩云暗麝著人簪茉莉杜詩云庭中紅茉莉冬月始葳蕤是也

含胎花
韻書曰豆蔻草叢生交趾本草曰豆蔻花未開者謂含胎花古人詩多用豆蔻梢頭句以比少女杜牧詩娉娉嫋嫋十三餘豆蔻梢頭二月初是也

瑞香花
清異錄曰廬山一比丘晝寢石上夢中聞花香旣覺尋香求之

乘馬取花須臾在半空方悟神仙之遊餘香不散若累月云

素馨花

舊名耶悉茗四瓣有黃白藤身葉小通山志曰昔劉家侍女名素馨者塚上生此花因名云

瓊花

韻玉曰揚州后土祠有之或云自唐所植永叔無雙亭是也紹興辛巳虜揭其本而去明年二月夜大雷雨詰朝三蘖出

金錢花

酉陽曰梁豫州掾屬雙陸賭金錢、盡以金錢花相足魚洪謂花勝錢百氏集詩不知還解濟貧無又五代史旋池旱金花大如掌今忍冬花謂金銀花以色似金似銀太陽雖不回光然向之者誠也註向日不令照根猶葛藟之庇根也近有一種自中朝來謂唐向日花其花染為松花色其葉染為草綠色其子煎染爲黔香色入五倍子為唐紅色黔金為兩色綫白礬和醋為紫紬色唐青花本為宮綃色常青花本為黃段色緊煮多入白礬為鴉青色入磨刀砥滓為灰色兩色段染後入人尿為木藍玉色及己未九月痲疾訛為此花之由皆拔去似染家不售故也其子雞食而人食其雞則死云妻亦酷

玉簪花

周必大題曰狀如茶蘼花鬚如冰絲上綴金粟花心則有碧筩如膽瓶中抽一英出衆上散為十餘葉猶刑玉然鄭松窗詩孤燄如懸玉膽瓶是也康駢劇談云唐昌觀有之元和中有女子

玉簪花

我東李塏詩云麻姑搴玉山頭見天女瑤臺月下遊舞罷霓裳雲錦亂歸來醉墮不曾收妙矣此花根嚼病齒則齒落云

玉篆牌

譜曰唐王元寶花名也

蜀葵花

爾雅曰菺戎葵註今蜀葵花譜曰花如木槿白黃紅紫皆有之紅者號一丈紅又錦葵即戎葵花小葉圓又錢葵叢低又一種千葉可愛

向日花

左傳曰鮑莊之智不如葵、猶能衛其足曹植曰葵藿之傾葉

花山谷名山礬花可染故也海岸孤絶處補陀落伽山譯者謂
小白花山即此花也不然何以觀音老人端坐不去耶詠水仙
云山礬是弟梅是兄

水仙花

譜曰單葉者呼金盞銀盤心深黃有千葉者花片綣縮盛下
輕上黃淡白此真水仙今貴家銀貿於唐而臘月沉盂水傍梅
之紅白而青者然濟州海邊有之以形似蒜故曰水蒜花

禁蛇花

俗謂楊貴妃又石雄黃花以其色貌似石雄黃故亦名禁蛇花

雪吐花

余詩有云飽喫三冬雪數枝依古壺春風紅綠裏吐出白雪花

薔薇

韻玉曰紫薇俗名伯痒又猴刺脫省中植此花久矣唐改中書
省曰紫薇省香山詩紫薇花伴紫薇郎拾遺記元鼎初詔民間
園囿皆植紫薇以爲厭勝又紅薔薇名牛勒又牛棘又刺紅玉
郊詩醉紅不自力狂艶如索扶又有黃白二種今煎花糕者

酴醾

韻書曰亦名荼蘼一穎三葉曾端伯爲韻友唐宰相寒食宴用
酴醾酒是也山谷詩名姓因壺酒又露濕何郎試湯餅日烘荀
令炷爐香又一年歲長故劉定節答謝上蔡指庭前荼蘼花

山礬

山谷詩註野人謂梔花荊公欲作詩而陋其名韻會或云玉蘂

海棠

彭淵材恨海棠無香而備要曰有花有香者惟蜀昌州種爲然今人家叢樹是棠梨本野薔薇俗謂玫瑰花者又垂絲海棠柔枝長蒂淺紅垂英者楊廷秀詩所謂無波可照底須窺與柳爭嬌也學垂破曉朦朧晴天有意坐香新曬一絢絲是也今長淵海棠蔓延鳴沙上大如酒盃點點紅深者乃真也晝僧祥垣詩鳴沙十里海棠紅白鷗兩兩飛疎雨是也

沙棠

李白詩木蘭之枻沙棠舟類說云越人水戰有海鶻舟穿竹急流浴浪不溺則有棠檣也小說崑崙有沙棠木黃花赤實爲舟不沉食其實不溺是也

非也石竹花者俗謂平陽子花

薝蔔

本草曰木丹又梔子蜀有紅梔子司馬相如傳鮮支黃礫註鮮支梔子樹又林蘭謝靈運賦林蘭近雪而揚掎望氣者占人家黃氣乃梔也佛書如入薝蔔林中聞薝蔔花香不聞它香坡詩六出薝蔔林間佛九節菖蒲石上仙蓋花五出者感陽也六出者感陰也天上端葉及雪與此花同

芭蕉

韻書曰名芭苴等紅者紅蕉白者水蕉閩人爲布即蕉葛也花大如酒盃蜜蔗名甘蕉嶺外以爲果其子大如羊角鵝卵牛乳者今之蕉即懷素洪渾蕉路德延詩葉如斜界紙心似倒抽書

是微霜枝蓋於牧丹獨曰花而於菊亦但曰黃花爾雅曰一名日精服之已疾延年風俗通曰南陽甘谷有大菊落水飲者壽

紫菊

爾雅曰馬蘭爲紫菊瞿麥爲小菊鳥喙苗爲鷰薺菊旋覆花爲笑菊今山菊唐菊假菊之類也

木槿

莊子朝菌不知晦朔註槿也又名櫬詩云顔如舜華又名日及陸士衡賦云則言日及之在條我東最宜土俗所無窮花

大明紅

皇壇等年有花自生其上似杜鵑而葉大似躑躅而色鮮麗雖候早二月已爛開不可名而強名之曰大明紅或謂唐行所花

老成而興昵比妖艶而亡王請焉哉

蔓生牧丹

芝峯曰今慶興地有牧丹蔓生世傳宋花石綱物也

補春秋 俗所謂花葉不相見是也

譜曰蘭俗呼燕尾香山谷曰一幹一花而香有餘者蘭一幹數花而香不足者蕙我國無蘭惟蕙而已唐詩風引蕙心斜是也所謂蘭春生葉夏死秋則空地幹出有花、六出謂補春秋

甘菊

劉蒙所著菊譜曰有新羅者一名玉梅又陵菊千葉純白長短相次豈或本自新羅出耶石湖曰有黃白二種而以黃爲正哉東高霽峯敬命詩云正色黃爲貴天姿白亦奇世人看自別詢

姜淮伯少時讀書斷俗寺種梅於庭謂政堂梅詩云直將殘臈
調梅實謾向山中落又開南冥和云化工定誤寒梅事昨日開
花今日花蓋譏其失節也余詩云松竹青而已雪冬豈花哉

牡丹

本草曰名一兩金又鼠姑又鹿韭唐人謂木芍藥升庵曰牡月
即八月百穀盛牡之月其牡與牡丹與月字訛而今謂牧丹亦
牡之訛矣天寶遺事云沉香亭前一枝二頭朝深碧暮深黃夜
粉白香艶各異帝曰花木之妖北山錄云至今喚作百花王羅
史唐賜牧丹花及圖善德主曰此花絶艶而無蜂蝶必無香種
之果然薛聰告神文王曰昔花王之始來也有佳人名薔薇顔
薦枕於香帷又有丈夫名白頭傴僂而來凡爲君者莫不親近

花藥類

梅 即梅譜所謂綠萼是也又雙萼相連者謂之鴛鴦梅也

梅有紅白二種接以椮木則萼跗小有青蔕謂青莖林逋詩疎影横斜水清淺暗香浮動月黃昏本取古詩梅影疎香句以疎暗字點化矣尚不如雪後園林纔半樹水邊籬落忽横枝云然坡云暗香疎影句杏與桃李安敢承當李匡呂詩此身定與香全化嗅遍梅花寂不知較得韻清又玉梅山梅之類亦多

蠟梅

坡詩蜜蜂採花作黃蠟、、為花亦其物是也我東柳嗔善假梅詩云何以假為須看葉如其眞也豈無香

政堂梅

松南雜識